教養としての世界の名言 365

Learning from the World's Greatest Quotes

佐藤 優 監修

宝島社

監修者の言葉

　近年、リベラルアーツという言葉が注目されている。リベラルアーツとは元々ギリシャ・ローマ時代の「自由7科」(文法、修辞、弁証、算術、幾何、天文、音楽)に起源を持つ。現代では、大学などの教育機関において、人文科学・社会科学・自然科学の基礎分野を教育する科目群・教育プログラムに与えられた名称を指すことが多いが、広義では教育機関に限定せず現代人が社会で生きていくために必要不可欠な一般教養を意味する。

　ところで、なぜリベラルアーツが必要なのだろうか。それは幅広い教養を持つことは多様なものの見方を可能にしてくれるからである。現代社会の問題はさまざまな要因が複合している。たとえば環境問題に対処するにも理科系と文科系の両方の知識が必要である。超高齢化社会がもたらすさまざまな問題を考える上でも心理や経済・財政、社会福祉などの横断的な知識が必要になる。あるいは社会人が仕事の上で困難な状況に陥ったとき、先人たちのさまざまなものの見方や考え方を知っていたら、多面的な思考ができるので、より適切な答えを導き出せるだろう。これに対して、専門教育だけを受けてきた人は何か大きな問題に直面したとき、柔軟な思考ができず、いわば視野狭窄に陥り、解決策をみつけることができない場合がある。

　欧米と異なり、日本では企業や公的機関、教育機関などでリーダー的な立場にいる人はそうしたリベラルアーツを身につけていない場合が多い。日本社会が現在、経済的にも政治的にもえも言われぬ閉塞的な状況に陥っているのはそのせいかもしれない。重要なのはリベラルアーツ的な幅広い教養を身につけた上で、専門知識を学ぶことである。そうでないと、一面的な見方しかできない危ういリーダーになってしまう。人々を正しい方向へ導いて社会をより良くすることに対して大きな責任を負う、真の意味での"エリート"と呼ばれる層にリベラルアーツが欠如していると、国家はいたるところで機能不全を起こしてしまうだろう。

　とはいえ、リベラルアーツ、つまり教養を身につけることは簡単なことではない。特に学校教育を終えたあとの社会人には哲学・思想や文学、芸術といった一般教養的な学問に接する機会はなかなかないだろう。たとえば、哲学に関心があっても、いきなりニーチェやヴィトゲンシュタインの研究書を手に取るのは気がひけるだろうし、絵画に興味があっても分厚い美術史の本を読むのはハードルが高すぎるだろう。

　その意味で、本書は誰もがよく知っている、あるいは興味を引く名言をとっかかりにして、幅広い教養を学べるようなつくりになっている。名言を単に紹介するだけでなく、その名言が生まれた背景や、それがどんな文脈で話されたか、さらに名言にまつわるさ

まざまな情報まで解説しているという点で、極めてユニークな本になっている。

　また、本書は『教養としての世界の名言365』と銘打っているが、あえて犯罪などの悪行をなした人間の言葉も収録している。これは悪を知らなければ善なるものの本質を知ることはできないという考えによっている。この世界には残念ながらどうしようもない悪人が存在している。そういった人間もマイナス面で社会に大きな影響を与えているわけだが、学校教育ではそうした悪人についてはほとんど教えてくれない。その意味でも本書は一読の価値がある。

　加えて、本書において集められた名言は一見雑多に思えるかもしれないが、その根本には人生をいかに生きていくかというテーマがあり、一本芯が通った内容になっている。その意味で本書は生きる上で重要な普遍的な価値観を読者に提供している。さらに、たとえば大学のレポートを書く上で参考にもなったり、就職試験の勉強に役に立ったりするという意味では、極めて実用的な側面も持っている。

　本書は政治・歴史、経済・経営・ビジネス、社会、哲学・思想、音楽、文学・演劇・古典芸能、美術・建築、現代視覚芸術、科学・テクノロジー、スポーツと全部で10の章に分かれており、多様なジャンルの名言に触れることが可能になっている。また、名言の数は全部で365あるが、これは毎日1ページずつ読むことで知性が鍛えられ、1年後には高い教養が身につくことを企図しているためだ（もちろん、自分の好きなペースで読み進んでも構わない）。

　さらに、この本は冒頭から読み始める必要はない。パラパラとページをめくって気になった箇所から読めばいい。どこから読んでも読者の興味を引くつくりになっていると自負している。

　名言を通してさまざまな知識を学ぶことができるという意味で、本書は新しい形の百科事典と言えよう。この本を通して先人たちの英知にみなさんが触れ、「知の深淵」の一端を垣間見ることができたなら、監修者としてこれ以上の幸せはない。

佐藤優

目次 CONTENTS

第2章　経済・経営・ビジネス

第3章　社会

第4章 **哲学・思想**

第5章 音楽

第6章　文学・演劇・古典芸能

第7章　美術・建築

第8章　現代視覚芸術

第9章　科学・テクノロジー

第10章 スポーツ

政治・歴史

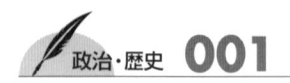

あることをしたために不正である場合だけでなく、あることをしないために不正である場合も少なくない。

マルクス・アウレリウス・アントニヌス（121～180）

軍事よりも哲学を好んだ皇帝

ローマ帝国の最盛期に第16代ローマ皇帝となり、「五賢帝」の最後の一人に数えられた「哲人皇帝」マルクス・アウレリウス・アントニヌス。その代表作である『自省録』は母語ラテン語ではなくギリシャ語で書かれており、ストア派哲学に傾倒していたことが見て取れる。掲出した一節はその『自省録』からのもので、アウレリウスは戦争の間にこれを執筆したといわれている。ローマ帝国の皇帝として権力の頂点にありながら、その拠り所をストア学派の自然（宇宙）の中に求め、理性（ロゴス）に基づく禁欲的な生き方を守り、心の平安を得ようとした。

「"皇帝"化させられてしまわぬよう、その色に染められきることのなきよう心せよ。これは現に起こることであろうから。さればよく気をつけ、おまえを単純素朴にして善良な、汚れなき、謹厳にして虚飾なき、正義の友にして敬神の、親愛の情に満てる、己の義務に強力有能な者であるようにせよ。哲学がおまえを形作ろうと欲したごとき人物で変わらずあるよう競って励め。神々を畏敬し人々の安泰を計れ。人生は短い。この地上の生の唯一つの成果、それは敬虔な心構えと公共を想う行為である」（『自省録』）

アウレリウスは、若いころから第14代皇帝ハドリアヌスからの寵愛を受け、その側近となった。皇帝に即位すると宮殿に移り住むことになったが、貴族の退廃した生活と、自己の信条とする禁欲的な生活との矛盾に苦しんだという。40歳からおよそ20年にわたってローマ帝国を統治したアウレリウスは、ローマの人民に対して慈愛と寛容さに満ちた態度で接して善政を敷いたが、不運にもその治世には戦乱が絶えなかった。パルティアとの戦いに勝利したアウレリウスは、続いて蛮族への予防戦争としてマルコマンニ戦争を開始。蛮族諸勢力との戦いが長期化したことでローマの国力は疲弊し、アウレリウスはマルコマンニ戦争が終結するのを待たずに陣中で病没した。

Topic　五賢帝の最後の皇帝といわれたアウレリウス。彼の唯一の失敗といわれているのが、実子のコンモドゥスを後継者とし、以後ローマ帝国皇帝を世襲制としたことだった（それまでは人物重視で前帝が養子にした人物が即位していた）。コンモドゥスは残忍で強欲な性格の持ち主で、剣闘士競技などの遊興にふけって政治をおろそかにしたため、ローマ帝国衰退の原因となってしまった。

皇国の興廃この一戦にあり。各員一層奮励努力せよ。

秋山真之（さねゆき）（1868〜1918）

大国ロシアを打ち破った名参謀の檄

　大日本帝国海軍において中将まで務めた秋山真之は、同郷の俳人・正岡子規と若いころから親交を持ち、自身も文学部を志していたこともあって、名文家として知られる。「本日天気晴朗ナレドモ浪高シ」との報告電報を打電して出撃した日本海海戦。東郷平八郎連合艦隊司令長官の座乗する旗艦「三笠」のマストに掲揚された艦旗は「皇国の興廃この一戦にあり。各員一層奮励努力せよ」との意思を各船乗員へ伝えるサインであり、この檄文も秋山が考案したものであった。さらに秋山は、この戦闘における作戦参謀としてバルチック艦隊撃退の策「七段構えの戦法」を立案している。極東の小国に過ぎなかった大日本帝国が、大国ロシアを撃退したとの報は瞬く間に全世界へと広まった。かの東郷をして「智謀如湧（ちぼうわくがごとし）」と評させた天才参謀・秋山はのちに「日露戦争のとき、敵船の布陣が夢に見たのと同じだった」と語っている。

　1868年4月12日、松山藩（現 愛媛県松山市）の下級藩士の五男として生まれた秋山は、帝国大学文学部に進学しようとしたが、秋山家の家計が苦しかったために断念。しかし、海軍兵学校に入学するとそこでめきめきと頭角をあらわして首席で卒業した。その後は、アメリカに留学して米西戦争を観戦すると、戦略家として著名だったマハン大佐の下で学びながら、古今東西の軍事関係の書物を読みあさり、独自の戦術理論、戦略理論を築き上げていった。なお、日本海海戦に勝利した後の連合艦隊の解散式における、東郷による訓示の草稿も秋山が起草したものとされ、この文章に感動した時の米大統領セオドア・ルーズヴェルトは、全文英訳して米国海軍に頒布したという。

Topic　「本日天気晴朗ナレドモ浪高シ」という電文は、「本日は天気が晴れているため、連合艦隊は敵艦隊の撃滅に向けて出撃が可能だが、波が高いために旧式小型艇や水雷艇の出撃は不可、そのため主力艦のみで出撃する」という意味や、「天気が晴朗なので濃霧によって今日は敵を発見できなかったり、あるいは見失ったりといったことはないことが予想され、また、波が高いため船体の揺れが予想されるが砲術能力で勝る我が軍にとっては有利だ」という意味などが、わずか13文字の短文に込められた屈指の名文とされている。

去る者は去れ。

アレクサンドロス大王（紀元前356〜紀元前323）

兵士を鼓舞し大帝国を築いた大王

　紀元前336年、わずか20歳でマケドニア王となったアレクサンドロス大王（アレクサンドロス3世）は、続いてマケドニア主導で結成されたギリシャの都市国家同盟「コリントス同盟」の盟主の座に就く。これにより、ギリシャの覇権を握ったアレクサンドロスは、先代のマケドニア王で暗殺された父ピリッポス2世の抱いていた遺志を継いで東方遠征に乗り出した。各地でペルシア帝国軍を撃破して瞬く間に小アジア、エジプト、メソポタミアを支配下に置くと、前330年にはペルシア帝国を滅亡させてアレクサンドロスの世界帝国を築き上げた。さらに、アレクサンドロスは東征を続け、メディア、パルティア、バクトリア、マラカンダ、ソグディアナに進撃すると各地にアレクサンドリアと呼ばれるギリシャ風の都市を建設。前327年にはついにカイバル峠を越えてインドにまで侵攻し、パンジャブの象部隊とも戦った。世界帝国を築くために大遠征に次ぐ大遠征を続けたアレクサンドロスは、幾多の戦いに疲弊して進軍を拒む兵士たちを前にして「去る者は去れ」とたびたびの檄を飛ばしたという。さらに「たとえ少数でも、その意志のある者とともに私は遠征する」と続けた。大王自らの言葉を聞いた兵士たちはその情熱に打たれ、気持ちを奮い立たせて進軍を再開したとも伝えられている。

　そうしてギリシャからインドにまで続く世界帝国を築いたアレクサンドロスであったが、10年以上続く長年の東征に疲弊した兵士たちがそれ以上の遠征を拒んだため、やむなくバビロンにまで引き返し、そこで巻き返しを図ろうとする。しかし、再遠征を行う前に熱病（恐らくマラリア）に冒されてしまい、32歳の若さでこの世を去った。その死後、アレクサンドロスの帝国は内戦によって分裂、分割支配されることとなった。

　なお、アレクサンドロスはギリシャ語の読みで、英語ではアレキサンダー。13歳のとき、父のピリッポス2世がマケドニア人学者のアリストテレスを家庭教師として招聘している。以後、アレクサンドロスはアリストテレスを「最高の師」として尊敬し、ギリシャ文化を吸収している。

Topic
1. 戦場におけるアレクサンドロスは、自ら先陣を切って戦い、神がかり的な強さを発揮したという。そのため将兵から慕われ、絶大な人気を誇っていた。ペルシア帝国の支配下に置かれていたエジプトを征服した際には、民衆から歓迎された。
2. アレクサンドロスはギリシャ文化を東方に伝えるとともに、ペルシアの制度や人材を積極的に取り入れることで東西の交流を活発化し、ギリシャ世界とオリエント世界が融合したヘレニズム文化を生んだ。

政治・歴史 004

私はか弱い肉体を持つ女性です。しかし、国王の心と勇気を持っています。

エリザベス1世（1533〜1603）

大英帝国の礎を築いた"よき女王"

　生涯独身を貫き、また子どもを産まなかったことから「ザ・ヴァージン・クィーン（処女王）」と呼ばれ、イギリス宗教改革を完成するとともに、重商主義政策を推し進めて海洋帝国国家への道筋を開き、テューダー朝絶対王政の全盛期を築いた女王、エリザベス1世。掲出の言葉は、スペインの無敵艦隊との海戦（アルマダの戦い）を前に、兵士を閲兵したエリザベスが彼らを鼓舞するために行った有名な演説の一節である。

　先代の女王メアリー1世は敬虔なカトリックであり、プロテスタントに対する過酷な弾圧を行ったことで「血まみれのメアリー」として国民の不興を買っていた。その病没後、25歳にしてイギリス女王に即位したのがエリザベス1世である。当時のイギリスは、強大なフランスとスペインが覇を競い合うヨーロッパの中ではむしろ二流国に位置づけられるような小国で、のちの「大英帝国」のイメージからはかけ離れていた。だが、エリザベス1世はその治世を通して、当時「太陽の沈まぬ国」と呼ばれた無敵艦隊を擁する大国スペインとの戦いに心血を注ぎ、勝利を挙げたことで後世にその名を轟かせたのである。

　また、東インド会社の設立やアメリカ大陸への進出などを積極的に進め、ウォルター・ローリー卿を登用してアメリカ新大陸への入植を試みるなどしている。このローリーの試みは、のちにイギリスにとって北米大陸最初の植民地ヴァージニア植民地を成立させるきっかけとなった。これらの重商主義的な取り組みによって、エリザベス1世はイギリスを海洋帝国とする礎を築いたため、後年には「グロリアーナ（栄光ある女人）」「グッド・クィーン・ベス（ベスはエリザベスの略）」と民衆から敬意をもって慕われたという。

Topic　1. 「処女王」と呼ばれたエリザベス1世だったが、彼女は生涯独身だったものの、数多くの男性と浮名を流した。特に有名なのは、幼なじみのロバート・ダドリーとの恋愛である。エリザベスはダドリーとの結婚を真剣に考えていたが、重臣たちの反対に遭って断念。のちにダドリーが別の女性と結婚した際も、ひどく嫉妬し、彼の妻を憎み続けたと伝えられる。
　2. エリザベス1世は、アメリカ新大陸に最初のイングランド植民地を築いたウォルター・ローリー卿とも恋愛関係にあったとされる。そのため、ローリーはアメリカに植民地を築く際に、エリザベスにちなんだ「ヴァージニア」が名付けられたという。

是非におよばず。

織田信長（1534〜1582）

尾張の大うつけ、その唐突な終幕

掲出は本能寺の変において死に際した織田信長が遺した最期の言葉と言い伝えられるもので、「仕方がない」「どうしようもない」の意味。通説としては、明智光秀の謀叛だと知った信長が、明智の性格や能力からして脱出は不可能だと悟ったゆえの言葉と解釈されている。ただし、この本能寺の変については諸説紛糾しているのが実情で、いまだ完全に定まった説と言えるものはない。一般的な明智光秀を主犯とする説でもその理由としては「己の野望」「突発的なもの」「信長への怨恨」「ノイローゼ」「内通がバレそうになったため」「信長とウマが合わなかった」「ライバル羽柴秀吉への対抗心」などさまざまに挙げられている。あるいは「黒幕がいて明智光秀は手駒に使われた」とする説においても、そこで黒幕として挙げられるのは朝廷、足利義昭、羽柴秀吉、毛利輝元、徳川家康、堺商人、ルイス・フロイス、イエズス会などなど。まるで百家争鳴とでも言わんばかりの状況なのである。

弱小大名から身を起こして波乱に満ちた生涯を送り、武力による天下統一という夢を追い続けた乱世の英雄・信長は、1534年6月23日、尾張国の地方領主・織田信秀の嫡男として生まれた。若き日には、その奇矯なふるまいから「大うつけ」と呼ばれたというが、父の死後に家督を継ぐと義理の父親である美濃国の斎藤道三の後援を得て、織田大和守家や弟・信勝との内紛に勝利して尾張国を統一。さらには1560年、尾張国に侵攻してきた駿河国の大大名・今川義元を豪雨の中で奇襲によって討ち取るという戦果を挙げた（桶狭間の戦い）。これにより信長の名は天下に轟き、彼の覇業が本格的に軌道に乗ることとなった。斉藤家の美濃国を攻略したあとは、天下統一を意味する「天下布武」を印として用い、1568年には室町幕府13代将軍足利義輝の弟・義昭を擁立して上洛を果たしている。しかし、まさに天下に敵なしといったそのさなか、信長は唐突に人生の幕を閉じたのであった。

Topic　1. 「是非におよばず」の意味には諸説ある。まず、「この期におよんでじたばたしても仕方がない」と腹をくくったという説。次に、信長は光秀に謀叛を起こされることを予期しており、「光秀が謀叛を起こしたのなら、それは自業自得なので、仕方がない」という説。また、このように攻め込まれてしまった以上は「仕方ないので応戦する」という説もある。

2. この一節は、太田牛一の『信長公記』という資料に見られるもので、本能寺から逃げてきた女性が伝えた言葉であるとされる。

自由なアメリカも、保守的なアメリカも存在しない。ただアメリカ合衆国があるのみだ。黒人のアメリカ、白人のアメリカ、ラテン系のアメリカ、アジア人のアメリカも存在しない。ただアメリカ合衆国があるのみだ。

バラク・フセイン・オバマ2世（1961〜）

初の黒人大統領が貫いたアメリカに求める姿

「民主主義の維持には、相違を超えて結束することが重要だ」。大統領退任となったバラク・フセイン・オバマ2世は2017年1月、自宅があるシカゴでの演説においてこう強調した。

この原点と言えるのが2004年の民主党大会。そこで上院議員に初当選したばかりのオバマが行った基調演説だ。「自由なアメリカも、保守的なアメリカも存在しない。ただアメリカ合衆国があるのみだ。黒人のアメリカ、白人のアメリカ、ラテン系のアメリカ、アジア人のアメリカも存在しない。ただアメリカ合衆国があるのみだ」。この時点でアフリカ系の上院議員はオバマが史上5人目で、現職議員はオバマただ一人だった。この演説がアメリカ社会へ与えたインパクトは大きく、新しい時代を作ってくれる希望の存在として、オバマはアメリカ大統領を2009年から2017年まで二期務めた。もちろんアメリカ史上初のアフリカ系黒人大統領であった。

1961年8月4日、ハワイ州ホノルルでケニア出身の父とカンザス州ウィチタ出身の白人の母のもとに生まれたオバマは、ロサンゼルスのオクシデンタル大学に入学したあと、ニューヨークのコロンビア大学に編入して政治学を学ぶ。卒業後は出版社、NPOなどで働き、ハーバード大学ロー・スクールに進んで弁護士となった。人権派の弁護士として貧困層救済などの社会活動に従事すると、1996年にはイリノイ州議会上院議員補欠選挙において初当選を果たし、政界へ足を踏み入れる。2003年、民主党から上院議員選挙に出馬し中央政界へも進出し、2009年には「変化」というスローガンを掲げて共和党のマケイン候補を下してアメリカ合衆国大統領に選出された。その就任式には新時代を歓迎する200万人もの民衆が駆けつけたのだった。

Topic 父の出身国ケニアにおいては、バラク・オバマは英雄視され、オバマにちなんだ祝日があるだけでなく、多くの人が「オバマ」や「ミシェル（バラク・オバマの妻のファーストネーム）」という名前を子どもにつけたという。

ブルトゥス、お前もか

ガイウス・ユリウス・カエサル（紀元前100～紀元前44ごろ）

皇帝の象徴となった男と世界一有名な裏切り

　紀元前1世紀のローマ共和国末期、独裁政権を樹立してローマ帝国の領土を拡大したことで世界史に燦然たる名を残したガイウス・ユリウス・カエサル（英語ではジュリアス・シーザー）。「賽は投げられた」「来た、見た、勝った」「ブルトゥス（英語ではブルータス）、お前もか」などの印象的な言葉は今もなお広く使われている。

　名門ではあるものの貧窮していた貴族の家に生まれたカエサルは、元老院と対立する平民派のキンナの娘と結婚したこともあって自身も平民派とみなされ、若いころには不遇を味わった。しかし、属州ヒスパニアの総督として功績を挙げて財力を蓄えると、その巧みな弁舌と資金力を武器に台頭し、さまざまな職を歴任。紀元前60年にクラッスス、ポンペイウスとともに第一回三頭政治を成立させるとガリア、ゲルマニア、ブリタニアに遠征して、絶大な名誉と富、権力を手中にした。

　元老院とグナエウス・ポンペイウス・マグヌスが結託してカエサルと対立したときには「賽は投げられた」の言葉とともにルビコン川を渡った。これも「決断」を表す故事成句としてよく使われるものだが、そうしてイタリアに進攻してポンペイウスを追い払うと、民衆からの圧倒的支持を受けて最高軍司令官兼終身独裁官となった。ところが、カエサルは元老院を形骸化させ、事実上の独裁政治を敷き、皇帝になろうという野心を見せたため、元老院の反感が頂点に達し、紀元前44年3月15日、ついに暗殺されてしまう。掲出の「ブルトゥス、お前もか」はかつて自らの支持者だったマルクス・ユニウス・ブルトゥスが暗殺グループの中にいることを発見したカエサルが吐いたとされる言葉で、ウィリアム・シェイクスピアの戯曲『ジュリアス・シーザー』の中で使われたことで世界的に有名になった。しかし、本当にカエサル自身が言ったものか、シェイクスピアの創作なのかはわかっていない。

Topic
1. カエサルが暗殺された情景が詳しく書かれているプルタルコスの『英雄伝』には、「お前もか、若造よ」という台詞が書かれてあり、ブルトゥスという人名は出てこない。
2. ブルトゥスは、カエサルの寵愛を受けていた愛人セルウィリアの息子であるという説がある。もし彼が息子であるならばカエサルが15歳の時の子どもということになるので、この説には無理がある。

政治・歴史 008

人民の97%が革命を信じなくても、私は戦い続ける。 革命を信じるのが私一人になっても戦い続ける。 なぜなら革命家とは、たとえ一人になっても、 理想のために戦い続ける人間だからだ。

フィデル・カストロ（1926〜2016）

革命の英雄か？ 悪の独裁者か？

キューバ革命を成し遂げたことで「最後の革命家」とも称されるフィデル・カストロ（本名はフィデル・アレハンドロ・カストロ・ルス）。

アメリカ合衆国の事実上の支配下にあったフルヘンシオ・バティスタ政権を武力によって打倒してキューバを社会主義国家として成立させると同国の最高指導者となり、1965年から2011年までキューバ共産党中央委員会第一書記、1976年より2008年まで国家評議会議長（国家元首）兼閣僚評議会議長（首相）を務めた。「カストロ議長」の呼び名で通る日本においては、キューバと敵対関係にあったアメリカ経由の情報が多いことから「悪の独裁者」のイメージも流布されがちだが、己の業績をひけらかすことないその政治姿勢に対して、キューバ国民からの実際の信頼は厚かったという。

1926年、キューバの裕福な農場主の家庭に生を受けたカストロは、ハバナ大学では法学を学び、卒業後は弁護士として貧困にあえぐ人々に手を差し伸べながら1952年の議会選挙に立候補したが、バティスタ将軍のクーデターによって選挙は無効となってしまう。やがて、バティスタはアメリカ政府およびアメリカ企業、マフィアらのキューバ国内における利権を保護する代わりに私腹を肥やしはじめ、アメリカ資本によるキューバ経済の蚕食が進んでいくこととなった。

こうしたキューバの状況を憂えたカストロは武装闘争へと傾倒し、革命の狼煙を上げる。アルゼンチン出身のエルネスト・チェ・ゲバラと出会い、1956年12月2日に「グランマ号」と名付けた船に乗ってキューバへと上陸、反政府ゲリラ活動を開始。バティスタ軍を打ち破ってハバナを制圧し、キューバ革命を成功させた。掲出の言葉はその熱い革命の志をキューバ民衆に向けて語ったものである。

Topic　死後は遺体が永久保存されて展示されることが多い社会主義国家の独裁者でありながら、遺体は火葬されて墓地に埋葬された。これもカストロ自身の遺言による措置であった。

諸君、私が諸君に提供出来るのは、飢えと渇きと強行軍と戦場。最後には死だけである。国を愛する者よ、私について来るがいい。

ジュゼッペ・ガリバルディ（1807〜1882）

国民に覚悟を問うたイタリア統一の英雄

イタリアにおいては知らない人がいない「英雄」ジュゼッペ・ガリバルディ。イタリア統一において大きな役割を担っただけでなく、アメリカ、フランス、南米など世界中の至るところで民衆の独立のために戦い、ヨーロッパと南米での功績によって「新旧両世界の英雄」と呼ばれている。掲出の言葉にはその戦いにおける尋常ならざる気迫がみなぎっている。

1807年7月4日、当時フランス領だったニースの船員の家庭に生を受けた。若いころから父親の船に乗って地中海を行き来していたガリバルディは、1833年にのちに自身とともに「イタリア統一の三傑」に数えられるジュゼッペ・マッツィーニと出会い、彼が結成していた「青年イタリア」に入党。最初の武装蜂起に失敗すると南米に亡命し、以後はゲリラ指揮官として世界各地を転々としながら民衆の独立のために戦い続けた。そのゲリラ戦術および用兵術は、キューバ革命を主導したエルネスト・チェ・ゲバラも学んだといわれている。1848年、ヨーロッパでも革命の嵐が吹き荒れるようになると、ガリバルディはイタリアに帰国。旧知のマッツィーニとローマ共和国の設立にかかわるが、翌年フランス軍に攻め込まれてローマは陥落。「我々が何処に退こうとも、戦う限りローマは存続する」と徹底抗戦に出たが追撃を受け敗北する。その後はアメリカ合衆国に亡命していたが、1854年にイタリアに帰国を許されると、1860年に「赤シャツ隊（千人隊）」を組織してシチリア島を占領、南イタリアの平定を成し遂げた。

熱烈な共和制の信奉者であったガリバルディだが、南イタリア平定後に行われた住民投票ではサルデーニャ王国のヴィットーリオ＝エマヌエーレ2世を国王とすることが圧倒的多数の票を集めて決定される。ガリバルディは「陛下、あなたに従います」とだけ言葉を残し、軍のすべての職を辞すとともに、自らが支配下に置いたすべてを国王に譲り渡したのであった。

Topic
1. ガリバルディは、優れた軍事的指導力を持つだけでなく、敗れた敵に対する寛大さをも持ち合わせていたため、長らく民衆の間で熱烈な崇拝の対象だった。
2. 赤シャツ隊は、全員が赤いシャツを着ていたわけではなく、ほとんどの隊員は普段着のまま戦いに参加していたという。ただし、ガリバルディは赤シャツを着ており大変目立ったため、隊員たちが彼の前に立ちはだかって護衛していたという。
3. ガリバルディは今もなおイタリアでは国民的英雄として人気があり、至るところに彼の名を持つ通りや彼の銅像が存在するほか、イタリア海軍ではこれまでに何隻もの軍艦に彼の名が付けられている。

政治・歴史 **010**

神にはスペイン語で、女にはイタリア語で、男にはフランス語で、馬にはドイツ語で話しかける

カール5世（1500〜1558）

他国への深い洞察力が世界帝国に結実

　神聖ローマ帝国皇帝にしてスペイン国王のカール5世。大航海時代にあってヨーロッパからアメリカ新大陸、アジアはフィリピンに至るまでの「太陽の沈まない国」と称される世界帝国を築き上げた。「太陽の沈まない国」とは、世界中に広がる帝国内のどこかの地域では必ず日が昇っているという意味である。

　当時絶頂期の貴族ハプスブルク家の血筋にあったカール5世だが、父方母方それぞれを辿ればフランスや現在ベネルクス三国にあたるネーデルランド、スペイン、あるいは当時この地域にあった諸国それぞれに縁があるという、なかなかややこしい血統である。掲出の言葉はそんなカール5世の実情を伝えたもので、それと同時にスペインではカトリック教会が圧倒的な権威を持っていたこと、イタリア宮廷では女性が権勢を振るっていたこと、神聖ローマ皇帝の軍隊の中枢はドイツの人々であったことも示している（馬は騎兵からの連想による隠喩）。カール5世は、母の縁から16歳でスペイン王に即位すると、そこからスペイン語を習得してスペイン統治に力を入れ、祖父マクシミリアン1世の死去に伴い、19歳で神聖ローマ皇帝にも即位。その領土はヨーロッパの広範囲に留まらず、スペインが領有していた南北アメリカまでにおよぶ広大なものとなった。

　カール5世自身は、生涯のライバルとされるフランソワ1世の率いるフランス軍とイタリアを巡ってたびたびの戦争を繰り広げるとともに、ローマ略奪やオスマン帝国との戦い、神聖ローマ帝国におけるカトリックとプロテスタントによる内戦「シュマルカルデン戦争」などで指揮を執っている。

Topic　その複雑な出自から、カール5世は上記の言葉の通り4つの言語を巧みに操ったと思われがちだが、実際に流暢に話すことができたのはフランス語とスペイン語のみで、それ以外の言語についてはさほど上手ではなかったという。

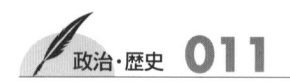

庭と図書館さえあれば、他は必要ない。

マルクス・トゥッリウス・キケロ（紀元前106〜紀元前43）

「祖国の父」は何を求めていたのか?

　マルクス・トゥッリウス・キケロは共和政ローマ期の政治家でもあったが、後世への影響という意味ではそれよりも文筆家、哲学者、思想家としての功績が大きい。その著書はイタリア・ルネサンス、フランス啓蒙主義、さらにはフランス革命においても知識人たちにとっての必読文献とされてきた。キケロの思想を共和主義、民主主義の象徴とする動きは長く続き、ニッコロ・マキャヴェッリ、シャルル・ド・モンテスキュー、ヴォルテールらにも大きな影響を与えてきた。

　キケロが若き日を過ごした時代、ローマ共和政は、大きな転換期にさしかかっていた。貴族と新貴族たちの門閥層は、大土地所有という既得権益を保持し、それを前提として元老院議員としての特権を維持しようとしていた。彼らは「閥族派」と呼ばれ、ルキウス・コルネリウス・スッラ・フェリクスがその指導者的立場にいた。一方で属州の徴税請負人などの立場からのし上がってきた新興勢力の騎士階級は、平民たちの発言の機会となっていた民会を拠点に活動していたため「平民派」と呼ばれていた。この閥族派と平民派が対立する状況下において、キケロは弁護士として活動し、貴族出身のルキウス・セルギウス・カティリナ一派による国家転覆を未然に防いだことで元老院から「祖国の父」の称号を受けている。しかし、平民派のガイウス・ユリウス・カエサルらが台頭すると、キケロは疎外され政界での立場をなくしていく。「私はもっとも正しい戦争よりも、もっとも不正な平和を好む」「人々の善が最高の法律である」といったキケロの思想が当時の政治状況に馴染まなかった部分もあっただろう。

　そのころから執筆に重きを置くようになり『国家論』、『義務について』を著している。ラテン語の散文の完成者とも呼ばれ、掲出の言葉は著書『予言について』に記されているもの。「人間が幸福を感じるのに金も名誉も必要なく、心から安らげる庭と知的好奇心を満足させてくれる図書館があればそれで十分なのだ」と伝えている。

Topic
1. キケロの死後しばらく彼の名前は忘れ去られていたものの、14世紀のルネサンス期になると詩人のフランチェスコ・ペトラルカがキケロの書簡を発見してその作品を再評価した。また、エラスムス、モンテスキュー、カントなどにも影響を与えている。
2. キケロという名前は「エンドウ豆」を意味するラテン語「ラケル」に由来し、これは自身の鼻にエンドウ豆に似た凹みがあったことで名付けられたという。キケロが官職に就くと、多くの者はこの名前を変えるよう薦めたが、キケロはむしろ自分の名前に誇りを持ち、この名前を有名にしてみせると語った。

どこに行こうとしているのかが
わかっていなければ、
どの道を通ってもどこにも行けない。

ヘンリー・キッシンジャー（1923〜）

多くの外交を成功させた確かな目的

　リチャード・ニクソン政権の国務長官として、またジェラルド・R・フォード政権の国家安全保障問題担当大統領補佐官として卓越した外交手腕を発揮したヘンリー・キッシンジャー。外交分野でさまざまな業績を残しているが、その中でも特筆すべきは東西冷戦の真っただ中にあった1972年、ニクソン大統領による訪中と訪ソを実現させたこと。そして、北ベトナムとの秘密交渉によって泥沼化していたベトナム戦争を終結に導いたことであろう。そのため、1973年にはベトナム戦争の和平交渉を成功させた功績からノーベル平和賞を受賞している。「どこに行こうとしているのかがわかっていなければ、どの道を通ってもどこにも行けない」とのキッシンジャーの言葉は、裏を返せば「何をやるべきかわかっていれば成功する」ということであり、奇跡的な交渉をまとめてきた自負から生じたものだったのかもしれない。

　1923年5月27日、ドイツのフュルトでユダヤ系ドイツ人の家に生まれたキッシンジャーは、アドルフ・ヒトラー率いるナチスによる反ユダヤ人政策から逃れるために一家でアメリカへ移住。アメリカ陸軍での軍務に就いたのち、ハーバード大学で政治学を学んで最優秀の成績で卒業し、大学院では博士号を取得した。以後、キッシンジャーは同大学政治学部の教壇に立ちながら外交問題評議会に参加して、冷戦期の外交問題に関してさまざまな鋭い分析を行った。やがて、その優れた分析力からリンドン・ジョンソン政権において国務省顧問に抜擢され、政界へ進出することとなる。

　1974年には政府要職を退任したが、以後も講演活動などで精力的に世界各国を飛び回り、100歳間近になった現在もその姿勢は変わっていない。

Topic　1. ニクソンの訪中、訪ソを実現させたことは、世界中の人々を驚かせ、その神出鬼没な外交手腕は「忍者外交」と呼ばれた。
　　　2. 外交の達人と呼ばれ、ノーベル平和賞を受賞した人物ながらも、冷徹な現実主義者としての側面も持っていたキッシンジャーは、必要とあらば武力による介入も肯定していた。のちに日本のTV番組に出演した際も、広島と長崎に対する原子爆弾投下を正当化する発言をしている。

歴史とは、人類の犯罪、愚行、災難の歴史に過ぎない。

エドワード・ギボン（1737〜1794）

名歴史家による歴史への見限り

古今東西の歴史愛好家たちを惹きつけてやまない「ローマ帝国」の歴史。日本においても、ローマ建国から西ローマ帝国の滅亡までを描いた塩野七生の大長編小説『ローマ人の物語』がベストセラーとなったことで、ローマ帝国の歴史は身近なものとなった。

そんなローマ帝国の歴史を描いたものの中でも決定版と言えそうなのが『ローマ帝国衰亡史』だ。英語で書かれた最大の歴史書ともいわれ、ウィンストン・チャーチルやインド初代首相 のジャワハルラール・ネルーらが愛読したことでも知られている。

同書が18世紀に発表されてからも、膨大な数のローマ帝国に関する書物が刊行されてきたが、数世紀を経てもなお『ローマ帝国衰亡史』は歴史書として、また文学書としても類書の中で群を抜いている。日本語の完訳版では全10〜11巻にも至る大著となっており、これを著したのが、18世紀イギリスの歴史家エドワード・ギボンだ。

1737年5月8日、ロンドン近郊のパットニーで生まれたギボン。オックスフォード大学に進むと神学を探求する中でカトリックに改宗。しかし、当時プロテスタントが主流のイギリス社会においてカトリックでは社会で出世しにくいなどの理由から、父親の大反対に遭って再度プロテスタントに改宗させられたことで、宗教というものを客観的な、突き放した目で見られるようになり、そのことがのちの著作にも影響を与えることとなった。

1764年、イタリアに旅行した際、ローマの遺跡を見たことがきっかけでローマ史の研究に没頭すると、39歳の時に『ローマ帝国衰亡史』の執筆に取りかかった。

完成まで12年もの月日を要した同書は、ローマ帝国の約1300年にもおよぶ歴史を俯瞰した歴史書であり、掲出の言葉はローマ史を深く探求したギボンによる歴史の総括といえよう。

Topic　1. 父親によって再改宗させられたギボンは、父が亡くなる1770年まで父とともに暮らしたとされる。彼にはある恋人がいたものの、その女性との結婚も父から反対されたため、生涯独身で過ごした。こうした抑圧された環境が、彼をローマ史の研究へと傾倒させていったのかもしれない。

2. 『ローマ帝国衰亡史』には、ほかにも「風と波とは常に優秀な航海者に味方する」、「現在は移り変わる瞬間であり、すでに過去は存在せず、未来の見通しは暗く、疑わしい」など含蓄に富んだ名言が多い。

政治・歴史 **014**

必要の前に法律はない

オリバー・クロムウェル（1599～1658）

国民に待っていたのは新たな独裁

　1642年に始まったピューリタン革命の立役者で、チャールズ1世を処刑したことで「王殺し」と呼ばれた革命指導者オリバー・クロムウェル。

　「アダムが神に反逆したときからすべての人間は堕落している」との前提から始まるカルヴァン主義の教義に忠実なプロテスタントを「清教徒（ピューリタン）」といい、彼らはイギリス国教会の中にあるカトリック的な伝統をすべて排除して純粋化することを求めた。そんな清教徒思想に傾倒していたクロムウェルは、29歳のときに庶民院議員として政界に進出すると、国王チャールズ1世による絶対王政と国教会体制による支配に反対する「議会派」に加わった。

　1642年、国王を支持する「王党派」と「議会派」の対立が内戦にまで発展。クロムウェルは鉄騎隊を組織して数々の戦いで勝利を挙げ、チャールズ1世の身柄を手中に入れて1649年に処刑する。これによりクロムウェルは英国史上初めて共和制を確立し、この一連の流れは「清教徒革命」と呼ばれた。

　国王を処刑し反対勢力をすべて弾圧したことで事実上の独裁権を掌握したクロムウェルは、世襲制の「護国卿」に就任し軍事力を背景とした恐怖政治を敷く。その初めての議会における演説でクロムウェルは「必要の前に法律はない」と言い放ったのであった。独裁的な絶対王政を転覆させたクロムウェルは、自身が独裁権を握る立場になるや「王殺し」を正当化したのである。

　その死後には革命家ではなく「簒奪者」として徹底糾弾されることが多いが、一方で後の研究者たちには、軍人や指導者としての能力を高く評価する者も少なくない。

Topic　1. クロムウェルは事実上の独裁権力を持つ護国卿を世襲制としたため、息子のリチャード・クロムウェルが跡を継いだが、彼には人望がなかったためわずか8カ月で辞任に追い込まれ、時代は王政復古へと動いていった。
　　　2. 王政復古の時代に入ると、恐怖政治を敷いた独裁者クロムウェルは民衆から「国賊」として非難されるようになり、墓は暴かれ、遺体は切断され、首は斬り落とされたうえ鉄の棒に突き刺した状態で24年もの間、ウェストミンスター・ホールの屋根の上でさらし者にされたという。

国家が諸君のために何ができるかを問わないで欲しい──諸君が国家のために何ができるのかを問うて欲しい

ジョン・F・ケネディ（1917〜1963）

衝撃の最期を遂げたアメリカ国民の新たな旗手

その暗殺事件を題材とした1991年の映画『JFK』が大ヒットするなど、死後もアメリカ国民から愛され続けるアメリカ第35代大統領ジョン・F・ケネディ。アイルランド系アメリカ人として、またカトリック教徒として初のアメリカ合衆国大統領となり、東西冷戦が深刻化する情勢下でキューバ危機を回避することに成功。一方で、ベトナム問題への介入方針がのちのベトナム戦争の原因を生み出したため、その政治手腕については毀誉褒貶が相半ばする。

1960年、アメリカ大統領選に民主党候補として立候補したケネディは、1957年にソ連に人工衛星の打ち上げに関して先を越されてしまった「スプートニク＝ショック」によって失われたアメリカ国民の自信を取り戻すことを公約として戦い、共和党候補のリチャード・ニクソンと大接戦の末、僅差で勝利を収めた。40代の若さで大統領となったことで就任時から国民の期待を集めたが、大統領選挙における不正やマフィアとの関係、マリリン・モンローとの不倫などスキャンダルの的にもされている。

1961年1月20日に行った大統領就任演説の中でケネディは「国家が諸君のために何ができるかを問わないで欲しい──諸君が国家のために何ができるのかを問うて欲しい」と語った。ソ連との冷戦構造の中でアメリカが自信を取り戻し、再び自由と豊かさを手にするためには、西部開拓時代のようなフロンティア精神と、国民一人一人の自己犠牲の精神が必要であると強調したのである。

しかし、それからわずか2年10カ月後の1963年11月22日金曜日、現地時間12時30分。テキサス州ダラス市内をパレードしているところを銃撃され、死亡してしまう。事件から50年以上が経った今もなお真相は明らかになっておらず、陰謀論などさまざまな議論が続いている。

Topic 1. ケネディのニューフロンティア政策とは、地理的なフロンティアではなく、戦争・差別・貧困などの目に見えないフロンティア、すなわちいまだ解決されていない問題を国民が自尊心を持って解決していこうというもの。その方針にのっとって、ケネディは黒人差別問題についてもメスを入れていった。
2. ケネディは、キューバ危機によってあわや第三次世界大戦に突入するかに思われた局面から世界を救った英雄として、また黒人の公民権運動に力を入れたリベラルな指導者として尊敬を受けているが、一方でベトナム戦争の間接的な原因を作り、アメリカの若者たちを戦争に駆り立てた張本人として批判の対象にもなっている。

革命は熟して落ちるリンゴではない。
リンゴが落ちるようにしなければならないのだ。

エルネスト・チェ・ゲバラ（1928〜1967）

革命の象徴となった壮絶な生き様

　現在もその生き様が映画などに取り上げられるなど、多くの人々を魅了し続けているエルネスト・チェ・ゲバラ（本名はエルネスト・ゲバラ・デ・ラ・セルナ）。キューバ革命を率いたフィデル・カストロ以上に労働者革命の象徴的・神話的存在とされ、ファッションアイコンなどにも多々取り上げられている。

　アルゼンチンの裕福な家庭に育ったゲバラは、幼いころには両親の書斎で左翼思想やマルクス主義と出会っていたという。青年となった当初は医学の道を志したが、チリ、ペルー、コロンビアの学生たちやハンセン病患者、ネイティブ・アメリカンなど多くの虐げられている人々との交流が、彼の中に資本主義への怒りと、労働者革命へ身を投じたいという願望を芽生えさせた。

　1955年7月、カストロと出会いラテン・アメリカ解放という共通の目標を分かち合う盟友となったゲバラは、やがてアメリカ合衆国の影響下にあったキューバのフルヘンシオ・バティスタ政権を打倒する武装解放闘争「キューバ革命」の中心的人物となっていった。革命を成功させたゲバラは、カストロの片腕的存在として大臣や国立銀行総裁などに就任し、キューバの秩序を再構築しようと奮闘したが、根っからのマルクス主義者だったことからソ連圏へ同調するカストロの現実路線の方針を拒み、1965年3月、カストロと袂を分かつことになった。

　掲出の言葉の意味はすなわち、革命とは積極的な行動によってのみ達成されるのであって、資本主義が内側から自壊するのを座して待っていても無意味だというもの。自由の身となったゲバラはその言葉の通り、世界のさまざまな国での革命に身を投じていく。アフリカ・コンゴで反政府勢力にゲリラ戦を指導すると、1967年には南米ボリビアへと出発、この地をアメリカ合衆国の支援を受ける独裁者たちとの戦いの拠点にしようとした。しかし同年10月、ゲバラ率いるゲリラ隊は政府軍に追い詰められ、ゲバラも銃弾に倒れることとなった。

Topic 1. 1956年11月の革命開始時点で、メキシコからキューバに渡ったカストロ軍はわずか82名しかおらず、しかも事前に上陸を察知していた政府軍によって上陸後間もなく多くの同志の命が奪われてしまった（何人生き残ったのかについては諸説ある）。
　　　2. 葉巻を愛好し、趣味は写真撮影。同じ部隊の軍医に譲ったニコンのカメラは、ハバナのカバーニャ要塞に保管されている。

もうここらでよか。

西郷隆盛（1828〜1877）

「明治維新最大の功労者」から「反乱軍の長」へ

　人間的魅力で多くの人々を惹きつけ、「明治維新最大の功労者」と呼ばれた西郷隆盛。その人柄ゆえに勝ち目のない「西南戦争」の首謀者に担ぎ上げられ、この戦においていよいよ追い詰められた西郷は、長年弟のように接してきた部下の別府晋介を振り返り、「晋どん、もうここらでよか」と言い、周囲がひざまずいて見守る中、襟を正して遥かに東に向かって拝礼した。別府は「ごめんなったもんし（お許しください）」と叫んで西郷の首を討ち、直後に自刃している。

　1828年1月23日、薩摩国鹿児島郡で下級藩士の第一子として生まれた西郷は早くから群方書役助（収税書記見習い）として働き、その仕事を通して知った農民たちの生活の苦しさを改善しようと建白書を提出する。これが当時の薩摩藩主で開明派として知られた島津斉彬の目にとまると、その庭方役（私設秘書官）に抜擢された。

　斉彬が急逝してからは島流しに遭うなど不遇な立場に置かれるが、1864年に赦免されると土佐の坂本龍馬の仲介で薩長同盟を締結。武力による倒幕に乗り出した。戊辰戦争に勝利すると、大総督府下参謀として関東へ向かい、勝海舟との交渉に臨んで江戸城無血開城を実現している。

　維新最大の立役者となった西郷は、廃藩置県、版籍奉還、徴兵制、学制発布、地租改正などさまざまな国家改造を主導するが、朝鮮への対応を巡って同郷の同志・大久保利通と対立。袂を分かち下野して鹿児島へと戻ってからは実質的な私設軍隊及び政治結社である「私学校」を設立。新政府に対する不平を抱く鹿児島の士族たちの頭領となり、鹿児島県はほぼ独立国のような様相を呈するようになる。そうして起こした西南戦争に敗れた西郷は「反乱軍の長」であったことから、維新の功績にもかかわらず靖国神社には合祀されていない。

Topic　1. 明治維新最大の功臣でありながら、明治新政府に対して反乱を起こしたことから、「維新の功臣、明治の逆臣」とも呼ばれた。
　　　　2. 西南戦争では、薩摩軍の将兵たち約300名が西郷のあとを追うようにして自刃または戦死したと伝えられる。その中には、勝海舟をして大久保利通に次ぐ傑物と言わしめた村田新八もいた。

政治・歴史 **018**

日本を今一度せんたくいたし申候事

坂本龍馬（1836〜1867）

日本を変えるべく幕末という時代を駆け抜けた

　掲出は坂本龍馬が姉の乙女にあてた手紙中の一節。日本という国の腐敗や停滞を一度リセットするような社会変革を起こす必要があるとの思いを「せんたく（洗濯）」という言葉で示すあたりに龍馬独特のユーモアが見て取れる。

　土佐藩を脱藩して志士として活動し、薩長同盟を成立させたことで明治維新の礎を築いた龍馬。1836年1月3日、土佐国土佐郡の郷士の家に生まれた龍馬の幼少期は気弱で泣き虫な少年だったが、長じてからは剣術の腕がめきめき上達し、1853年には江戸に自費遊学して北辰一刀流で目録を与えられている。同じころにペリー提督の黒船来航を経験すると、軍学家の佐久間象山の私塾に入るなどして日本を取り囲む国際情勢についての関心を高めていった。

　全国的に高まりを見せる尊皇攘夷運動に呼応する形で脱藩した龍馬は、江戸で開国論者の勝海舟を斬ろうと訪問したが、真剣に開国と海軍の必要性を説く海舟に感銘を受けて、その場で弟子となったという逸話が伝えられている（史実かどうかは定かではない）。1863年には海舟が設立した海軍塾の塾頭に就任、航海術などの専門知識を身につけた。八月十八日の政変で長州藩が朝敵とされる事態になると、龍馬は「日本が西欧列強の植民地にならないためには諸藩が力を合わせて富国強兵策を推し進めるべきだ」とし、中でも雄藩である薩摩と長州が仲違いしていては日本にとっての大きな損失だと考えた。そのため、龍馬は薩摩の西郷隆盛を頼って亀山社中（のちの海援隊）を結成し、薩長が互いに必要としている物を調達できる体制を整えつつ、互いの和解に力を尽くし、1866年、ついに薩長同盟が締結された。

　倒幕の機運が高まる中で、龍馬の頭にあったのは日本をできるだけ戦火に巻き込まずに、徳川幕府から政権を奪取することであった。そこで龍馬は土佐藩主山内容堂を動かして徳川慶喜に建白させ、大政奉還を成立させるに至ったのだが、そのわずか1カ月後、時代の大変革を目撃することなく刺客の凶刃に倒れたのだった。

Topic
1. この言葉が含まれている手紙の前後を読むと、龍馬の言う「せんたく」とは諸外国と通じて日本をダメにする悪い役人どもを打ち殺すことを意味していると取る向きもある。
2. 坂本龍馬は非常に筆まめな人物であり、100通以上の手紙が現存している。もっとも多く手紙を書いたのは姉の乙女へであり、彼女への手紙の中で勝海舟と出会ったときの感想を「日本第一の人物の弟子」になったと伝えている。

耐え難きを耐え、忍び難きを忍び

昭和天皇裕仁（1901〜1989）

全日本国民に伝えられた天皇の強き思い

　毎年8月15日が近付くと誰もが耳にするであろうこの一節。昭和天皇裕仁によりラジオ放送を通して戦争の終結が国民に伝えられたものである。日本においての終戦の日が、ポツダム宣言を受諾して正式に降伏文書に署名した（外務大臣の重光葵と陸軍参謀総長の梅津美治郎が署名）9月2日ではなく、玉音放送のあった8月15日とされているあたりに、国民にとっての天皇の存在の大きさが見て取れる。

　3年9カ月にわたって多くの尊い人命が犠牲となり、終局には人類史上初めて原子爆弾が使用されるなどの悲劇を生んだ太平洋戦争。昭和天皇は、これに先立つ1931年の満州事変から太平洋戦争終結に至るまでの14年間、大日本帝国の大元帥とされた。1901年4月29日、のちに第123代天皇・大正天皇となる嘉仁親王（明治天皇の皇太子）の第一皇男子として生を受け、大正天皇が47歳で崩御すると、1926年、25歳の若さで天皇に即位、時代は昭和と改元された。

　1928年、関東軍参謀らが張作霖爆殺事件を起こすと、元来平和主義者で争いを好まない性格の昭和天皇は軍部の暴走を大いに懸念したが、これはやがて次々に現実となっていく。関東軍参謀の石原莞爾が独断で満州事変を起こし、1926年には皇道派の将校たちが日本の行く末を憂えて二・二六事件を起こすなど、軍人が暴力に訴えて日本の政治的軌道を変えようとする事件が相次いだ。その後、日中戦争の泥沼に足を踏み入れると、昭和天皇はその拡大方針に大いなる懸念をあらわしたと伝えられる。さらに、日米開戦についても何とかこれを回避するよう望んでいたという。

　太平洋戦争において日本の敗色が濃厚になったころ、昭和天皇は断固たる決意をもって日本を終戦へと導いた。1945年8月9日から10日にかけての御前会議で、ポツダム宣言を受諾するか否かの話し合いが行われ、このとき政府と軍部においては降伏派と戦争続行派が対立して議論は紛糾。容易に決着しそうにないその様子から当時首相の鈴木貫太郎が昭和天皇に「聖断」を仰ぐと、ポツダム宣言受諾への賛同を表明。これをもって事実上の終戦が決定されたのであった。

Topic　ポツダム宣言受諾賛成の意を表明した昭和天皇は、その理由として以下の点を挙げた。開戦以来、陸海軍の言動が少なからず相違していること。参謀総長は本土決戦の備えは万全と言うが、それは視察した侍従武官の報告と相違していること。そのようでは、連合国に対する勝算はまずないこと。この理由を述べたあと、昭和天皇は落涙し、白い手袋をはめた手でその目をぬぐったという。

政治・歴史 **020**

ドイツがわがロシアに殲滅戦を望むのなら、同じことをあいつらにくれてやろうじゃないか。

ヨシフ・スターリン（1878〜1953）

ソビエト連邦という国を方向づけた恐怖の独裁者

　ヨシフ・スターリンは、ウラジーミル・レーニン亡きあとソビエト連邦の第2代最高指導者として絶対的な権力を掌握し、約20年にわたって独裁的かつ抑圧的な恐怖政治を敷いた政治家・軍人である。ロシア帝国の支配下にあったグルジア（現 ジョージア）のゴリ市で貧しい農民の子として生まれ、本姓はジュガシビリ。スターリンとはのちに自らがつけた筆名で「鋼鉄の人」を意味している。

　若き日のスターリンは、ロシア正教の神学校で教育を受けたのち無神論者へと転向、マルクス主義に傾倒し社会主義運動に参加していった。1902年以降は幾度もの流刑と脱獄を繰り返すほど反政府活動に邁進し、1912年にレーニン率いるロシア社会民主労働党（ボリシェヴィキ、のちの共産党）に加入すると、徐々に頭角をあらわしてレーニンの片腕としての地位を固めていく。しかし、晩年のレーニンは「スターリンはあまりにも野蛮」なため、彼を更迭する方法をよく考えておくようにと遺言に書き記すほど、その権力欲と残忍な性格はひとかたならぬものだった。

　掲出の言葉は1941年、第二次世界大戦中、モスクワの戦いにおける演説で語られたもので、レーニンの憂いたその気性の苛烈さが如実にあらわれている。翌年からはスターリングラード（現 ヴォルゴグラード）でドイツ率いる枢軸国軍を迎え撃ち、これを撃退した「スターリングラード攻防戦」は、第二次世界大戦の全局面における決定的な転換点となったともいわれ、スターリンにとってもっとも栄光に満ちた業績の一つである。

　1924年、レーニンの死後、レフ・トロツキーとの権力闘争に勝利したスターリンは共産党の主導権を掌握すると、1930年代後半には自身の権力基盤を盤石なものにするため、「大粛清」と呼ばれる大規模な政治弾圧を行い、数十万人にのぼる人々を処刑した。現在もスターリンの恐怖政治はロシア人にとって災厄であったと認識されている。

Topic　1. スターリングラード攻防戦は、第二次世界大戦を代表するばかりでなく、人類史上においても並外れて凄惨な大激戦となった。ナチス・ドイツが属する枢軸側の死者は約85万人、ソ連側の死者は約120万人にものぼったとされる。
　　　2. スターリングラードでの戦いに勝利したことで、スターリン率いるソ連は東ヨーロッパ諸国を次々にナチス・ドイツから解放し、自らの勢力圏へと吸収することに成功した。

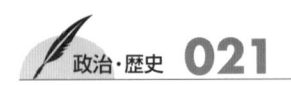

百戦百勝は善の善なる者に非ず。戦わずして人の兵を屈するは、善の善なる者なり。

孫武（紀元前535〜没年不詳）

現代にも通用する戦略思想

　さまざまな場面で引用されることの多い『孫子の兵法』。その戦略的思想は古今東西多くの戦略家・軍人たちに示唆を与え、2000年以上の時を経てもなお色褪せぬ実用性を保っている。兵器が格段に進化した現代の軍人たちにとっても孫子の兵法は有効性を失っていないとする評価があるほどだ。日本のビジネスマンたちも会社経営やビジネス戦略に応用し、中国語以外の諸外国語にも翻訳されて世界各国において広く読まれている。

　この『孫子』をあらわした孫子だが、実は「孫子」とは敬称であり、これを与えられた人物は二人存在している。春秋戦国時代に活躍した軍略家・孫武と、その孫でやはり軍略家として活躍した孫臏がそれで、そのため長らく『孫子』はどちらの作なのか、はたまた共作なのかと議論が戦わされてきた。だが、1972年になって『孫臏兵法』が独立して発見されたことで、『孫子』はほぼ間違いなく孫武によって書かれたものであることが判明した。

　孫武の名は『史記』や『呉越春秋』などの資料に見られる。呉の宰相・伍子胥の知己を得たのち、『孫子』をあらわし、その才を認められて呉の王・闔閭に将軍として登用されると、数々の戦いにおいて目覚ましい勝利を挙げ続け、戦略家としての名を中原に轟き渡らせたという。ただし、孫武の将軍としての事績については史実であったのかどうか今もなお議論がなされている。

　掲出の言葉は『孫子』の中でもその戦略思想の根幹を成す重要な考えである。この意味するところは「敵の軍隊を戦って負かすことは最良の選択肢ではない。なぜなら相手だけでなく自軍も傷つき、物量も消耗してしまうからだ。しかし、相手と戦わずに相手を降伏させることができれば、自軍も敵軍も人命を損なわず、また物量も消費せずに済む。これこそが作戦としては最善の策なのだ」というものである。

Topic 1. 『孫子』の内容を読んだ闔閭は、孫武を登用すると手始めに宮中の美女たちに軍の訓練を施すよう依頼した。ところが、孫武が美女たちに命令しても、彼女たちは可笑しがって笑うばかりで命令を聞こうとしなかった。すると、孫武は「命令が実行されないのは指揮官の罪である」と言って指揮官を斬ろうとしたが、闔閭がこれを止めたため、その代わりに王の寵愛を受けていた女性二人を斬り殺した。すると、以後、宮中の女性たちは粛々と命令に従うようになったという。
2. このエピソードは「孫子勒姫兵」と呼ばれるが、史実であったのかどうかについては議論がなされており、孫武の実在自体を疑う学者も多くいる。

政治・歴史 **022**

頼朝の首をはねてわが墓前に供えよ。

平清盛（1118〜1181）

諸行無常、盛者必衰

　日本史上初めて武家による政権を樹立すると、武士として初めて公卿となり太政大臣にまで上りつめた平清盛。その一族は栄華を極め、その様子を『平家物語』では「平家にあらずんば人にあらず」と記している。なお、これを言ったとされるのは清盛ではなくその義弟の平時忠であり、「人にあらず」というのも「出世できない」というぐらいの意味合いであった。

　1118年2月10日、伊勢平氏の頭領・平忠盛の長男として生を受けた清盛は、父の死後、平氏の棟梁として武士団を率いるようになる。1156年、崇徳上皇と後白河天皇の兄弟による皇位継承を巡る政争が始まると、清盛は河内源氏の武将・源義朝と組んで後白河天王側について戦い、勝利に貢献した（保元の乱）。その後、藤原信頼が源義朝と組んで後白河上皇を幽閉、清盛を引き立てた藤原信西を殺害すると、それを知った清盛はすぐさま京に戻って信頼と義朝の軍勢を打ち破り、義朝は都を落ち延びる途中で謀殺されることとなった（平治の乱）。以降、清盛は平氏の軍事力を背景にしてその権力基盤を盤石なものとし、みるみるうちに出世を遂げていく。姻戚関係も駆使して天皇の外戚としての立場を固めると、一族を次から次へと高位高官に就けて独裁的な政治を行うようになっていった。

　こうして平清盛と平家一門は日本史上で初めてとなる武家政権を樹立したものの、次第に「貴族化」していったため、多くの武士たちからの反感を買うようになる。1180年、後白河法皇の子である以仁王と源頼政が全国の武士に檄を飛ばして兵を挙げると、源義朝の子でその死後には伊豆に流されていた源頼朝がこれに呼応して挙兵。ここに源平争乱の幕が開いたのであった。

　清盛は、翌年3月、高熱におかされて病により死亡したが、『平家物語』によればその最後の言葉が掲出のものであったとされている。しかし、願いは叶わず平家は滅亡。頼朝は鎌倉幕府を樹立して、時代は源氏の世へと移っていった。

Topic 1. 源頼朝は、平治の乱のあと本来なら死一等に付されるはずであった。池禅尼がなぜ頼朝の助命を嘆願したのかについては諸説あって定かではないが、清盛は池禅尼が助命のために断食を始めたのを見て、仕方なくそれを受け入れたという。

2. 平氏一族は、壇ノ浦の戦いでほとんど滅んだが、清盛の男兄弟でただ一人、池禅尼を実母とする平頼盛だけが生き残った。これは、自らの助命を嘆願してくれた池禅尼への感謝の念を持っていた頼朝による計らいであるという。平頼盛は、平氏でありながら鎌倉幕府の御家人となった。

おもしろき　こともなき世を　おもしろく

高杉晋作（1839〜1867）

倒幕を目指し疾走した人生

　高杉晋作とは松下村塾からの学友でのちに日本国初代総理大臣となる伊藤博文は「動けば雷電の如く、発すれば風雨の如し」と晋作を評している。若き日から豪快かつ大胆不敵な生き様を貫いて幕府打倒の機運をつくり上げた乱世の英雄は、多士済々の幕末の志士たちの中にあって今も高い人気を集めている。掲出の一文は晋作の辞世の句と伝えられるもの。晋作を看病していた野村望東尼が下の句として「すみなすものは　心なりけり」と続けると、これを聞いた晋作は「おもしろいなあ」と言って息を引き取ったという。

　1839年9月27日、長門国の萩城下（現 山口県萩市）で生まれた晋作は、藩校明倫館で学問を学ぶとともに柳生新陰流剣術の免許皆伝を取得。1857年、のちに尊皇攘夷運動の学問的・精神的支柱となる吉田松陰が主宰する松下村塾においては、「学の久坂」に対して「識の高杉」と称されるほどであった。

　松陰が安政の大獄で処刑されると晋作はその遺志を継ぎ、見聞を広げるために幕府随行員として上海に渡るのだが、そこで清国が欧米の植民地と化しつつある状況に衝撃を受ける。日本を欧米列強の植民地としないためにも尊皇攘夷・富国強兵が必要であることを痛感した晋作は、帰国後さっそく品川に建設中だった英国公使館も焼き打ちし、関門海峡で外国船に対して砲撃を行ったりしている。

　1863年、八月十八日の政変によって長州藩が朝敵とされ、その責任から脱藩を余儀なくされた晋作だが、四カ国連合艦隊による下関砲撃が起こると長州藩に復して和議交渉に当たっている。藩内では幕府への恭順論が大勢を占め、尊攘派への弾圧が強まっていたが、それでも晋作は不退転の覚悟で挙兵。恭順派を武力によって追放し、藩の実権を掌握するとともに、藩論を「倒幕」に定めることに成功した。こののち、第二次長州征伐においては海軍総督に任じられて幕府艦隊と戦い、奇兵隊と報国隊を率いて幕府軍を追い払うなど活躍している。だが倒幕運動が本格化しようという矢先に肺結核を患った晋作は、1867年5月、大政奉還を待たずに29歳（数え年）という若さでこの世を去ったのだった。

Topic　1. 長州藩士として桂小五郎（のちの木戸孝允）、久坂玄瑞、伊藤俊輔（のちの伊藤博文）、井上馨らとともに尊皇攘夷運動に身を投じた晋作は、倒幕のために身分を問わない志願兵で組織された「奇兵隊」を設立。長州藩の軍事力を飛躍的に向上させている。
　　　　2.「死すべきときに死し、生くべきときに生くるは英雄豪傑のなすところである。両三年は軽挙妄動せずして、専ら学問をするがよい。その中には英雄の死すべき時が必ず来る」という晋作の言葉も残されており、彼が自ら英雄豪傑としての人生を生きようとしていたことがわかる。

政治・歴史 **024**

政治は数であり、数は力、力は金だ。

田中角栄（1918〜1993）

民主主義における納得しがたい真理

　田中角栄の政治における骨子ともいえる理念が、上の言葉が示す「数の論理」であった。これは民主主義のエッセンスを極めて単純化したもので、少数派との対話による意見のすり合わせや集約ではなく、多数決によって政治を動かしていくという考え方である。角栄は「数」を揃えるために実にさまざまな人心掌握の手段を用いたが、一方でそのことが腐敗した金権政治を生んだとする批判もある。

　高等小学校しか出ていない叩き上げでありながら内閣総理大臣にまで上り詰めたことで「今太閤」と呼ばれた角栄。1918年5月4日、新潟県刈羽郡に住む農家に生まれると、父の事業の失敗により極貧の生活を余儀なくされる。上京して住み込みで働きながら神田の中央工学校土木科（学校制度上の学校ではない専門学校の夜間部）で苦学したのち建築事務所に就職。兵役を経て田中建築事務所（のちの田中土建工業）を開設して独立する。その後、自身の会社の顧問だった代議士に薦められる形で国政へと進出し、1947年4月には国会議員として当選を果たす。

　その明晰な思考力、類い稀な記憶力、膨大な知識、何事も貫徹する不断の実行力を駆使して政界に確固たる地歩を築いていったことから「コンピューター付きブルドーザー」と呼ばれるようになった角栄は、郵政大臣、大蔵大臣を歴任したあと、1972年7月、ついに国政の頂点である内閣総理大臣に就任。以後、日中国交正常化、日中記者交換協定、金大中事件、第一次オイルショックなどさまざまな政治課題に対応し、角栄の率いた「田中派」は自民党最大規模の派閥へと成長し、日本の政治文化における一つのスタイルを築き上げたのだった。

Topic 1. 田中の政治団体「越山会」では、さまざまな公共事業に関する陳情を受けつけ、便宜を図っていた。地元の新潟の人々が陳情のためにバスで目白にある田中の私邸を訪ねることは「目白詣で」と呼ばれた。
2. 田中は驚異的とも言える記憶力の持ち主で、会ったことのある有権者については、名前だけでなく、家族の年齢、抱えている悩み、職業などを正確に思い出すことができたという。

20歳までに自由主義者でなければ 情熱が足りない。40歳までに 保守主義者でなければ知能が足りない。

ウィンストン・チャーチル（1874〜1965）

イギリス史上最大の危機を乗り越えた名首相

近年ではチャーチルの発言ではないというのが定説になりつつあるが、それでも掲出の言葉が根強く語り継がれているのは、これがチャーチルの生き様をあらわしているのと同時に、一定の真理を含んでいるからであろう。

父は公爵で保守党の政治家、母はアメリカ人投機家の娘という恵まれた境遇に生まれたチャーチルだが、幼少期は勉強することを嫌い、成績不振が続いたという。

勉強は苦手だったが、読書を好み、文才に恵まれていたため軍隊時代から体験談や小説を執筆（のちにノーベル文学賞を受賞している）。文筆で生きていく目処が立ったことなどを理由に軍隊を除隊するが、5年前に亡くなっていた父の遺志を継いで政治の世界に飛び込んでいった。下院議員として当選後、保守党から左派の自由党に籍を移したチャーチルはめきめきと頭角をあらわし、内相、商務相、植民地相などを務め、政界での地歩を固めていく。だが第一次世界大戦が勃発するころには頑強な反共産主義者・反社会主義者としての側面が顕著となり保守派に復帰。ナチス・ドイツが台頭し、ヨーロッパの平和を脅かしはじめた1938年のミュンヘン会談において、英国首相のネヴィル・チェンバレンがヒトラーのチェコ割譲要求を容認するとチャーチルはこれを猛烈に批判。戦争回避を目的としてヒトラーの言い分を聞いたチェンバレンの弱腰外交が仇となり第二次世界大戦が引き起こされたことで、チャーチルによる批判の正当性が示された。

その後、首相に就任したチャーチルは挙国一致内閣を組織。カリスマ的な統率力と政治的豪腕を振るって戦争の不安と恐怖の中にいた英国国民を鼓舞し、ドイツ軍の猛攻を退けて連合国の勝利に貢献したのであった。

Topic　1. チャーチルはボーア戦争に従軍した際、記者として活躍し、その文学的才能が世に認められた。作家としてのチャーチルの代表作は第二次世界大戦後に執筆した『第二次大戦回顧録』である。
2. 大の共産主義、社会主義嫌いだったチャーチルは、ロシアのボリシェヴィキについて「歴史上あらゆる僭主政のうちで最悪であり、最大の被害をもたらした、もっとも堕落した政権」であると断じている。

人の一生は、重荷を負うて遠き道をゆくがごとし。急ぐべからず。

徳川家康（1543〜1616）

機を待ち続け、長い天下を摑む

　幼いころには人質としての生活を送り、大名となってからも織田信長や豊臣秀吉らが天下取りへ向かうその陰で、じっと力を蓄えてきた徳川家康。掲出の言葉はそんな家康の生き方をまさしくあらわしたものであり、天下人を目指した同時代の戦国大名たちに比べて遥かに長い道のりを歩み続けることで戦国時代に終止符を打ち、世界史上にも例のないほどの長期にわたる戦乱のない時代をもたらした。

　1543年1月31日、三河国に松平広忠の子として生まれ、幼名は竹千代。弱小大名だった松平氏が、駿河国の今川氏や尾張国の織田氏らの顔色を窺うための道具として、数え年6歳から人質としての生活を強いられる。

　1560年に桶狭間の戦いで尾張の織田信長が今川義元を打ち破ると、今川家と断交して信長と同盟を結び、姓を徳川、名を家康と改める。ただし、このときの同盟は対等な関係ではなく、事実上家康が信長に従属する形であった。以後、家康は同盟軍として織田信長の天下統一事業を支えていった。それからも、武田信玄との三方ヶ原の戦いでは大敗を喫し、長男の信康が武田氏に通じているとの嫌疑をかけられれば、これを見殺しにする。本能寺の変以後の明智光秀討伐でも羽柴秀吉（豊臣秀吉）に先を越され、小牧・長久手の戦いでは織田信雄と結んで秀吉と戦いながらも最終的に秀吉に従属する道を選ぶなど、家康の人生は忍耐との戦いでもあった。

　北条氏の旧領である関東を譲り受けて江戸を開いてからも豊臣政権の五大老の一人としてこれを支えたが、秀吉の死去を以てようやく腰を上げることになる。1600年、関ヶ原の戦いにおいて石田三成の率いる西軍を撃破すると征夷大将軍に任じられて江戸幕府を開き、1615年には豊臣家の残党を大坂の陣で討ち滅ぼして、ついに天下統一を果たしたのだった。

Topic
1. 家康が辛抱強かったことをあらわす言葉はほかにも多い。『甲子夜話』には、信長の言葉として「鳴かぬなら殺してしまえ時鳥」、秀吉の言葉として「鳴かぬなら鳴かしてみしょう時鳥」とあり、家康の言葉は「鳴かぬなら鳴くまで待とう時鳥」であると紹介されている。
2. 「織田がつき　羽柴がこねし　天下餅　座りしままに　食うは徳川」という狂歌も残っており、家康がじっと辛抱しながら先人たちの振る舞いに学び、虎視眈々と天下を狙っていたさまが描かれている。

家康は愚か者だ。
が、油断のならない愚か者だ。

豊臣秀吉（1537〜1598）

下克上を果たした男が見た家康の恐ろしさ

　主君・織田信長が本能寺の変で死ぬと、その主犯とされる明智光秀を討伐し、これにより信長の事実上の後継者となった豊臣秀吉（当時は羽柴秀吉）。

　信長の次男である織田信雄を担ぐ徳川家康と小牧・長久手の戦いで相対すると、この戦いで家康を恐れた秀吉は和睦したのちに、自らの妹を家康の正室として娶らせると、実母の大政所を人質として送り家康を上洛させ、臣従させることに成功した。掲出の言葉はそのころのもので、秀吉の人物洞察眼の鋭さをあらわしている。己の才覚をフル活用して日本史上類例のない「下克上」を遂げた秀吉からすれば、辛抱強く鈍重なタイプの家康はチャンスを取りこぼす「愚か者」にも思えたが、しかしそれと同時に、チャンスを手にしさえすれば、いずれ豊臣家の敵となることを直感していたのであろう。

　秀吉は、尾張国の貧農の出と伝えられ、織田信長の父・信秀に足軽として仕えたことをきっかけにして出世の階段を駆け上り天下統一を成し遂げ、関白を甥の豊臣秀次に譲ったあとには「太閤」の称号で呼ばれるまでに至った。織田家に入るまでの経歴については、針売りなどの行商に従事していたと伝えられることもあるが、実際には謎に包まれた部分が多い。

　草履を懐に入れて温めておいたことで信長がその機転に感心したという逸話に代表されるように、生来の「人たらし」の才能に恵まれていた秀吉は、信長をはじめ周囲の者たちの歓心を買いながら徐々に頭角をあらわし、それと同時に美濃攻めにおける「一夜城」など軍事的才能を開花させていった。織田家の有力家臣である柴田勝家、丹羽長秀からそれぞれ一字をもらって「羽柴」姓を名乗り取り入ったあたりをみても、秀吉にとって人間観察力と人心掌握術が天下取りの大きな武器となったことがうかがえる。

Topic 1. 秀吉は、家康を五大老の一人に任命したうえ、嫡男・秀頼の後見人とした。秀吉は、自らの死後、五大老と五奉行が秀頼を補佐するように言い残したとされるが、結果的に後見人になった家康によって豊臣家は滅ぼさることになった。

2. 小牧・長久手の戦いのあと、家康は上洛して秀吉に臣従を誓ったが、軍事的に完全に服属したわけではなかった。秀吉による朝鮮出兵への不参加が決定すると、家康は着々と自国領の内政に努めて、軍事力と財力を蓄えた。

芸術は鏡ではなく、ハンマーである。映すのではなく、形をつくる。

レフ・トロツキー（1879〜1940）

革命に生き、革命に裏切られる

　ロシア革命からソビエト連邦建国に至るまでを思想と軍事の両面から支えたレフ・トロツキー。ウラジーミル・レーニンがもっとも信頼した同志としてボリシェヴィキ独裁体制の中核を担っている。上記の言葉はトロツキーの著書『文学と革命』に記されたもので、その芸術観のみならず、革命や人生そのものへの態度が如実にあらわれている。真の理想を実現するためには現状に安住せず、自ら積極的に行動し、一切の妥協を拒む。理想に殉じたその人生そのものが、ハンマーによって形作られた一つの作品だったと言えるかもしれない。

　軍事人民委員として赤軍を創設し、ボリシェヴィキの武装闘争においては類い稀なる軍事的才能を発揮したトロツキーだが、そうした武闘派のイメージとは裏腹に、当時の革命家たちの中で彼ほど芸術や学問に深い関心を示した者はいなかった。

　ユダヤ系の富農だった両親のもとに育てられたことが、そうした芸術的・学問的素養になったと考えられる。トロツキーは母親の強い希望によってまだ9歳のときにオデッサのドイツ人学校に入学すると、親類の縁故や知人からの援助を受けて有名校への進学も果たしたといわれているが、これは当時のロシアに生きるユダヤ人からすると極めて異例のことであり、両親の社会的地位がいかに高かったかを示している。

　学生時代のトロツキーは膨大な文学作品を読破したといわれるほどの読書家であり、そうした若いころに積み重ねた知的な営みが、のちに多くの支持者を生む「世界革命論（永久革命論）」の下地になっていった。彼の革命論は「ロシアのような後進地域で打ち立てられた社会主義革命は、そもそも資本主義が十分に発達していないために人民が資本主義の矛盾を理解しておらず、結局のところ維持していくのが難しくなる」という考えに基づく。そのため、先進国を含む世界規模で同時に社会主義革命を行い、全世界が社会主義化されるまで永続させるべきだとトロツキーは主張した。だが「ソ連一国での社会主義革命は可能だ」とするスターリンと激しく対立し、権力闘争に敗れて亡命した先のメキシコにおいて、スターリンの手の者により暗殺されたのだった。

Topic
1. レフという名前は英語における「レオン」と同義で、ライオンという意味を持つ。
2. 白軍との戦いを勝利に導いた軍事指導者でレーニンの後継者と目されていたトロツキーは、レーニン亡きあとの権力を掌握しようとするスターリンにとっては目の上のたんこぶであった。彼はレーニンが死ぬとすぐにスターリン派によって役職を解かれ、5年後には国外追放された。

ベルリンに到達したならば、私は直々にクソッタレのヘボ画家ヒトラーを撃ち殺してやるつもりだ。

ジョージ・パットン（1885～1945）

飾らぬ言葉が兵士たちの心に響く

　掲出はノルマンディー上陸作戦の直前、アメリカ合衆国の軍人ジョージ・パットンが第三軍に対して行った演説の一節。この一聴すると粗野で下品な演説は、将兵たちの士気を大いに高めたといわれ、フランクリン・J・シャフナー監督によるパットンの伝記映画『パットン大戦車軍団』の冒頭でもそのまま使われている。

　第二次世界大戦における幾多の戦いにおいて指揮を執り、類い稀なる軍略の才能を発揮したパットンは、由緒正しい軍人の家庭に生まれると、幼いころから将来は将軍になろうという志を持ち続けていたという。また輪廻転生を信じていたというパットンは、自身が連戦連勝でローマ最強の敵と伝えられるカルタゴのハンニバル将軍の生まれ変わりであり、これまでに何度も転生しては世界中の戦場で戦ってきたのだと主張していた。

　第一次世界大戦では、アメリカ初の戦車部隊の隊長として戦い、第二次世界大戦中には中将にまで昇格している。1940年、ベニート・ムッソリーニ率いるイタリアが北アフリカに侵攻すると、翌年にはナチス・ドイツも「砂漠の狐」と呼ばれたエルヴィン・ロンメル将軍率いる戦車軍団を同地に派遣、連合国側のイギリス軍を圧倒。そこでパットンはアメリカ第一機甲軍団を指揮してモロッコに上陸、英軍のモントゴメリー将軍と連携して、北アフリカにおける枢軸国軍の撃退に成功している。その後もイタリア戦役、ノルマンディー戦役で活躍し、特にノルマンディー上陸作戦決行のあとに第三軍司令官として指揮したコブラ作戦では、イギリス軍との連携によりドイツ軍を包囲してこれを殲滅する大勝利を飾っている。また1944年12月のバルジの戦いでは、動物的な勘でドイツが何を企んでいるかを察し、アメリカ第101空挺師団を救出。これもまたパットンの大きな功績の一つとされている。

Topic　勇猛な将軍として幾多の戦場を駆け抜けたパットンだったが、第二次世界大戦が終結すると間もなく自動車事故で急逝した。最期の言葉は、「（自動車事故は）軍人の死に様ではないな」だったと伝えられる。

政治・歴史 **030**

方法は見つける。なければ作る。

ハンニバル・バルカ（紀元前247～紀元前183）

人類史上最高の戦術家

　数々の戦いにおいて敵の意表を突く作戦を考案し、見事に勝利をつかんできた名将ハンニバル・バルカ。掲出はアルプス越えを敢行する際にハンニバルが兵士たちに告げたものとされていて、ハンニバルの考案した戦術は現在もなお軍事専門家の研究対象となっている。なお、その名前ハンニバルは「バアル神の恵み」、バルカは「雷光」を意味すると考えられている。

　第二次ポエニ戦争でカルタゴの指揮官として活躍し、その優れた戦術によってローマを相手に連戦連勝を重ねたハンニバル。第一次ポエニ戦争で勇名を馳せたカルタゴの将軍ハミルカルを父に持ち、26歳でカルタゴ軍の司令官に就任すると早速宿敵ローマへの挑発に出る。紀元前218年、ハンニバルは植民都市カルタゴ・ノヴァを出発、その軍勢は歩兵9万、騎兵1万2千のほか、戦闘に用いる象を37頭も引き連れていたという。

　こうしてハンニバル率いるカルタゴ軍は象に乗ってアルプスを越えてイタリア半島に侵攻するという奇抜な作戦を取り人々を驚かせ、各地でローマ軍を撃破して第二次ポエニ戦争の戦端が開かれた。紀元前216年には、ローマ軍とカンネーの決戦で戦い、巧みな戦法によって大勝利を収めている。

　だが、イタリア半島での戦いが長期化するにつれて兵力は疲弊し、武器も不足するようになり、ローマを直接攻撃するチャンスは遠のくばかり。ちょうどそのころ、ローマの将軍スキピオがヒスパニアでカルタゴ軍を撃破し、ハンニバルの隙を突いて北アフリカに侵攻したため、ハンニバルは急遽本国へ戻ったが、ザマの戦いでスキピオに大敗を喫してしまった。屈辱的な講和条件を飲むことになったハンニバルは、以後もカルタゴで内政に務めたものの、親ローマ派が台頭したことで小アジアのアンティオキアに亡命、紀元前183年に自殺している。

Topic
1. 第二次ポエニ戦争ではハンニバルの用いた戦術の数々が後世に語り継がれるほどのインパクトを残したため、この戦争は別名「ハンニバル戦争」とも呼ばれた。
2. ハンニバルによって長年苦しめられたローマは、ハンニバルが亡命したあともその命を狙い続けた。ハンニバルがビテュニアの宮廷に避難したあとも、ローマはその身柄を引き渡すよう要求したため、ハンニバルは毒をあおって自殺した。

現在の問題は演説や多数決ではなく、鉄と血によってのみ解決される。

オットー・フォン・ビスマルク（1815〜1898）

厳しい鉄血政策でドイツ統一を遂げる

「鉄血宰相」という異名で呼ばれ、プロイセンの皇帝ヴィルヘルム1世を助け、長年分裂していたドイツの統一を成し遂げた英雄オットー・フォン・ビスマルク。1860年、ヴィルヘルム1世に乞われる形でドイツの首相に就任すると、その数年後に掲出の「鉄と血」の演説を行っている。ここで語られている「現在の問題」とはドイツの統一のこと。「鉄」は銃・大砲・軍艦などの武器、「血」は兵士の流す血をそれぞれ意味している。

この言葉の通り、ビスマルクはデンマークへ侵攻してオーストリアを挑発すると普墺戦争に持ち込み、近代ドイツ陸軍の父と呼ばれる名将モルトケの力を借りて圧勝。その後もフランスからの介入を逆手に取って普仏戦争を勃発させると、フランス軍を圧倒し続けてパリに迫る快進撃を見せ、1871年1月、占領したベルサイユ宮殿においてヴィルヘルム1世の戴冠式を挙行、ドイツ帝国を成立させている。

1815年4月1日、プロイセン王国のシェーンハウゼンに住むユンカーの家庭に生まれたビスマルク。ユンカーとはドイツのエルベ川以東に存在した地主貴族のことで、プロイセン時代からナチスドイツ時代に至るまでの長きにわたってドイツの支配階級を輩出したことで知られる。このころのドイツは、17世紀前半に起きた三十年戦争の結果として300もの領邦に分かれたあと、19世紀初頭のナポレオン戦争後のウィーン議定書によって、35の君主国と4つの自由市から構成される「ドイツ連邦」となっていた。言うなれば100年以上も分裂した状態に置かれていたわけである。

だが、19世紀に入って産業革命がドイツにも伝播するとドイツ統一の機運が高まり、やがてそれはユンカーたちにも広まっていった。ビスマルクはそんなユンカー代表の一人であった。ドイツ帝国の樹立後はプロイセン首相に加えてドイツ帝国首相も兼務し、1890年に失脚するまで強力にドイツを指導。19世紀後半のヨーロッパに「ビスマルク体制」と呼ばれる国際関係を構築している。

Topic 1. ビスマルクは、当時のドイツにおいてドイツ統一を成し遂げた英雄として崇拝されていた。80歳の誕生日には9875通の祝電、4万5000通の手紙が届いたため、それに返信するために23人もの秘書を雇う必要があったという。

2. ビスマルクは30年の長きにわたって宰相としてドイツ帝国を率いたが、ヴィルヘルム1世の孫ヴィルヘルム2世と対立し、事実上罷免された。ヴィルヘルム2世の治世では国民のあいだに不満が高まったことでドイツ革命が発生、彼は退位を余儀なくされ、ドイツ帝国は崩壊した。

大衆は小さな嘘より大きな嘘にだまされやすい。なぜなら、彼らは小さな嘘は自分でもつくが、大きな嘘は怖くてつけないからだ。

アドルフ・ヒトラー（1889〜1945）

扇動の持つ恐ろしさを世界に知らしめた男

　国家社会主義ドイツ労働者党（通称：ナチス）の指導者としてドイツに一極集中の独裁体制を敷き、反ユダヤ主義的思想に基づくさまざまな政策によって第二次世界大戦のきっかけをつくった独裁者アドルフ・ヒトラー。掲出の言葉は、ヒトラーが『わが闘争』の中に記したもので、ヒトラーはこの言葉の通り「大きな嘘」をつくことによって大衆をだまし、全世界を戦乱の渦に巻き込んだ。

　オーストリア＝ハンガリー帝国の税官吏の父親の下に生まれ、平凡な少年時代を過ごし、まったく冴えない学業成績だった若き日のヒトラーは、自分には芸術的才能があると確信。画家になることを志して首都ウィーンに移り住んだものの、その生活は苦渋と挫折に満ちたものとなる。そうした中で次第に民主主義体制、資本主義体制、およびユダヤ人への敵愾心を抱くようになり、そのことが後年の思想に決定的な影響を与えることになった。

　第一次世界大戦が勃発して兵役に就き、のちに帰還兵への政治教育を行う部隊に配属されると、そこで初めて「演説」を行い、自らに類い稀なる演説の才能があることに気づいたという。「自分の使命はドイツを救うことだ」という妄念に取り憑かれたヒトラーは政界に進出、大衆を魅了する演説の才能を駆使して、熱狂的な支持者を増やしていった。

　1933年、かつて画家の卵に過ぎなかったヒトラーは選挙という民主的な手続きを経て、ついにドイツの首相に選出された。この時に発表された談話には、「国際社会との平和裏の共存」「ワイマール憲法の遵守」「共産党を弾圧しない」といった施政方針が盛り込まれていた。ところが、首相就任後、わずか数カ月でヒトラーは全権委任法を可決させたことにより実質的な独裁体制を確立、先に挙げた約束をすべて反故にしたのを皮切りに「大きな嘘」を重ね続けることになるのだった。

Topic　1. 典型的な独裁者として知られるヒトラーだが、首相になるためには大衆の人気を得て選挙で勝つ必要があった。そのため大衆を標的として、いかに彼らの心をつかむかに精力を傾注した。
　2. ヒトラー率いるナチスは、ラジオ、ポスター、映画などのマスメディアを駆使し、さらに様式美をそなえた制服やナチス式敬礼を導入するなど、大衆を煽動するためにあらゆる手段を講じた。

この世をば　我が世とぞ思う　もち月の　　かけたることも　なしと思えば

藤原道長（966～1028）

摂関政治で藤原家最盛期を築きあげる

　日本史上、もっとも栄耀栄華を極めた権力者は誰かと問われたときに、藤原道長の名前を挙げる人は少なくないだろう。

　掲出の和歌は1018年、道長の邸宅で催された威子（道長の三女）が後一条天皇の皇后となることが決まったことを祝う宴の席で、道長が詠んだとされるものである。「この世は私道長のためにあるようなもので、満月のように何も欠けておらず、足りないものはない」との意味で、朝廷内での敵がいなくなり、望むことは何でも叶う立場となった道長の有頂天ぶりが伝わってくるようである。

　飛鳥時代に中臣鎌足（のちに藤原姓を賜る）が中大兄皇子を乙巳の変で助けて以来、その子孫である藤原氏は朝廷における権力を次第に一点に集中させ、その総仕上げともいうべきものが「摂関政治」であった。摂関政治とは、自らの娘を天皇に嫁がせることで次代の天皇の父方の祖父（外戚）となって政治権力を掌握するシステムのことで、藤原氏は摂政や関白といった権力の最高位を代わる代わる引き継いでいった。

　道長は、その摂関政治の最盛期を築いた人物であるが、その人生の出発点は、むしろ権力からはほど遠い場所にあった。摂関政治の中心に立つためには、まず藤原北家のリーダーである氏長者になることが必須条件であったが、藤原兼家の五男として生まれた道長は上がつかえていたため、とうてい後継者になれるとは思われていなかった。ところが、兄たちが次々に病没したこと、また、道長の姉で一条天皇の母であった詮子が道長の後援者となったことで、道長の目前に幸運にも出世への道が開いたのだった。道長は、ライバルの藤原伊周との権力闘争に勝つと氏長者となり、3人の娘を天皇に嫁がせて外戚としての立場を盤石なものとし、この世の栄華を極め尽くしたといわれている。

Topic
1. 欠けているものは何もないと満悦した道長だったが、実はすでに病に冒されていた。数年後、自分の死期が近いと悟った道長は、死後は極楽に連れて行ってほしいと切望し、九体の阿弥陀如来の手と自分の手を糸でつなぎ、僧侶たちに読経してもらいながら亡くなったと伝えられる。栄耀栄華を極めた道長といえども、老いと死には抗えなかったのである。
2. 1017年、道長が病（糖尿病であったという）に冒されると、世の人々はそれを道長が失脚させてきた貴族たちの怨念のせいであると囁き、道長もそれを信じたため怨霊退散の祈禱を受けたが、彼の体はそれでも病に蝕まれていった。

私に自由を与えよ、しからずんば死を与えよ。

パトリック・ヘンリー（1736〜1799）

アメリカに今も受け継がれる"自由"という正義

　アメリカ独立戦争において武装蜂起を呼びかけ、指導者の一人として独立運動の先頭に立ったパトリック・ヘンリー。掲出の言葉は1775年、イギリス本国との武力衝突の可能性が高まった際に、新大陸最大の植民地でありもっとも急進派の多かったヴァージニア植民地で指導的立場にあるヘンリーが行った、いわゆる「自由か死か」演説からの一節である。植民地の自由を奪おうとするイギリス本国に隷従するくらいならば、死んだほうがマシであるというヘンリーの激越な台詞は人々の心の炎を燃え上がらせることになり、翌月には独立戦争が開戦。ヘンリーの言葉が独立戦争勃発の引き金となり、時代を大きく動かしていったのだ。

　1736年3月29日、アメリカ新大陸のヴァージニア植民地で生まれたヘンリーは、幼いころから父や牧師をしていた伯父から学問の手ほどきを受けたという。1760年、独学で弁護士となると、その巧みな弁舌によってみるみるうちに頭角をあらわし、その評判はヴァージニア全域に広まったとされる。

　そんな中、イギリス本国のジョージ・グレンヴィル内閣は、植民地に対して砂糖法や印紙法などによる課税を進めていた。ヴァージニア植民地では、こうしたイギリス本国による支配に対して怒りの声が湧き上がり、ヘンリーは人々の代弁者として一連の条例に対する反対運動の先頭に立つことになる。

　1765年、ヘンリーはヴァージニア議会で「代表なくして課税なし」を提案する。それまで北アメリカ東部に入植していた人々は、課税対象にされていながらも、本国の英国議会に対して議員を送る権限を与えられていなかったため、これを求めたものだった。だがその翌年、チャタム内閣が新たな植民地関税法案であるタウンゼンド諸法を制定すると、再び大規模な反対運動が起き、北米の入植者たちの間に独立の機運が高まって、ヘンリーもこれを指導していくのであった。

Topic
1. 「自由か死か」演説において、ヘンリーは前段でこう述べている。「皆さん、事態を酌量してみても無駄です。皆さんは平和、平和と叫ぶかもしれませんが、平和は決してありません。（中略）皆さんは何をしたいと思っておられるでしょうか。鉄鎖と奴隷化の代価であがなわれるほど、生命は高価であり平和は甘美なものでしょうか」。これに続けて有名な自由か死かという台詞が来る。ヘンリーが明確にイギリス本国との戦争を奨励していることがわかる。
2. アメリカ独立戦争の指導者の一人だったヘンリーだが、1787年に提示されたアメリカ合衆国憲法には異議を唱えたことで知られる。独立後の各州の主権や人民の権利が守られない可能性があることがその理由だった。徹底的に「自由」にこだわる人だったのだ。

余の辞書に不可能という
文字はない。

ナポレオン・ボナパルト1世（1769〜1821）

フランスの英雄が成し遂げた偉業とその限界

「余の辞書に不可能という文字はない」というナポレオン・ボナパルト1世によるこの言葉はもっともよく知られ、よく使われるセリフの一つであろう。

貧しい貴族の家に生まれながらも、その並外れた軍事的才能によって昇進を重ねてフランス皇帝にまで上りつめ、ヨーロッパ全土に支配領域を拡大しようとした稀代の政治家ナポレオン。彼は1769年8月15日、ジェノヴァ共和国からフランスに売却されたコルシカ島において、イタリアからの移民を先祖に持つ貧乏貴族の息子として生を受けている。父のカルロはコルシカ独立闘争でフランス側に転向したことにより特権を得ていて、ナポレオンはフランス本土で教育を受けることができたものの、「コルシカ島出身」という出自は若きナポレオンにとって大きなハンディキャップとなった。

9歳で陸軍幼年学校に入学すると、その5年後にはパリの陸軍士官学校に入学し、11カ月という驚異的な早さで全課程を修了している。のちの彼の人生に多大な影響を与えることになる砲兵術を学んだのも、この陸軍士官学校時代である。その後、フランス革命においてはイギリスとの戦いで武功を挙げ、やがて軍司令官にまで昇進する。

1796年にはオーストリア支配下のイタリアに遠征して南ネーデルラントとロンバルディアを征服。さらにエジプト遠征をも挙行したが、このころ、フランス革命によって生まれた総裁政府の権力基盤はかなり弱まっており、その隙に乗じたナポレオンはクーデターを行って第一統領に就任、フランス革命の終結を宣言した。

そうして1804年には、国民の幅広い支持を受けてついにナポレオン1世としてフランス皇帝に即位するに至った。

だが、即位後の驕慢さが仇となり、ナポレオンは1812年のロシア遠征に失敗したことをきっかけに没落していくのであった。

Topic　1. この名言は出典不明で、後世の創作であるという説もある。また、ほかに「不可能という文字は愚か者の辞書にのみ存在する」「フランス人は不可能という言葉を語ってはならない」と言っていたという説もあるが、いずれも定かではない。

　　　2. 現在では「英雄」としての評価が高いナポレオンだが、彼が引き起こしたナポレオン戦争では約200万人ともいわれる人命が失われたことで、当時は「食人鬼」「コルシカの悪魔」などと非難された。

愛されるよりも、恐れられるほうが安全だ。

ニッコロ・マキャヴェッリ（1469〜1527）

君主はどうあるべきか？

イタリア・ルネサンス期の政治思想家ニッコロ・マキャヴェッリが名著『君主論』に記したこの言葉。発想のモチーフとなったのは、優柔不断さがゆえに他国に攻め込まれてフィレンツェ陥落を招いた政治家ピエロ・ソデリーニの失政であったという。やたら友好を振りまくよりも危険な国と思われるほうがむしろ平和につながるというこの主張は、少なくとも小国に分裂し、隣接するフランスやスペインからの侵略があたりまえのように行われていたこの時代においては一つの正論であったと言えよう。

マキャヴェッリは、イタリアのルネサンス期に活躍した政治思想家で、『君主論』や『戦術論』などの著作で後世に名を残した。中でも1532年に刊行した『君主論』の根底にある、目的のために手段を選ばないとする「権謀術数主義」は、そのまま「マキャヴェリズム」と呼ばれ、現在もなお世界中で用いられている。

1469年、フィレンツェ共和国の貴族で法律家だった父のもとに生まれたマキャヴェッリ。フィレンツェを実質的に支配していたメディチ家が没落し、神権政治を行ったジロラモ・サヴォナローラが処刑されると、フィレンツェの市政は共和派が握り、マキャヴェッリは共和国元首ピエロ・ソデリーニの後ろ盾を得て外交官としてのキャリアを歩み始めた。1512年にフランスがイタリアに侵攻して勃発したイタリア戦争を契機にメディチ家の支配が復活すると、ソデリーニはなすすべなく逃亡し、後ろ盾を失ったマキャヴェッリは失脚してしまうのだが、この不遇な時代に執筆されたのが『君主論』であった。マキャヴェッリはその中でいかにして権力を維持すべきかについて考察し、君主たる者は強大な軍備を持ち、かつ陰謀家でなければならないと主張した。

Topic
1. 『君主論』はマキャヴェッリが復権したメディチ家に取り入って職を得ようとする目的で書かれたが、メディチ家から直接的な反応はなかったという。
2. 1525年にフランス王フランソワ1世がイタリアに侵攻すると、メディチ家はマキャヴェッリを政権に復帰させたが、神聖ローマ皇帝カール5世がイタリアに侵攻するとメディチ家が再びフィレンツェから追放され、マキャヴェッリもまた失脚。同年、失意のうちに死去した。

老兵は死なず、ただ消え去るのみ。

ダグラス・マッカーサー（1880〜1964）

日米の新たな関係を構築した米国の英雄

　トレードマークであった服装規定違反のフィリピン軍帽を被り、口にはコーンパイプをくわえて颯爽と厚木飛行場に降り立ち、敗戦国日本の占領政策に着手した連合国軍最高司令官ダグラス・マッカーサー陸軍元帥。第一次世界大戦ではヨーロッパに従軍、帰国後は39歳の若さで陸軍士官学校校長に就任すると陸軍参謀長まで昇進したが、1937年、57歳のときに退役している。

　しかし、日米関係が悪化したことを受けて1941年に現役復帰すると、フィリピン駐留極東軍司令官に就任。太平洋戦争勃発後、日本軍の攻撃を受けてフィリピン占領を許すという屈辱を受けたあと、オーストラリアへの撤退時にマッカーサーが残したといわれる「I shall return.（私は戻ってくる）」という言葉でもよく知られている。そしてその言葉通り、マッカーサーはフィリピンを日本軍から奪い返し、連合国軍最高司令官として日本の地に降り立つ。日本占領後は約2000日もの間滞在し、日本国憲法の制定、財閥の解体などさまざまな占領政策を指導、戦後日本の民主化を進めていった。

　1950年6月、朝鮮戦争が勃発したことを受け、当時アメリカで国民的英雄となっていたマッカーサーは国連軍最高司令官として陣頭指揮を執り、同年9月には賭博的ともいえる仁川上陸作戦を決行して大勢を逆転。ソウルを奪還して鴨緑江まで進軍したが、その後中国人民義勇軍の参戦を受けて後退に次ぐ後退を余儀なくされてしまう。マッカーサーは起死回生の策として中国領への原爆投下を主張したが、広島・長崎に続いてまたもやアジアに原子爆弾を投下すると人種偏見と取られかねないと危惧したハリー・S・トルーマン大統領の反対に遭い、その対立が元で解任された。

　掲出の言葉は1951年4月、ワシントンD.C.の上下両院合同会議で行われた退任演説からの一節。マッカーサーは、神の示すところに従って自らの任務を果たそうとした一人の老兵として、ただ軍歴を閉じて消え去っていくことを誇りに思っているという意味で、この言葉を述べたのだという。

Topic 1. このフレーズは、元々マッカーサーがウェストポイントの陸軍士官学校にいたころに兵士の間で流行っていた風刺画から引用したものだという。

2. 国民的英雄だったマッカーサーは、この演説を終えて議場を出るとパレードを行い、実に50万人もの市民が集まって彼の退任を惜しんだ。また、その翌日にはニューヨークでもパレードが行われたが、そこには約700万人もの市民が集まったという。

生まれたときから、肌の色や育ち、宗教で他人を憎む人などいない。人は憎むことを学ぶのだ。もし憎しみを学べるのなら、愛を教えることもできる。愛は、憎しみに比べ、より自然に人間の心に届く。

ネルソン・マンデラ（1918〜2013）

囚われながらもアパルトヘイト廃止を成し遂げる

　1994年、ネルソン・マンデラは黒人蔑視の人種主義に基づいた人種隔離政策「アパルトヘイト」を撤廃させる戦いに勝利し、黒人として初めて南アフリカ共和国大統領に就任した。掲出の言葉はその就任演説で述べたものである。

　1918年7月18日、南アフリカ現地民族の一つであるテンブ人の首長の子どもとして生まれたマンデラは、父から首長として身につけるべきさまざまな知識や素養を授かり、このことがのちの反アパルトヘイト運動の下地となったといわれる。

　1938年、黒人エリートたちのためのフォート・ヘア大学に進学し、ウィットワーテルスランド大学でも法学を修めると、1944年にはアフリカ民族会議（ANC）に入党して反アパルトヘイト運動に身を投じる。

　1960年3月21日、数千人もの黒人群衆が警察署前で抗議行動を起こすと、解散の警告に従わないことから警察は発砲を開始。69人が死亡、180人以上が負傷した「シャープビル虐殺事件」が起きたことをきっかけに、マンデラはガンディー風の非暴力的な運動を武装闘争へと転換した。のちにこの3月21日は、国連総会によって国際人種差別撤廃デーと定められている。

　1961年には「民族の槍」という軍事組織を設立し初代司令官となったマンデラだが、1963年に逮捕されると、その後27年間にもおよぶ獄中生活を余儀なくされている。マンデラが獄中にいる間も大規模な黒人蜂起は続き、国際的な非難が高まっていった。そして1990年、当時の南アフリカ大統領フレデリック・ウィレム・デクラークはマンデラの釈放を決定。さらに人種登録法、集団地域法、原住民土地法というアパルトヘイト政策の根幹を成す三つの法律を廃止した。

Topic
1. 人種間の和解に乗り出したデクラーク大統領は、マンデラ釈放後の選挙でANCに敗れたものの、マンデラ政権で副大統領に就任。1993年にはネルソン・マンデラとともにノーベル平和賞を受賞している。
2. ネルソン・マンデラは大統領就任時、すでに76歳の高齢だったため、就任してから5年後には政界を引退した。

ふだんから本番のように。
本番はふだんのように。

宮本武蔵（1584〜1645）

無敵の剣豪が説く、すべてのことに通ずる極意

　佐々木小次郎との巌流島での決闘、京都の吉岡一門との戦いなど伝説的な逸話を数多く持ち、多くの小説、漫画、映画、ドラマなどに取り上げられ、無敵の剣豪としてのイメージが定着している宮本武蔵だが、実はその出自はあまり定かでない。

　1584年ごろに生まれ、戦国時代の剣豪・新免無二斎の子とされているが、実子なのか、それとも養子なのかもはっきりしておらず、日本人の間でよく知られている宮本武蔵の伝説的な逸話の数々は、ほとんどが武蔵の著したとされる兵法書『五輪書』や、死後100年が経過したあとに書かれた伝記『二天記』を出典とし、また、それらを底本とした大ベストセラー小説『宮本武蔵』の作者である吉川英治によって創作されたフィクションも含まれている。

　史実であるかどうかはさておき、よく知られている宮本武蔵の生涯は、剣客としての華々しい戦績に満ちている。若年より諸国を放浪して武者修行に励み、両手に刀を持つ「二刀流」を編み出して、二天一流という剣術流派の開祖となった。生涯にわたり六十数度の勝負を行ったが、一度も負けたことがなかったという。

　晩年は細川家に仕え、1643年から2年ほどをかけて自身が極めた剣術の奥義を記したとされるのが『五輪書』であり、掲出の言葉は同書の『水の巻』に収められているものである。武蔵が本当に強かったかどうかはさておいて、この言葉は現代のアスリートや音楽家など、いわゆる無我の境地の絶対集中状態である「ゾーン」を求められる人々にとっても有効なのではないだろうか。

　なお、武蔵は、剣術以外にも芸術の才に富み、多くの水墨画を残しており、その一部は重要文化財に指定されている。

Topic　最強の剣豪・宮本武蔵のイメージを決定づけ普及させた吉川英治の小説『宮本武蔵』には、吉川によって創作された架空の人物も多く登場し、また吉岡一門を武蔵が全滅させた、佐々木小次郎を巌流島で倒したなどの逸話自体も史実かどうかはよくわかっていない。

朕には辞職はない。

明治天皇睦仁（1852～1912）

君主たる責任を最後まで負い続ける覚悟

　1901年、内閣総理大臣だった伊藤博文が閣内対立を理由に総理の座を投げだそうとした際に、明治天皇は「朕には辞職はない」と語っている。「朕」は天皇だけが用いる一人称。政治家たちは何かにつけて辞職、辞職と騒ぐが、立憲君主である天皇に辞職はない。不都合があるからといって辞めればよいというのは無責任な発想である、と戒めたわけである。

　明治維新によってそれまでの幕藩体制が崩壊し、極東の小国だった日本が欧米列強に比肩しうる近代国家たらんと文明開化、富国強兵に邁進していった明治時代。その時代に「近代日本」の指導者として仰がれたのが、明治天皇睦仁であった。

　明治天皇は1852年11月3日、孝明天皇の第二皇子として出生した。攘夷論者であった父が崩御すると、幕末の激動の時代にわずか16歳で即位し、以後、大政奉還の上奏への勅許、王政復古の大号令、旧幕府征討令、五箇条の御誓文発布、東京への遷都、版籍奉還および廃藩置県など、日本の政治体制が大転換する時代の重要な国務を指令する立場に立たされることとなった。初めのうちは、木戸孝允や岩倉具視など維新の元勲と呼ばれる人々に従順に振る舞っていたものの、成長するにつれ、質素を重んじ自己を厳しく律する文武両道の天皇として、宮中の後宮勢力の排除、旧習の廃止など宮廷改革に乗り出すなど、近代国家の君主としての新しい「天皇像」が形成されていく。

　明治天皇の人生は、そのまま近代国家日本の波乱に満ちた道程とリンクしている。1882年、軍人勅諭において天皇が日本の軍隊の統帥権を持つことが規定され、1890年に施行された大日本帝国憲法では、日本の歴史で初めて天皇に属する権限である「天皇大権」が明示されることにより、立憲君主制の体制がいよいよ確立されることとなった。

　1894年、ついに日本が他国との戦争を経験することになった日清戦争において、明治天皇は広島の大本営で直接指揮を執り戦争を勝利に導いている。さらに、1904年には大国ロシアとの日露戦争が勃発、近代化して間もない日本がロシアと互角以上に戦うという快挙を成し遂げた。これもひとえにカリスマ的な指導者であり象徴でもあった明治天皇が、明治の日本人の心の支えになっていたからだと考える人は多い。

Topic 1. この名言は、天皇の終身在位を皇室典範に定めた伊藤博文に対する皮肉だったという説がある。明治天皇からこう言われた伊藤は、非常に畏れかしこまったという。
　　　2. 長年にわたって「辞職がない」時代が続いた天皇だが、平成時代の明仁天皇（現 上皇）のときに天皇の退位等に関する皇室典範特例法が可決され、退位が認められることになった。

「道、きいて途に説く」ようななまかじりの知識をもつと、すぐ自分こそ「天下第一」とうぬぼれるが、これはその身のほど知らずをよく示すにすぎない。

毛沢東（1893〜1976）

民族の星か？　恐怖の独裁者か？

　中国共産党の創立党員の一人として、中国大陸に中華人民共和国を建国、生涯にわたって同国の最高指導者として君臨し続けた毛沢東。掲出の言葉は、毛が1937年に著した論文『実践論』の中に見られる一節で、「道ばたで聞いた話をその真偽を確かめもせずに道すがら会う人に話すこと」を軽挙妄動として戒めたものとされる。

　いわゆる知識人階級の出身だった周恩来や陳独秀らの革命家が学問一筋であったのとは異なって、地方の地主の家庭に生まれた毛は裕福ではあったが、父によって労働に従事させられ、辛亥革命で兵役に就いたことなどから、ほかの生徒たちに後れを取りながら苦労の末に学問を修めたという。こうした経験が、毛沢東の文化教養の世界に対する羨望と敵意の入り交じった複雑な見方を形成させたのではないかとみられている。

　やがて、毛は北京に上京して司書補として働きながらナショナリズム、マルクス主義、共産主義に傾倒していき、故郷に帰って歴史教師として働いたあと、1921年に中国共産党の結党に参加。その後はコミンテルンの指示に忠実な共産党内の主流派を排除することに成功、中国共産党の主導権を握ると国民党や日本軍との戦いに従事しながら、土地改革を進めて農民層からの支持を徐々に拡大していった。

　太平洋戦争が終結すると1949年に中華人民共和国を建国、国家主席に就任してさまざまな政策に着手したが、その政治的業績は現在も毀誉褒貶に満ちている。

　毛が主導した大躍進政策は数千万人ともいわれる未曾有の餓死者を出して失敗。その責任を取って国家主席の座を譲り、その後、自らの権力回復を企図して始めた文化大革命では、文化・宗教的な財産の徹底的な破壊のみならず、中国全土で大量の殺戮、粛清、内乱が行われ、数百万から1千万人以上の犠牲者を出したといわれる。仮に、こうした失政を秘匿するために掲出の言葉を記したのであれば、それはまた恐ろしいことではある。

Topic 　1.「偉大な舵取り」という異名を取った毛沢東だが、自身の経済政策の失敗で猛烈な批判を浴びたあと、政治的に復権を果たすために敵対勢力に対して激しい弾圧を行った。それでもなお毛の死後、中国共産党はある決議の中で毛沢東を「功績第一、誤り第二（功績のほうが誤りよりも大きい）」と評価した。

　2.しかし、同決議の中で毛沢東の主導した文化大革命は、「党と国家と各民族人民に多大な災難をもたらした内乱」であるとし、同政策は完全な誤りであったと断じてもいる。

政治・歴史 **042**

半年や1年は暴れてみます。

山本五十六（1884〜1943）

軍人でありながら戦争回避を求め続ける

　　連合艦隊司令長官としてハワイ真珠湾奇襲攻撃を立案・実行して一躍国民的英雄となった海軍大将山本五十六は、その実、1919年にアメリカ駐在を任じられてハーバード大学に留学していた経験から、日米の国力の差を熟知するとともに冷静な分析をしていたといわれる。そのため、常日頃から対米戦は不可であるとも主張していた。

　　そんな山本がときの近衛文麿首相から日米戦争の勝算について聞かれた際の答えはおよそ以下の通りである。「是非やれと言われれば、初めの半年や1年くらいはずいぶん暴れてご覧に入れます。しかしながら、2年、3年となれば全く勝つ確信は持てません」。これに加えて、山本はそのようなわけだから日米開戦はできるだけ回避してもらいたいと近衛に伝えたという。

　　山本は一貫して日独伊三国同盟の締結に反対し続けていた。そうした同盟を結ぶことでアメリカを刺激し、日米の間に戦端が開かれる確率が高くなることを恐れていたのである。そんな山本の憂慮も空しく、1940年8月、日独伊三国同盟は調印されてしまう。このとき山本は日本の行く末を悲観し、友人に向かって「（前略）恐らく私は旗艦長門の上で戦死する。そのころまでには東京は何度も破壊され最悪の状態が来る」と告げたとされる。

　　山本は超大国アメリカに勝つにはどうしたらいいのかを考え抜いた挙げ句、真珠湾奇襲攻撃を考案。「これを成功させる以外に勝算はない、認められないのなら辞任する」と迫り、作戦は許可された。真珠湾攻撃は成功裏に終わったものの徐々に国力の差は現実となってミッドウェー海戦における日本の大敗北につながる。そして、山本もまた1943年4月にブーゲンビル島上空で戦死している。

Topic　山本五十六の名言としては「やってみせ　言って聞かせて　させてみて　ほめてやらねば　人は動かじ」というものもある。これは山本が部下に仕事を教える際の心得であった。

戦争に負けて、外交に勝った歴史はある。

吉田茂（1878～1967）

戦後日本の国際的な位置取りを決定づけた名宰相

　吉田茂は日本が再び国際的に認められる日が来るまでは「戦争に負けても外交で勝つ」と、GHQのマッカーサー元帥に対して「よき敗者」として振る舞い続け、GHQの改革に協力し続けた。朝鮮戦争の勃発を機に結ばれた日本に有利な講和条約は、まさにそんな吉田の外交感覚の賜物であったと言えるだろう。

　戦後の混乱期に日本の舵を取り、サンフランシスコ講和条約および日米安全保障条約に調印、戦後日本の国際的な位置取りを決定づけた名宰相。1878年9月22日、まだ「東京府」と呼ばれていたころの東京・神田で自由民権運動の闘士だった竹内綱の五男として生まれるが、父が反政府運動にかかわったことで投獄されたあとは、父の親友だった貿易商・吉田健三の養子となったことで吉田姓を名乗っている。

　義母に厳しく育てられた吉田は、早くから外交官になる志望を固め、東京帝国大学法科大学政治科を卒業すると外務省に入省する。外交官としては、首席で合格した同期の広田弘毅に比べると、あまり高い評価を受けることはなかった。

　英国相手の貿易商だった義父と、妻の父である政治家、牧野伸顕の影響を受けていた吉田は外交的には覇権国である英米との協調路線を提唱。日独防共協定や日独伊三国同盟に反対するなどし、そのため軍部からは「親英米派」とみなされ冷遇されたという。1939年には外交官を依願退官して終戦工作に従事するが、戦後になると一転して吉田の反軍部的な姿勢が評価されるようになり、東久邇宮内閣において外務大臣に就任、1946年5月には組閣の大命が下り、内閣総理大臣に任命された。

　以後、日本社会党に第一党を奪われたことがあったものの、1954年12月10日までの間に五次にわたって内閣を組織し、首相在任期間は実に2616日にもおよんだ。

Topic　1. 吉田茂は、マッカーサーから「Dear Mr.Prime Minister Yoshida」で始まる書簡を受け取ると、それを「親愛なる吉田総理」と直訳させて親密ぶりをアピールしようとしたが、英語のDearは単に「拝啓」程度の意味でしかなく、そのことを知ったマッカーサーは以後手紙からDearを削除させたという。
　2. 吉田は、サンフランシスコ講和条約に池田勇人蔵相ら5名とともに調印後、別の場所で日米安全保障条約の調印に臨んだが、池田らには同席させず、たった一人で署名を行った。これは、安保条約反対派の非難から他の全権委員らを守るための計らいだった。

人民の人民による
人民のための政治

エイブラハム・リンカーン（1809〜1865）

民主主義政治をあらわす世界でもっとも有名なフレーズ

　今なおアメリカ合衆国における「もっとも偉大な大統領」の一人に挙げられることの多いエイブラハム・リンカーン。南北戦争最大の激戦地となったゲティスバーグの戦場跡地で行われた「ゲティスバーグ演説」からの一節「人民の人民による人民のための政治」の言葉は広く世代を超えて受け継がれている。

　若いころから船頭、商店の経営（事業に失敗し倒産を経験している）、郵便局員、見張りなどさまざまな職業を転々としていたリンカーン。ある日、船頭に従事していたときに黒人奴隷売買を目撃して深い怒りを覚えたことが、彼の人生に多大な影響を与えることになったといわれている。

　リンカーンが受けた正式な教育は巡回教師から受ける約1年分だけで、それ以外は自身の読書熱に駆り立てられた独学によるものであったというが、20代ですでに政治家を志してイリノイ州議会議員選挙に出馬、二度目で初当選している。1837年にはイリノイの首都スプリングフィールドで法廷弁護士となり、以後20年間にわたって活動した。30代は下院議員選挙に3回連続で落選、40代で副大統領選挙及び上院議員選挙に挑戦するも落選続きという挫折の連続であったが、1861年3月4日、51歳のときついにアメリカ合衆国大統領に就任した。まさに苦学の人であり、立志伝中の人であった。

　ところが明確に奴隷制に反対するリンカーンが大統領に就任したことは、アメリカ全土に大きな波紋を生んだ。奴隷制に賛成する南部諸州が連邦を離脱し、南北戦争が開戦されたのである。そんな南北戦争に勝利して合衆国の分裂という未曾有の危機を回避したリンカーンだが、1865年4月14日、狂信的な南部連合支持者が放った凶弾を受け、翌朝人生の幕を閉じることとなった。

Topic 1. ゲティスバーグ演説はわずか272語、約2分間という非常に短いスピーチであった。
2. リンカーンは祈るような小さな声で演説したため、その場では多くの人が聞き取れておらず、のちに記者が記事にしたことで知られるようになった。
3. リンカーンが暗殺されたのは、南軍のロバート・エドワード・リー将軍が降伏してからわずか6日後だった。

我々が恐れなければいけない唯一のものは、恐れそれ自体だ。

フランクリン・デラノ・ルーズヴェルト（1882〜1945）

世界恐慌からアメリカを救う

　アメリカ合衆国史上ただ一人4選した大統領である、フランクリン・デラノ・ルーズヴェルト。掲出の言葉はその第1回の大統領就任演説で生まれたのである。世界恐慌に襲われたアメリカ経済を救うため、何よりも大切なのは自分たちアメリカ国民が心に恐れを抱かないことであり、恐れを克服して前進するように呼びかけたものであった。

　1882年1月30日、ニューヨーク州北部のハイドパークで裕福な家庭に生まれたルーズヴェルト。父は鉄道会社の副社長であり、父方の先祖にはアメリカ合衆国憲法制定会議のメンバーがいるという名家であった。ハーバード大学に続いてコロンビア大学ロースクールを卒業し、法律事務所で働いたあと、1910年にダッチェス郡から州上院に出馬して政界に進出。第一次世界大戦が勃発すると民主党のウィルソン大統領の政権で海軍次官に任命され、アメリカ海軍の拡張に力を尽くした。1920年には副大統領候補に選出されたが民主党候補が大敗したことでいったん政界から身を引いて弁護士に専念している。1928年にはニューヨーク州知事選に出馬して当選、政界に復帰した。

　アメリカでは、1920年代の大戦後の好況により生産過剰が起き、その影響から物価が下落して農業不況が起きるとともに、世界各国が保護貿易主義に転換していたため世界市場に打って出ることもかなわなかったのである。またソ連で社会主義圏が成立し、アジアでも民族資本が成長したためにアメリカの市場規模が縮小、これを受けて企業も生産を減少させたため、失業者が増えるという悪循環に陥ってしまった。さらに1929年10月24日、ニューヨーク株式取引所で株式が「暗黒の木曜日」と呼ばれる大暴落を起こし、世界恐慌が始まった。企業の倒産、銀行の閉鎖、経済不況などが連鎖的に発生。アメリカでは実に1300万人もの失業者を生むことになった。ルーズヴェルトは、そのような状況下で1932年に「ニューディール」と呼ばれる政策を掲げて民主党から大統領選に立候補し、共和党のフーヴァー候補に大差をつけて勝利。アメリカの舵を取って景気の回復に努め、さまざまな社会改革を推進していくことになる。

Topic　1. 1920年にいったん政界を引退したあとポリオ（急性灰白髄炎）を発症してしまい、その後遺症から下半身がほとんど麻痺した状態となった。そのため日常的に車椅子を使用していたが、自身の車椅子姿を見られることを嫌がり、さまざまな工夫でそうした姿を知られないようにした。
　2. 歴代アメリカ大統領の中でも人気投票で上位に入るほどの人気を誇る大統領であるが、アジア人、特に日本人への根強い差別感情を抱いていたことで知られる。太平洋戦争が開戦した際には、アメリカ国内及びアメリカの影響下にあった中南米諸国において、日系人を強制収容する政策を行っている。

国家がある限り、自由は無い。
国家の消滅が、自由を打ち立てるのだ。

ウラジーミル・イリイチ・レーニン（1870〜1924）

社会主義国家を築いた革命家の真の理想とは？

ロシア社会民主労働党（ボリシェヴィキ、のちの共産党）を率いて十月革命を成功に導き、人類史上初の社会主義国家であるソビエト連邦の初代指導者となったウラジーミル・イリイチ・レーニン（本名はウラジーミル・イリイチ・ウリヤノフ。レーニンは筆名）。掲出の言葉はレーニンが著した『国家と革命』の中で語られているものだが、これを見れば明らかなように、レーニンは最終的には国家というものが消滅した共産社会を理想としていた。

1870年、ヴォルガ河畔のシンビルスク（現 ウリヤノフスク）に生まれたレーニン。父親はロマノフ王朝下で学者としての功績を評価されて貴族に列せられた地元の名士であり、当然ながらレーニン自身も貴族階級に属していた。だが、進歩的な価値観を持っていた父親は子どもたちに、階級制度への疑念や下層階級への哀れみ、迫害されている異民族への同情などを教えたため、若き日のレーニンの中には貴族でありながらもマルクス主義へと傾倒していく下地が形成されていった。

のちに反政府活動を行ったことで処刑されることになる兄・アレクサンドルから多大な影響を受けたレーニンは、早くから社会主義運動に参加し、合法的マルクス主義を批判しつつ、逮捕とシベリア流刑を経験しながら、多くの著作を執筆して独自の革命理論を醸成していった。1917年、レーニン率いるボリシェヴィキは十月革命に成功し、ソビエト政府を樹立、世界初の社会主義国家が誕生した。既存の国家（ロマノフ王朝）を打倒して新たに作られた国家であるソビエト連邦は、掲出の言葉とは裏腹に国家権力が中央に集中した独裁国家となり、新局面を拓くことなく崩壊に至っている。

Topic 1. レーニンが理想としていたプロレタリア独裁国家は、読み書きや四則演算ができる人間なら誰でも公選によって交代制で統治する社会システムだったという。
2. 彼の提唱するプロレタリア独裁国家では、官僚制度、警察機構、軍隊などは廃止され、労働者が立法・行政・司法を結合して、路上で困っている子どもを隣人が助けるような一般大衆による相互扶助の精神に基づいて統治されることが想定されていた。

司令官たるもの前線で指揮を執れ。

エルヴィン・ロンメル（1891〜1944）

「砂漠の狐」が見せた騎士道精神

「砂漠の狐」の異名で呼ばれたナチス・ドイツの野戦指揮官エルヴィン・ロンメル。掲出の言葉はロンメルの将軍としての資質、カリスマ性の高さを窺わせる。司令官としての死を恐れぬ果敢な姿勢により、その名は世界的な名将として知れ渡ることとなった。

　幼少期は病弱で大人しい性格のうえ、勉強を好まなかったというロンメルだが、1910年にヴュルテンベルク王国陸軍第六歩兵連隊へ士官候補生として入隊すると、徐々に優れた指揮官としての資質を現し始める。第一次世界大戦では数々の武功を立て、その勇猛果敢な戦いぶりからいくつもの勲章も受けた。大戦末期には幹部候補の一人として司令部付の参謀となり、終戦後はドレスデン歩兵学校教官として教壇にも立った。

　ナチスがドイツの政権を奪取し、ヒトラーが独裁政権を確立すると、1938年にはヒトラーの親衛隊長を務めている。第二次世界大戦が勃発するとロンメルは装甲師団長として指揮を執り、西方電撃戦、アラスの戦い、ダンケルク包囲戦、シェルブールへの進撃などに従事し、ナチス・ドイツによるフランス制圧に貢献。フランス戦のあとは、リビアのドイツアフリカ軍団長に任命されて北アフリカにおける砂漠戦に従事し、北アフリカでは「砂漠の狐」の異名を取るほどの大活躍を見せ、イギリス軍をエジプトに追いやった。「ガザラの戦い」ではイギリス軍将兵約10万人が死傷する大損害を与えた、ロンメルの並外れた軍功にヒトラーは感銘を受け、戦争開始前には少将だった彼を史上最年少で元帥にまで昇進させている。

　ロンメルの将軍としての名声は世界的なものとなったが、その後はイギリス軍およびアメリカ軍が盛り返し、徐々に劣勢に立たされるようになる。チュニジアへの退却を余儀なくされた1943年にはドイツ本国へ呼び戻された。終戦間近となった1944年、ヒトラー暗殺未遂事件が勃発すると、これへの関与を疑われたロンメル。「裁判か、名誉の自殺か」と迫られると家族の安全を約束させたうえで自ら毒を飲んで自殺している。

Topic　第二次世界大戦当時の英国首相ウィンストン・チャーチルは、ロンメルについて「天才的な能力を持った男」「ナポレオン以来の戦術家」と高い評価を与えていた。また、「ドイツは勇猛で優れた将軍を数多く生み出してきたが、ロンメルは別格だ。彼はずば抜けている」と絶賛している。そして、「ロンメルを倒すこと以上に重要なことなど存在しない」とも語ったという。

第2章

経済・経営・ビジネス

常識と非常識がぶつかったときに、イノベーションが生まれる。

井深大（1908〜1997）

常識を打ち破るほどの変化を最後まで追求

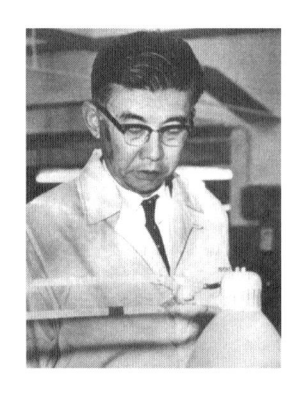

　盛田昭夫とともに東京通信工業（後のソニー）の創業者の一人として知られる井深大。彼は日本初のテープレコーダーやトランジスタラジオ、独自開発のトリニトロン管を使用したトリニトロンカラーテレビを開発すると、その技術力の高さから日本に止まらず世界の市場までをも席巻した。特に携帯型ステレオカセットプレイヤー「ウォークマン」は、どこでも音楽を聴くことのできる革命的製品として大きな話題となり、押しも押されもせぬ世界的企業としてソニーの社名を全世界に浸透させることになった。

　ウォークマン開発時には「（当時のカセットプレイヤーに標準装備されていた）録音機能のないステレオカセットプレイヤーなんて売れない」という周囲の声に対して「そこに止まっている限り絶対にイノベーションは起こらない。常識と非常識がぶつかったときにイノベーションが生まれ、そこでの発想が商品開発のいろいろなところで芽を出すんです」と喝破して、まさにその言葉の通りイノベーションを起こしたのであった。

　そんな井深が齢80を越えた1992年のこと。既に名誉会長となって現場を退き、体調も優れない中にあって、テーマが「パラダイム」と聞き、国内外の部長職以上の社員が一堂に会する「マネジメント会同」に急遽参加を決めた。しかし参加者のスピーチを聞いているうちに居ても立っても居られなくなり遂には壇上で演説をぶちあげた。「今日、みなさんの話を聞いてると、これはニューパラダイムの話じゃないんですよね」と完全否定すると、「コペルニクスが地動説を唱えるまでは地球の周りを太陽が回っていると皆が思っていた。それが今では皆、地球が太陽の周りを回っていることを疑わない」ことを例に挙げて「この変化こそがニューパラダイムなのだ」として、社員たちの真の意味での発想転換をうながした。

　そしてこれが、井深によるソニー社員に対しての最後の演説となった。

Topic　井深の葬儀の弔辞でノーベル賞学者の江崎玲於奈は「温故知新、という言葉があるが、井深さんは違った。未来を考え、見ることで、現在を、明日を知るひとだった」と語っている。

インターネットとは結局のところ、「人々が求めているものを与えるようにつくられた巨大な装置」だ。それはユートピアでも魔法でもない。単なる、便利さのためのエンジンだ。

エヴァン・クラーク・ウィリアムズ（1972〜）

世界に影響を与える力をすべてのユーザーへ

　エヴァン・クラーク・ウィリアムズは「Twitter」や、ブログ開設や更新を簡単に行えるブログ・ホスティング・サービス「Blogger」などを立ち上げたアメリカの実業家である。1972年、アメリカのネブラスカ州で生まれたウィリアムズは、ネブラスカ大学に1年半通ったのち、中退。テキサス州のベンチャー企業で技術系の仕事を経験し、プログラマーとなった。2006年、Obvious社を創立。そこでジャック・ドーシーとともに、ソーシャルネットワーク兼マイクロブログサービスのTwitterを共同開発した。ただし、Twitter社はこれをSNSではないとし、あくまで「社会的な要素を備えたコミュニケーションネットワーク」と説明している。

　ドーシーは「自分のステイタスを公開する、自己表現としてのサービス」というコンセプトを持ち、社のスローガンを「What are you doing?（いま、何してる？）」としていた。ところが、ウィリアムズが最高経営責任者の座に就くと、リアルタイムの情報発信ツールとしての側面が強調されるようになり、2009年、スローガンは「What's Happening?（いま、どうしてる？）」に変更される。ウィリアムズは「自分のことではなく他人の物語を伝えるツール」という思想を持っていたのだ。

　雑誌のインタビューで、ウィリアムズは世界に広がるネットワークに関する理論を語っている。上記のセリフは、そこで語られた言葉だ。難しい戦略や理論ではなく、「人々が求めているものを与えるようにつくられた装置」だからこそ、なくてはならない道具になったといえる。ウィリアムズは、人間の基本的な問題をより速くシンプルに解決できる人が大きな利益を得る、という。グーグルやアマゾンなどは、いずれもスピード、わかりやすさという利便性をもたらすことに秀でていたのだ。株式会社TwitterJapanのサイトに掲載された企業理念を見ると、こんなメッセージが目に付く。「私たちは表現の自由を信じ、すべてのユーザーが、世界に影響を与える力を持っていると考えています」。

　消費者が欲するツールを提供すれば、世界を変え、富を得ることができる。ウィリアムズの優秀性は、コンピュータ工学ではなく、そうした心理学にも秀でていたところなのだ。

Topic Twitterの共同創業者と言われている人物は4人。エヴァン・ウィリアムズ、ジャック・ドーシー、ビズ・ストーン、ノア・グラスだ。彼らはそれぞれ下積み時代に出会って、友情を育んだ仲間であった。ところが、TwitterのCEOは、ドーシー→ウィリアムズ→ディック・コストロ→ジャック・ドーシーと、コロコロと代わっている。これは会社が大きくなるにつれ、実は、ひどい権力争いが発生していたことをあらわしている。

私が臆病者だって？
戦うことが目的ではない。勝つことが目的なのだ。
しかし、勝ち目がなければ撤退する。ビジネスはゲームだ。
そのゲームに勝つこと。これに優る快感はない。

ジャック・ウェルチ（1935～）

勝つための非情で強引な経営手法

アメリカの実業家ジャック・ウェルチ（ジョン・フランシス・ジャック・ウェルチ・ジュニア）は、電気機器、軍用機器などの製造販売で知られる巨大企業ゼネラル・エレクトリック社の元最高経営責任者で、「伝説の経営者」と呼ばれた辣腕ビジネスマンだ。彼はマサチューセッツ州の鉄道会社で働く車掌の父の子として生まれた。決して裕福な家ではなかったが、大学教育を受けて博士号を取得、1960年、ゼネラル・エレクトリック社に入社した。翌年の昇給がわずか1000ドルだったこともあり転職を考えるが、結局は残留。その判断は正しかったようで、1972年には副社長、1981年には同社で最年少の会長兼最高経営責任者となり、2001年までの20年間で売上高を5.2倍、純利益を8.4倍に伸ばして、世界有数の株式時価総額の巨大複合企業に育て上げたのだった。

ウェルチは、1980年代のアメリカのビジネス・シーンで、リストラ・ブームを巻き起こしたことでも有名になった。彼の経営手法は、大規模な整理解雇「リストラ」と「ダウンサイジング」による資本力の立て直しと、企業の合併・買収「M＆A」、グローバル化の推進である。こうした方法論が、会社の立て直しや拡大に有効な手段であるのは、現在でも経営戦略で当たり前のように使われていることからもわかる。「戦うことが目的ではない。勝つことが目的」との言葉は、まさにウェルチの行動理念を表している。そして「ビジネスはゲームだ」という通り、会社を守り、人材を守らないことから、「建物を壊さずに人間のみを殺す中性子爆弾」との異名も持っていた。

ただ、ウェルチが確立していった強引ともいえる経営手法は、時代の産物でもあった。GEキャピタルは資産総額50兆円という金融機関に成長したが、ウェルチの引退後、2008年のリーマン・ショックで瀕死の状態に陥り、ノンバンクから撤退することになるのだ。

現在、ウェルチは、ビジネス大学やマネジメント協会という組織を設立し、学生を中心にビジネスの人材の育成にかかわっている。そこから第2、第3のジャック・ウェルチが生まれるのだろうか。

Topic
1. ウェルチは、部下にあえて大きなノルマを課し、克服させて、業績も人材も同時に伸ばすという、いわゆるストレッチ・ゴールの手法を採ったが、精神的ストレスで潰れてしまう人材も多かった。
2. 「経営者にとって人を切ることこそ、つらい決断だ。しかし『人を切るのを楽しむ人間』と『人を切れない人間』は会社を経営すべきではない」との言葉も残している。同時に、終身雇用の重視や、企業の適正規模は2000人までが限度とする、彼と真逆の経営手法を採用した横河電機元社長の故美川英二を、経営の神様だと評価している。

悪貨は良貨を駆逐する

トーマス・グレシャム（1519〜1579）

貨幣の額面価値は必ずしも実質価値ではない？

イギリスの財政家トーマス・グレシャムは、1551年、エドワード6世に王室金融代理人に任命された貿易商である。

1519年に生まれたグレシャムは、ケンブリッジ大学卒業後、商人である叔父の仕事を手伝い、頭角をあらわした。世界最初といわれるベルギーのアントウェルペンの取引所において、金融操作の手腕を発揮し、王室の負債の大部分を清算。エリザベス1世からナイトの称号を与えられている。晩年は指折りの富豪になり、1566年、ロンドンに為替取引所（1571年に王立取引所と改称）を設立して資金面で協力した。実は、アントウェルペン取引所を手本に、最初にロンドンに取引所を開設しようとして失敗したのは父リチャードであり、グレシャムは、その志を引き継いでいたのである。またグレシャムの遺志を受け、ロンドンには高等教育機関が設立された。これは、のちに「グレシャム大学」と名づけられている。

グレシャムは海外での在職中、イギリスの通貨価値が他国の通貨に比べて低いため、しばしば職務が困難になるという事態に直面する。彼は原因が、通貨の改鋳の際、品質を落としたことにあると考えた。これが「悪貨は良貨を駆逐する」の言葉となった。

金本位制の貨幣制度の中では、同じ金貨でも金の含有量が多い良貨はしまい込まれて市場には流れず、銀の含有量が多い悪貨は外国にも流出する。良貨と悪貨は、国や有力機関が保証している点では同じ価値だが、金の含有量が高いほうが、実質的に高い価値となってしまうのだ。ところが海外では、悪貨の価値が認められずに商取引が滞ってしまい、グレシャムは「悪貨は良貨を駆逐する」現象を体験したのである。1560年、グレシャムは、エリザベス1世に「イギリスの良貨が外国に流出するのは、貨幣改悪のため」と進言した。

この現象は、のちの経済学で「グレシャムの法則」として広まり、現在では転じて、「悪が蔓延ると善が滅びる」たとえとしても、世界中で使われている。

Topic　大航海時代の覇者スペインやポルトガルは、貴金属の対外取引を規制し、同時に対外征服や略奪、鉱山開発を推し進めて、貴金属を蓄積させようとする政策「重金主義」に基づく政策を採用したのに対し、グレシャムは貿易で貴金属や貨幣を蓄積する政策「重商主義」を唱えていた。グレシャム死去後、新興国オランダが独立すると、イギリスは自国植民地への輸入を規制する「航海法」で対抗、最終的に「第一次英蘭戦争」が勃発する。イギリスはこれに勝利し帝国拡大に邁進するが、その起点となったのが、グレシャムの主導した貿易体制だった。

マイクロソフトの行動は非常に迅速だ。我々は顧客のニーズに応じて優先順位を決めている。

ウィリアム・ヘンリー・ビル・ゲイツ3世（1955～）

スピードをもっとも重視した世界有数の大富豪

アメリカのプログラマー、実業家のウィリアム・ヘンリー・ビル・ゲイツ3世は、マイクロソフトを創業した元会長兼顧問である。現在では慈善事業に精力を傾ける慈善家としても知られている。

ゲイツはシアトルの私立レイクサイド中学・高校に入学したが、彼が中学2年生のとき学校にコンピュータが導入され、これが出会いとなる。その後ハーバード大学を中退したゲイツは、友人ポール・アレンとMicrosoftを設立。1980年、MicrosoftはApple IIの成功を見て、パソコン市場への本格参入を図ったIBMのパソコン向けのOSを開発。このOSをさらに「MS-DOS」の名前でほかのメーカーにもライセンスで供給することで、市場の大部分のシェアを占めるようになった。「Windows」の名を冠した最初のOSが発売されたのは1985年。ところがゲイツは、このOSに不安定なシステムの箇所があり、このままでは他社との競争には勝てないと即座に判断。今度は独自の新OSを開発しようとしていたIBMと提携して「Windows 3.0」を発売したのである。この成功によってMicrosoftは、わずか10年で資産価値が5000億ドルを超える世界的なIT企業に成長したのである。

上記の言葉はインタビューで語ったものだが、彼の言葉で多いのが「スピード」と「決断」に関するものである。ゲイツは、またこうも話す。「スピードこそが企業にとってもっとも重要になる」。すぐに決断して、すぐに動くというパターンを繰り返してきた結果、Microsoftは大きな成功を得てきたのである。

現在、ゲイツは第一線から身を退き、2000年に妻メリンダとともに創設した世界最大の慈善基金団体ビル・アンド・メリンダ・ゲイツ財団での活動をメインにしている。それでも、2017年の雑誌フォーブスの世界長者番付では、推定資産860億ドルで4年連続の首位。同年、アルツハイマー病の治療法開発支援のため、研究基金に5000万ドルを寄付することを明らかにした。

巨万の富を得た実業家は、世界中を回る慈善事業家に転身。それでも素早い判断を下す、頭脳明晰で厳しいマネージャーであることには、現在でも変わりはないのだ。

Topic 1. 大学時代に執筆した唯一の学術論文は「パンケーキ問題」という離散応用数学問題。20枚のパンケーキを、最大何回ひっくり返せば、小さい順に整列させられるかという、30年間解決されなかった数学の問題である。ゲイツは、この解を導き出したのだ。
2. 歴史研究家としても知られ、オークションにかけられたレオナルド・ダ・ヴィンチの手稿72枚を30億円で購入した。手稿は、世界の美術館で展示されている。

資本主義社会の難点は完全雇用を実現できないことと分配の不平等である。

ジョン・メイナード・ケインズ（1883～1946）

なおも解決できない資本主義の難点を指摘

20世紀の経済学における最重要人物の一人が、ジョン・メイナード・ケインズである。ケンブリッジ の経済学者、論理学者ジョン・ネヴィル・ケインズの息子として1883年に生まれたケインズは、イギリスのイートン・カレッジとケンブリッジ大学のキングス・カレッジで教育を受けたエリートだ。1914 年からイギリス大蔵省の要請で、戦争資金調達に協力。たちまち頭角をあらわして、1918 年のベルサイユ講和会議でもイギリス代表に加わっている。だがケインズは、この和平調停のずさんさを批判し、イギリスがドイツに科した「第一次世界大戦の賠償金」は、さまざまな方面に壊滅的影響をもたらすものだとして反対している。確かに、ベルサイユ講和会議は、後の世界大恐慌と第二次世界大戦の要因の一部にもなっているのだから、ケインズの指摘は正しかったのだ。1920 年代を通じ、ケインズは政策論争にも積極的に参加し続けている。

ケインズの功績の一つに、一国経済全体を扱うマクロ経済学を確立したことがある。

1936年に発表された著書『雇用・利子および貨幣の一般理論』では、国家の「産出高は消費と投資とからなる」とする有効需要の原理を基礎とし、総産出がどう決まり、その結果として雇用がどう決まるかを理論立てる。不完全雇用のもとでも均衡は成立し得るとし、有効需要の不足に基づく非自発的な失業の原因を明確化。不景気をなくし、経済過熱を抑えるため、政府の減税・公共投資などの金融政策、財政支出政策が有効であることを示したのだ。この『一般理論』によって、ケインズは「マクロ経済学」の根本的な関係や概念を構築。ケインズ理論の提唱は、のちに「ケインズ革命」と呼ばれるようになる。

Topic
1. 「遅かれ早かれ、危険なものは既得権益ではなくて思想である」との言葉を残したケインズは、1906年から自由党の活動に積極的に関与し、自由主義の確立に努めた。ケインズの理論は、大恐慌で混乱するアメリカの、フランクリン・ルーズヴェルト大統領によるニューディール政策を支えることになった。
2. ケインズは、独自の投資法を行った。インサイダー情報ではなく、朝刊の金融情報を読み、取引を行うというもの。ケインズは株式投資を美人コンテストになぞらえ、こんな言葉を残した。「美人コンテストの投票で賞金を得るには、あなたが美人と思う女性が重要なのではなくて、多くの人々がどんな女性を美しいと思うかが重要。あなたの好みとは無関係だ」

誰もが目的意識を持つ世界を創造することが、私たちの世代の挑戦です。

マーク・エリオット・ザッカーバーグ（1984〜）

IT時代を生きるリーダーの矜持

　マーク・エリオット・ザッカーバーグは、アメリカのトップエンジニアであり、ハーバード大学在籍中に立ち上げたSNS「Facebook」の共同創業者、最高経営責任者である。

　アメリカのニューヨーク州で、父親が歯科医、母親が精神科医という家庭に生まれたザッカーバーグ。学生時代から優秀な成績だったため、最初に入った高校が退屈で、2年から一流のエリート進学高校フィリップス・エクセター・アカデミーに転校する。2003年、友人と音楽再生用フリーソフトウェア「Synapse Media Player」のサービスを開始したが、ここで驚くべきは、システムに興味を示したマイクロソフトなどのソフトウェア会社などとの取引に応じなかったことだろう。

　その後、ハーバード大学に進学。在籍時もさまざまなシステムを創出し、「Coursematch」では、同じクラスを履修する学生のリストを参照できるようにした。ところが、さまざまなプロジェクトに使うデータを、ハーバード大学のコンピュータ業務部のセキュリティを破って収集したことで、ネット上のプライバシーや知的財産の規約に違反したとして処罰されてしまう。訴訟はされなかったものの、公然の情報の利用を自由にすべきとのザッカーバーグの主張は受け入れられなかった。その後、大学2年生のとき、ザッカーバーグはSNSサイト「Facebook」を立ち上げ休学。他の大学や大学生以外の人にもFacebookが使えるようにすると、その年の終わりには100万人のアクセスを記録。ザッカーバーグは1年後に大学を中退している

　2017年、ザッカーバーグはハーバード大学の卒業式に招かれ、主賓としてスピーチをすることになる。そこで発したのが上記の言葉だ。彼は貧困問題や教育格差に触れながら、自分たちの世代は自分の未来の目的を持つだけでは不十分で、世界中すべての人が確かな目的を持てるような世界を創造することが重要であると熱弁した。

　2010年、伝記的映画『ソーシャル・ネットワーク』が公開され、2016年の経済誌『フォーブス』が発表したアメリカの長者番付では、総資産約446億ドルで世界6位となったザッカーバーグ。その成功は、時代に挑戦する意識が生み出した結果なのである。

Topic　1. 大学在籍中に製作し、処罰の対象となったサイトの一つに「Facemash.com」がある。これは女子学生の画像格付けを公開するもので、内容が不適切と問題視され、大学の管理部によってアクセス権を制限されてしまった。そのためこのサイトが、オンライン上に存在したのは、たった4時間だったという。
　2. 毎日、同じデザインの服を着ていることで有名。これは、どの服を着るか迷う時間やエネルギーが無駄だからだという。

本日、アップルが電話を再発明します。

スティーブン・ポール・スティーブ・ジョブズ（1955〜2011）

世界中が沸いたイノベーションの瞬間

　スティーブン・ポール・スティーブ・ジョブズはアメリカの、いや世界的IT企業アップルの創業者の一人である。

　1955年、シリア人留学生の父とアメリカ人大学院生の母との間に生まれ、養子に出されたジョブズ。高校生時代に、のちにアップルを設立するスティーブ・ウォズニアックと意気投合する。大学に進学するが、興味のない科目を履修することを嫌って中退し、ゲーム会社アタリに就職する。当時は、コンピュータの自作キットが人気を博していたが、ウォズニアックとジョブズは、1976年、自己資金で製造したコンピュータ「アップルI」を666.66ドルで販売。翌年、投資家マイク・マークラを加えた3人でアップルコンピュータを法人化する。1984年、そのアップルで、誰にでも簡単に扱えるコンピュータを目指した「マッキントッシュ」を発売したが、人間関係に問題のあったジョブズは役職を解任され、新会社NeXTを立ち上げることに。ところが約10年後、OS開発が暗礁に乗り上げたアップルは、NeXTが開発したOSに目を付け、企業買収に乗り出し、ジョブズも復帰して経営の実権を奪取。2000年にCEO就任を受諾した。その後のアップルの快進撃は周知の通り。2001年にiTunesとiPodで音楽事業に参入、世界を驚かせると、2007年、展示会Macworld のプレゼンテーションでジョブズはiPhoneを発表。世界の新時代を作り上げていったジョブズだが、2011年、膵臓腫瘍の転移で永眠してしまう。

　ジョブズのiPhone発表は、現在でも語り継がれる名プレゼンである。ジョブズは携帯電話とパソコンが一体になったスマホを「数年に一度あらわれる、すべてを変えてしまう新しい製品」と呼んだ。ベルが発明し、世界を変えた「電話」を再び発明したわけである。面白いのは、再発明（reinventing）という言葉。実はアメリカには「車輪の再発明」との、否定的なニュアンスで使われる慣用句がある。すでに確立されている技術を知らずに、再度、作ってしまうことの非効率さを指す言葉だ。iPhoneをあえて「再発明」と呼んだのは、「車輪の再発明」の常識をひっくり返すほどの、歴史上の大発明だと自負するジョブズの自信のあらわれなのだ。

Topic 1. 高校時代は長距離電話を無料でかける非合法の機械を作り、小遣い稼ぎをしていたという。
2. ジョン・レノンの大ファンでもあった。あるインタビューでは、「私のビジネスモデルはビートルズ。彼らはお互いのちょっとした悪いところを補い合っているんだ」と答えている。「アップル」もジョブズの提案だが、ウォズニアックは、ビートルズのレコード会社として有名な「アップル」からの着想ではないかと考えている。

個人個人が自分の利益を追求することによって、(神の)見えざる手に導かれるかのように社会全体の利益にもなっている。

アダム・スミス（1723〜1790）

イギリス産業革命の理論的支柱

18世紀のイギリスで活躍した哲学者、論理学者、経済学者で、「近代経済学の父」とも呼ばれるアダム・スミスは、1723年、スコットランドで生まれた。当時の社会は、政治の民主化、近代西欧科学の普及と技術の革新、経済の発展といった「啓蒙の世紀」であり、同時に格差や財政難、戦争といった社会問題を抱えた時代でもあった。こうした時代の二面性は、アダム・スミスの思想に大きく影響したと考えられている。さまざまな大学での講師や教授職を経たのち、執筆活動に専念したアダム・スミスは、1976年に、資本主義社会の構造を理論的に分析した主著書『国富論』を出版する。

それ以前の絶対王政国家の経済思想には、貴金属などを富とみなした重商主義と、農業が富の源泉で、個人の自由な経済活動の自由放任主義を主張する重農主義とが対立していた。アダム・スミスは両者を批判し、労働こそが価値を生み出す源泉だとする、労働価値説を主張。分業などで生産能率を高めれば、富を増やすことができると考えた。市場においては、自由に競争することで生産性が高まり、社会全体の進歩の原動力になる自由主義経済思想を主張。国家の統制や介入を排除し、市場原理に任せるべきであるとした。しかし、放任の競争が、経済秩序を破壊するという批判に対しては、需要と供給のバランスで価格が自動的に決まる市場原理「神の見えざる手」によって、価格はおのずと調整されるとしている。

この経済学説は、イギリス産業革命の理論的支柱となり、自由貿易主義政策に取り入れられて、現代にまで続くイギリス資本主義社会の基礎構築と、繁栄をもたらしたといえるだろう。その後、アダム・スミスは、87年にはグラスゴー大学名誉総長に就任。1990年、エディンバラで、67歳で病死した。

Topic 1. アダム・スミスの説く資本主義の自由競争は、先進諸国による植民地や勢力圏獲得競争に拍車をかけ、やがて帝国主義に転化する。また力あるものに富が集中しやすくなり、格差社会に陥りやすくなるといったデメリットもあった。その欠点を指摘し、新しい経済理論を打ち立てたのが『資本論』のカール・マルクスであった。
2. 晩年「法と統治の一般原理と歴史」に関する書物を出す計画を進めていたが、死の数日前、友人に全ての草稿を焼却させてしまった。わずかに残った草稿は、死後、『哲学論文集』として出版されている。

まずは生き残れ。
儲けるのはそれからだ。

ジョージ・ソロス（1930〜）

必要なのは勝つ方法より負けない方法

「イングランド銀行を潰した男」の異名をとる投資家ジョージ・ソロスは、1930年、ハンガリーで生まれたハンガリー系ユダヤ人である。

ナチス・ドイツがハンガリーを支配下に置いたのは、ソロスが13歳のとき。ブダペストでのドイツ軍とソ連軍による戦火をかいくぐり生き延びたものの、やがてソ連に占領された祖国を脱出し、イギリスに移民した。苦学の末、ロンドン・スクール・オブ・エコノミクスを卒業したソロスは、著述家と哲学者として活動するためアメリカに移住する。当初、宝飾品販売会社へ勤めていたソロスは、資産を築くために金融の分野に進み、経済の中心地となるウォール街で働くことを決断。このころ、のちにパートナーとして「ソロスファンド（のちのクォンタム・ファンド）」を立ち上げるジム・ロジャーズと出会っている。二人は考え方の相違で1980年に袂を分かつが、ソロスはその翌年、会社創設以来、初めての大きな損失を出してしまうのだった。

だが、そんなソロスを世界的に有名にしたのは、1992年、ポンドの為替レートが急落し、イギリスが欧州為替相場メカニズム（ERM）を離脱した「ポンド危機」だった。ソロスは、ポンドが「買われ過ぎ」て高値となっていると判断し、100億ドル相当の「ポンドを空売り」。イングランド銀行は「買い」勢力を強めて抵抗したが、結局、ソロスに敗北。「イングランド銀行を潰した男」の異名の由来である。ソロスの名言に「市場は常に間違っている」という言葉があるが、これを体現したような事件であった。

掲出の言葉は、こうした生き馬の目を抜く、経済界の金言として、現在でも多くの投資家が唱えている。生き残ることが難しい投資の世界で、何度も浮き沈みを経験したソロスならではのアドバイスだろう。

そんなソロスは、2011年にファンドでの投資活動から引退したことを明らかにした。彼の個人資産は1兆3000億円といわれているが、同時に、1979年に始まった慈善事業への寄付金総額は、2015年までに120億ドルを超えたという。これまで生き残ってきたソロスは、ようやく儲けを考えずに、行動を始めたのかもしれない。

Topic 自由主義的な政治運動家としても著名だ。ソロスが1993年に設立したオープン・ソサエティ財団は、旧ソ連諸国各地に民主化支援の財団を設置するなど、世界37カ国の独裁的国家に支部を持ち、それらの国の民主化を支援している。2003年に革命が起きた旧グルジア（ジョージア）では、失脚したシェワルナゼ大統領がロシア公共テレビの討論番組に参加し、「ジョージ・ソロスによって仕組まれた」と名指しで非難している。

7割の成功率が予見できれば
事業はやるべき。
5割では低すぎ、9割では高すぎる。

孫正義（1957～）

企業を成長させる絶妙な慧眼

　ソフトバンク・グループの創業者、孫正義は、日本を代表する実業家の一人である。1957年、在日朝鮮人3世として佐賀県に生まれた孫は、16歳で単身渡米。これは、当時の家庭教師に薦められた司馬遼太郎の時代小説『竜馬がゆく』を読み、脱藩に憧れたことで生まれた決意であった。1980年カリフォルニア大学バークレー校を卒業した孫は、帰国後「日本ソフトバンク」を設立し、ソフトウェアの卸売業や出版業などを始める。1990年には社名を「ソフトバンク」と改め、世界展開を視野にいれた事業計画をスタートさせた。1996年にYahoo! Japan、2000年に米NASDAQと提携してナスダックジャパン（現 ヘラクレス）を設立するなど、世の中の流れを確実に把握。2001年にアメリカ市場を中心に起こったネットバブル崩壊前にアメリカYahoo!本社に多額の出資を行ったことで、巨額の資金と世界的な知名度を得て、ソフトバンクを世界的なIT関連企業へと育て上げた。

　一方、慈善事業もこなしており、2011年の東日本大震災の被災者へ、支援と復興資金として100億円の寄付を発表。被災者への携帯電話の無償貸与に加え、震災孤児を対象に、18歳までの通信料の完全無料化を表明した。また、日本での脱原発と再生可能エネルギー推進にも取り組み、そうした行動を、ツイッターで発表することも話題になった。

　上記の言葉は、事業のスタートや投資をするといった意思決定の場面での、孫の基本的なスタンスを物語っている。時代の先を読みすぎてしまうと事業は失敗する。しかし、後追いでは遅すぎる。掲出の言葉は、7割の成功率が予見できるのは、早すぎず遅すぎず、ちょうど世の中の1歩先くらいのタイミングがちょうどいいという意味である。しかし、すべての事業に、保証や保険を求める手堅い日本企業では、7割の成功率に賭けられるかどうか。フットワークの軽いソフトバンクだからできた挑戦なのだ。

　「20代で名乗りを上げ、30代で軍資金を最低で1000億円貯め、40代でひと勝負し、50代で事業を完成させ、60代で事業を後継者に引き継ぐ」という孫の「人生50年計画」も、日本においては挑戦的である。

Topic 1. 高校時代、「日本マクドナルド」、「日本トイザらス」の創業者で、当時、著書がベストセラーになっていた藤田田を訪ねて彼の会社に行ったという。自分の渡米のことを告げ「何をすべきか」と藤田に聞くと、藤田は、アメリカで隆盛になり始めたコンピュータ関連の学問を学ぶように助言した。

2. アメリカでの大学時代の試験の際、「問題が日本語なら必ず解ける」と主張して、辞書使用と時間延長を試験官に申し出た。孫は最終的に、州知事にまで交渉して、要求をのませた。しかも交渉で、知事は試験の終了時間を決めなかったため、孫は無期限の時間延長と解釈して、テストを解け切るまで粘り合格した。

男は決して仕事のために 家族を犠牲にしてはいけない。

ウォルト・ディズニー（1901～1966）

家庭も仕事も両立してこそ一流

　ウォルト・ディズニーは、世界的キャラクター「ミッキー・マウス」を生み出した、世界でもっとも有名なアニメーション作家だ。

　アメリカのシカゴで生まれたディズニーは、高校生になると夜間の美術専門学校に通い、絵を学ぶ。その後、戦争を経てアニメーターになり、兄ロイと会社を立ち上げて映画の都ハリウッドへ進出。自社キャラクター『オズワルド・ザ・ラッキー・ラビット』を考案するが、興行師と大手映画会社に、版権を巻き上げられてしまう。そこでディズニーと彼の仲間たちは新たなキャラをつくる。それがミッキー・マウスである。ミッキー人気は世界中に広がり、現在のディズニー社の礎を作る象徴的存在となった。ディズニーはこの成功を基盤に、「大人も楽しめるテーマパーク」建設に乗り出していく。これは娘たちを遊園地に連れていったとき、ほかの子ども連れの親たちが手持ち無沙汰でつまらなさそうに過ごしているのを見て、思いついたアイデアだった。自分自身もポップコーンを食べながらベンチに座っている寂しさに、ふと気づいたという。

　また、ディズニーは、アニメと並行して大掛かりな劇場用実写映画の製作も始め、それらとテーマパークを同時に売り込むため、創成期のTV業界に進出。1954年、TV番組『ディズニーランド』をスタートしている。

　ありとあらゆるエンターテインメントに進出したディズニーの仕事は、多忙を極めているはずだったが、家庭サービスはおろそかにしなかった。娘であるダイアン・ディズニー・ミラーは、回想録で「よその女の子にくらべると、わたしたちは、ずっと多くお父さんに遊び相手になってもらったようです」と書いている。そんなディズニーの仕事スタイルをあらわしたのが、上記のセリフだ。これは仕事と家庭生活をしっかり分けるとの意味ではなく、どちらも分け隔てなく、一生懸命取り組むという姿勢である。

　遊びも仕事も徹底的に。これが、自宅の庭にミニチュアの蒸気機関車を走らせたり、アニメーター仲間でセミプロのバンドを結成したり、本気で遊んで仕事をしたディズニーならではの仕事術なのだ。

Topic 1. ディズニーは、米アカデミー賞の個人受賞最多記録を持っている。短編アニメ賞『花と木』を皮切りに、短編アニメ賞『プーさんと大あらし』まで、合計26個のオスカー像を獲得している。
2. アニメ界で大成功したディズニーだが、昔から借金が多かったのと、自身がかつて極貧生活を経験しているため、とても倹約家であったらしい。家の改装をしたいという妻に「今、改装されると困る。ディズニーランドをつくっているから、余分な金はみんなとられてしまうんだよ」と弁解したという。

ビジネスには二つの機能しかない。マーケティングとイノベーションである。

ピーター・ファーディナンド・ドラッカー（1909～2005）

人を幸福にすることから経営を考える

　アメリカの経営学者ピーター・ファーディナンド・ドラッカーは、企業マネジメントなどの世界的権威であり、日本でも信奉者が多く、著書が大ブームを巻き起こしたのは記憶に新しい。1909年、裕福なユダヤ系オーストリア人として生まれたドラッカーは、大学教育を受けたのち、新聞社に就職。しかし、発表した論文がナチスに目を付けられることを確信し、イギリスへの移住を余儀なくされ、その後家族とともにアメリカへと移住。時代の改変者ナチスの勃興に直面し、古いヨーロッパ社会の崩壊を目撃して、新時代を目指す新天地アメリカに逃れたのだ。

　アメリカでドラッカーは、大学の教授として活動しながら、20世紀の新しい社会原理となる巨大企業の登場を目の当たりにし、その社会的使命を解明すべく研究を開始している。「分権化」や「民営化」、「企業の社会的責任」、「知識労働者」、「コンサルティング」など、現在、経済を解説するうえで当たり前のように使われている用語は、すべてドラッカーがいち早く使い始めた言葉であった。

　ドラッカーのもっとも基本的な関心は「人を幸福にすること」にある。そのため研究では、社会（組織）を題材にしながら、中の人間に焦点を当てている。著書『マネジメント』の前書きでは「成果をあげる責任あるマネジメントこそ、全体主義に代わるものであり、われわれを全体主義から守る唯一の手立てである」と述べている。上述の言葉も同書のもの。ドラッカーによれば、マーケティングとは、我々が何を売りたいかではなく、「顧客が価値を見出し、必要とし、求めていることは何か」を考えること。これは「顧客から買いに来てくれる仕組み」につながる。また、イノベーションは、単なる発明ではなく、「新しい満足、新しい市場」を開拓することだ。つまりマーケティングとイノベーションは、人間が幸福になるための企業の基本的な機能なのである。

　2005年、クレアモントの自宅で、老衰のため死去したドラッカーの訃報は、世界各国の報道機関が大きく報道した。彼は経営学者というだけでなく、現代社会における最高級の思想家であったのだ。

Topic 　1. 新聞社在籍時代には、ヒトラーやゲッベルスにインタビューも行っていたという。
　2. ドラッカーは、日本の古美術コレクターとしても有名で、その収集品は、「山荘コレクション」と名付けられていた。

道徳なき経済は犯罪であり、経済なき道徳は寝言である。

二宮尊徳（1787〜1856）

多くの日本人に受け継がれた道徳に基づいた経営

　二宮尊徳は、江戸時代後期の経世家、思想家である。経世済民を目指し、「報徳仕法」と呼ばれる農村復興政策を指導した。かつて小学校などの教育機関に、本を読みながら薪を背負って歩く少年の銅像が数多く設置されていたが、あれは二宮の少年時代、金次郎をモデルにしている。

　二宮は相模国（現在の神奈川県あたり）に、豊かな百姓の長男として生まれた。5歳のとき、南関東を襲った暴風で川の堤が決壊。父の田畑が流失し、大きな借金を抱えてしまう。二宮が成人するまで、川の氾濫による田畑の被害は繰り返され、二宮は農園経営を行いながら、自身は小田原に出て武家に奉公した。そのころ、小田原藩の家老、服部十郎兵衛が、二宮に服部家の家政の立て直しを依頼。二宮は財務を整理して1000両の負債を償却し、300両もの余剰金を生み出したが、自らは1銭の報酬も受け取らなかったという。

　その後、二宮は、藩内で600余の家や村々の救済、再興を行って名前が知られるようになり、1833年、関東地方を襲った天保の大飢饉のときは、幕府の命令を受けて大久保領の領民を救済。1836年には小田原の領民の救済を命じられている。二宮は私利私欲ではなく、社会に貢献する行いをすれば必ず自らに還元されると、経済と道徳の融合を唱えた報徳思想を生涯において唱えた。こうした数々の功績によって、1842年、幕府の直臣として召し抱えられることになるのである。そんな二宮の思想をよくあらわしたのが、上記の一言。自分さえよければ、という姿勢で不道徳な事業をしてはいけないし、いくら道徳的でも、採算の得られない事業は無意味だとの意味だ。

　1953年、天領である日光神領八十九カ村の再興を命じられた二宮だったが、3年後、病によって志半ばにして70年の生涯を閉じた。しかし、二宮がつくり出した道徳に基づいた経営方針は、多くの日本人に受け継がれて根付き、日本を経済大国に押し上げたといっても過言ではない。そして、災害が多く発生する現代の日本には、特に必要な思想になっているといってよいだろう。

Topic　1. 二宮の小田原時代の功績の一つに、一斗枡を改良して藩内で規格を統一したことが挙げられる。当時、年貢米を徴収するとき、役人が不正な枡を使って量の差分を横領していたのを防いだ。二宮は、徹底した管理と倹約を奨励し、百姓を守ったのだった。
　　　2. 二宮金次郎像の、薪を背負いながら本を読んで歩く姿は、1881年発行の伝記『報徳記』の記述をモデルにしている。像の多くは青銅製が多く、第二次世界大戦時には軍への金属供出によって徴収された。石像はその後も残ったが、小学校の児童が真似をすると安全上問題があるとされ、その数は次第に減少していった。

> 現在の経済学者は、急加速しつつあるインフレーションの
> 世界から自由世界を救出することを求められている。
> だが、そのインフレーションは、多くの経済学者が支持し、
> 推しすすめてきた政策によって作り出されたものだ。そのことを考えると、
> 内心忸怩たるものがある。経済学者は混乱の張本人なのだ。

フリードリヒ・アウグスト・フォン・ハイエク（1899〜1992）

経済学者から経済学者への忠告

　フリードリヒ・アウグスト・フォン・ハイエクは、経済学、政治哲学から心理学まで、さまざまな業績を残したオーストリア学派の代表的学者である。

　オーストリア＝ハンガリー帝国で生まれたハイエクは、第一次世界大戦での従軍後、ウィーン大学に進学。さまざまな分野の博士号を取得し、欧米の大学を渡り歩きながら、景気循環に対する貨幣の影響を分析する、貨幣的景気循環理論を構築していった。1927年、オーストリア景気循環研究所の所長に就任し、1955年にはイギリスのシンクタンクであるIEA（経済問題研究所）の設立に携わっている。だが、ハイエクの名を世界に知らしめたのは、1974年のノーベル経済学賞受賞である。

　ハイエクは1976年に発表した「貨幣発行自由化論」の中で、貨幣の供給を民間銀行に委ねるべきであると主張し、政府が貨幣の発行権を独占していることを問題とした。通貨の選択権がないと通貨システムのフィードバックも存在せず、そこにはシステムの進化がないというわけで、市場における通貨間の自由競争こそ、健全で安定した通貨を発展させると提唱したのである。

　これまで貨幣を発行するためには、社会的信用が必要であり、そのためには権威が必要だった。政府が排他的な独占権を持っていたのもそのためである。近年、この状況を一変させたのが仮想通貨だ。権威も社会的信用もない無名のプログラマーが、通貨を開発できるようになったのである。ハイエクは、通貨を進化させるだろう仮想通貨の登場を予測し、それを推奨していたのである。

　上記の言葉は、ハイエクが論文『不連続変化の時代－想定外危機への適応戦略』でノーベル経済学賞を受賞した際の受賞講演の一節だ。ハイエクは、インフレーションは経済学者たちが今日直面している主要な実践的問題であり、職業集団である経済学者の大失敗だと告白する。あらゆるジャンルの学問を究めたハイエクは、なぜ経済学が誤るかを、ノーベル経済学賞受賞講演の華々しい場所で指摘し、学問や人間のおごりを戒めてくれる存在であったのだ。

Topic 　著作『隷従への道』の中では共産主義、社会主義が本質的にファシズムやナチズムよりも悪いものだと述べ、共産・社会主義へ最大限の警告を発している。しかし彼の著書は、冷戦時代の共産圏において、アンダーグラウンドで熱心に研究された。一説にはソビエト連邦の世論を変え、崩壊に導いたのは、ハイエクの著書だとされている。

近視眼的な投資では理性を失い、結果としてお金と時間を失う。

ウォーレン・バフェット（1930～）

幼少時の経験から得た投資の極意

世界最大の投資持株会社であるバークシャー・ハサウェイの会長兼CEOを務めるウォーレン・バフェット。彼は長期投資を基本スタイルとし、長期間にわたって自社に高い運用成績をもたらした。770億ドル近い総資産を誇るが、自宅はあくまで質素で、その価値は自身の総資産の0.001％に過ぎないという。毎日の朝食もマクドナルドの3ドル程度のセット・メニューと、その慎ましい生活ぶりから「オマハの賢人」とも呼ばれている。

アメリカで生まれたバフェットの投資家としてのキャリアスタートは少年時代。初めて株を買ったのは11歳のときだった。この株は38ドル。バフェットは株価が一度、下落したため、40ドルまで値を戻したところで売却したが、その後、株価は長期的に上昇し続けて200ドルになった。この経験が、バフェットの長期投資スタイルの基本になったようだ。10代のころはさまざまな仕事に精を出し、新聞配達、使用済みゴルフボールや切手、中古車の販売、馬場を採算の取れる公園に整備するなど、毎月175ドルを稼ぎだし、16歳のころには、現在の価値にして5万3000ドルを蓄えたという。

ところが、著名ビジネスマンには付き物のハーバード大学のビジネス・スクールには落第しているというから面白い。大学卒業後、株式ブローカーとして父の証券会社で働いた。

掲出の言葉は、まさにバフェット流の投資術の極意。近視眼的な「短期の投資」で得るものは何もないということだ。短期の投資は、市価の短期間の変動の差益を狙う売買取引だが、バフェットは「株を買う理由の小論文を書けるくらい企業を知り尽くしている必要がある」というように、将来の利益のための長期的スパンの投資を重要視している。実際バフェットは、このスタイルで巨額の運用成績をあげていくのだが、彼にとって「お金＝成功」ではないという。「どれだけの人に愛されるか、わたしはそれで成功を測る」とはバフェットの言。2006年に、彼は資産の約85％を寄付すると発表。2010年からは、ビル・ゲイツと「ギビング・プレッジ」と称する寄付推奨活動を開始し、世界有数の慈善家としても名を馳せ、ますます伝説を奥深いものにしている。

Topic
1. かなりの偏食家としても有名だ。ソニー創業者の盛田昭夫が、ニューヨークの自宅にバフェットを招待したとき、食事で出された日本料理には一切、口を付けなかったという。彼は、ハンバーガーとコーラが大好物の常食なのだ。コカ・コーラの中でも、チェリーコークを1日に何杯も飲むのだという。
2. 亡くなった妻の発案で、2000年から、彼とステーキランチを食べる権利が毎年オークションにかけられている。落札金額は、サンフランシスコのテンダーロイン地区でホームレスや貧困者を支援する、グライド基金に寄付されている。

企業などの組織に属する構成員は、その全員が自己の能力を進展させ続けなければ組織がいずれ無能化し、機能しなくなる。

ローレンス・J・ピーター（1919〜1990）

組織の成長は構成員のたゆまぬ努力にかかっている

　南カリフォルニア大学教授の教育学者ローレンス・J・ピーターが、1969年に発表した共著が『ピーターの法則』だ。アメリカのブリティッシュ・コロンビア州出身のピーターは、南カリフォルニア大学で准教授、規範教育のディレクターなどを務めた人物である。

　ピーターの法則は、能力主義社会の現況をあらわし、社会学的な見地から組織構造を成す人材の特徴を考察した論説で、多くのビジネス学校で広く引用される管理原則の一つになった。その内容に対し、危機感を覚える読者がいる一方で、日ごろから不平不満を募らせている人は、共感と説得性を感じることも少なくないようだ。上記の言葉も、その一節。人は自己能力の限界まで出世するが、従業員が昇進や昇格をしても、その地位が限界点だとすれば、どんなに優秀だった人物も「無能化して、そのポジションに留まる」という現象が起きる。つまり、無能な管理職層が完成すると、組織は、まだ限界点に達していない従業員によってしか機能しなくなる、というわけだ。

　ピーターは、この問題を回避するため、組織は二つの手段を取るべきだとしている。従業員に、出世後の仕事を遂行できる知識や能力が備わるまで、昇進をさせないことが、一つ目。人間や組織にとっても無能化を防ぐための安全策である。管理職の仕事は、一般職の技術や経験でこなせるものではないからだ。二つ目の対策は、昇進や昇格がなくても実績を上げている従業員には、昇給や賞与の形で対処していくこと。現在では権限委譲により、管理職ではなくても仕事のコントロールを任せて、従業員の能力開発や成長を促す方策を取る企業も増えている。また、従業員側に対しては、ピーターは「創造的無能」を薦めている。出世することで無能の域に達してしまうことが真実だとすれば、自ら限界の少し手前に留まるほうが、結果的に活躍し続けることができるわけだ。そこで「昇進や昇格」と「幸せな仕事」をイコールにせずに自分の価値観を見直し、ポジションや役職にその価値観を奪われないようにするのである。

　もちろん、一般的なビジネス論とは一線を画す、かなりユニークな考え方ではあるが、これからの日本のビジネスシーンでは一考の価値があるのかもしれない。

Topic 「昇進すると無能化する」とのピーターの法則の影響から逃れる方法を、さまざまな研究者が提案している。アレッサンドロ・プルチーノらのグループは、計算機を使ってその動向をモデル化し、昇進させる人物をランダムに選んだほうが、組織は、より効率的に運営されることを数学的に証明した。プルチーノは、この論文で、2010年のイグノーベル経営学賞を受賞した。

もし人々に何がほしいかと聞いていたら、彼らはもっと速い馬がほしいと答えていただろう。

ヘンリー・フォード（1863～1947）

消費者は自分のほしいものをわかっていない？

　自動車会社フォード・モーターの創設者ヘンリー・フォードは、1863年、ミシガン州で生まれたアメリカの企業家だ。子ども時代から機械いじりが得意だったフォードは、機械工やエンジニアを経て、1891年、エジソンの会社の技術者となりながら、自宅の庭で内燃機関4輪自動車の製作に成功する。やがて、アメリカがモータライズ社会となる未来を予測したフォードは、1899年のデトロイトオートモービル社創立以降、何度かの起業を経て、1903年にフォード・モーター・カンパニーを創立する。

　自動車がまだ一部の富裕層に向けた高額商品であった時代に、大衆・労働者が購入できる「普段着のような」車をつくりたいと考え、ライン生産方式と呼ばれるベルトコンベアの流れ作業での大量生産方法を確立。1905年に「A型フォード」、1908年に「T型フォード」を販売し、一般所得層であっても所有できる自動車を普及させ、大衆化を促進した。T型フォードの生産累計は1924年には1000万台に到達している。

　フォードが残したといわれる上記の言葉は、現在でもビジネスシーンのマーケティング調査で使われる言葉だ。フォードが自動車製造に目を付けた時代の移動手段は、まだ馬が主流だった。そうした市場で「何がほしいか」と聞けば、「速い馬がほしい」と返ってくるのは当然。マーケティングは顧客が望む物を理解するところから始まるが、実際は「消費者は自分のほしい物を本当にはわかっていない」という。フォードは、消費者の欲望の本質が「馬車」ではなく、「速く移動したい」ことだと見抜いたのだ。

　消費者の心をつかみ、安価な製品を大量生産しながら、労働者の高賃金と福利厚生の制度を維持する経営思想は「フォーディズム」と呼ばれるようになった。その核心は、一般大衆には安い製品を提供する「奉仕の精神」、労働者には高い賃金を支払う「賃金動機」で経営にあたることだった。

　1947年、フォードは83歳で、脳内出血によって死去する。通夜には、1時間あたり5000人の弔問客が訪れたという。

Topic　発明家エジソンは、もともとフォードの上司的存在であり、16歳年長だったが、強い友情で結ばれていた。二人が出会ったのは、フォードが勤めていたエジソンの会社のパーティでのこと。フォードはエジソンに内燃機関の自動車の有用性について熱弁を振るい、「これからは自動車の時代だ」と、その情熱を認めさせたという。エジソンの励ましに自信を得たフォードは独立し、自動車製造会社を設立することに。フォードは、その後、生涯にわたり親交を続け、エジソンがアルカリ乾電池を作るとT型に採用し、エジソンの研究所が火事で焼けた際には、無利子で資金援助を行っている。

時は金なり

ベンジャミン・フランクリン（1706〜1790）

アメリカ資本主義の育ての親

　ベンジャミン・フランクリンは、アメリカの政治家にして外交官であり、物理学者であり、気象学者である。日本では、嵐の中での凧とライデン瓶を使い、雷雲の帯電を証明するという実験を行った学者として有名だ。

　1706年、アメリカのボストンで生まれたフランクリンは10歳で学校教育を終え、印刷業を営んでいた兄の徒弟となり、印刷工としてだけでなく、記者や編集者としても修業を積んでいる。その印刷業で成功を収めたのち、政界に進出。ペンシルバニア植民地議員などを務めて、啓蒙思想の普及に身を捧げ、勤勉性、探究心の強さ、合理主義、社会活動への参加という、近代的な人間像を確立した人物だ。独立戦争ではフランスの協力を取り付けることに成功。1776年、アメリカ独立宣言の起草委員となり、そこに最初に署名した政治家である。『フランクリン自伝』は、現在でもアメリカのロング・ベストセラーの一つで、合衆国建国の父の一人として讃えられているのだ。

　もう一冊の著書『若き商人への手紙』は、アメリカ資本主義の育ての親といわれるフランクリンの、今でいうビジネス自己啓発本だ。「時は金なり」は、その中で書かれた成功哲学の一つである。この言葉が意味しているのは「機会費用」を考えなければならないということだ。フランクリンは「6ペンスを手に入れるために働いている時間がある場合、何もしてない時間では、実は6ペンスを失っている」と語っている。平等に与えられた時間の中で、何をするかを選択する場合、目に見える利益とは別に、見えない損失も発生する場合があるというのが機会費用の考え方だ。論理的な勤勉さや誠実さで、道徳的完全を目指したフランクリンは、まさにアメリカ人の良心の父なのである。

Topic 　科学や発明の分野でも様々な業績を残している。彼が発明したものには、避雷針、暖炉の暖房効率を上げるため前面以外の5面を鉄板で囲ったフランクリン・ストーブ（ペンシルバニア暖炉）、自身が近視と老眼に悩まされた経験から開発した、多重焦点レンズとそれを使った遠近両用眼鏡などがある。また、直径の異なる碗状に成型した複数のガラスを回転させ、音を奏でるグラスハーモニカもフランクリンの発明だ。これらの発明に関する特許は、自分では取得せず、社会に還元している。

政府は、決して学ばない。
国民だけが学ぶのである。

ミルトン・フリードマン（1912～2006）

新自由主義における政府と国民の関係とは？

　アメリカの経済学者ミルトン・フリードマンは、市場原理主義や金融資本主義を主張し、「新自由主義」という考え方を打ち出した人物だ。

　フリードマンは、貧しい家庭で育ったユダヤ人である。独力で大学を飛び級する学力を得て、シカゴ大学の教授にまで上り詰め、「シカゴ学派」と呼ばれる経済学を発展させた。1976年にはノーベル経済学賞を受賞している。

　そんな彼が唱えた新自由主義とは、政治や経済の分野で政府の介入をなくし、さまざまな規制を緩和。均衡財政や福祉・公共サービスなどの縮小、公営事業の民営化、グローバル化前提の経済政策などを行う、競争志向を進める市場原理主義の経済体制をいう。市場の有効性を前提として、政府の介入を極力否定する考えを主張した。

　フリードマンは、チリや中国を訪問するなど、世界各国で政策助言を行ったことでも知られ、日本では1982年から1986年まで日本銀行の顧問も務めている。こうした考え方に賛同する先進国の首脳も多く、アメリカのレーガン大統領やイギリスのサッチャー首相は、新自由主義の思想的影響を受けている。また日本でも、小泉純一郎首相が新自由主義路線の政策をとり、郵政民営化などの「小泉改革」を実施した。

　新自由主義の原則は二つ。まず、他国から攻撃を受けた場合は、政府は国民を守ること。そのため法と秩序を維持し、個人の契約が履行される環境を整え、競争市場を育成する。もう一つは、小さな政府をつくるということ。政策や制度を、国から県、県より市というように、下に流して実行する。これは県や市といった小さな行政機関単位で政策を行うなら、もし国民が嫌であれば、ほかの地域に移動すればよいという考え方だ。フリードマンは、国民の自由を徹底的に守るために、こうした考え方を説いたのだ。

　しかし、新自由主義は、一見、国民主体の改革との印象もあるが、実際には規制を緩和することで強者の企業と弱者の労働者という構図を生み、巨大な格差を広げるといわれる。現在では、新自由主義の行き過ぎが問題を引き起こしてしまうことも、認識しなければならないと考えられているのだ。

Topic　フリードマンのノーベル賞受賞時、ほかの分野の受賞者が、連名で彼の受賞に反対を表明した。フリードマンが、チリ軍事政権と密接な関係にあったからだ。フリードマンは、授賞式の日にストックホルムで行われた抗議デモに対し、「言論の自由において、都合の悪い発言を抑え込むようなやり方は許されない」と逆非難をしている。

「そんなバカなことはできない」 と誰もが思うことならば、 競争相手はいないも同然だ。

ラリー・ペイジ（1973～）

ビジネスは失敗することが大事？

ラリー・ペイジは、Google創業者の一人で、前最高経営責任者である。

アメリカのミシガン州に生まれたペイジは、ミシガン州立大学で計算機科学・人工知能技術の教授の父と、同大学でコンピュータプログラミングの講師をしていた母を持つ。幼少期からコンピュータに親しんで育ってきたペイジは、12歳のとき、発明家ニコラ・テスラの伝記を読み、交流電流を発明しながらも不遇な晩年を送った天才発明家に感銘を受ける。そして技術を生むだけではなく、それを広めるビジネスセンスを身に付けるよう思い立ったという。その後、ミシガン大学で計算機工学を学びながら、交通機関の未来に興味を持ち、各キャンパスをつなぐモノレール型の「個人高速交通システム」の建設を大学に提案している。大学卒業後は、人間とコンピュータの相互作用、情報アクセスインタフェースの拡張性を研究。修士号を取得したのち、1995年、同じスタンフォード大学に在籍していたセルゲイ・ブリンと出会い、休学してGoogleを共同設立した。社名は数字の単位「Googol」に由来。1Googolは10の100乗のことで、二人の「世界中の情報を体系化し、誰でもアクセスして使えるようにする」というコンセプトを表現している。

上記の言葉は、ミシガン大学の卒業式で行った来賓としてのスピーチの一節で、「たとえ途方もない夢でも、実現へと前進させるのは意外とたやすい」に続く言葉である。同時にペイジは、競争相手は少ないが、失敗の可能性も高いことを意味すると説く。ただし、失敗から得られるものがあるから、むしろ頻繁に失敗した方が良いというのだ。また、本当に大きなことをしていると、周囲の人の助けが得られるとも語ったが、これは自分の経験に裏打ちされた言葉だろうか。「そんなバカなこと」でも、一歩を踏みだせば、成功の確率は高くなるのである。

ペイジは2001年までGoogleの共同社長兼最高経営責任者を務めたが、同年にCEO職をエリック・シュミットに譲り、2011年に再び復帰している。現在は、カリブ海に所有する島に住み、「空飛ぶ車」といったプロジェクトへの投資を考えているのだという。

Topic 1. ラリー・ペイジの「失敗論」は、ビジネスシーンだけでなく、あらゆる老若男女の金言となる。「失敗してくれて大変嬉しい。『慎重でほとんど何もしない』のではなく、『迅速に動き、たくさんのことをする』会社を私は経営したい」とペイジ。そして、こんな大胆なことも言っている。「失敗しても構わないが、失敗するなら早くしろ」。

2. 2005年からはXプライズ財団の理事を務めている。財団は、現在、月着陸船開発を目指した「Lunar Lander Challenge」（賞金総額200万ドル）、軌道エレベータ技術を競う「Space Elevator Games」といったコンテストを実施している。

私たちのビジョンの一つは、「この世界で印刷されたすべての書籍、すべての言語で書かれた書籍を60秒でダウンロードできるようにする」ことです。

ジェフ・ベゾス（1964〜）

ITによる読書の新しい未来

アメリカの実業家ジェフ・ベゾス（ジェフリー・プレストン・ベゾス）は、ECサイトAmazon.comの共同創設者で、CEO、取締役会長、社長を兼務している世界最大の資産家。保有資産はおよそ10億ドルで、2018年長者番付ではビル・ゲイツを抜いて首位に輝いた。

ベゾスは1964年、アメリカのニューメキシコ州に生まれた。若くしてベゾスを生んだ母は、ほどなく父親と離婚し、キューバ移民の父親と再婚。少年時代から科学や工作に興味を持っていたベゾスはプリンストン大学を卒業し、金融決済システムを手がけるスタートアップ企業に就職したのを皮切りに、大手金融サービス会社、ヘッジファンドのIT部門などで実績を積んだ。要職に昇進していたが、インターネットの利用率が増加していることに気づくと、あっさりと仕事を辞め、1994年にCadabra.comを開業。オンライン販売でのマーケティングを行い、書籍が一番売れる可能性が高いと考えて、自宅のガレージでオンライン書店Amazonを起業したのである。

やがて音楽と映像の販売を開始し、ほかにさまざまな日用品も扱うようになったAmazonは、2002年に天気予報チャンネルとウェブ・トラフィックからデータを集積したアマゾン・ウェブ・サービスをスタート。その直後、一時的に財政難に陥ったが、従業員のリストラで安定を取り戻し、今度は電子書籍Amazon Kindleを展開している。

ベゾスが目指した「すべての書籍を60秒でダウンロード」できる状態は、読書がビデオゲームと同じように、どっぷりとハマれるメディアへ成長させようとしていたことを表している。

仕事への姿勢に対し、ベゾスはしばしば「ワーク・ライフ・ハーモニー」という言葉を使う。既存の「ワーク・ライフ・バランス」では、片方だけが大きくなるニュアンスがあると考え、現実は、仕事と生活は情報を共有し、調整を行う相互接続的なものなのだと説明している。ベゾスは、読書を始めとしたすべての生活を、仕事と調和するよう成長させようとしているのだ。

Topic 1. SFドラマ『スター・トレック』の大ファンとしても知られており、映画『スター・トレック BEYOND』では、ついに宇宙人メイクを施して出演。サンディエゴ・コミックコンでは試写会にも参加して話題を呼んでいる。
2. 2000年、有人宇宙飛行事業を目的とする民間企業ブルーオリジンを設立。垂直離着陸型の再使用型ロケット「ニューシェパード」を開発、実験を続けているが、こうした宇宙趣味も、『スター・トレック』の影響なのかもしれない。

いくら大金を手にしてお金持ちになっても、その人の持っている本質は変わらない。

ジョーダン・ロス・ベルフォート（1962〜）

大金は人を変えると言うが……

アメリカの元株式ブローカーで、国際モチベーショナル・スピーカーのベルフォートは、経済界の歴史の中で、もっともお騒がせな人物かもしれない。モチベーショナル・スピーカーとは、自分の成功体験などをベースにした講演で、観衆を鼓舞したり団結させたりするスピーチを行う専門家のことである。しかし、ベルフォートは口八丁手八丁で年間5000万ドル以上稼ぎ、「ウルフ・オブ・ウォールストリート（ウォール街の狼）」との異名をとったあげく、証券詐欺とマネーロンダリングの罪で起訴された人物なのだ。

ベルフォートは、大学卒業後、歯科医の学校に進学したが中退。その後、投資銀行LFロスチャイルドで、ストックブローカーとしてのキャリアをスタートさせ、20代で小口株の仲介を行うストラットン・オークモント社を創業した。この会社は地元の友人たちと作ったもので、メンバーはMBA取得者でも、ハーバード大卒でもない、セールス未経験の人間たちだったというから恐れ入る。口の上手いベルフォートは、自ら「ストレートラインシステム」と名付けた教育方法を考案し、営業活動の成功パターンをチャートにして、誰にでも最適な営業ができるトークマニュアルを作成。自分のスキルのマニュアル化で、あっという間に巨大な資産を作ったのだった。

上記のセリフは、彼の回想録の一節。いろいろな人間たちが、血眼で一獲千金の夢を追いかける経済界では、あまりにも深い言葉だ。またベルフォート自身も、儲けた金でパーティを繰り返し、鎮静催眠剤依存にも陥っていたというから、もとからそんな素養を持った人物だったのだろう。

ベルフォートは1990年代後半、証券詐欺とマネーロンダリングの罪で起訴。22カ月間服役したあと、現在は被害者へ1億1040万ドルの賠償金を返済しながら、経営コンサルタント、セミナー講師として活動中。日本では元犯罪者の活動を許さない風潮があるが、アメリカのビジネスシーンでは絶大な人気を得ているようだ。自著2冊の売上と、それを原作にした映画の版権で180万ドル以上を稼いでいるはずなのだが、過去4年で24万3000万ドルしか賠償金を払っていないと指摘され、連邦検察に提訴されている。

Topic｜ジョーダン・ベルフォートの破天荒な人生をハリウッドは見逃さなかった。2000年の映画『マネー・ゲーム』は、ストラットン・オークモント社をモデルにしているし、2013年、回想録『ウォール街狂乱日記』を原作とするコメディ映画『ウルフ・オブ・ウォールストリート』が公開。監督マーティン・スコセッシ、主演レオナルド・ディカプリオで製作された。

経済・経営・ビジネス **071**

最大多数の最大幸福

ジェレミ・ベンサム（1748〜1832）

近代社会の道徳生活と政治生活の基本

イギリスの哲学者で経済学者、法学者のジェレミ・ベンサムは「功利主義」の創始者である。功利主義論とは、人々が何をしなければならないか、何をするであろうかを決定するのは苦痛と快楽だけであるとし、「快楽をもたらす行為が善である」と考える。利益が人々の幸福を増大させるか、減少させるか、あるいは幸福を促進するように見えるか、対立するように見えるかによって、すべての行為を是認、もしくは否認する原理を意味している。その理念は、19世紀前半の植民地インドでの、イギリスの国営企業・東インド会社で用いられた行政法体系に大きな影響を与えただけでなく、現在でも政策決定者や経済学者、一般市民の指針の一つになっている。

ベンサムは、裕福で教育熱心な家庭に生まれた。12歳でオックスフォード大学に入るなど、その優秀さは際立っていたが、親の望む法曹界へ入ることはなく、法律についての著述者となって、法律の改良や社会の改革に身を捧げることに。ベンサムは改革案を提案しただけでなく、その根底にあるべき道徳的原理を考案したのである。興味深いものでは、功利主義にのっとった刑務所パノプティコンを構想した。当時の刑務所は非人道的で劣悪な環境だったため、ベンサムは不必要な苦しみは悪だとし、15年にわたって改善に携わった。これが人道的、能率的に最小の費用で監督ができる円形刑務所／一望監視施設のパノプティコンで、効率的に囚人を監督して、死亡率を減少させれば、管理者の収入が増すというアイデアだ。計画案は結局、実現しなかったが、のちの近代的刑務所設計に影響を与えることになる。

「最大多数の最大幸福」は、ベンサムの著書で語られる功利性の根本である。個人の幸福の総計が社会全体の幸福であり、社会全体の幸福の最大化が社会の善である、という意味だ。すべての道徳や立法は、この「最大多数の最大幸福」の実現の上に成り立ち、政府は社会全体の幸福を最大にするため、あらゆる手段を講じるべきだとしたのである。この功利主義の原理は、近代社会の道徳生活と政治生活の基本に据えられている。

> **Topic** 1832年のベンサムの死後、遺体は遺言通り、自己標本（オート・アイコン）として保存され、椅子に座った姿で、建学の父とされるユニヴァーシティ・カレッジ・ロンドンに保管された。木製の飾り棚は、公的行事の際に展示されてきたが、頭部は損傷がひどくなり、現在は頭だけ蠟人形になっている。

そば屋が片手で運転できる
バイクをつくれ。

本田宗一郎（1906〜1991）

顧客ターゲットを的確に捉えた商品開発

　本田技研工業は、戦後まもなく補助エンジン付き二輪車の製造から始まり、自動車製造へと参入。今やロボットからジェット機まで造る巨大企業へと成長した。

　創始者である本田宗一郎は1906年、静岡県の鍛冶屋の長男として生まれた。彼と自動車の出会いは、通っていた尋常小学校時代のこと。村にあらわれた初めての自動車に、宗一郎は感激したという。その後、高等小学校を卒業すると同時に、東京市の自動車修理工場アート商会に丁稚奉公に入る。このアート商会で、宗一郎はエンジニアとしての技術だけでなく、商売のノウハウも学んだのだった。ホンダのモータースポーツへの情熱の原点も、アート商会で出場した日本自動車競走大会であった。その後、宗一郎は独立し、1946年、浜松に本田技術研究所、1948年に本田技研工業を設立。二輪車研究を始め、自転車用補助エンジン製造に乗り出すと、翌年、本田技研は二輪車ドリームD型を世に送り出した。

　やがて宗一郎は、海外メーカーの大型バイクに対抗できるマシンをつくることを念頭に置き、バイク文化が根付いているヨーロッパへの視察旅行に出ることに。だが、そこで目にしたのは高級バイクではなく、日常生活の足として親しまれるスクーターやモペッド（ペダル付きの小型バイク）であった。帰国した宗一郎は、エンジニアチームを集め「蕎麦屋が片手で運転できるバイクをつくる」と宣言する。蕎麦屋の出前は、迅速に配達できないと蕎麦がノビてしまう。「蕎麦屋が片手で」は、その出前持ちが、おかもちを肩にかついで片手で運転できるバイクという意味だ。ホンダは、トライ・アンド・エラーを繰り返し、セミオートマチックの自動遠心クラッチ機構を開発したことで、基本的には片手運転ができるバイクを完成させた。それが1958年に発売された初代スーパーカブC100であった。

　1991年の宗一郎死去後、現在までスーパーカブ・シリーズの世界生産台数は1億台を突破。全世界で、単一モデルでは世界一売れている乗り物になっている。商品のベネフィットと顧客ターゲットを的確に捉えた職人・宗一郎の視点は、はるか未来を見据えていたのかもしれない。

Topic
1. 初代スーパーカブの広告は、それまでバイクとは縁のなかった客層を開拓するため、一般週刊誌と女性誌への連続的な宣伝広告活動を行った。その第1弾が『ソバも元気だ　おっかさん』篇。東京の蕎麦屋に修業にきている若者が、故郷の母親へスーパーカブに乗った写真と手紙を送るというもの。この広告が掲載されると、全国4000軒の商店から注文がきたという。
2. 1981年、本田宗一郎は勲一等瑞宝章を受章した。皇居での親授式の時、宗一郎は「技術者の正装は真っ白なツナギだ」として、作業着姿で出席しようとした。これはさすがに周囲の者が止め、燕尾服での受賞となった。

松下電器は人をつくる会社です。あわせて電気製品もつくっています。

松下幸之助（1894〜1989）

人材育成によって事業は成り立つ

「経営の神様」と異名をとった松下幸之助は、パナソニック（旧 松下電器産業株式会社）を一代で築き上げた経営者だ。1910年、開通した大阪の市電を見て電気事業の将来性を感じ、16歳で大阪電灯（現 関西電力）に入社。22歳で大阪電灯を依願退職し、1918年、本格的に電気器具製造・販売に着手するため「松下電気器具製作所」を創業している。太平洋戦争敗戦の翌日、幸之助は幹部社員を集め、「日本の復興再建のため生活必需品の生産に全力を集中することが、我々に課せられた使命であり、従業員はひとりも退職させてはならない」と告げた。全社一丸となった松下電器ではあったが、大戦中、軍需品の生産に協力したため、GHQによって幸之助以下、役員の多くが戦争協力者として公職追放処分に。ところが、わずか半年で制限会社指定は解除され、幸之助も社長に復帰している。この背景には、結成されたばかりの松下電器労働組合が、通常では敵対するはずの経営者を救うため、1万5000通もの嘆願書をGHQに送り、追放を解除させたというエピソードがあった。

　松下電器の時代は、不況、震災、恐慌、台風、敗戦と、危機の連続であった。それらを救ってきたのは人間と彼らの能力であった。「人をつくり、人を大切にする」という経営方針は、従業員や得意先との「和親一致の協力」を生み、危機を乗り越えるたび、松下は大きく発展していったのだ。上記のセリフは、幸之助の感謝の気持ちを表す言葉だろう。

　マネーゲームで企業を成長させ、人材を事業の手段だと考えるアメリカ的経営とは、まったく異なる理念と発想の言葉である。幸之助は「PHP研究所」を設立して倫理教育に乗り出し、さらに為政者をはじめ各界の指導者をつくるため、私財70億円を投じて「松下政経塾」を設立。松下電器は、まさに人をつくる会社なのである。

Topic 死者・行方不明が10万人を超えた関東大震災。10日後、営業を再開した松下の仕事は、売り掛け未収金の回収だったが、幸之助の指示は売掛金を半分だけもらい、これから納める商品の値段は震災前と同じ、というもの。その心意気を知った得意先は、未収金を届けにきてくれる店まであり、結局は全額回収。この一件で松下の信用が確立した。

使うのは若い人だ。
若い人たちがそれでいいというのだから、
いいじゃないか。

盛田昭夫（1921〜1999）

消費者の欲するコンセプトとセンスを提供

　盛田昭夫は、電気機器メーカーのソニーを創業した技術者、実業家である。老舗の造り酒屋の長男に生まれた盛田は、大阪大学理学部を卒業後、1946年に技術者の井深大とともに東京通信工業（現 ソニー）を設立した。

　井深とは太平洋戦争中、海軍技術中尉時代にケ号爆弾開発研究会で知り合った仲。主に営業面を担当した盛田は、井深の技術的発想を実現し、技術者出身ながら営業の第一線に立って自社を「世界のソニー」に育て上げた。盛田は、のちに発表したエッセイで「アイデアのいい人は世の中にたくさんあるが、いいと思ったアイデアを実行する勇気のある人は少ない」と書いている。シンプルながら徹底した究極の分業制こそ、ソニーを発展させたコンセプトなのかもしれない。

　ソニーの商品の発想は、決して斬新で卓越したものではないだろう。そもそもカセットテープも、トランジスタも日本がつくったものではないからだ。しかし、ソニー商品は、すべてが消費者の欲している最先端のアイテムであった。1950年、日本初のテープレコーダー「G型」を発売、1955年には日本初のトランジスタラジオ「TR-55」を発売している。そして1979年、盛田は世界的なヒット商品となる携帯カセットテープ・プレイヤー「ウォークマン」を発案する。「世界中の人たちが喜んでくれる製品をつくり、それを提供することによってのみ、私たちは選ばれたという実感を得ることができる」と盛田は書いている。上記の言葉は「ウォーキング・マン」ではなく「ウォークマン」という、盛田の極めてユニークで独創的ネーミングを説明する開発途中のエピソードである。この不思議な和製英語は、海外でも面白がられて浸透。携帯カセットプレイヤーの代名詞になっている。

　ソニー商品の人気は、性能やリーズナブルな値段だけではない。消費者の欲しているコンセプトとセンスが、そこにある。盛田はそれを見出し、実行する勇気のある人物なのだ。

　1998年、盛田はアメリカの雑誌『TIME』の「20世紀にもっとも影響力のあった経済人20人」の一人に選ばれた。

Topic
1. 1989年、日米関係をテーマにした石原慎太郎との対談集『「NO」と言える日本』を発表するなど、盛田の大胆な発言が社会に及ぼした影響は小さくない。
2. 盛田が生み出した和製英語は「ウォークマン」のほかに、白髪頭を指す「ロマンスグレー」などもある。
3. 盛田は、アメリカに関して常に先進的な考えを持っていた。だが、けっして否定するのではなく、日本は、欧米の技術植民地でありながら、習った技術を咀嚼してここまできたと述べている。技術植民地というのは、特別の学校で学ぶのと同じことで、授業料をおさめ、さまざまなことを学んで卒業したと考えていたのだ。

地獄なし　極楽なし　我もなし
ただあるものは人と万物

山片蟠桃（1748〜1821）

江戸時代に合理的経営を断行

　掲出の言葉は、江戸後期に学者・商人として活躍した山片蟠桃の著書『夢ノ代』に記されたものである。この言葉からもわかるように蟠桃は合理主義の持ち主で、その著書『夢ノ代』では無鬼論（無神論）を唱え、仏教の須弥山説や中国の開闢説などを「西洋人に見せたら3歳の小児でも腹を抱えて笑うだろう」と痛烈に批判するほどであった。

　現在の兵庫県高砂で生まれた蟠桃は13歳で大阪へ出て伯父久兵衛の家を相続したものの、当時の蟠桃は本を読んでばかりで評判が悪かったそうで、暇を出されてしまう。そのとき蟠桃を拾ったのが、両替商を営む「升家」山片家の二代目・平右衛門だった。この升家は米相場で大儲けしたものの、その後大名貸に力を注いだところ大名からの返金が滞ってしまい、次第に傾いてしまう。1771年、重芳が四代目を引き継ぐのだが、このとき重芳はまだ8歳。そこで重芳が頼ったのが蟠桃だった。

　升家の番頭となった蟠桃が目をつけたのが、当時財政立て直しに必死だった仙台藩である。仙台藩は年貢として納めた米の残りをすべて安値で買い上げ、それを江戸に送って金を稼ごうとしていたのだが、蟠桃は米を買い上げる金の調達と、江戸への回米を升屋が引き受ける代わりに「サシ米」の下付けを要求した。「サシ米」とは米を検査する際、サシ（竹筒を斜めにカットしたもの）を俵へ刺して取り出した米のことを指す。通常は検査後に俵へ戻すのだが、それを升屋が貰い受けたのだ。米1俵から手に入るサシ米はわずかだが、江戸へ送る米は莫大だったため、このサシ米だけで升屋は年間6000両を稼いだといわれる。

　1782年から1788年は「天明の大飢饉」と呼ばれる大飢饉が発生し、米の価格が暴騰したが、仙台藩は1791、92年が豊作だったため90万両以上の利益を得ることに成功。これに貢献した蟠桃のもとには多くの藩から取引の依頼が殺到したという。縁起頼りの商家が多いなか、徹底した合理主義で米の特殊な取引の仕組みを熟知して活用したことによる勝利であった。

Topic　1. 平右衛門にならって懐徳堂で学ぶ。当時の懐徳堂は中井竹山・履軒兄弟が全盛期で、中井のもと頭角をあらわした蟠桃は「中井門の諸葛孔明」と称された。
　　　　2.「蟠桃」は「番頭」の当て字で、『夢ノ代』の前に書いた『宰我の償』を竹山に読んでもらう際、照れ隠しにつけた名前が後世広まったもの。本名は長谷川有躬。

世界でもっとも貧しい人は、金以外の何も持っていない人である。

ジョン・D・ロックフェラー（1839〜1937）

裕福さは金だけでは測れない

　ジョン・デイヴィソン・ロックフェラー・シニアは、1870年、アメリカの石油市場を独占し、石油の90%をコントロールした巨大企業スタンダード・オイル社を創立した実業家・慈善家である。

　1839年、巡回セールスマンの息子としてアメリカに生まれたロックフェラーは、16歳にして小さな会社の帳簿係として就職。その後、ペンシルバニアで油田が発見されると、当時世界最大の精油会社スタンダード・オイル・オブ・オハイを設立して石油精製から採掘へと事業を拡大し、同業者を買収して独占を進め、「石油王」と呼ばれるようになった。当時、揺籃期だった石油産業であったが、南北戦争が終結し、安価な燃料油の需要が高まっていった時期でもある。鉄道による食料のための輸送網がしっかりと整備されていたことも好要因であった。開発が西部に向かって進んでいった中、ロックフェラーは石油の輸送運賃を安定に保つため、カルテル結成を行った鉄道事業者らと共謀して新会社を設立。輸送料金の優遇を受け、スタンダード・オイルは、ガソリンやケロシンのアメリカ屈指の生産量を達成するまでに成長する。そのためロックフェラーは、反トラスト法で提訴されたり悪徳企業家だとマスコミに叩かれたりしたが、その批判も、58歳で事業から引退したのち、後半生を慈善事業に尽力したことで緩和されていく。

　上記の言葉は、信仰を行動指針としていた熱心なバプテスト信者ロックフェラーの理念を表したものである。彼は莫大な利益を得たが、それは神が与えてくれたもので蓄財を恥じることがなかった。就職当初から給料の10%をバプテスト教会に寄付していたが、彼の財産は慈善に使われるためのお金だったのである。ロックフェラーは1億8千万ドルをかけ、「人類の福祉を増進すること」を目的に「ロックフェラー財団」を創設。資産を大学創設、鉤虫症や黄熱病の根絶に貢献する医学研究所、一般教育財団などへ提供した。

　97歳で死去したとき、新聞は、遺産を個人の蓄財としては史上最高額の約15億ドルと推定。しかし、同時に「彼ほど莫大な財産を賢明に使った人はいない」と称賛している。

Topic　1. 1937年、当時のアメリカのGDPが920億ドルだったのに対し、ロックフェラーの残した遺産は約15億ドル。国の経済の1%以上の資産を持っていたことになる。これは2013年の換算では、2530億ドルにも上り、史上最大の富豪だった。
　　　2. 彼は若いころ、10万ドルを貯めることと100歳まで生きることが目標だと語っていた。年齢こそ3歳足りなかったが、どちらも達成したといってよいだろう。

第3章

社 会

私は、救済の道を歩いている。 多くの人の救済のために、悪業を積む ことによって地獄に至っても本望である。

麻原彰晃（1955〜2018）

多くの信者を集めたカルトの教祖

　この言葉を口にしたと言われているのは、地下鉄サリン事件など数々のテロ事件を起こし、世間を震撼させたオウム真理教の教祖・麻原彰晃（本名 松本智津夫）である。

　1955年、熊本県八代市に畳屋の四男として生まれた麻原は、先天性緑内障のため、左目はほとんど見えず、右目の視力も1.0程度だったという。視覚障害を理由に私立の小学校から盲学校に転校させられた麻原は、全盲の生徒たちを子分扱いし、強い権力欲を見せるようになる。1975年に卒業するころには、恐喝などで貯めた貯金が300万円に達していたという。その後、麻原は東京大学の受験を目指し上京するも約半年で熊本に戻り、長兄の漢方薬店の手伝いを始める。1977年の春に再上京し、予備校に入学。翌年1月、予備校で知り合った石井知子と結婚し、千葉県船橋市に鍼灸院を開院。鍼灸師として病気の人を完治させることに悩んだ麻原は、奇門遁甲や仙道（内丹術）に辿り着くと、次第に宗教に近づいていった。1983年、東京都渋谷区桜丘に能力開発の指導を行う学習塾「鳳凰慶林館」を開設すると、翌年に「オウムの会」へ塾名を変更。2年後には宗教団体「オウム神仙の会」と変え、さらに翌年「オウム真理教」に改称してからは、テレビ番組に自称超能力者としての出演も果たした。

「オウム真理教」は、有名大学出身の若者を中心に多くの信者を獲得。信者の親族とトラブルが起こるようになると、麻原は〈ポア〉と称して"敵"の排除を始める。その端緒となったのが、1989年に発生した坂本堤弁護士一家殺害事件だった。冒頭の言葉がいつ麻原の口から発せられたかは定かになっていないが、衆議院選挙における惨敗を逆恨みし、炭疽菌やサリンを使って無差別テロを実行させた麻原の歪んだ思考がよくあらわれている。

　その後、麻原は1995年に発生した地下鉄サリン事件の2カ月後、山梨県旧上九一色村の教団施設に潜んでいたところを発見され逮捕される。逮捕後の麻原はしだいに廃人同然となり、死刑を免れるための詐病ではないかと疑われたが、2006年に死刑が確定。2018年、元教団幹部たち6人とともに死刑が執行された。63歳だった。

Topic
1. 一修行者を名乗っていたころ、麻原は東京・福生のスナックである宗教家に「私はヴィジョンとか光の体験はあります。どのような段階にあるのでしょうか？」と教えを乞うた。しかしその2カ月後には「最終解脱した」と言い出した。
2. 麻原は様々な超越神力（超能力）があることになっていた。その中には信者が頭の中で歌っていた「魔法使いサリー」の曲を的確に聞き分ける、終電を逃した信者へ乗換案内する、信者に饅頭を残さず食べさせるなど奇妙なものもあった。

どんどん、くだらなくなっていってる。音楽もTVもどんどん低能になっていってる。殺人も犯罪も短絡的になっている。警察は庶民を守ってはくれなくなった……誰も本当のことを言わなくなってしまった。利権やせこい金で心を閉ざしちまったのさ。おもしろいお国柄だ。

忌野清志郎（1951〜2009）

歯に衣着せぬロックシンガー

　伝説のロックバンド「RCサクセション」の中心的存在として活躍し、『スローバラード』や『雨上がりの夜空に』などの名曲を残したロックシンガー・忌野清志郎（本名 栗原清志）は、1951年、東京都中野区に生まれた。3歳のとき実母が33歳で亡くなったため、伯母夫婦に引き取られた忌野は、国分寺市立第三中学校の同級生だった林小和生、破廉ケンチと「ザ・クローバー」を結成し、音楽活動を始める。1967年に進学した都立日野高等学校では、「リメインダーズ・オブ・ザ・クローバー（クローバーの残党の意）」を結成。破廉が戻って来たためバンド名を「リメインダーズ・オブ・ザ・クローバー・サクセション」とし、「RCサクセション」が誕生する。このバンド名について忌野は「ある日（RC）バンドを作成（サクセション）しよう」からだとジョークで言ったこともあったが、本当は「クローバーの残党からの継続（succession）」という意味が込められていた。

　メジャーデビューしたRCサクセションだったが、シングルがいくつかスマッシュヒットするものの"売れた"とはいえない状態だった。当時忌野は、後に妻となる石井景子と交際していたが、彼女の父親に結婚を拒絶され、「売れなくては！」と心に誓ったのだという。そして後に忌野のトレードマークとなる"化粧"が生み出される。

　化粧をして初めてステージに立ったのは1978年9月17日、東京・渋谷のライブハウス「屋根裏」だった。その2年後の1980年6月に出したライブアルバム『ラプソディー』が大ヒット。忌野はこれにより日本のロック・ニュー・ウェイヴの先陣を切り、その自由奔放なキャラクターも手伝い、ロックスターとして1980年代を席巻したのである。

　冒頭の言葉は、忌野が1998年11月から2001年4月にかけて雑誌『TV Bros.』で連載した『瀕死の双六問屋』第35話の一節である。これは理想郷である「瀕死の双六問屋」で暮らす男が、縦横無尽に音楽への愛や社会への怒りを語り尽くすというサイケな作品。その後も忌野は音楽活動だけでなくさまざまなメディアで活躍。しかし2009年5月2日、癌性リンパ管症のため死去した。享年58。

Topic 1. 忌野と三浦友和（俳優）は中学からの友人で、日野高等学校でも同級生だった。三浦はデビュー前のRCサクセションでパーカッションを担当したほか、発売禁止となったアルバム『COVERS』にも参加している。
2. 忌野の生母・富貴子には、レイテ島で戦死した最初の夫がいた。生母の遺品の中に「帰らざる 人とは知れど わがこころ なほ待ちわびぬ 夢のまにまに」という短歌を見つけた忌野は強い衝撃を受け、反戦の歌詞を書くようになった。

政府とは、合法的な暴力を 独占的に行う権利を持つ共同体だ。

マックス・ウェーバー（1864～1920）

近代社会学の創始者

　この言葉は、近代社会学の重鎮にして政治学者・経済学者としても多くの業績を残したマックス・ウェーバーがウィーン大学で行った講演「職業としての政治」の一節である。彼は1864年、プロイセン王国エアフルト（ドイツ連邦共和国テューリンゲン州）に生まれた。父は政治家、母は上流階級出身で裕福な家庭だった。12歳でマキャヴェッリの『君主論』を読破し、スピノザやショーペンハウエルなどの哲学書にも親しんでいた早熟のウェーバーは、少年時代の多くを家庭での読書に費やしており、15歳で『インドゲルマン諸国民における民族性格、民族発展、および民族史の考察』という歴史論文まで書いている。王立王妃アウグスタ・ギムナジウム（中等教育機関）を経て、ハイデルベルク大学、ベルリン大学などで法律学や経済史などを学んだ。

　19歳となった1883年、ウェーバーは予備役将校制度の志願兵として1年間の軍隊生活を送り、将校任官試験に最優等の成績で合格して予備役将校の資格を持つ下士官に昇進した。『中世合名会社史』で博士の学位を取得したウェーバーは、ベルリン大学でローマ法と商法を講義する私講師となり、29歳で結婚。1894年にはフライブルク大学に、経済学正教授として招聘される。1898年、父との確執から神経を病み休職するが、6年後の1904年に学術活動を再開。『プロテスタンティズムの倫理と資本主義の精神』を発表し、『社会科学・社会政策雑誌』の編集に従事し始める。講演を依頼される機会が増え、その内容は講演冊子として出版されるようになった。

　ウェーバーがウィーン大学で講演を行ったころ、第一次世界大戦で敗北したドイツは、革命によって帝政が廃止されるという事態になっており、ウェーバーは、政治とは「自主的におこなわれる指導行為」の一切を含むものであるとも述べている。講演を行った翌年の6月14日、インフルエンザ（スペイン風邪）による肺炎のため56歳で死去。しかし、西欧近代の文明をほかの文明から区別する根本的な原理は「合理性」であるとし、その発展の系譜を「現世の呪術からの解放」と捉えた彼の思想は、多くの人々に影響を与え続けた。

Topic　1. 父との確執の原因は、結婚して愛情が支配や束縛でないことを悟ったウェーバーが、父が母を従属的な者のように扱うのに耐えられなくなったからだといわれている。
　2. ミナ・トブラーという妻公認の愛人がおり、ミナがいつでも演奏できるよう自宅にピアノを買ってあげた。
　3. 当時の思想界を席巻していたマルクス主義の「人間のあらゆる行動は，その人の経済的環境に左右される」という考えに対し、ウェーバーは「人間は経済的存在であると同時に、精神的存在である筈だ」と真っ向から反論している。

 社会 080

生は永久の闘いである。
自然との闘い、社会との闘い、他の生との闘い、永久に解決のない闘いである。
闘え！ 闘いは生の花である。

大杉栄（1885〜1923）

自由で徹底した個人主義者にして社会主義者

　大正時代を代表するアナキスト（無政府主義者）として知られる大杉栄は、1885年、現在の香川県丸亀市で生まれた。

　父・東は常時陸軍（後の帝国陸軍近衛師団）の歩兵少佐で、少年期の多くを新潟県新発田市で過ごした。14歳となった大杉は1899年、名古屋陸軍地方幼年学校に入学。ここは幼少時から幹部将校候補を養成するために地方に創設された全寮制の教育機関（軍学校）の一つで、大杉は武道に熱中する一方、同性愛にも走り、処分を受ける。これにより残酷な追窮を受けた大杉は、上官への服従を盲従と思うようになり、教官に反抗。軍医から「脳神経症」と診断されると、校内で殺傷騒動を起こし、在籍2年で退学処分となった。

　窮屈な軍学校生活から解放された大杉は、父の許可なく17歳で上京。東京外国語学校（現 東京外国語大学）仏文科に入学する。このころ、幸徳秋水や堺利彦の存在を知り、彼らの「非戦論」に共鳴。社会主義に感化され、幸徳らが結成した平民社に頻繁に出入りするようになった。外国語学校を卒業すると、本郷にエスペラント学校を開いたが、1906年3月、「東京市内電車値上げ反対運動」における電車焼き討ちに関与したとして逮捕される。同年11月には反政府的言論活動を封ずることを目的として制定された「新聞紙条例」に違反したとして再逮捕され、以降、主に言論活動で社会主義運動に大きくかかわっていく。

　1910年5月、政府は社会主義者・アナキストに対する弾圧を開始。幸徳秋水も逮捕され、大逆罪で翌1911年1月に処刑された（幸徳事件）。大杉は1906年6月に発生した社会主義者弾圧事件（赤旗事件）で逮捕され獄中にあったため、連座を免れることとなった。掲出の言葉は、幸徳の処刑から3年後、1914年に大杉が執筆した『むだ花』の一節である。

　幸徳が命を落としたあとも大杉は怯むことなく活動を続けた。しかし、1923年に発生した関東大震災の混乱の中、大杉は内妻の伊藤野枝、甥の橘宗一とともに憲兵大尉の甘粕正彦らに連行され、殺害されたのである（甘粕事件）。憲兵隊司令部敷地内の井戸に遺棄された大杉ら3人の遺体には、苛烈な拷問の痕跡があったという。

Topic
1. 大杉は自由恋愛主義者で、最初の結婚相手は、強引に犯して婚約を破棄させた堺利彦の義妹・堀保子だった。しかし籍は入れず、内妻のままだった。
2. ハンサムだった大杉は、女たちからさまざまな援助を受けていたが、嫉妬にとりつかれた愛人の一人神近市子（婦人運動家）から刺され、瀕死の重傷を負った（葉山日蔭茶屋事件）。
3. 大杉と伊藤野枝は、4人の娘と1人の息子をもうけた。その命名も風変わりで、魔子（後に真子）、エマ（後に幸子）、エマ（後に笑子）、ルイズ（後に留意子）、エストル（後に栄）だった。

最高度に発達したテレビが、最低級の文化を流すという逆立ち現象、マスコミの白痴化がいちじるしい。

大宅壮一（1900～1970）

テレビに警鐘を投げかけた気骨あるジャーナリスト

時代の風潮を見事に裁断する明快な是々非々論で一般大衆の支持を得て、評論家・ノンフィクション作家として活躍した大宅壮一は、1900年、大阪府富田村（現 高槻市）に生まれた。高等小学校卒業後は大阪で丁稚となり商業見習いをしようと考えていた大宅だったが、親友が勉学に勤しむ姿に触発され、旧制茨木中学（現 府立茨木高等学校）に進学。大宅はこのころから作文や作句をして「少年倶楽部」といった雑誌に投稿するようになり、多くの懸賞を得ている。しかし4年生となった1918年、富山で勃発した「米騒動」を煽動する演説を行い放校処分になってしまう。しかし大宅は勉学を諦めず、家業の手伝いをしながら専門学校入学者検定試験に合格。旧制第三高等学校（現 京都大学）を経て東京帝国大学（現 東京大学）文学部社会学科に入学する。大学を中退すると本格的に文筆活動に勤しみ、雑誌「新潮」（新潮社）に評論を発表しジャーナリストとしてデビューした。

このセリフは、1950年代後半に流行語となった「一億総白痴化」の元となった言葉で、原典は雑誌『週刊東京』（東京新聞社）に大宅が連載していたコラム「言いたい放題」（1957年2月2日号）の一節「テレビにいたっては、紙芝居同様、いや、紙芝居以下の白痴番組が毎日ずらりとならんでいる。ラジオ、テレビというもっとも進歩したマスコミ機関によって"一億白痴化"運動が展開されているといってもよい」だとされる。これを書くきっかけになったのは、『何でもやりまショー』というテレビの娯楽番組が、〈早稲田大学の応援席で慶応大学の旗を振って応援すれば賞金を出す〉という企画を試み、これを知った東京六大学野球連盟が早慶戦のテレビ中継を拒否したという、1956年11月に起きた"騒動"である。日本でのテレビ放送開始から、まだ3年しかたっていない時代のことだった。

Topic　1. 京都の第三高等学校時代、大宅は大阪の実家から汽車通学をしていたが、その車中で同じく大阪から汽車で同じ学校に通う梶井基次郎と親しくなった。
　　　2. 大宅は第三高等学校卒業と同時に銀行員の女性と最初の結婚をするが、その女性を紹介したのは小学校時代からの友人、大川光三（政治家）だった。

第3章 社会

社会 082

われわれは彼らが降伏するまで、そして世界プロレタリア革命を実現するまで戦うのだ。

岡本公三（1947〜）

世界を震撼させた日本人テロリスト

　掲出は、裁判における岡本公三の最終弁論の一部である。

　連合赤軍のメンバーとしてパレスチナ解放闘争に加わり、テルアビブ空港乱射事件を起こしたテロリストとなった岡本は、1947年、熊本県葦北郡芦北町に生まれた。厳格な家庭で育った岡本は、二人の兄と同じ京都大学を目指すが、受験に二度失敗。浪人中から「ベトナムに平和を！市民連合（ベ平連）」の活動に参加し、結局鹿児島大学農学部に進学する。大学では当初静かな生活を送っていたが、3年生になると積極的に政治活動を開始。心配した父親が岡本の下宿に出向き「ほどほどにしておけ」と注意すると、「お兄ちゃんのような真似はしない。心配しないで」と言ったという。京都大学に進学した次兄の武は、1970年3月に「よど号ハイジャック事件」を起こした赤軍派のメンバーだった。

　1971年、パレスチナ解放人民戦線（PFLP）が日本に持ち込んだ映画『赤軍——PFLP世界戦争宣言』が鹿児島で上映されることになり、設営を手伝った岡本は、そのまま日本赤軍に引き入れられ、「あさま山荘事件」が制圧された翌日、1971年2月29日に海外へ逃亡。1年3カ月後の1972年5月30日、イスラエル、テルアブル郊外のロッド国際空港（現ベン・グリオン国際空港）で、日本赤軍幹部・奥平剛士、京都大学学生・安田安之と3人で銃乱射事件を起こす。「死んでオリオンの三ツ星になろう」と誓い、パリ発のフランス航空機にローマ空港から搭乗しイスラエル入りしていた3人は、空港税関カウンター前で自動小銃を乱射。26人が死亡、73人が重軽傷を負った。その後奥平と安田は手榴弾で自決。奥平は肉片と化し、安田は頭部がない状態だったという。岡本は税関から飛び出すとイスラエル航空機に向けて小銃を乱射し、スカンジナビア航空機には2発の手榴弾を投げた。それに被さり自決しようとするが不発に終わり、滑走路上に逃げたところを逮捕。

　唯一生き残った岡本はイスラエルで裁判にかけられ、終身刑を言い渡される。同国の刑務所で激しい拷問を受け、岡本は一時期統合失調症を患うが、1985年に捕虜交換により釈放。2000年レバノンに政治亡命し、現在もベイルート郊外で暮らしている。

Topic　1. 岡本に渡航費用（30万円）を支援したのは『実録・連合赤軍 あさま山荘への道程』を撮った映画監督でプロデューサーでもあった若松孝二だった。
　2. 岡本はテルアビブ事件の際、「ナンバ ダイスケ」名の偽造パスポートを所持していた。これは1923年に時の皇太子（後の昭和天皇）を襲撃し暗殺しようとした虎ノ門事件の犯人・難波大助から取ったものだった。

同じ悩みを持った人同士なら、いろいろ共感できるはず。俺と同じ悩みの奴なんか居ない。

加藤智大（ともひろ）（1982〜）

境遇が生んだ悲しき通り魔

　多くの人が休日を楽しんでいた秋葉原の歩行者天国にトラックで突っ込んだばかりか、逃げ惑う人々に刃物で襲いかかるという通り魔殺傷事件を起こした加藤智大は、1982年、青森県青森市に生まれた。父は地元の金融機関職員、母は専業主婦だった。長男の加藤は、幼いころから両親の大きな期待を背負い、厳しく育てられた。特に母は教育熱心で、小学生のころから珠算やスイミングスクール、学習塾に通わされ、友人の家に遊びに行くことも友人を家に呼ぶことも禁止。学校の課題の作文や絵画には親の検閲が入ったという。

　こんな状況で育った加藤は、小学校・中学校時代は成績優秀でスポーツ万能。母の期待に応え、県下一の進学校である県立青森高等学校に合格する。しかし高校での成績は振るわず、自動車整備士を養成する岐阜の短期大学に進学する。2年生のとき、担任に中学校の教諭になりたいと打ち明け、青森県の弘前大学への編入を希望。しかしそれは叶わず、自動車整備士の資格も取れずに短大を卒業すると、仙台市の人材派遣会社に登録。工事現場で車両を誘導する警備員として働いた。その後も主に派遣社員として各地を転々としながら働き、事件を起こしたときには、静岡県裾野市の自動車工場で期間工として働いていた。住まいは派遣会社が借り上げた4階建てマンションの1室だった。

　2008年5月、工場内で大量解雇の噂が広まると、休憩中に突然「派遣社員全員が人員削減の対象になるそうだ」「車関係で借金が数百万円ある」「踏み倒して取り立ての人から逃げて静岡にきた」などと同僚に打ち明け、落ち込んだ様子だったという。8月までの雇用継続が伝えられたが、加藤は会社への不信感を募らせる。そんな中、6月5日にトラブルが発生。加藤が出勤すると、ロッカーにあるはずの作業用のツナギがなくなっていた。誰かに隠されたと確信したのか、加藤は激怒しそのまま帰宅する。上記は、その日の午後4時ちょうどに、加藤が参加していたアニメ好きが集まる掲示板に書き込んだメッセージである。事件はその3日後、6月8日に発生した。「秋葉原通り魔事件」「秋葉原無差別殺傷事件」と呼ばれることになったこの凶行により7人が死亡、10人が負傷した。現場から逃げるところを加藤は取り押さえられ、7年後の2015年に死刑が確定した。未執行。

Topic　1. 裁判の被告人質問で、事件を起こした背景に「母親からの育てられ方の影響があった」とし、幼少期から受け続けた厳しい躾の数々を列挙した。
　2. 3歳下の弟は、「兄が母のコピーなら、僕はコピー2号。でも、僕は兄と同じことはしない」という言葉を残し、事件から6年後の2014年に自殺した。

私はどんなチンピラどもにも正直な人間として知られています。目的が金である限り、約束は必ず守る正直者として。

アル・カポネ（1899〜1947）

裏社会を牛耳る男が唯一信じた金という力

禁酒法の時代、巨大犯罪組織のボスとしてシカゴの裏社会に君臨し、「スカーフェイス（傷顔）」と恐れられたアル・カポネは、1899年、ニューヨークのブルックリンで生まれた。幼いころから利発で成績も優秀な少年だったが、厳格なカトリック系の学校に馴染めず14歳で退学。ブルックリン・リッパーズやファイブ・ポインツ・ギャングなど、イタリア系のストリートギャング組織とかかわるようになる。この時代、すでにギャングスターとなっていた17歳年上のジョニー・トーリオと出会うが、カポネが本格的にマフィアの道に入ったのは、シカゴに移るトーリオからブルックリンのシマを受け継いだフランキー・イエールの下で働き始めてからである。

1920年、カポネはトーリオの誘いを受けシカゴへと移る。最初は売春宿でポン引きをしていたが、1年後には賭博場兼売春宿の支配人となり、トーリオの築いた犯罪帝国でのし上がっていく。1925年、トーリオが敵に襲われ引退すると、カポネは後継者として26歳で犯罪組織のトップとなった。禁酒法を逆手にとって密造酒の製造販売で台頭していく一方で邪魔者を次々と抹殺。シカゴの政治家や警察幹部を買収して、組織の拡大と安定を図った結果、暗黒街の顔役となり"陰の市長"ともいえる権力を手にした。

その後、カポネは脱税の罪で逮捕されるが、収監されたアトランタ刑務所で、カポネが当局の担当者に吐いた言葉が上記のセリフである。翌年には最上級の警備で脱獄不可能といわれたアルカトラズ刑務所に移される。このころからカポネは健康を害していく。青年時代に感染した梅毒が脳を冒し、痴呆の症状がみられるようになった。1939年11月カポネは釈放され、メリーランド州ボルチモアの病院で治療を受け始めたが、症状は改善されず、1947年1月に死去。まだ48歳だった。

Topic　ブルックリンの酒場で働いてきたとき、カポネは若い女性客に卑猥な言葉をかけた。すると一緒にいたその兄が激怒し、ナイフでカポネに襲いかかった。「スカーフェイス」と呼ばれるようになった顔の傷は、このときできた。

握り拳と握手はできない

マハトマ・ガンディー（1869〜1948）

武力を使わず支配に抵抗

「独立の父」と呼ばれ、インド独立運動のシンボルとして活躍したマハトマ・ガンディー（モーハンダース・カラムチャンド・ガンディー）は、1869年、イギリス領インド帝国のポールバンダル藩王国（現 グジャラート州ポールバンダル県）に生まれた。父・カラムチャンドは藩王国の首相だったが、小学校時代のガンディーは成績も素行も悪く、ヒンドゥー教で禁じられている肉食を繰り返し、タバコ代のために召使いから金を盗んだりしていたという。12歳でアルフレッドハイスクールに入学し、インド幼児婚の慣習により、13歳で妻を娶った。18歳で宗主国のイギリスに留学すると、弁護士を目指し、ロンドンのインナー・テンプル法曹院に入学した。

3年後、無事弁護士の資格を獲得したガンディーは、イギリス領南アフリカ連邦（南アフリカ共和国）で開業。イギリス紳士としてふるまおうとしたガンディーだったが、白人優位の人種差別政策のもと屈辱的な扱いを受ける。インド系移民の差別に対する権利回復運動を始めたガンディーは、何度も投獄され、1年の予定だった南アフリカでの生活は結局21年にもおよんだ。1915年、46歳となったガンディーはインドに帰国。禁欲、断食、清貧、純潔を実践して精神面を強化し、イギリスからの独立を展望してきたガンディーは大衆のリーダーとして迎えられる。インド独立運動に身を投じたガンディーは、非暴力と不服従を信念に、イギリス製品を買わず国産品を愛用する「スワデーシー」、塩税法への市民的不服従を表明した「塩の行進」、仕事を一斉放棄する「ハルタール」などを行い、イギリスへの抵抗を先導。やがて不服従運動で世界的に知られるようになる。冒頭の言葉は、宗主国イギリスと対決していた独立運動の最中の発言の一つである。

第二次世界大戦終了後の1947年、インドはようやく独立を果たす。しかしそれはガンディーの望んだイスラム教徒とヒンドゥー教徒による統一国家とはならなかった。このインド・パキスタン分離独立に前後して、全土に宗教暴動の嵐が吹き荒れたのだ。ガンディーは断食という命がけの抗議行動を取り、両国を和解へ導こうとしたが、ニューデリーで射殺される。犯人は、ヒンドゥー原理主義団体のメンバーだった。

Topic
1. ヨーロッパが戦乱に包まれる直前の1939年、ガンディーはヒトラーに一通の手紙を書いた。それは友としてヒトラーの行動について忠告し、行く末を案じるものだった。
2. 銃弾を受けたガンディーは、薄れゆく意識の中で自らの額に手を当てた。これはイスラム教で「あなたを許す」を意味するジェスチャーだった。

社会 086

普通の女の子に戻りたい！

キャンディーズ（1972〜1978）

特別な存在となったアイドルの願い

1970年代、男子大学生を中心に「全国キャンディーズ連盟（全キャン連）」というファンクラブが結成されるほどの人気を誇ったキャンディーズは、1972年4月、NHK「歌謡グランドショー」のマスコットガール兼アシスタントとして誕生した。メンバーは、伊藤蘭（愛称ラン、1955年1月13日生まれ）、田中好子（愛称スー、1956年4月8日生まれ）、藤村美樹（愛称ミキ、1956年1月15日生まれ）。3人とも東京育ちで、東京音楽学院のスクールメイツに在籍する17歳だった。名付け親は同番組のプロデューサー。〈食べてしまいたいほど可愛い女の子たち〉という意味だったという。

翌1973年4月より『8時だョ！全員集合』にアシスタントとしてレギュラー出演。ドリフターズのメンバーに混じってコントで笑いをとり、人気者になっていく。「お笑いのできるアイドル」というイメージは、この番組で培われていった。同年9月、『あなたに夢中』でレコードデビュー。このときセンターでメインボーカルを務めたのは田中だった。1975年2月、5枚目のシングル『年下の男の子』をリリース。この曲から伊藤がリードボーカルとしてセンターに立ち、オリコンで週間9位、年間でも42位となり、初のヒットとなる。同年10月、蔵前国技館での「キャンディーズ10000人カーニバル」を成功させると、大晦日にはNHK「紅白歌合戦」に初出場し『年下の男の子』を熱唱した。以降『春一番』、『やさしい悪魔』、『暑中お見舞い申し上げます』などヒット曲を連発。

しかしキャンディーズは1977年7月17日、日比谷野外音楽堂でのコンサート中に突然の解散宣言をする。冒頭の言葉は「私たち、今度の9月で解散します」とファンに報告した際、伊藤が泣き叫びながら放ったものである。当初3人は、発言のように2カ月後の9月で解散する意思を固めていたが、所属事務所の正式な了承を得ずに発表したこともあり、解散は約半年間先送りされることになった。この電撃的な解散発表が逆にキャンディーズの人気に火を付け、1978年2月リリースのラストシングル『微笑がえし』は、最初で最後のオリコン週間1位を獲得する。4月4日、後楽園球場に5万5000人を集めて「ファイナルカーニバル」が行われ、キャンディーズは解散。日本芸能界に伝説を残したのだった。

Topic 1. キャンディーズは、全国組織型ファンクラブを持った日本初のアイドルだった。現在アイドルのコンサートで行われている「オタ芸」の原形もキャンディーズが元祖だといわれている。
2. 日比谷野外音楽堂での解散宣言から5カ月後の12月にリリースされた16枚目のシングル『わな』は、藤村がメインボーカルをつとめた唯一の楽曲。オリコンで週間3位を獲得した。

私には夢がある。それは、いつの日か、私の4人の幼い子どもたちが、肌の色によってではなく、人格そのものによって評価される国に住むという夢である。

マーティン・ルーサー・キング・ジュニア（1929～1968）

非暴力で黒人の差別撤廃を訴える

　非暴力主義を貫き通したアフリカ系アメリカ人公民権運動の指導者、キング牧師（マーティン・ルーサー・キング・ジュニア）は、1929年、南西部に位置するジョージア州アトランタで生まれた。父・マイケルはバプテスト派の牧師だった。キングは6歳のとき、初めての差別体験をする。一緒に遊んでいた白人の子どもの母親から「（黒人とは）二度と遊ばせません」と宣言されたのだ。黒人が差別される社会の中で、地元の大学に進んだキングは、法律家と牧師のどちらを選ぶかで迷ったが父と同じ道を選び、牧師の資格を取得。1954年にアラバマ州モンゴメリーのデクスター・アベニュー・バプテスト教会の牧師に就任した。

　しかし、1955年に起きたローザ・パークス逮捕事件が、キングの人生を大きく変えることになる。バスの白人優先席に座っていたパークスが、運転手の指示に従わず白人に席を譲らなかったところ、逮捕されたのだ。キングは、これを知った社会運動家のエドガー・ニクソンから、バス・ボイコット運動の組織化を持ちかけられる。1956年11月、連邦最高裁判所が「バス車内人種分離法」は違憲であるという判決を下し、キングたちの抗議活動は成功する。これをきっかけに、バス・ボイコット運動が南部の各都市でも起こり、黒人差別の撤回を訴える公民権運動はアメリカ全土に広がっていった。

　掲出の言葉は、1963年8月28日、「ワシントン大行進」のため集結した25万人の観衆を前に、キングが行った演説の一節である。キングはこの演説を「今日、私には夢がある」という言葉で結んだ。そして1964年、人種差別を禁止する「公民権法」が制定されたのだった。その後キングは「ベトナム反戦運動」への積極的な関与を始めるが、1968年4月4日、遊説先のテネシー州メンフィスのモーテルで白人男性の凶弾に倒れる。その数時間前、キングが観衆の拍手喝采を浴びた最後の名セリフは「私は山頂に達した」だった。

Topic　1. 生前キングは、FBI長官のジョン・エドガー・フーヴァーから脅されていたという。その内容は「表舞台から去らなければ女性関係の醜聞を暴露する」というものだった。
　　　2. キングの死後、妻のコレッタ・スコットは、黒人及び夫人の地位向上のための運動の指導者として活躍。「公民権運動のファーストレディ」と呼ばれた。

もはや「戦後」ではない

『経済白書』（1947〜）

国家が宣言した新しい時代の幕開け

　内閣府が毎年1回閣議に提出する日本経済に関する年次報告である『経済白書』は、1947年7月、片山哲（日本社会党）内閣（1947年5月〜1948年3月）時代に第1回が発表された。作成責任者だった都留重人（経済安定本部総合調整委員会副委員長）は、「国の財政も、重要企業も、国民の家計もいずれも赤字を続けている」という警告を発し、国土再建復興のための体系づけとその理論的裏づけを行なった。これを端緒として白書は毎年発表されるようになり、その年々の日本経済を分析し、政府の方針を示すものとなった。

　上記の言葉は、10回目となる『経済白書』（1956年7月発表）の序文に書かれた一節で、戦後復興の終了を宣言した象徴的な言葉として流行語にもなった。執筆責任者は、経済安定本部・経済審議庁・経済企画庁において、第二次世界大戦後の日本の経済復興政策立案及び景気循環分析にかかわっていた後藤誉之助である。終戦から11年経った当時の日本経済は、1950年6月に勃発した朝鮮戦争による特需の影響もあり、戦前の水準に向かって順調に回復していた。一般的には、本格的な高度成長期へと進む希望にあふれた表現だと理解されているが、実は違う。白書は、国民所得が戦前の5割増しの水準に達し、工業生産も戦前の2倍に達したとし、こうした理想的な発展は日露戦争後と第一次世界大戦時の2回しかないと指摘。「敗戦によって落ち込んだ谷が深かったという事実そのものが、その谷からはい上がるスピードを速やからしめたという事情も忘れることはできない」とした上で、「その（消費や投資への潜在需要の）欲望の熾烈さは明らかに減少した。もはや『戦後』ではない。我々はいまや異なった事態に当面しようとしている」と続くのである。

　つまり、敗戦の傷の深さや朝鮮特需の発生といった好条件が存在したという意味での「戦後」は終わり、今後の成長には苦痛を伴う近代化が必要だと警鐘を鳴らしたのである。

Topic
1. 1956年7月に発表された『経済白書』の副題は、「日本経済の成長と近代化」だった。
2. このフレーズの生みの親は評論家の中野好夫で、『文藝春秋』1956年2月号に掲載された「もはや戦後ではない」という評論の題名を『経済白書』が転用した。
3. 『経済白書』というのは通称で、正式名は『年次経済報告』。2001年以降は、同年に実施された中央省庁再編の関係で、正式名が『年次経済財政報告』、通称が『経済財政白書』に変更された。

人生はどちらかです。
勇気をもって挑むか、棒にふるか。

ヘレン・アダムス・ケラー（1880〜1968）

挑戦と努力を体現した「奇跡の人」

　重い障害を背負いながらも世界各地を歴訪し、身体障害者の教育・福祉に尽くした「奇跡の人」ヘレン・アダムス・ケラーは、裕福な家庭に生まれ、幸福な未来が約束されていた。しかし1982年、悲劇が訪れる。1歳半だったヘレンは、高熱を出して髄膜炎となり、聴力と視力を失い、話すことさえできなくなったのである。

　ヘレンが7歳のとき、両親は当時聴覚障害児の教育を研究していたグラハム・ベルを訪問。彼に紹介され、ボストンのパーキンス盲学校の校長、マイケル・アナグノスに手紙を出し、家庭教師の派遣を要請する。派遣されてきたのが、同校の卒業生アン・サリヴァンだった。サリヴァンは幼いころに弱視だった経験を活かし、ヘレンに指文字、言葉、しつけを教えた。ヘレンは諦めかけていた"話すこと"ができるようになり、パーキンス盲学校に通い始める。同じくボストンのホレース・マン聾学校の校長だったサラ・フラーから発声法も学んだが、それは近親者しか理解できず、他人が聞き取るのは困難だったという。

　1894年からニューヨークの口話学校で学ぶようになったヘレンは、ハーバード大学への入学を希望し、その入学準備のため17歳でケンブリッジの女学校に入学する。女学校での教育の受け方は、サリヴァンもヘレンと一緒に登校して同席し、教師の教えるところをサリヴァンがそのまま指文字でヘレンに伝え、また質問する時はヘレンが指文字でサリヴァンに伝え、さらにサリヴァンから教師に口でその意味を説明するという極めて不便な方法だった。ヘレンは3年後、誰もが無理だと思ったハーバード大学附属のラッドクリフ女子大学への入学を許可される。21歳になっていたヘレンのこの奇跡を、「世界歴史始まって最初のこと」と新聞各紙は絶賛した。冒頭の一言は、何事にも諦めず挑戦し続けたヘレンらしい言葉として広く知られている。

Topic サリヴァンのおかげで、ヘレンは3カ月後には300個以上の単語を記憶し、点字の本を読めるようになり、簡単な手紙を書けるようになった。ヘレンの噂は米国中に広まり、8歳だった1888年、ホワイトハウスに招待されて第22代大統領グローバー・クリーブランドと面会した。

いまだ軍備と徴兵が国民のために一粒の米、一片の金をだに産するを見ざるなり。

幸徳秋水（1871〜1911）

帝国主義を批判し、反戦を訴える

　明治時代を代表する社会主義者で、大逆事件で非業の死を遂げたことで知られる幸徳秋水（本名は傳次郎）は、明治維新から間もない1871年、高知県幡多郡中村町（現 四万十市）に生まれた。生家は酒造業と薬種業を営む地域の名家で、先祖は陰陽師として「幸徳井」を名乗っていた。幸徳は9歳で儒学者の門を叩き四書五経などを学び、旧制中村中学校（現 県立中村中学校・高等学校）に進むが、台風により校舎が全壊。なかなか再建されなかったため退学し、上京。同郷の思想家・中江兆民の門弟となった。ちなみに「秋水」の号は中江にもらったもので、もとは中江自身が名乗っていたものだった。

　新聞記者を志すようになった幸徳は、「征韓論争」で下野し自由民権運動を主導していた板垣退助が社長を務めていた「自由新聞」に入社。1898年にはゴシップ報道の先駆的存在で、権力者のスキャンダル追及などで人気だった黒岩涙香の「萬朝報」に移り、記者となった。1900年8月、板垣の自由党と大隈重信の進歩党から生まれた憲政党が、政敵である伊藤博文と結び立憲政友会を結成したことを嘆いた幸徳は、〈嗚呼、自由党死すや〉の一文で有名な批判論文『自由党を祭る文』を発表。翌月には、「義和団の乱」制圧の際に、日本軍が清国の馬蹄銀（銀錠）を横領したとの疑惑を追及し、陸軍中将真鍋斌を休職に追い込む。1901年5月には、日本初の社会主義政党である社会民主党に創立者の一人として参画。しかし同党は政府により2日後に潰されてしまう。幸徳は『廿世紀之怪物 帝国主義』を刊行し、政府の帝国主義を批判。ボブソン、レーニンに先駆けて書かれた「帝国主義論」の嚆矢である同書に収められた一節が、冒頭の言葉である。

　1903年に日露国交が緊迫化すると、幸徳らは反戦・平和を主張し「非戦論」を展開。その後「萬朝報」社主の黒岩涙香が「主戦論」に転じたため、同僚の堺利彦とともに退社し、平民社を設立し『平民新聞』を刊行していく。次第に無政府主義に傾いていった幸徳は、政府から要注意人物としてマークされ、天皇暗殺を計画したとして1910年の大逆事件に連座することとなり、処刑されたのだった。享年39。

Topic　1. 幸徳は大逆事件の法廷で「今の天子は、南朝の天子を暗殺して三種の神器を奪いとった北朝の天子ではないか」と発言。これが外部に漏れ、「南北朝正閏論」が起こった。
　　　2. 大逆事件で逮捕された幸徳は、妻・千代子が差し入れた手作り弁当に手をつけなかった。幸徳は菅野スガ（事件に連座）と同棲中で、湯河原で逮捕された時も一緒だった。
　　　3. 幸徳の墓は、戦前まで鉄格子で覆われていた。監視の人間がおり、自由な墓参はできなかったという。

人様に、しかられたくらいで、引っ込むような心臓は持ち合わせがない。

白洲次郎（1902〜1985）

GHQと対等に渡り合った日本紳士

　連合国軍占領下の日本で吉田茂の側近として活躍し、「憲法改正」や「サンフランシスコ講和条約」締結において大きな役割を果たした白洲次郎は、1902年、兵庫県芦屋市に生まれた。父・文平は貿易商、祖父の退蔵は三田藩（現 兵庫県三田市）藩士から三田県大参事となり、実業家としても成功した人物で、白洲は名家の子息として何不自由なく育った。1914年に進学した旧制第一神戸中学校（現 県立神戸高等学校）ではサッカー部・野球部に所属し、乱暴者として有名だった。父から買い与えられたアメ車を乗り回し、宝塚少女歌劇養成会（現 宝塚歌劇団）の生徒と恋仲となるなど青春を謳歌する白洲だったが、学校の成績は中以下で、成績表の素行欄には「やや傲慢」「驕慢」「怠惰」といった文字が並んでいた。

　1919年、中学を卒業した白洲はイギリスのケンブリッジ大学クレア・カレッジに聴講生として留学。ベントレーでヨーロッパ大陸旅行を楽しむ一方、イギリス貴族たちとも親交を深め、そのライフスタイルを身につけた。第二次世界大戦が勃発すると、翌1940年には帰国。東京府南多摩郡鶴川村（現 東京都町田市）に購入した古い農家を「武相荘」と名付け、農業に勤しむ日々を送りつつ終戦を迎えた。終戦直後の1945年8月17日に東久邇宮内閣が成立すると、終戦連絡中央事務局の参与に就任。これはケンブリッジ時代に知遇を得た外務大臣・吉田茂の請願によるものだった。参与となった白洲は、イギリス仕込みの流暢な英語で主張すべきところは頑強に主張し、決してGHQ（連合国軍最高司令官総司令部）の言いなりにはならなかったという。それが「われわれは戦争に負けたが、奴隷になったのではない」と考える白洲の姿勢だった。冒頭の一言は『白洲次郎名言集 男の品格2』（コスミック出版）に納められたものだが、「人に好かれようと思って仕事をするな。むしろ、半分の人には嫌われるように積極的に努力しないとよい仕事はできない」とも発言した白洲の主義を今に伝えている。1954年まで外務省顧問を務めた白洲だったが、吉田の首相退陣とともに政治とは縁を切り、実業界に復帰。東北電力会長を手始めに、さまざまな企業の役員や顧問を務め、1985年83歳で大往生した。

Topic
1. 白洲の有名なエピソードとして、天皇からのクリスマスプレゼントを届けたときに、品物がぞんざいに扱われたとしてマッカーサーを怒鳴りつけたというものがあるが、近年の研究で当時のマッカーサーの面会予定表やゲストブックに白洲の名がないことがわかっている。
2. 白洲はサンフランシスコ講和会議において英語でスピーチを行おうとしていた首相の吉田茂を一喝。スピーチ原稿を急遽日本語に書き換えさせた。

社会 **092**

善人なおもて往生をとぐ、いわんや悪人をや

親鸞（1173〜1262）

念仏を唱えれば悪人でも救われる

　師匠である法然とは違うスタイルで、民衆に念仏の教えを広めた浄土真宗の開祖・親鸞は、1173年、日野誕生院（京都市伏見区）近くで生まれた。幼名は松若磨、松若丸、十八公磨などであったとされるが定かではない。父・日野有範は、皇太后宮大進として宮中に勤める官吏だったが、幼いころに離別。戦乱や飢饉によって洛中が荒廃したため、叔父に伴われ8歳で青蓮院（京都市東山区）に入る。のちに天台座主となる慈円のもとで得度し、「範宴」と称した。出家後は比叡山に入り、不断念仏などの修行を積むが、次第に自力修行の限界を感じるようになり、1201年、およそ20年を過ごした比叡山から去った。

　頂法寺（六角堂、京都市中京区）にて百日参籠を行ったところ、「修行者が前世の因縁によって女性と一緒になるならば、私が女性となりましょう。そして清らかな生涯を全うし、命が終わるときは導いて極楽に生まれさせよう。これは私の誓願である、一切の人々に説き聞かせなさい」という観音菩薩からの夢告（女犯偈）を得る。その後親鸞は、洛東・吉水（京都市東山区）の法然の草庵を訪ね、弟子入りを志願。「綽空」と名を変えた親鸞は研鑽を積み、法然に嘱望される弟子となっていく。「親鸞」という法名も弟子時代に法然より与えられたものとされる。法然の弟子時代、親鸞は肉食を厭わず妻帯もしていた。相手は在京の豪族・三善為教の娘・恵信尼で、4男3女をもうけている。恵信尼は越後や東国での親鸞の布教にも同行し、長く行動をともにすることとなった。

　1207年、後鳥羽上皇の怒りに触れた法然に連座し、親鸞は越後国国府（現 新潟県上越市）に配流される。4年後の1211年、許された師弟は京で再会。その後法然が入滅すると、親鸞は家族と門弟を伴い常陸国笠間郡稲田郷（現 茨城県笠間市）の草庵（のちの西念寺）に落ち着き、ここを拠点におよそ20年間布教活動を行う。浄土真宗の根本聖典となる『顕浄土真実教行証文類（教行信証）』を完成させたのもこの草庵だった。63歳ごろに帰京。著作活動に励むようになり、1262年に89歳で入滅。掲出の言葉は、親鸞の死後に弟子によりまとめられた法語集『歎異抄』に収められたもので、「善人でさえ救われるのだから、悪人はなおさら救われる」という親鸞独自の「悪人正機説」を端的に表している。

Topic　1. 比叡山での修行時代、美しい女性に「悩みがあるから比叡山に連れて行ってほしい」と懇願された親鸞は、女人禁制だからと断る。するとその女性から「すべての者に仏性があるとお釈迦さまはおっしゃっている」と言われ、返す言葉がなかったという。

　　　2. 親鸞が仏教の禁忌を犯し妻帯したのは、すべての人がありのままの姿で平等に救われるのが本当の仏教であることを、自ら明らかにするためだったといわれている。

私は人々の心の中にいる王妃でありたいと思っています。ですが、この国の王妃であるとは考えていません。

ウェールズ公妃ダイアナ（1961～1997）

地位にこだわらず民衆に寄り添う

イギリスの第1位王位継承権者であるウェールズ公チャールズと結婚し、ウェールズ公妃となって世界中の人々から注目されたダイアナ・フランセス・スペンサーは、1961年、イングランド東部ノーフォーク州のサドリンガムで生まれた。父のエドワードは伯爵で、スペンサー家は17世紀から続く名門貴族だった。

1975年に父が第8代スペンサー伯爵位を継承したのに伴い、自身もLady（姫・令嬢）の儀礼称号を得たダイアナは、1977年、姉のセーラの交際相手だったチャールズと初めて会う。1979年、サンドリンガム・ハウスのパーティでチャールズと再会したダイアナは交際を深め、1981年2月に婚約を発表し、7月29日にロンドンのセント・ポール大聖堂で盛大な結婚式がとり行われた。この結婚により世界中でダイアナ妃フィーバーが巻き起こった。

しかし、この幸せは長くは続かず、1992年12月、皇太子夫妻が別居生活に入ることが正式に発表された。翌年にはチャールズが結婚前の交際相手だったコーンウォール公爵夫人カミラと愛を囁き合う電話の会話がスクープ公開され、チャールズはカミラが自分の人生の"中心的人物"であることを公表する。上記の言葉はこの騒動の最中、ダイアナがBBC（英国放送協会）のTV番組『Panorama』に答えたインタビューの一部で、ダイアナはこの中で、自分も元騎兵連隊将校ジェームズ・ヒューイットと5年にわたって不倫していたことを認めている。

1996年8月、正式に離婚が成立。二人の王子の親権は、ダイアナとチャールズが平等に持つことになった。王室の窮屈な生活から解放されたダイアナは、エイズ問題や地雷除去問題など、慈善活動に本格的に取り組むようになるが、1997年8月31日深夜、当時交際していたエジプトの億万長者の息子で、イギリスの有名デパート「ハロッズ」のオーナーでもあるドディ・アルファイドとともにパリで自動車事故死。36歳だった。

Topic 学生時代から大食いで太り気味だった。マスコミから注目されるようになってから、太って見えないかを気にするようになり、過食した後に吐き出すという独自の"ダイエット法"を行うようになった。

我々は"明日のジョー"である。

田宮高麿（1943〜1995）

勝てずとも命がけで闘争に臨む

　1970年3月31日、田宮高麿をリーダーとする世界同時革命を目指す極左組織・赤軍派が、羽田発福岡行きの日航機「よど号」を乗っ取った。世に言う「よど号ハイジャック事件」である。国内初のハイジャック事件としても知られる。

　冒頭のセリフは事件の際に、占拠した民間旅客機で羽田空港から飛び立つ前に、犯行グループから出された声明文の一節。"明日のジョー"は当時大人気を博していた梶原一騎原作、ちばてつや画の漫画で、正式表記は『あしたのジョー』である。

　『あしたのジョー』が連載されたのは1968〜1973年。当時の日本は1964年の東京オリンピックを終え、そして1970年の大阪万博を控えたまさに高度経済成長期の頂点にあった。しかし、主人公の矢吹丈はそうした活気あふれる日本とは無縁の下町（作中の言葉では「ドヤ街」）に最初に登場し、詐欺まがいの事件を巻き起こし、少年鑑別所に入れられる。そして、そこで宿命のライバル力石徹との運命的な出会いを果たし、その後二人はボクシングを通じてしのぎを削ることになる……というのが、主なストーリーだが、ここで注目させられるのが矢吹丈の衝動的で刹那的な生き方である。彼はライバルたちに勝つためにボクシングに異常な執念でのめりこむ。その目的はお金や栄光ではなく、戦うことの一瞬一瞬が彼に生きているという実感を与えてくれるからだ。そのために真っ白に燃え尽きることも厭わない。

　「よど号ハイジャック事件」当時、すでに学生運動は下火になっており、新左翼の運動も世論の支持を失いつつあった。田宮高麿はそんな自分たちを矢吹丈になぞらえていたのではないか。丈のように気高く孤独で何ものにも縛られず、ただおのが信じるもののために権威に対して徹底的に戦うこと。そうしたアンチ・ヒーロー的な陶酔感に浸ることで田宮高麿は生の充実を感じていたのではないだろうか。

Topic　1. 北朝鮮に渡った田宮らは、「世界革命を進める同志」として一時は北朝鮮政府から手厚い歓迎を受けたが、荒唐無稽な「北朝鮮の赤軍化」という目的は即座に否定された。
　　　2. 田宮らは現地で日本人妻と結婚している。しかし"よど号妻"と呼ばれた彼女たちの北朝鮮入国や結婚の経緯は明らかにされなかった。

あなたが何者であるかを放棄し、信念を持たずに生きることは、死ぬことよりも悲しい。若くして死ぬことよりも。

ジャンヌ・ダルク（1412ごろ〜1431）

使命に殉じ、民に裏切られた聖女

イングランドとフランスが王権をめぐる争いを繰り広げていた百年戦争の時代、神の啓示に導かれてフランス軍を率い、母国の救世主となったジャンヌ・ダルクは、フランス東部の辺鄙な小村ドンレミに生まれた。周囲をイングランド側に付いたブルゴーニュ公領に囲まれてはいたが、フランス王家への素朴な忠誠心を持った村だった。

12歳のとき、ジャンヌは初めて〈神の声〉を聞く。それは、イングランド軍を駆逐して王太子シャルルをフランス王位に就かしめよ、という内容だった。1428年、16歳のジャンヌはヴォークルールへ行き、守備隊隊長だったロベール・ド・ボードリクール伯に王太子シャルルのいるシノンの仮王宮を訪れる許可を願い出る。相手にもされず追い返されたが彼女は諦めず、知己を得た貴族の手助けでボードリクールを再訪。そこでジャンヌは、オルレアン近郊でのニシンの戦いでフランス軍が敗北するという驚くべき結果を予言するのである。前線からの連絡で彼女の予言が的中したことに驚いたボードリクールは、シノン訪問を許可する。ジャンヌは男装して敵のブルゴーニュ公国を通り抜け、シノンの仮王宮で王太子シャルルに謁見を果たすと「自分はフランスを救うことができる」と訴えたのである。

派兵軍との同行と騎士の軍装の着用を許されたジャンヌは、オルレアン包囲戦に参戦。ジャンヌの指揮により、1428年10月から半年以上もオルレアンを包囲していたイングランド軍をわずか9日で崩壊させることに成功する。この流れに乗ったフランス軍は次々と勝利し、1429年7月、王太子シャルルは即位を果たし、フランス王シャルル7世となった。この言葉は、神の啓示を受け百年戦争に身を投じたときのものだといわれている。

シャルル7世の戴冠式に功労者として列席したジャンヌだったが、コンピエーニュ包囲戦の最中落馬して捕虜となる。"魔女"ではないかと疑われたジャンヌは、1431年1月、イングランドの占領統治府が置かれていたルーアンで異端審問裁判にかけられる。有罪となった彼女は、火炙りの刑によりあまりに短い生涯を閉じたのだった。

Topic
1. 当時は捕虜を救い出す際には身代金を支払うのが一般的だった。シャルル7世はこれに応じず、ジャンヌを助けようとはしなかった。絶望したジャンヌは、牢獄で何度も自殺を図ったという。
2. 異端審問裁判の中で、なぜ軍人の経験がない自分が指揮できたかその理由について、ジャンヌは〈神の声〉だと説明している。

社会 **096**

あなたが行く先々で、愛を広めてください。あなたが出会った人たちが、より幸せになって去っていきますように。

マザー・テレサ（1910〜1997）

慈愛の心を世界の人々に

　ハンセン病患者のための「平和の村（Town of Peace）」を設立するなど、生命の尊厳とそのための施設づくりを提唱したカトリック修道女として世界の尊敬を集めたマザー・テレサ（本名はアグネス・ゴンジャ・ボヤジュ）は、ユーゴスラビアのスコピエ（現 北マケドニア共和国首都）で生を受けた。父は手広く事業を営む実業家で地元の名士だったがカトリック教徒で、イスラム教徒や正教徒が多く住む地域では珍しい家族だった。

　18歳になったアグネスは故郷のスコピエを離れてアイルランドに渡り、女子教育に力を入れているロレト修道女会に入る。ダブリンで基礎教育を受けた彼女は1928年、修道女としてインド西ベンガル州の中心都市ダージリンに赴任。翌年、清貧・貞潔・従順の初誓願を立て修道女名を「テレサ」とした。

　1946年9月、休暇のため避暑地であるダージリンに向かう汽車に乗っていたテレサは、〈すべてを捨て、もっとも貧しい人の間で働くように〉という啓示を受ける。すぐにテレサは修道院を離れて外で活動することを願い出たが、ヴァチカンの上層部はそれをなかなか許可してくれなかった。2年後の1948年、ようやく教皇ピウス12世から修道院外居住の特別許可を受けることができたテレサは、修道院を出てカルカッタのスラム街のアパートで暮らし、街頭で学校に行けないホームレスの子どもたちを集めて無料授業を行うようになった。

　1950年、テレサはローマ教皇庁の許可を得て「神の愛の宣教者会」を創設。その目的は、「飢えた人、裸の人、家のない人、体の不自由な人、病気の人、必要とされることのないすべての人、愛されていない人、誰からも世話されない人のために働く」ことであった。テレサは、ヒンドゥー教の廃寺院を譲り受けて作った「死を待つ人々の家」というホスピスを手始めに、次々と児童養護施設などを開設していく。掲出の言葉は、その献身的活動が世界から注目されたテレサの有名な発言である。テレサは1979年に受賞したノーベル平和賞をはじめとして、世界中から数々の賞賛を受けたが、1993年9月、カルカッタのマザー・ハウスで87年の生涯の幕を下ろした。

Topic
1. テレサは死の床にある病人へ秘密裏に洗礼を授けるよう修道女たちに指導していた。患者に「天国への切符を得たいと望みますか」と質問したあと、熱を冷ますふりをして額に水で濡らした布を置いて祈りの言葉をささやき、気づかれないように洗礼を授けていた。
2. テレサは100万ドル以上の献金をしてくれたアメリカの投資家のチャールズ・キーティングが詐欺罪で逮捕されたとき、情状酌量を求める手紙を裁判所に書き送った

命はかぎりある事なり。
すこしもをどろく事なかれ。

日蓮（1222〜1282）

死の淵にあっても信心に励む

　鎌倉時代、数々の迫害にもめげず布教を貫いた日蓮宗の開祖・日蓮（幼名 善日麿）は、1222年、安房国長狭郡東条郷片海（現 千葉県鴨川市）に生まれた。父・三国太夫は漁師を生業としていたが、日蓮は11歳で地元の天台宗寺院・清澄寺に入ると4年後には正式に出家して剃髪し、名を是生房蓮長と改めた。「是生」とは日の下の人を生むという意味である。1238年の鎌倉遊学を皮切りに比叡山などで修学を重ねた日蓮は、1253年に立教開宗。「南無妙法蓮華経」の題目を唱え、このころから「日蓮」を名乗り始める。

　翌年から鎌倉において辻説法を開始した日蓮は、1260年7月に『立正安国論』を完成させ、前執権で鎌倉幕府の実力者であった北条時頼に上奏。当時起こっていた地震や異常気象、疫病や飢餓といった末法現象は、法然（浄土宗）を始めとする念仏教や禅教などの邪教に起因するものとし、正法を「法華経」とすべきだと幕府へ宗教政策の転換を促す内容であったため、40日後、松葉ヶ谷（現 鎌倉市大町）の草庵を夜襲される。これを「松葉谷法難」といい、日蓮四大法難の一つとされている。

　次なる日蓮の法難は、その翌年に起こる。襲撃にもめげず鎌倉において布教活動を続けていたところ、理由もなく捕縛され、伊豆国伊東（現 静岡県伊東市）沖の「俎岩」という岩礁に置き去りにされたのである（伊豆法難）。それでも日蓮は屈せず信念を貫いたため、日蓮の念仏批判を快く思っていなかった安房国の地頭・東条景信に帰郷の途中に襲撃されたり（小松原法難）、幕府批判に激怒した北条執権家の御内人・平頼綱に捕らえられ刑場で斬首されかけたり（龍ノ口法難）と迫害は続いた。

　その後佐渡に流された日蓮は『開目抄』、『如来滅後五五百歳始観心本尊抄』を執筆。1274年に赦免となり、鎌倉に帰還すると身延山（現 山梨県南巨摩郡）に移り、『撰時抄』、『報恩抄』を述作した。冒頭の言葉は、死の床に就いていた日蓮が、重病となっていた駿河国富士上方上野郷（現 静岡県富士宮市）の地頭・南条時光に与えた書『法華証明抄』の一節である。日蓮は身延山から有力檀越であった武蔵国の武将・池上宗仲の池上郷（現 東京都大田区池上）の屋敷（現在の池上本門寺）に移るが、1カ月も経たず入滅したのだった。

Topic　1. 日蓮が「伊豆法難」で岩礁に置き去りにされた時、それを助けたのは漁師の船守彌三郎だった。この人物は甲州上野原（山梨県都留郡）の城主であったが、讒訴により伊豆に配流されていたという説がある。
　　　2. 龍ノ口の刑場で日蓮が斬首されかけた時、江の島方面から不思議な光の玉が飛んで来たため、処刑どころではなくなった。日蓮の斬首刑が失敗に終わったという早馬が鎌倉に向かう一方、鎌倉からは「日蓮の首を斬るな」という早馬が龍ノ口に向かっていた。

社会 098

夢をもて、目的をもて、やれば出来る、こんな言葉に騙されるな。何も無くていいんだ。人は生まれて、生きて、死ぬ、これだけでたいしたもんだ。

ビートたけし（1947～）

生死の境をさまよって得た境地

　2000年に刊行されたビートたけし著『僕は馬鹿になった。ビートたけし詩集』に収録されている「騙されるな」という詩の一節である。

　ビートたけしは、1947年、塗装職人の父・菊次郎と母・さきの間の四男（幼少時に早逝した兄が一人いるため実質三男）として東京都足立区で生まれた。1965年に明治大学工学部（後の理工学部）機械工学科に進むが、大学での生活に適応できず、大学2年の時には、家出同然に新宿界隈で一人暮らしを始める。ジャズに傾倒すると、ジャズ喫茶やクラブのボーイ、実演販売員などのアルバイトをしながら、糊口をしのいでいた。通訳になるため、留学費用を稼ぐ目的で始めたタクシー運転手の仕事も半年で退社。また、ジャズ喫茶で知り合った若松孝二との関係で、若松プロの初期の作品に端役で出演したりした。

　そんな生活を送っていた1972年夏、ストリップ劇場・浅草フランス座で、芸人見習い志願としてエレベーターボーイを始め、コントで芸を磨いていたが、2年先輩の兼子二郎から漫才に誘われコンビを組む。二人はコンビ名を「ツービート」とし、北野は「ビートたけし」、兼子は「ビートきよし」となり正統派漫才から暴走ネタ・危険ネタへとシフト。すると1980年に起きた漫才ブームの波に乗ってテレビ出演も増え、知名度を上げた。「コマネチ！」のギャグが誕生したのもこのころである。

　その後も、1981年スタートの『オレたちひょうきん族』などで、人気を不動のものとしていくが、1986年、交際女性への強引な取材に激怒し、講談社の『フライデー』編集部を襲撃。弟子の芸人で構成された「たけし軍団」とともに逮捕されるが、翌年7月にはテレビ復帰を果たした。1988年に独立し「オフィス北野」を設立すると、翌1989年には『その男、凶暴につき』で映画監督デビュー。4作目の『ソナチネ』がカンヌ国際映画祭などで公開されて欧州を中心に高い評価を受け〈世界の北野〉といわれるようになる。しかし、1994年8月にバイクで自損事故を起こし、生死の境をさまよった。紆余曲折の多いたけしだからこそ、言える言葉なのかもしれない。

Topic　1. 浅草の下積み時代、北野は先輩芸人・ポール牧の世話になっていた。その後北野が売れて立場が逆転すると、北野はテレビで「こんばんは、ポール牧です」などとボケてポールの知名度を上げ、恩返しをした。
　2. 『フライデー』編集部に乗り込む時、北野は軍団のメンバーに手を出さないようにと釘を刺した。しかし暴行傷害事件へ発展したのは、編集部員の挑発的言動が原因だという。

（電気椅子での処刑は）一生に一度
しか味わえない、最高のスリル。

アルバート・フィッシュ（1870〜1936）

死の間際で見せた猟奇殺人者の叫び

　強姦や食肉目的で人を殺害し、満月の日に多くの犯行を重ねたことから「ブルックリンの吸血鬼」「満月の狂人」などと呼ばれ、20世紀初頭のアメリカで猟奇殺人を繰り返したアルバート・フィッシュは、1870年、ワシントンD.C.で生まれた。母親には幻覚を見るという症状があり、親族にも重度の精神疾患を患っている者が何人かいた。5歳のとき、父が死亡。フィッシュは孤児院に預けられるが、そこでの暮らしは彼にとって快適なものとはならなかった。ほかの生徒が見ている前で、服を裂かれ、鞭で打たれるなど、教師からひどい虐待を受け続けたのだ。のちに彼が行うようになった被害者を拷問で死に追いやるという行為は、このときの苦痛を他者に強いるためのものだと分析する心理学者もいる。

　1898年、塗装工となっていたフィッシュは、母親の紹介で9歳年下の女性と結婚し、6人の子の父親となった。しかし結婚から19年後に離婚。近所に住む精神薄弱者と妻が恋仲になったのが、その理由だった。この妻の裏切りと別離が、フィッシュの凶行の引き金になったと見る向きもあるが、フィッシュが最初の殺人に手を染めたのは、離婚の7年も前、1910年のことだった。この19歳の青年を強姦する目的の犯行を皮切りに、フィッシュは殺人を繰り返すシリアルキラーとなっていく。本人の告白によれば、1910年から1934年までに400人余りを殺したのだという。

　1934年11月、フィッシュはついに逮捕される。そのきっかけとなったのは、1928年に誘拐して殺した10歳の少女の両親に、フィッシュ自身が出した匿名の手紙だった。フィッシュは誤字脱字だらけの手紙の中で、少女を切り刻んでシチューにして食べたと書いており、手紙のことを聞かれたフィッシュは「うまかった」と語ったという。フィッシュに対する裁判は、わずか10日で結審。判決は死刑だった。1936年1月16日、ニューヨーク州シンシン刑務所で死刑が執行される際、死刑執行人により電気椅子に皮ひもで固定されているときにフィッシュが発した言葉が上記のものである。この発言の直後、フィッシュは「なぜ私がここにいるかわからない」と叫んだという。これがサディズムとマゾヒズムの両方が強烈に同居するフィッシュの最後の言葉となった。

> **Topic**　1. 7歳のとき、軍隊から戻った兄から戦場で実際に見たという人肉食いの話を聞いたフィッシュは、その話に夢中になったという。
> 2. 12歳で男色に目覚めたフィッシュは、男娼として働いたこともあった。掘られるのも掘るのも好きで、ホームレスの男児などをよく強姦していたという。
> 3. フィッシュは、殺害した被害者の肉だけでなく、尿や血液、排泄物まで食していた。

智者のふるまいをせずして
ただ一向に念仏すべし

法然（1133～1212）

死後に重要なのは学や教養ではない

　念仏に専念する立場を確立し、浄土宗の開祖となった法然は、1133年、美作国久米南条稲岡庄（現 岡山県久米郡久米南町）に生を受けた。幼名は「勢至丸」。在地の豪族だった父・漆間時国は押領使として地方の治安維持の役を担っていたが、1141年、父が敵の夜討ちに遭い最期を遂げると、8歳の法然は母方の叔父・観覚が院主を務める天台宗寺院・菩提寺に引き取られる。その後、才を見抜いた観覚の勧めにより、1145年比叡山の学府に移った法然は、「天台三大部」（「法華玄義」「法華文句」「摩訶止観」）の勉学を始める。しかし迷いを離れ解脱の境地に達する「出離」の志を果たすため、西塔黒谷に移り叡空に師事。叡空より「法然房」という房号を与えられた。

　叡空の厳しい指導のもと、法然は「一切経」の読破とその実践に集中する。1156年ごろより法然は、一刻も早く「出離」を果たそうと、法相宗の碩学・蔵俊や三論宗の学匠・寛雅、華厳宗の名匠・慶雅など、宗派を超えて高僧に教えを請うようになるものの、いずれも満足のいく答えを得ることはなかった。失意や絶望にも似た自責の念にかられた法然だったが、自分の身に適した修行があるはずだと信じ、求道を続けた。

　1175年、「観無量寿経」の解説書である善導の『観無量寿経疏』を読んでいた法然は、「心の乱れたままで、ただ阿弥陀仏のみ名を唱えさえすれば、本願のみ心によって、必ず往生ができる」という確信を持つ。比叡山を離れ、洛東の吉水（現 京都市東山区）に草庵を結んで布教活動を開始する。ただ「南無阿弥陀仏」と念仏を唱えさえすれば、誰でも浄土（極楽）に往生できると説いたことから、法然の教えは「浄土宗」と呼ばれるようになった。

　掲出の言葉は、1212年1月23日、法然が弟子の源智の求めに応じ託した遺言書『一枚起請文』の一節である。「南無阿弥陀仏」の名号を口に出して念仏（称名念仏）を称えることの意味や心構えなどを簡潔に説いている。教養の有無や学問は往生の役にたたないと断言し、智者・学者の分別がとかく観念や憶念に引きずられていくことへ警鐘を鳴らすものだとされる。その2日後の1月25日に78歳で入滅。

Topic　1. 敵の夜襲で命を落とした父・時国は、今際の際に「これは前世からの宿業で起きてしまった事件なのだ」と、幼い法然に復讐することを禁じた。
　　　　2.「念仏するとき眠気に襲われ、お勤めをおこたることがあるがどうしたらよいか」と相談された法然は、「目が覚めているときに念仏すればよい」と答えている。

私のことは嫌いでも、AKBのことは嫌いにならないでください！

前田敦子（1991〜）

自身の評価より組織の評価を重視

　秋元康が手がけたアイドルグループ「AKB48」の第1期生としてトップアイドルとなり、女性アイドルグループブームを象徴する一人となった前田敦子は、1991年7月10日、千葉県市川市生まれ。両親と姉の4人家族で、たくさんの犬と猫を飼うペット好きの家で育った。中学2年だった2005年、「AKB48オープニングメンバーオーディション」に応募する。1980年代に絶大な人気を誇った女性アイドルグループ「おニャン子クラブ」の楽曲を手がけた秋元康のプロデュースとあって、応募総数は7924名にもなったが、前田は激戦を勝ち抜き、最終合格者24名に選ばれる。

　2007年4月に映画『あしたの私のつくり方』で女優デビューすると、10月にはテレビドラマにも出演。年末には「AKB48」として、第58回NHK紅白歌合戦に初出場する。翌2008年1月、テレビドラマ『栞と紙魚子の怪奇事件簿』で南沢奈央とダブル主演を果たすなど、活躍の場を増やした前田は、2009年7月に開催された「AKB48」グループ内の人気投票「AKB48 13thシングル 選抜総選挙 神様に誓ってガチです」で4630票を獲得して第1位となり、その後発売した『言い訳Maybe』でメインポジションとなるセンターを務めた。初代チャンピオンとなった前田だったが、会場の声援は2位となった大島優子の方が大きかったともいわれ、このときから二人のライバル関係が生まれた。

　トップアイドルの一人となった前田は、2010年1月テレビドラマ『マジすか学園』で初の単独主演。3月には『龍馬伝』において坂本春猪役を務め、「AKB48」メンバーとしては初のNHK大河ドラマ出演を果たし、2回目の総選挙を迎える。しかし、1位となったのはライバルの大島で前田は2位だった。そして翌2011年、3回目の総選挙では、中間速報では2位だった前田が、速報ではトップだった大島に最終的に1万7000票以上の差をつけ1位となった。冒頭の言葉はデッドヒートを制した前田が、舞台で行ったスピーチの部分である。個人としての評判よりも、所属するグループのほうに優先順位を置く、平成のアイドルグループブームを象徴する一言であった。

Topic　1. 前田が合格した「AKB48オープニングメンバーオーディション」では、一次審査・二次審査・最終審査が行われたが、大島麻衣、成田梨紗、川崎希など数名はスカウトのため最終審査のみの参加だった。
　2. 仲谷明香（第三期AKB48追加メンバーオーディション合格）と前田は、同じ市川市立第七中学校出身で、同級生だった。
　3. 前田は2012年8月にAKB48を卒業。2018年に俳優の勝地涼と結婚し、1子をもうけている。

社会 102

空白の部分を考える。
それが私の喜び。

松本清張（1909〜1992）

謎の解明を求める好奇心

　1958年に刊行された『点と線』で推理小説界に〈社会派〉の新風を呼び、空前のブームを巻き起こした松本清張は、1909年に生まれた。公式な出生地は福岡県企救郡板櫃村（現北九州市小倉北区）とされているが、これは出生届が出された場所で、実際には母の故郷である広島県で誕生したと後年本人が語っている。家が貧しかったため、15歳の松本は電気会社の出張所に職を求め、給仕として働き始める。その後、印刷所の見習い工となり版下の技術を習得。その腕を買われ、1943年には朝日新聞西部支社（現 西部本社）の正社員となり、広告部意匠係で働くようになった。戦時中は召集されて衛生兵となり、朝鮮半島で終戦を迎えた。ほどなく帰還が叶い新聞社に復職したが、生活は苦しかった。

　松本は作家志望ではなかったが、生活のため『週刊朝日』が公募した懸賞小説〈百万人の小説〉に応募。三等に入選したのが41歳で書いた『西郷札』だった。2年後に発表した『或る「小倉日記」伝』が芥川賞を受賞すると、1953年、朝日新聞東京本社に転勤となった。翌年松本は家族を東京に呼び寄せ、1956年には朝日新聞を退社。47歳で本格的に作家生活を始めた。翌年から雑誌「旅」（日本交通公社）に連載を開始した長編推理小説『点と線』が話題を呼び、"清張ブーム"が到来する。

　冒の一言は、2006年に放送されたNHKの教養番組「あの人に会いたい」で公開されたものである。松本が何歳の時の発言なのかは不明だが、推理小説というジャンルにこだわらず、未解決の歴史の空白を埋める仕事も精力的にこなした松本らしい言葉だ。デビューが遅かったにもかかわらず、松本は1992年に82歳で死去するまでの40年の間に、実に700以上の作品を残している。その多作ぶりは、「人間の知能的労働の限界に関する実験としても興味ある課題」とまでいわれた。

Topic
1. 松本の仕事机には傾斜のついた板（斜面台）が常に置かれていた。これは月数十本の連載を執筆する右手の負担を軽減するための秘密兵器だった。
2. 365日仕事に追われ趣味のなかった松本の唯一の楽しみは、パチンコだった。

自由のために死ぬ覚悟がないならば、「自由」という言葉をお前の辞書から消すがいい。

マルコムX（1925〜1965）

苛烈なまでに黒人の自由を求めた活動家

　この言葉を残したマルコムX（本名はマルコム・リトル）は、非暴力にこだわり続けたキング牧師とは違い、過激かつ攻撃的な黒人解放指導者として知られる。彼は、アメリカ西部ネブラスカ州オマハで生まれた。父・アールは周辺に住むほかの黒人のように白人に媚びて仕事を分けてもらうことをよしとしない人物で、自宅敷地内に菜園を作り、家畜を育てるなどし、自給自足の生活をしていた。だが「アメリカに黒人の自由は存在しない」と考える父の態度は、白人至上主義団体KKK（クー・クラックス・クラン）の標的となり、1931年に惨殺される。母・ルイーズは心を病むようになり、精神病院に収容される。6歳のマルコムを含め、子どもたちはバラバラに里子に出された。

　マルコムは幼いころから賢く学校の成績も優秀だったが、高校を中退しボストンで靴磨きの仕事に就く。その後ニューヨークのハーレムで、ギャンブル、麻薬取引、売春、ゆすり、強盗などに手を染めるようになり、20歳のときに逮捕される。収監されたチャールズタウン州刑務所でブラック・ムスリム運動に出会ったマルコムは、出所後「ネーション・オブ・イスラム教団（NOI、黒人の経済的自立を目指す社会運動および白人社会への同化を拒否し黒人の民族的優越を説く宗教運動）」のスポークスマンとなり、一躍名を知られるようになる。しかし1962年、教団指導者が少女を強姦し子を産ませていたことを知り、これを告発。1964年3月26日、マルコムは公民権運動に関する論議を傍聴するため、ワシントンD.C.の合衆国議会議事堂を訪問。ここでキング牧師と最初で最後の対面を果たしている。同年、服役中にイスラム教に改宗していたマルコムは、メッカに巡礼。正式に改名し、エル・ハジ・マリク・エル・ジャボズとなった。世界中から集まったあらゆる肌色のイスラム教徒が同じ儀式に参加する光景を見たマルコムは、このときアメリカにおける「白人」とは肌の色ではなく、黒人を対象にしたときの態度・行動であるという新しい視点を得たといわれている。帰国したマルコムは、アフリカ系アメリカ人統一機構（OAAU）を組織するが、脱会したNOIとの緊張は高まっていく。1965年2月21日、NOIから暗殺指令を受けた信者により銃殺され、目的半ばで39年の生涯を閉じた。

Topic　1. 慈善事業と謳い、富裕層の白人が黒人の孤児を引き取ることが流行っていた時代に、マルコムは里子となった。「高価あるいは珍しい動物としてしか扱われなかった」と後年語っている。
　　2. 非暴力主義のキング牧師を「弱腰」と批判していたが、ワシントンD.C.の合衆国議会議事堂で邂逅した際、二人は無言ながら握手を交わし、笑みを浮かべた。

社会 104

武士ならば自分を否定する憲法をどうして
守るんだ。どうして自分を否定する憲法のために、
自分らを否定する憲法にぺこぺこするんだ。
これがある限り、諸君たちは永久に救われんのだぞ。

三島由紀夫（1925～1970）

武士として自衛隊の奮起を檄する

　数々の衝撃作を世に送り出し、ノーベル文学賞候補となりながら"自決"したことで知られる、戦後日本を代表する作家・三島由紀夫（本名 平岡公威）。1925年、東京市四谷区（現 新宿区四谷）生まれで、祖父・父ともに東京大学法学部卒のエリート官僚だった。

　幕臣の家系に生まれ華族意識の強かった祖母の意向で、華族の子弟が多く通う学習院初等科に入学した三島は、初等科機関誌『小ざくら』に詩や俳句を発表するようになる。1936年2月、「二・二六事件」が勃発。三島はその4カ月後に、〈非常な威厳と尊さがひらめいて居る〉と日の丸を表現した『わが国旗』という作文を書いている。三島はそのまま中等科・高等科と進んだが、この7年間で校内誌『学習院輔仁会雑誌』に多くの詩歌や散文、戯曲を発表。初めての小説『花ざかりの森』を執筆したのも16歳のときだった。

　祖父や父と同じ東京大学法学部を卒業した三島は、1947年に大蔵省（現 財務省）に入省するも、わずか9カ月で退職。その後は作家活動に専念し、『仮面の告白』『潮騒』『金閣寺』『美徳のよろめき』などを次々と発表。若き天才と賞賛され、人気作家となった三島だったが、30代になると肉体を鍛えることにこだわり始めたり、「日本空飛ぶ円盤研究会」に入会したりするなど、奇行が目立つようになる。さらに三島は、1968年に「楯の会」を結成。掲出の言葉は1970年11月25日、三島が「楯の会」のメンバーとともに東京市ヶ谷の陸上自衛隊東部方面総監部総監室を占拠した際、約1000人の自衛隊員を前に、建物のバルコニーから憲法改正のための決起を呼びかけた演説の部分である。三島は「諸君の中に一人でも俺と一緒に起つ奴はいないのか」とクーデターを提案したが、「気狂い」などと罵声を浴びせられ、演説は早々に切り上げられた。皇居に向かい〈天皇陛下万歳！〉と三唱した三島は、総監室に戻るや、部下に介錯を命じ切腹。45年の生涯に自ら幕を引いた。

Topic
1. 祖母の夏子は、生後49日の三島を両親から奪って自室で育てた。母親が授乳する際も懐中時計で時間を計っていたという。
2. 割腹した血で〈武〉と指で書く手筈になっていたため部下が色紙を差し出すと、三島は「もう、いいよ」と言って、淋しそうに笑ったという。

仕事でも家庭でも恋人でもいい。生きている中で、何が大切なのかをよく知っている女性こそが自立した女性なのだ。

山口百恵（1959～）

国民的アイドルの鮮やかな引退劇

　この言葉は、山口百恵の自叙伝『蒼い時』に収められた一節である。1970年代に絶大な人気を誇りながら、結婚と同時に潔く引退し、伝説のスターとなった山口は、母と妹と3人暮らしの母子家庭で、家計を助けるため小学生のころから新聞配達のアルバイトをしていたという。中学2年のとき、オーディション番組『スター誕生！』に応募する。これも早くお金を稼げるようになって母を楽にしてあげたいという思いからだった。山口は準優勝となり、20社から指名を受ける。所属事務所を森昌子と同じホリプロに決めた山口は、翌1973年4月に映画『としごろ』に出演。5月には同名の曲で歌手デビューも果たした。しかしこの曲が期待以下のセールスに留まったため、第2弾の『青い果実』では大胆な歌詞を歌わせる路線に変更。これが話題となり、1974年の『ひと夏の経験』の大ヒットを生み出す。山口は、年端のいかない少女が性行為を連想させるような際どい内容を歌うという、この〈青い性路線〉で絶大な人気を獲得するのである。

　この年、映画「伊豆の踊子」で初主演を果たした山口は演技でも高い評価を得ると、『潮騒』、『風立ちぬ』、『泥だらけの純情』、『古都』など13作の映画で主演を果たす。そのほとんどで相手役をつとめたのが三浦友和で、二人は「ゴールデンコンビ」と呼ばれた。テレビドラマでも、『赤い疑惑』、『赤い衝撃』で三浦と共演。歌手活動も順調で『横須賀ストーリー』、『イミテイション・ゴールド』、『プレイバックPart2』などヒット曲を連発。アイドルを超えたスターとして絶大な人気を獲得した。

　そんな山口が、1979年秋、日本中に衝撃を走らせる。10月20日に大阪厚生年金会館で行われたリサイタルで「私が好きな人は、三浦友和さんです」と、三浦との恋人宣言をしたのである。翌1980年3月には三浦との婚約発表と同時に、芸能界引退を発表。同年10月5日、日本武道館でファイナルコンサートが開催され、「私のわがまま、許してくれてありがとう。幸せになります」とファンに語りかけた山口は、最後の歌唱曲となった『さよならの向う側』を絶唱。歌い終わると深々と一礼し、マイクをステージの中央に置いたまま舞台裏へと去った。このときまだ21歳。あまりにも鮮やかな幕引きだった。

Topic
1. 山口の実の父親は医師で、山口たち姉妹を認知はしていたが、ほとんど養育費を出さなかったため、山口の母親は生活保護を受けていたという。
2. 山口と三浦友和が最初に会ったのはグリコのテレビコマーシャル撮影だったが、実はその前、コマーシャルは別の男性タレントとグアムで撮影済みだった。「仲がいい感じがしない」とお蔵入りになり、2番目に選ばれた相手役が三浦だった

 社会 **106**

一人の子ども、一人の教師、1冊の本、1本のペン、それで世界は変えられます。

マララ・ユスフザイ（1997～）

女子の教育推進を世界に訴える

　わずか16歳で女性人権活動家として世界の檜舞台に立つことになったマララ・ユスフザイは、1997年7月、パキスタン北部のカイバル・パクトゥンクワ州ミンゴラに生まれた。標高980mに位置するミンゴラはスワート渓谷の中心都市で、紀元前から中国との交易も行われていた、歴史深い町である。父・ジアウディンは地元で女学校を経営し、イスラム教スンニ派の裕福な家庭でマララは育つ。数学は得意ではなかったが、マララの将来の夢は医師になることだった。しかし、そんな平和な日常が突然失われる。2007年、スンニ派の過激組織であるパキスタン・ターリバーン運動（TTP）がスワート渓谷を支配下に置き、恐怖政治を開始したのである。

　TTPは女性の教育を禁止し、教育を受けようとしたりそれを推進したりする者を処刑。2009年、11歳となったマララは、人々が恐怖に怯えながら生きるスワート渓谷の惨状をBBC（英国放送協会）の依頼で、ウルドゥー語のブログに投稿。ターリバーンによる女子校の破壊活動を批判し、女性への教育の必要性や平和を訴える活動を続け、欧米で注目されるようになる。しかし2012年、中学校から帰宅するためスクールバスに乗っていたマララは襲撃され、頭部と首に計2発の銃弾を受ける。TTPは犯行声明を出し、彼女が親欧米派であり地域で欧米の文化を推進していたと批判。首都イスラマバードに近い軍の病院に緊急搬送されたマララは一命をとりとめ、さらなる治療と身の安全のためイギリス・バーミンガムの病院に移送される。銃弾の一つは頭部から入りあごと首の間あたりで止まっていて、外科手術により摘出されたが、頭部には感染症の兆候があり危険な状態だった。しかし奇跡的に回復し、2013年、女性の自由の擁護と促進に功績のあった個人・団体に贈られる「シモーヌ・ド・ボーヴォワール賞」を受賞した。上記の言葉は、同年7月12日に、アメリカ・ニューヨーク市の国際連合本部で行われたスピーチの一節である。この日はマララ16歳の誕生日で、国連は7月12日を「マララ・デー」と名付けた。翌年12月、マララはノーベル平和賞を最年少となる17歳で受賞。2017年に国連平和大使に任命されたマララは、2018年3月、銃撃事件から6年ぶりにパキスタンへの帰国を果たす。

Topic　1. 2014年9月、パキスタン軍はマララ襲撃に参加したイスラム過激派10人を逮捕したと発表。しかしTTPから分離した過激派ジャマトゥル・アハラールは、これを否定。

　2. マララは2019年3月に来日した際、アボカドと勘違いしてわさびを食べてしまい涙が出る"アクシデント"があったことを披露し、会場の笑いを誘った。

表現の自由は人権の基礎であり、人間性の根源、真理の母である。言論の自由を封殺することは、人権を踏みにじり、人間らしさを閉じ込め、真理を抑圧することなのだ。

劉暁波（1955〜2017）

欧米的な自由主義と民主主義を求めて

　基本的人権確立のために長期にわたる非暴力の闘いを継続し、服役中にノーベル平和賞を授与された人権活動家・劉暁波。彼の人生は、1955年、中華人民共和国吉林省長春市で始まった。1965年から毛沢東主導の文化大革命が始まり、都会の知識人などに農民の生活と仕事を体験させ、その世界観を根本から改造しようとした施策「下放」により、家族とともに少年時代を辺境の農村（モンゴル自治区）で過ごす。「下放」を終えた劉は、吉林大学で中国文学を学び、北京師範大学に進む。修士号を取得し同校の教員となったのち、『美学と人間的自由』により、同校で文学博士号を取得。オスロ大学、ハワイ大学、コロンビア大学で客員研究員となった。

　コロンビア大学に客員研究員として出向していた1989年、母国で民主化運動が勃発したことを知った劉は、即座に帰国を決意。学生たちの運動に身を投じる。同年6月4日、天安門事件が発生。劉は知識人3人とともに人民解放軍と交渉し、天安門を占拠した学生たちの中に突入するのを阻止しようとする。この行動は「四君子」と讃えられたが、劉は反革命罪で逮捕され、投獄されてしまう。欧米からの圧力に屈した当局が、"病気療養"の名目で天安門事件のリーダーたちの出国を許可するなか、劉は仮釈放後も母国を離れず、天安門事件の殉難者の名誉回復と人権保障などを呼びかけた。この結果、二度投獄され、強制労働も科せられた。2008年、中国の大幅な民主化を求める「零八憲章」の主たる起草者となったことで再び中国当局に身柄を拘束され、2010年2月にはクーデターを扇動したとして国家政権転覆扇動罪による懲役11年および政治的権利剥奪2年の判決が下され、遼寧省の錦州監獄で服役生活に入る。掲出の言葉は、2009年12月に開かれた裁判のために劉が記した陳述書『私には敵はいない――私の最後の陳述』の一節である。この陳述書は、劉が服役中のため出席できなかった2010年12月のノーベル平和賞授賞式で、全文が代読された。2017年6月26日、劉は病気の治療のため、当局の厳重な隔離措置の下に置かれている中国医科大学付属第一病院に移される。7月13日午後、劉は家族に看取られ、肝臓癌による多臓器不全のため死去した。享年61。

Topic) 1.「民主化を求めるにはその方法も民主的でなければならない」というのが劉の立場だった。学生に対しては手段やプロセスが非民主的だと指摘し、知識人には言論ばかりで行動しないと批判した。

2. ノーベル平和賞の受賞を獄中で聞かされた劉は、「この受賞は天安門事件で犠牲になった人々の魂に贈られたものだ」と涙を流したという。

如何なるが 苦しきものと 問うならば 人をへだつる 心と答えよ

良寛（1758〜1831）

気ままに生き、民衆とよい関係を築いた

　奇行にとんだ飄逸の生活と、天衣無縫の和歌や書で知られる江戸時代後期の僧・良寛（俗名 山本栄蔵）は、1758年、越後国出雲崎（現 新潟県三島郡出雲崎町）で生まれた。父・以南は名主と神社の祠職を務める名士で、俳句を趣味としていた。長子である良寛はその跡を継ぐべく名主見習いをしていたが、18歳のとき、突然出家。両親の説得にも耳を貸さず、地元の曹洞宗寺院・光照寺で修行を始める。

　20歳のとき、同寺を訪れた国仙和尚に弟子入りを志願。備中国玉島（現 岡山県倉敷市）の禅寺・円通寺で修行を続けた。33歳で一人前の僧になった証である印加を賜った良寛は、翌1791年より「好きなように旅をするがよい」と言い残し世を去った師の言葉に従い、諸国を巡る旅に出る。父の訃報を受けても放浪の旅を続け、48歳から越後国蒲原郡国上村（現 新潟県燕市）の国上山に庵を結び「五合庵」と名付けた。これは「1日5合の米があればよい」という意味で、筍が顔を覗かせれば居間を譲り、子どもにせがまれれば日が落ちるまで鞠付きに興じるという、何物にも煩わされない清貧な生活を貫いたという。

　こんな良寛も恋をしたことがある。69歳のとき、弟子入りを懇願する尼僧に次第に心を惹かれるようになったのである。その尼僧の貞心尼（俗名 奥村ます）は29歳。40という歳の差があったが、二人は心を通わせ、恋愛関係へと発展する。この関係は、良寛が72歳で没するまで続いた。

　良寛が静かに息を引き取ったのは、晩年移り住んだ島崎村（現 新潟県長岡市）の商人・木村元右衛門邸の裏庭に設けられた小さな庵だった。その日、前年の夏から床に臥すことが多くなった良寛の容体が急変し、1831年1月6日に寂滅。貞心尼が最期を看取った。良寛の死後、貞心尼は良寛の歌を集め歌集『はちすの露』を編んだ。掲出の言葉はそこに収められたもので、「もっとも苦しいことは何かと人に聞かれたら、人をわけ隔てる心であると答えなさい」という意味である。貞心尼は1841年に正式に得度し、明治時代初頭の1872年まで生き、75歳で入寂した。

Topic　1. 懐には常に手毬を入れており、子どもたちと遊ぶことを好んだ。それは「子どもの純真な心こそが誠の仏の心」と信じていたからだった。

2. 生涯自分の寺を持たず、草庵で座禅を組み乞食により暮らした。これは曹洞宗の開祖である道元の「正法眼蔵」の教えを忠実に守ったものだった。

3. 良寛は明治になるまで無名の存在だった。その名が広く知れわたるきっかけとなったのが、貞心尼の編んだ『はちすの露』だった。

正直言って、このことを説明するために 言葉を探しているような感じだ。 神よ、我々はなんということをしてしまったのか？

ロバート・A・ルイス（1917〜1983）

自らの犯した所業への懺悔

1945年8月6日広島に原子爆弾「リトルボーイ」を投下したエノラ・ゲイの副操縦士だったロバート・A・ルイスは、1917年に生まれ、ニュージャージー州リッジフィールドパークで育った。1937年にリッジフィールドパーク高校を卒業し、アメリカ陸軍航空軍（USAAF）に幹部候補生として入隊。乗組員優先のパイロットであり続け、最終的にその冷静な判断力が評価され、B-29のクルーキャプテンに選ばれている。

1945年7月6日、ルイスたちの乗るエノラ・ゲイ（アメリカ陸軍航空軍第509混成部隊第393爆撃戦隊所属のB-29）は、サイパンのテニアン基地に着陸。エノラ・ゲイは8回の訓練ののち、神戸・名古屋へのパンプキン爆弾（1万ポンド軽筒爆弾）を使用した爆撃を行っている。7月31日には、テニアン沖で原爆投下のリハーサルを行い、模擬リトルボーイを投下。そして1945年8月6日午前2時45分（日本時間午前1時45分）、乗員12名を乗せたエノラ・ゲイはテニアン基地を飛び立った。午前8時15分17秒、高度約3万フィートの広島上空で「リトルボーイ」を投下。原子爆弾は43秒後に地上1890フィートの上空で爆発した。

上記の言葉は、原子爆弾投下後、ルイスが航空日誌に記したものである。後年、原爆を落としたときの気持ちを質問されたルイスはこう答えている。「広島で原爆を投下し、いったん去ったあと、再び広島上空に戻り下を見たとき、広島が消えていた。なんということをしてしまったのだろうと思い、そのことを航空日誌に書きました」。

戦後、ニューヨークからロンドンへのルートを専門とするアメリカ航空のパイロットとなったルイスは、その後独学で石彫刻家となったが、晩年は精神と健康を害し、1983年6月18日、バージニア州スミスフィールドの自宅で心臓発作により死亡。66歳だった。

Topic　1. エノラ・ゲイの機体名は、機長だったティベッツ大佐の母親エノラ・ゲイ・ティベッツから採られたが、重大な任務を行う機体に母親の名前を付けることにルイスは強い不快感を示したという。
2. 精神を病んだルイスは、晩年のある時期を精神病院で過ごした。彼が病院で作った石の彫刻は、一筋の涙を流すきのこ雲の形をしていた。

第4章

哲学・思想

語り得ぬものについては沈黙しなければならない。

ルートヴィヒ・ヴィトゲンシュタイン（1889～1951）

論理学の完全な体系化を目指した哲学者

オーストリアの哲学者ヴィトゲンシュタインは、19世紀の前半にオックスフォード学派の一員として論理哲学を研究していたが、前期ヴィトゲンシュタイン思想における最重要著作である『論理哲学論考』の中に書かれている有名な発言が上記した言葉である。『論理哲学論考』においてヴィトゲンシュタインは論理学の完全な体系を目指した。それゆえこの本の中で扱われている対象は言語であり、その真偽値についての考察が行われている。上記の言葉の意味を明らかにするために、まずは『論理哲学論考』の論理展開を追いながらこの本について説明する必要性がある。

この哲学書において、ヴィトゲンシュタインは最初に世界は物の総体ではなく、事実の総体だとした。そして、事実の論理上のイメージは思考であるとした。また、思想は意義を持つ命題であるとした。さらに命題は真偽値を決定できるとし、最後に「語り得ぬものについては沈黙しなければならない」と述べた。「語り得るもの」とは科学の言説であるが、ヴィトゲンシュタインは『論理哲学論考』において、ア・プリオリなものこそを明示しようとした。だが、論理空間の限界を語るためには、論理空間に存在する対象たちについて「これらは存在する」と語り、さらに、論理空間に存在しない対象について「あれは存在しない」と語らねばならないだろう。しかし、そう語ることは不可能なのである。何故ならば、存在するものと存在しないものとの境界線をわれわれは厳密に引くことができないからである。それゆえ、言語がどのようにして世界を表現するのかといったことは「語り得ないこと」であり、この語り得ないことに対して我々が唯一取れる態度は沈黙することなのである。ヴィトゲンシュタインの思想がこうした前期のものから後期のものに移ると、われわれの言語活動は家族的類縁性に支えられた言語ゲームの集合としてとらえられ、言語は使用されながら規則性が作られていくという方向に思想が展開していった。

Topic　1. ヴィトゲンシュタインは小学校の教師をしていたが、それを辞職したのち、修道院の庭師となったことがあった。
2. ヴィトゲンシュタインは1929年に『論理哲学論考』を博士論文として提出したとき、口頭試問で審査員だったラッセルとムーアの肩を叩き、「心配しなくていい、あなたがたが理解できないことはわかっている」と述べたといわれている。

どんなに偉大な芸術家でも、初めはみんな素人だった。

ラルフ・ウォルドー・エマーソン（1803〜1882）

人間の可能性を信じた思想家

19世紀のアメリカの思想家であるエマーソンは超越主義的な思想を展開した。この主義は、万物が神とつながっており、それゆえに万物は神聖であるとする思想であり、神秘主義的な側面や汎神論的な側面も存在している。また、真理を明らかにする必要はなく、真理は直接自然から直観的に理解することが可能であるとも主張する考え方である。こうした思想的基盤の下で、エマーソンは倫理的には理想主義的および個人主義的な立場からの言説を唱えた。「どんなに偉大な芸術家でも、初めはみんな素人だった」という言葉の中にもそうした彼の考え方がはっきりと示されている。この言葉には人間は最初から完成された素晴らしい存在ではなく、日々努力していくことによって大きな目標に到達できる存在であることが示されているからである。さらに、この言葉からは自らの進歩を信じて、邁進し続けなさいという教育的な側面も見いだせる。エマーソンは人間の可能性を確かに信じていたのである。

エマーソンはまた、「あなたを絶えず何者かに変えようとする世界の中で、自分らしくあり続けること。それがもっとも素晴らしい偉業である」とも述べているが、ここにも自己の主体の尊重という個人主義的な彼の思想傾向と、理想主義的な人生論という傾向とが端的に表明されている。このエマーソンの思想が社会運動として明確な形で表明されたものが、奴隷廃止を訴える活動である。エマーソンの「私は奴隷制を排除しなければならない。さもなければ自由を排除することになるからである」という言葉が如実に表しているように、彼は奴隷制が人間の自由を貶め、人間の尊厳を踏みにじるものであり、この悪しき制度を継続させることはできないことをアメリカ国民に向けて強く主張した。この主張は南北戦争当時に行われたものであり、彼の考えは自由を何よりも尊ぶ多くの人々に支持され、彼は現在のアメリカにおいてもっとも尊敬される思想家の一人となっている。

Topic 1. エマーソンが「神学校演説」を行った進学会館を1900年にハーバード大学はエマーソンホールと名付けた。
2. エマーソンは多くの文学者に影響を与えたが、その代表的な文学者はホイットマン、ソロー、メルヴィル、ホーソン、T.S. エリオットなどである。

人を用うるの道は、その長所をとりて、
短所はかまわぬことなり。長所に短所は
つきてならぬものゆえ、短所は知るに及ばず。
ただよく長所を用うれば、天下に棄物なし。

荻生徂徠（おぎゅうそらい）（1666〜1728）

近代日本政治思想の源流

　荻生徂徠は江戸時代中期の儒学者・思想家である。徂徠は人それぞれの個性や才能を尊重し、それを伸ばすことのできる社会を理想とした。そして、そのような社会を実現するための方法を教えるものが、「聖人の道」であり、すなわち古代儒教の思想であるとした。聖人とは、徂徠によれば、古代中国の帝王のことで、その道とは、天下国家を安定させるための道、つまり政治の道である。

　徂徠が活躍した時代において、学界の主流を占めていた朱子学では、個人の道徳を重視するあまり、没個性的で画一的な人格形成をめざし、ともすれば政治や社会の問題を忘れる傾向が顕著であった。しかし、徂徠はそれに反対し、広い社会を対象とする政治のあり方は、個人道徳とは別の角度からとらえなければならないと主張した。すなわち、適材を適所におけば天下に悪というものはなく、捨てるものもない。これが社会の姿であり、それを実現するために、人の上に立つ為政者は人材を登用し、また人々の長所を見ぬいてこれを伸ばしていく方法を知らなければいけないと考えたのだ。

　上の言葉は徂徠のこのような考えを端的にまとめたもので、「人を用いる時には長所だけを見て活用し、短所を取り上げてダメ出しをしないようにする」くらいの意味。このような徂徠の政治思想や学問は、日本の儒学者の中では極めて独創性に富んだものであり、その後の日本の近代的な政治思想の先駆けとなるものであった。

　なお、学問の方法においては、徂徠は朱子学を「憶測に基づく虚妄の説にすぎない」と述べ、それよりもまずは歴史的な事実について広い知識を積み、社会の実態をよく知ることが大切だとした。儒教の経典の解釈に当たって、古代中国の言語の研究を基礎としたのも、同じ実証的な学問の態度を示すものである。

Topic　1. 徂徠は8代将軍・徳川吉宗への政治的助言者でもあった。吉宗に提出した政治改革論『政談』には、徂徠の政治思想が具体的に示されている。
　　　　2. 赤穂事件で幕府から意見を求められた徂徠は義士切腹論を主張した。

哲学・思想 113

汝の行為の格率を汝の意志によって普遍的自然法則とならしめようとするかのように行為せよ。

イマヌエル・カント（1724～1804）

理性こそが人間を人間とすると主張

　ドイツの観念論のパイオニアであり、西洋哲学史に大きな足跡を残したカントにとっての重要な探究課題の一つは道徳という問題であった。上記の言葉は彼の道徳論の主要著作の一つである『人倫の形而上学の基礎づけ』の中に書かれているが、この言葉の意味を考えるためにまずはカントの道徳に関する考え方を説明する必要がある。

　カントはわれわれの行為は、それが義務であるという理由から行われるときにこそ純粋に道徳的に正しいと考えた。「純粋に」というのは経験によってではなく、ただ理性のみによって正しいことが判断可能であるという意味である。それは人間が人間である以上、誰もが受け入れざるを得ないような究極的道徳原理である。なぜなら、理性こそが人間を人間とする根本的なものであり、すべての人間に等しく備わっているものだからである。それゆえ、それが望ましい目的を果たすがゆえに正しいという目的論的な行為を道徳のカテゴリーからカントは排除した。すなわち、あらゆる人がどんな状況でも行うべき正しい行為とは「望ましい目的を達成するならば～を行え」という条件付きで指示されるものではなく、「～せよ」と無条件に指示されるものでなければならないとカントは主張した。それが義務であるゆえに行わなければならないというものが道徳的な行為だとカントは考えたのである。それゆえ、道徳的行為とは行動規則としての格率によってしか示されないものであり、その基本的な格率としてカントは、「汝の行為の格率を汝の意志によって普遍的自然法則とならしめようとするかのように行為せよ」という定言命令を提示したのである。

　カントはまた『純粋理性批判』、『実践理性批判』、『判断力批判』という三大批判書によって認識論的なさまざまな探究も行った。つまりは、人間にとってもっとも重要な理性というものがいかなるものであるかということを詳細に考察し、近代認識論の基盤を確立したのである。この点も忘れてはならない哲学史上のカントの偉大な功績である。

Topic
1. カントは元々エマニュエル・カントであったが、ヘブライ語を習得後に彼は自らの名前をヘブライ語で「神はわれらと共にあり」という意味のイマヌエルに変えた。
2. カントは生涯故郷の町であるケーニヒスベルクから離れて住むことはなかった。そして、毎日同じ時間に同じコースを散歩したと言われている。また、ケーニヒベルク大学の正教授に就任後は5時に起床、22時に就寝という生活を生涯続けた。
3. カントが散歩の時間を遅れたことが一度あるといわれているが、それはルソーの『エミール』に読み耽り、散歩の時間を忘れてしまったからであるといわれている。

死に至る病とは絶望のことである。

セーレン・キェルケゴール（1813〜1855）

19世紀世界の問題と最初に向き合った先駆者

　　19世紀前半のデンマークの哲学者キェルケゴールは実存主義の先駆者であるともいわれている。そのことが存在論的に端的にあらわれているものが『死に至る病』の中にある「死に至る病とは絶望のことである」という言葉である。19世紀は理性を中心とした近代合理主義の全盛期であったが不安と絶望とを抱えた人間存在への問いがあらわれた世紀でもあった。こうした問いは20世紀に顕著となる民族対立、植民地支配、戦争、貧困、飢餓、ファシズムといった人間の生み出した負の側面が一挙に噴き出し、荒れ狂った時代を予想するものであった。この存在論的な問題と最初に向き合った先駆者がキェルケゴールであった。キェルケゴールの思想は19世紀世界の暗い様相を鮮明に反映しているが、彼の思想を考える上での一つの大きなキータームは「死」である。彼は現実世界でいかに可能性や理想を追求しようとも、死によってもたらされる絶望は回避できないと考えた。そして、この絶望は神によってしか救済されないと主張した。また、世界や歴史といった対象を理性の法則によってすべて解明しようとしたヘーゲルの哲学を批判し、人間の生には理性の法則には還元できない固有の本質があるという考えを示した。

　こうしたキェルケゴールの思想は「死に至る病とは絶望のことである」が示すように、孤独に死と向き合う単独者としての主体のあり方を追求しようとしたものである。それゆえ、唯一人で世界と向き合っている主体にとってはヘーゲル弁証法が示すような「あれもこれも」という思考を行うことは不可能であり、「あれかこれか」という選択的な思考を行うことしかできないと考えた。つまり、有限な主体が自らに対する否定性に直面したとき、それを抽象的観点に基づき止揚することはできず、否定性や矛盾と向き合い、自らの固有な生の中でそうした問題を真摯に受け止め、対峙し解決していかなければならないと考えたのである。

Topic 　1. キェルケゴールという語はデンマーク語で「墓地」や「教会の土地」をあらわす。
　2. キェルケゴールは14歳のレギーネ・オルセーンに会い、熱烈な恋をし、1840年に婚約する。だが、1年後に一方的に破棄。その理由は現在も謎のままとなっている。

時よとまれ、お前は美しい。

ヨハン・ヴォルフガング・フォン・ゲーテ（1749～1832）

人間を素晴らしいものと捉えた大作家

　ゲーテは18世紀後半から19世紀の前半にかけて生きたドイツの大作家であるが、彼の代表作はやはり『ファウスト』であろう。この本は15世紀から16世紀にかけて存在していたとされる錬金術師ファウスト博士の伝説に基づき、韻文で書かれた戯曲である。この戯曲の終盤、ファウストが死の前に語る言葉が「時よとまれ、お前は美しい」であり、この言葉を語ったすぐあとでファウストは息を引き取る。その最後の瞬間とは、ファウストは自分が心の内に思い描く理想の世界が地上に到来することを確信し、彼の希望が最高度に高まった瞬間である。それゆえこの言葉は人間がどれだけ努力しようとも、どれだけ切望したとしても時間というものを止めることはできないが、死という人間に訪れる最後のもっとも大きな出来事とともに、永遠が実現されることもあり得ることを示している。それは自らが行った善行によって神が救いの手を差し伸べたときに実現されるものであることも、ゲーテはこのドラマの中で示している。

　このように考えていけば、ゲーテの思想の中にある以下の二つの問題に注目すべきであると考えられる。最初の問題は魂と肉体の差異という事柄である。つまり、肉体は滅ぶものであるが魂（心）は永遠性を持ち得るという問題である。人間が時間の中で常に変化し続ける存在であり、この世界からいつか消滅しなければならない。だが、それは肉体というレベルでの話であって、心は心と肉体とが離れた瞬間に永遠の天上界に向けて飛翔することが可能なのである。二番目の問題は救済というものの存在性である。肉体から魂が離れただけで、私は永遠に向かって旅立つことはできない。永遠に向かうためには、そこに神といったような私以外の力が働かねばならないのだ。この神の力が救済と呼ばれるものである。救済の重要性という問題もゲーテのこの物語のフィナーレではっきりと示しているのだ。ゲーテは人間というものの中には善と悪の両面が存在しているが、最終的には神的で尊い善的な面が勝ると考えていた。そして、善なるものが勝利するとき、人間の救済もあり得ると考えていた。そこには人間をよきもの、素晴らしいものとする人間中心主義的な思想が見られる。それは、「人間は美しい。それゆえに、時間を超え、永遠に近づき得る存在である」という思想であったと述べ得る。

Topic　ゲーテは7歳のときに天然痘に罹り、その後は公的機関での教育を受けず、家庭教師によって教育された。少年時代にすでに英語、フランス語、イタリア語、ギリシャ語、ラテン語、ヘブライ語を習得していたといわれている。

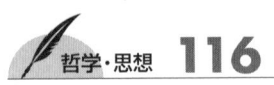

己を克めて礼に復るを仁と為す。
一日己に克ちて礼に復れば、天下仁に帰す。
仁を為すは己に由る、而して人に由らんや。

孔子（紀元前551〜紀元前479）

人を愛し、礼儀を重んじる

　春秋時代の思想家及び哲学者で儒教の始祖とされる。この時代、中国では大小さまざまな諸侯の国家が分布しており、互いに戦争するなかで下層階級の者が地位を向上させた一方、多くの貴族が没落。彼らは徐々に「士」という社会階層を形成していき、中国社会が奴隷制から封建制に向かう過程で大きな役割を果たすが、その代表人物となったのが、没落貴族の子であった孔子である。魯に生まれ、氏は孔、諱は丘、字は仲尼。17歳までに両親と死別した孔子だったが、道徳修養に励み、若くして広く名を知られるようになった。孔子は19歳で結婚し、20歳のころに息子の鯉が誕生。魯に仕官した孔子は牛や羊を管理する乗田、会計を担う委吏となると、30歳ごろに初めて弟子を取る。弟子の多くは孔子と同じ「士」に属しており、孔子はそれまで貴族が独占していた文化や学問を庶民にまで普及させた最初の人物となった。紀元前517年、斉の国王に自身を売り込むが、失敗して魯に戻ると弟子の教育に専念。紀元前501年、孔子は魯の中都の宰に登用され、司法の最高責任者である司寇まで登りつめるが、貴族からの反発や皇帝からの冷遇に失望し、職を辞して諸国巡遊に出る。13年続いた亡命生活を経て、魯に戻った孔子は古典研究を進め、紀元前479年に74歳で逝去した。

　上記の言葉は『論語』顔淵篇の一節である。克己復礼の四文字熟語でも知られるが、意訳すれば「自分を克服し、礼の規範に還るのが仁である。一日でも自分を克服して礼に還れば、天下の皆も仁に従うようになる。仁を行うのは自分次第であり、他人によることではない」となる。孔子は道理として弟子に「仁」を提唱した。「仁」とは「人を愛する」という意味で、庶民が台頭しつつあった当時の社会情勢によく合致した。その一方で孔子は「礼」をもって「仁」を制約することも主張した。人は一定の等級や規則によって扱いに差が生まれるというのだ。「仁」を実現するために「礼」が必要であり、それを身につけるために学ぶことが大事だと説いたのである。儒教は長く封建制によって統治された日本において古くから浸透し、現代でもビジネスの理念として挙げられることも多い。

Topic 1. 11世紀に南宋王朝の儒学者である朱熹が儒教の理論を体系化し「朱子学」へと昇華。朱子学は日本に渡ると、藤原惺窩や林羅山によって研究され、松平定信によって政府公認となり、やがて各藩の藩校では必修科目として教えられるようになった。

2. 日本初の銀行「第一国立銀行」の初代頭取である渋沢栄一も経済活動における道徳観念として『論語』を取り上げており、ビジネスの指針として『論語と算盤』を著している。

人間は自由の刑に処せられている。

ジャン＝ポール・サルトル（1905〜1980）

選択することによって本質に至る

　フランス実存主義を代表する哲学者であるジャン＝ポール・サルトルは主体性の問題と社会参加（アンガージュマン）との問題を総合化させながら、『存在と無』や『実存主義とは何か』の中でこの言葉を語っている。人間は世界の中に理由もわからずに投げ込まれている存在であるが、我々は主体性を有しており、自らでどう生きるかを選択できる。それゆえ我々は自由である。だが、自由であることは素晴らしい側面を持つだけのものではなく、過酷な選択を引き受けることでもある。そうサルトルは語っている。

　サルトルは『実存主義とは何か』の中で、この言葉と関係する一人の青年の逸話を語っている。彼は母一人、子一人であったが、フランスの解放のためにアフリカに行き、自由フランス軍として戦うか、それとも、フランスに止まり母の生活を支え続けるかという問題に悩んでいた。彼はどちらの道をも選ぶ自由を持っており、どちらかを選択しなければならないのである。自由は主体性を持つ存在者である我々にとってもっとも重要な事柄であるが、自由であるからこそ選ばなければならない過酷さも存在するのだ。それはまさに我々人間が自由の刑に処せられているからである。

　この主体性を持つことによって自由を手に入れ、世界と対峙する我々の生存が実存であるが、実存は本質と呼ばれる原理にも先行する人間の存在基盤である。なぜなら、我々はまずこの世界に存在し、自由という権利を持ち、それゆえに、自らの決定によって何かを選択することによって生きているからである。本質はそうした我々の実存を通して獲得できるものであり、我々は本質があってそれに従って生きているからではないからである。

　このようにサルトルにとって主体における最重要問題は自由の概念である。さらに自由な人間が世界の中で如何にして自らと同様に自由を持つ他者と世界を構築していくかということが探究されていく。そして、サルトルは複数の主体が対立を超えてアンガージュマンしていく様相の中に、実存の進むべき方向性を見たと述べ得ると考えられるのではないだろうか。

Topic
1. 4歳で右目がほぼ失明状態になり、強度の斜視となった。
2. シモーヌ・ボーヴォワールと契約結婚をしていた。当初は2年だけの契約であったが、この結婚はサルトルが死ぬまで50年間続いた。
3. 哲学者としてだけではなく文学者としても有名であり、1964年にノーベル文学賞受賞を告げられるが、それを拒否する。このことによって彼は最初のノーベル賞受賞拒否者となった（のちに二人の受賞拒否者があらわれる）。

他人の要望をも同時に満たす
自分自身の理想を実現するような
何らかの方法を考察せよ。

ウィリアム・ジェームズ（1842～1910）

最大多数の幸福を追求

　19世紀後半から20世紀初めにかけてアメリカで活躍したウィリアム・ジェームズは、プラグマティズムの代表的な哲学者・心理学者として有名であるが、上記の言葉は彼のプラグマティズム的精神が如実に反映されたものとみなすことができる。

　プラグマティズム（道具主義や実用主義と訳される）はイギリス経験論を発展的に継承した合理主義的な思想である。つまりは理念的な探究よりも実際的、現実的な結果を重視し、真理の探究を実践的な方向に導いていこうとする哲学的立場である。このプラグマティズムという思想をベースとしてジェームズは思想的考察を展開していき、ある対象を探究する場合、その対象自身の探究を行うことと同様に、その対象とほかの対象との間の関係を検討していくことも重要であると主張した。

　また、真理は一つだけしかないものなのではなく、実際には複数の正しい答えがあるという多元論的考えも展開した。さらには、真理には信念、世界についての事実、背景的信念およびこれら信念の将来的結果を含むとも主張した。それゆえ、大陸合理論の基盤となっているデカルト的二項対立の思考図式を強く批判し、究明すべき実在性は精神的なものでも肉体的なものでもないという中立一元論を唱えた。

　こうしたジェームズの思想を社会的側面から突き詰めていけば、より多くの同意が得られるものがよりよきものであるという一つの結論に向かうことは容易に理解できるであろう。この結論を端的に表した言葉が「他人の要望をも同時に満たす自分自身の理想を実現するような何らかの方法を考察せよ」であるが、そこには、ジョン・スチュワート・ミルの「満足した愚か者であるよりは、不満足なソクラテスであるほうがよい」という言葉に通じる精神が発見でき、イギリス経験論の下で発展した功利主義とアメリカのプラグマティズムの強い結びつきが確認できる。

Topic　1. ジェームズは裕福な家庭に生まれた。弟のヘンリー・ジェームズは作家としてイギリスで活躍した。
　　　　2. ジェームズのハーバード大学での心理学の講義は、ジョージ・ハーバート・ミードも聴講していた。

人生は短く、真理は長し。
さあ真理を語ろう。

アルトゥル・ショーペンハウアー（1788〜1860）

ニヒリズムに満ちたヘーゲル思想のアンチテーゼ

　19世紀前半に活躍したドイツの哲学者ショーペンハウアーの主要著作である『意志と表象としての世界』に書かれている上記の言葉は、彼の反ヘーゲル的で反合理主義的な特徴がはっきりと表明された言葉であるといえるだろう。

　ショーペンハウアーは認識論的にはカントの思想を継承したが、同時代の大哲学者であるヘーゲルとはまったく異なる考え方を展開した。ショーペンハウアーの思想の中心となるものは主体の意志である。彼は、世界とは現象の生起を主体が見つめる表象としての世界であると考えた。そして、その根底で機能しているものは盲目的な生存意志であると主張した。この意志のゆえに経験的な事象はすべて非合理的であり、この世界において、ある主体の意志は絶えず他の主体の意志と対立を起こすものである。それゆえに生きることは同時に苦しむことを意味し、この苦しみを免れるためには意志の諦観や絶滅以外にないと説いた。そこにはショーペンハウアーのニヒリズムが強く反映している。

　だが、ニヒリズムは負の視点からのみ語られるものではない。生が絶望に満ちたものであったとしても、われわれは真理を探究できる。われわれの生が絶望に満ちたものであるからこそ、真理が可能になると述べるべきかもしれない。こうした考えの中には肯定的なニヒリズムが示されている。ショーペンハウアーはニヒリズムの持つこうした積極的側面を強調した。上記の言葉にはその考えが的確に表現されている。ショーペンハウアーの生存中、ヨーロッパ世界においてはヘーゲルの思想体系の影響があまりにも強く、ショーペンハウアーの思想は同時代人にまったく考慮されなかった。だが、ニーチェによる彼の思想の高い評価のあとに、彼の思想が注目されるようになった。思想史の流れからショーペンハウアーの思想を見た場合、ヘーゲル思想のアンチテーゼとして、理性中心主義的世界観に大きな疑問を呈した意義は確かに特筆すべき事柄である。

Topic　ショーペンハウアーは1820年にベルリン大学で初めての講義を行うが聴講者は8名だけ。同じ時間に行われていたヘーゲルの講義は溢れるばかりの学生が聴講していたことを知り、一度だけで講義を諦めてしまった。以後彼は大学で二度と講義は行わなかった。

自由と言われるものは、自らの本性の必然性によってのみ存在し、それ自身の本性によってのみ行為しようとするものである。

バールーフ・デ・スピノザ（1632〜1677）

17世紀の近代合理主義思想の偉大なる思想家

　この言葉は17世紀のオランダの哲学者であるスピノザの『エチカ』の第一部定義七の中にあるものである。『エチカ』はスピノザの主要著作であり、彼の思想のエキスが詰まった本である。それゆえ、この言葉の意味を考えるためにもこの本にまずは言及しなければならない。

　スピノザは『エチカ』の中で事象の根本原因を追求しており、この根本原因を自己原因と名付けている。そして、自己原因は実体、神、自然と等しいと述べ、神は無限の属性を備えており、自然は神が備える無限の属性の様態の一種であると主張している。すなわち、神こそが万物の内在的な原因であり、そこから神の自由という事柄を導き出すことができるとスピノザは考えたのだ。この点から上記の言葉を解釈すれば、神や実体や自然が自己原因として存在しているからこそ自由であり、自己原因を有する存在は無限性を内包するというように理解することが可能である。

　しかし、人間という存在はどうであろうか。人間は有限な時間の中に存在し、自己を存続させる力であるコナトゥスの原理に支配されているとスピノザは語っている。人間の感情は欲望、喜び、悲しみの3種類から構成されており、たとえば外部の原因によって引き起こされる喜びが愛であり、外部の原因によって引き起こされる悲しみが苦悩であるとスピノザは考える。そして、こうした感情を制御することができないことが人間の屈従の原因であり、人間は理性に従うことによって初めてこの屈従から解放され自由になることができると論述した。つまり、スピノザは本来的に不自由である人間が自由を獲得するためには理性に基づき神を認識する直観知を獲得することが必要であるとし、直観知を獲得して自由になることに道徳的な意義があると述べた。

　スピノザはデカルト、ライプニッツと並び称せられる17世紀の近代合理主義思想の偉大なる思想家として哲学史に燦然と輝く業績を残した。そしてさらに、カント、フィヒテ、ヘーゲルといったドイツ観念論者、マルクス、ドゥルーズなど後の時代の多くの哲学者に大きな影響を与え、現在でもその功績は高く評価されている。

Topic　1. スピノザはユダヤ人であるが、彼の両親はポルトガルでのユダヤ人迫害によってオランダに逃げたセファルディム（南欧系ユダヤ人）の商人であった。そのため、オランダ語が得意ではなく日常生活はポルトガル語を用い、著作はラテン語で行った。

私は自分が何も知らない
ということを知っている。

ソクラテス（紀元前469〜紀元前399）

哲学的探究の開始を告げる箴言

　古代ギリシャの哲人ソクラテスが語ったとされるこの言葉は、哲学的探究の開始を告げる箴言として解釈可能なものである。ソクラテスが生きていた古代ギリシャにおいては論争に勝つための弁論術が尊ばれていた。この弁論術はソフィストと呼ばれる人々によって教えられていた。ほとんどのソフィストは裁判での論争に勝つことだけを目的とした弁論術を教えていたのに対して、ソクラテスは真理の探究という哲学的課題を目的として多くの学者や偉人たちと問答を繰り返した。その結果得た認識が、「私は自分が何も知らないということを知っている」という言葉であらわされたのである。

　もちろん、この言葉はソクラテスの無知さを示すものではない。彼の持つ無知の知を示すものであった。それゆえ無知の知とはソクラテスが「自分は何も知らないということを知っているが、自分が問答した相手は自分が無知であることすら知らない」という事実を示すものである。知の限界点を知り、そのことによって探究の原点を知ることを意味するのだ。それはそれまで明確に規定されていなかった哲学のカテゴリーを確定するものとなった。

　ソクラテスの無知の知は問答による産婆術によって証明されるものである。この方法は自らが真と信じているものが本当にそうであるかを問答しながら明らかにしていくものであり、ある主張に対して反論し、その答えに対しても反論していくことを繰り返すことでより正しい答えを導いていくもので、そこには弁証法的な論理展開が見られる。この方法はまた、独断論を排除する基盤ともなった。

　だが、ソクラテスはすべての事柄に反論し、何に対しても不服従であったわけではない。ソクラテスの死の原因となるアテナイの法廷が下した死刑宣告に対して、彼は「悪法も法である」と述べ、国外に逃亡することをせずに、宣告通りに毒をあおって死ぬからである。このことはソクラテスが秩序を重んじない哲学者なのではなく、国家が命じる秩序を尊重していた哲学者であることを示している。ソクラテスは真理の探究を行ったが、その探究の基盤となる国家というものの重要性は否定しなかったのである。

Topic
1. 父は石工であり、母は産婆であり、ソクラテスはアテナイで生まれ、アテナイで死んだといわれている。
2. 妻クサンティッペは悪妻として知られており、彼は「よい妻を持てば幸せになれるし、悪い妻を持てば私のように哲学者になれる」と言ったという逸話がある。
3. 多くの弟子を持っていた。主要な弟子はカイレフォン、クリトン、プラトン、アリスティッポス、アンティステネス、エウクレイデス、クセノポンである。

言語記号は物と名前を結びつけるのではなく、概念と聴覚映像を結びつける。

フェルディナン・ド・ソシュール（1857～1913）

近代言語学の父で構造主義のパイオニア

「近代言語学の父」と呼ばれ、18世紀後半から19世紀前半にかけて活躍したスイスの言語学者ソシュールはジュネーブ大学で一般言語学に関する講義を行っていた。そこでソシュールの語った事柄を弟子たちがまとめたものが『一般言語学講義』であるが、上記の言葉はその講義で語られたものである。この言葉の意味を明確にするために、ソシュールが言語をどのようなものであると考えたかという点から説明しなければならない。ソシュールは言語を考える場合に、言語活動を示す「ランガージュ」、言語体系を示す「ラング」、ラングを用いて個々人が使用する言葉である「パロール」という三つのレベルを分けて考えなければならないと述べ、さらに、言語学の考察対象はラングであると主張した。それゆえ、上記の言葉の意味はラングの範疇の問題である。ラングはそれぞれの言語内にある固有の言語記号によって構成されており、その言語記号の内部構造を見た場合に、音声言語においては音と意味、二つの異なるレベルで構造化されているとソシュールは述べている（ソシュールは手話という言語を考慮していないという問題点があるが、ここでは音声言語に話を限定することにする）。この音のレベルが聴覚映像であり、のちに前者は「シニフィアン」、後者は「シニフィエ」と命名された。

　では、上記の言葉の意味の解明に移ろう。言語はある実体に付けられたラベルのようなものであるという唯名論的考え方は古くから存在していたが、その主張をソシュールははっきりと否定し、「言語は形相であって実質ではない」という説を唱えた。つまり、言語は実体ではなく、記号であると考えたのである。この記号体系は先程述べたような意味と音の異なる二つのレベルから成り立っており、それが分かち難く結びついているものなのである。それゆえその関係は「コインの裏表の関係」のようなものであるのだ。こうして言語記号の基本的な特質を示したソシュールは、さらに自らの理論を厳密化した。その理論は、考察対象であるラングの仕組みを学的に解明しようとするもので、20世紀後半の思想界の一大潮流であった構造主義の基盤となった。このような歴史展開によって、ソシュールは言語学の父だけではなく、構造主義のパイオニアともみなされるようになったのである。

Topic　1. フェルディナン・ド・ソシュールの曾祖父のオラス＝ベネディクト・ソシュールは自然科学者であり、1787年にモンブランに世界で初めて登頂したことで有名である。

貧しくても、生活を愛したまえ。

ヘンリー・デイヴィッド・ソロー（1817～1862）

人間の本来あるべき生存性を熟考した思想家

　19世紀に生きたアメリカの思想家であるソローが書いた『森の生活』は、彼がマサチューセッツ州コンコードにあるウォールデン池で、1845年7月から2年2カ月営んだ自給自足生活について書いた回想録である。現在、この本はアメリカノンフィクション文学の最高傑作の一つと呼ばれているが、上記の言葉からもわかるように思想書としての価値も高い。この言葉の意味を深く探究するためには、ソローがなぜ森での生活を始めたのかを知る必要がある。彼は自らの人生そのものと真摯に向き合うために、多くの人々が住み、様々な騒音に包まれ、厄介事に絶えず悩ませられる都会から離れて、自然にあふれた森の中に入り生活したのである。そして、森での生活は彼に人生における様々な真理を教えた。ソローは最低限必要である食事、衣服、住居だけの生活を実際に行うことによって、人間の労苦は人間自身の欲望によって生み出されていることを発見する。「貧しくても、生活を愛したまえ」という言葉はまさに彼の人生哲学が端的に表されている言葉であると言えるだろう。

　確かにソロー思想には反文明社会的な側面が存在している。しかし、それは我々の社会の進歩を否定し、原始的な生活をすることがよいという意味ではなく、文明の進歩にともない我々が本質的な生存にとっては余計な衣食住に関係するものを貪欲にひたすら望むようになり、人間の本来あるべき生存性から遠く離れてしまった点を強く否定したかったからである。つまり、ソローは自然の中で必要なものだけを得て、人間らしく生きることが理想だと考えたのである。ソローは自らがどのようにすればよりよく生きられるかという問題だけではなく、人間全体の人権という問題に対しても熟考した思想家であった。そして、人間の権利を大きく阻害する奴隷制の廃止や人頭税の撤廃などを主張し、社会的な運動も積極的に行った。ソローの人生を考えたときに、この点も忘れてはならない。ソローのこうした主張は「市民的不服従」と呼ばれ、マハトマ・ガンディーやキング牧師の市民運動に対する考え方に大きな影響を与えたといわれている。

Topic　1. ソローはハーバード大学卒業後、父の創設した鉛筆製造工場を継いだが、消しゴム付きの鉛筆はソローが発明したものであるといわれている。
　　　2. 故郷のコンコードで小学校の教師をしていたとき、体罰を強要した町の教育委員会と対立し、学校を2週間ほどで辞めた。
　　　3. 1838年に兄と共にコンコードに私塾を開いたが、そこの卒業生には『若草物語』の作者のルイザ・メイ・オルコットがいた。

万物の根源は水である。

タレス（紀元前624〜紀元前546）

神話世界からの脱却

　この言葉は古代ギリシャの哲学者であるタレスによって語られたものである。タレスはミレトス出身のソクラテスよりも古いイオニアの自然哲学者であり、プラトンによって「ギリシャの七賢人」の一人とされている。彼はまったく著作を残していないために、正確な彼の哲学的な考えを提示することは困難であるが、3世紀のギリシャの哲学史家ディオゲネス・ラエルティオスが断片的にではあるものの、タレスに関する記述を行っている。

　哲学史的視点から見て、「万物の根源は水である」という言葉が真であるか偽であるかは、大きな問題ではない。この言葉が万物の根源（アルケー）を探究する原理をあらわしていることが重要なのである。なぜなら、タレス以前、物事の原因や起源といったものは神話的あるいは宗教的に説明されていたが、タレスのこの発言の中にはそうした側面がまったく存在してはおらず、物理的に観察可能な物体を基にあらゆる事象の根源を説明していこうとする思索態度が表明されているからである。

　物事の根源を考えるということは実体が何であるかを考えることであり、より小さく、より単純で、より原初的な事柄から、より大きく、より複雑なものを導き出そうとすることである。こうした思索方法はタレスが提唱する以前には行われていなかったものであり、それこそがまさに哲学的思考の根幹を形成することが可能な思考方法であったのだ。

　この思考方法の中には、のちにデカルトが提唱した真偽値を徹底的に問うていく演繹法的な思考法の萌芽が認められる。しかし、タレスは演繹法的思考を行っただけではなく、天文学的観察などによる学的探究すなわち帰納法的な思考法も行っている点には注目する必要がある。彼は合理主義的でもあり、経験主義的でもある思索を行うことによって、科学的な世界観をギリシャ世界に導入したのである。こうした側面から見ても、確かに、タレスは哲学の「最初の哲学者」と呼ぶに相応しい哲学者であったと述べ得る。

Topic
1. タレスはフェニキア人の名門の家柄に生まれたといわれている。
2. 夜空を見上げ天文の観察に夢中になり、溝に落ちてしまい、学者というものは遠い星のことはわかっても自分の足元のことはわからないのだと笑われたという逸話を、プラトンが述べている。
3. タレスは体育競技を観戦中に暑さと渇きによって死んだとも、老齢により衰弱死したともいわれている。

哲学・思想 **125**

我思う故に我あり

ルネ・デカルト（1596～1650）

「考える我」という存在によってフランスを近代に導く

　フランスにおける近代の幕開けは1637年であるといわれている。この年はフランスの哲学者ルネ・デカルトが、ラテン語ではなくフランス語のみを使って初めて学術書である『方法序説』（この書の正確なタイトルは『理性を正しく導き、諸学問の真理を探究するための方法の序説（屈折光学・気象学・幾何学）』であるが、『方法序説』と略される）を書き上げた年である。『方法序説』は近代的秩序とは何か、近代的自我とは何かということが示された哲学史において欠くことができない重要な書であるが、この近代的自我を端的に示す言葉がこの「我思う故に我あり」である。

　『方法序説』は「良識とは万人にもっともよく分け与えられたものである」という言葉から始まるが、この良識が体系化されたものが理性であり、理性的であることが最重要視される思想が合理主義である。西洋合理主義によると、理性とは万物の秩序の法則であるとともに、万物をよりよい方向へと導くための法則でもある。だがその根本原理は何か。デカルトはこの難問を解明しようとした。この解明作業のために用いられた思考方法、それが方法的懐疑である。方法的懐疑は少しでも疑わしいと考えられるものは残らず排除していき、最後に残るものは何かを見つけ出そうとする探究方法である。デカルトはこの方法によって疑わしきものはすべて排除し、最後に残ったものは今この探究を遂行している「考える我」であるということを発見した。すなわち、「考える我」という存在は方法的懐疑によっても疑うことができない理性の根本原理であり、あらゆる思考的探究の原点となるものである。このようにして「考える我」という理性の根本原理は、真なるものを追求していくための原点となったが、それは主体的な自由を有する自我であり、よりよい進歩の方向にわれわれ人間全体を導く科学的研究の中核となるものでもあった。それゆえ、自由で自主性を持った自我の発見は、我々各人に関係する中心の発見に留まるものではなく、社会や国家といった共同体においてもその基本をなす存在の発見でもあった。こうして、デカルトの発見とともに近代という光の時代が到来するのである。

Topic
1. デカルトは1歳の時に母を亡くしており、母の顔を知らず、幼少年期は祖母と乳母に育てられた。
2. デカルトは10歳の時からイエズス会の学校であるラ・フレーシュ学院で学ぶが、当時のスコラ的な学問に反発し、世界を見るために旅に出た。
3. デカルトは5歳で亡くなった愛娘フランシーヌの生前の姿そっくりの人形を所持し、「我が娘フランシーヌ」と呼んでいたという逸話がある。

リゾームは生成軸や深層構造といった観念とはおよそ無縁である。

ジル・ドゥルーズ（1925〜1995）

ポストモダン思想の中核を担う

20世紀後半のフランスのポスト構造主義を代表する哲学者の一人である、ドゥルーズの思想の中心概念の一つがリゾームであるが、上記の言葉はこの概念の特質を簡潔に要約したものである。リゾームは、モナド、器官なき身体、横断性といったドゥルーズ哲学にとって重要な概念の中でも特に注目すべき概念である。リゾームとは旧来の西洋の学術体系が持つ考察対象に対する垂直的で階層的な構造化でなく、水平的で横へ横へと広がっていく方向性を持つものである。それゆえ、上記の言葉にあるように、リゾームは深さや高さといった上下関係によって定義付けられるような概念とは適合せず、広がりと関係する事象を特徴付けるための概念である。西洋の伝統的な学問体系は樹形図的秩序付けがなされる。つまり、下位単位のものがより上位の単位のものの構成要素となって、段階的に上位に向かって秩序付けられた構造になっているのである。こういったヒエラルキー的な構造は、各学問分野の領域の境界線も厳格に規定されており、ある学問領域と他の学問領域とはまったく異なった体系として厳密に区分されたものとなっている。それゆえ、複数の分野にわたる連続性を問うこと、すなわち、横断性はまったく問題とはならなかった。また、モナドと呼ばれる遊牧民的な移動性を重視する活動様式も、西洋の近代以降の思考スタイルとは適合しないものである。

こうした近代西洋的な階層化された思考スタイルは、20世紀以降、様々な問題点があることが指摘され、そうした欠点を乗り越えるために提示された概念が、ドゥルーズおよびガタリによって提示されたリゾームやモナドや横断性という概念であった。すなわち、これらの概念は近代の超克という視点から構築された概念であり、類縁性を持った概念である点を注記しておく必要性がある。こうしたドゥルーズの思想の有する学的態度は、ポストモダンと言われる思想の中心的な理論として高く評価され、現在もなお哲学・思想分野だけでなく、さまざまな分野の学問にも大きな影響を与えている。

Topic
1. ドゥルーズの兄ジョルジュはドゥルーズが15歳のときに、ナチス・ドイツへのレジスタンスに参加し捕らえられ、収容所に送られる途中に死んでいる。これはドゥルーズの少年期のもっとも大きな出来事であったといわれている。
2. ドゥルーズは晩年重い肺病に苦しんでいたが、1995年に自宅のアパルトマンから飛び降り自殺をし、70年の人生を終えた。
3. ドゥルーズの書き方は、著者の言葉の中に引用した誰かの言葉が埋め込まれる形式の語りである自由間接話法を多用したため、どこまでが引用した思想家の言葉であり、どこからがドゥルーズの言葉であるかが曖昧であるという批判をフランスの哲学者のアラン・バデュウが行っている。

神は死んだ

フリードリッヒ・ニーチェ（1844～1900）

キリスト教的価値観への反逆

この言葉は19世紀最大の哲学者の一人として評価されているドイツの哲学者であるフリードリッヒ・ニーチェが『悦ばしき知識』の中で書いたものだが、ニーチェのもっとも有名な著書である『ツァラトゥストラはかく語りき』にも登場する。ニーチェは理性中心的な合理主義を高々と掲げていた当時のヨーロッパ精神に対して堂々と反旗を翻したのだが、その考えを端的に表しているのがこの言葉である。

神とはもちろんキリスト教の神のこと。ヨーロッパでは、近代の幕開けが告げられてもなお神は絶対的な存在であった。その理由は、神が信仰の源であるだけではなく、理性中心主義的な真理そのものをも意味していたからだ。このヨーロッパの伝統精神に対して、《否（Nein）！》という言葉をつきつけなければ、思想的な、またはイデオロギー的な側面での新時代の幕開けは不可能なことであった。

神が死んだと述べることは、キリスト教精神の終わりを宣言するものである。それは当時のヨーロッパ社会に大きな衝撃を与えた。今まで疑うことなどまったく許されなかった絶対的真理が否定されたからである。しかし、よく考えてみれば、神の掟に従いさえすれば救われるという考えは、あまりにも受動的だ。ニーチェはこのような教えを奴隷の思想と呼び、そういった弱者のための思想を徹底的に排除しなければならないと考えた。新しい時代の到来を宣言するために、神は死ななければならなかったのである。

こうした時代的背景の下で、ニーチェはキリスト教的価値観と戦い、それを破壊する先駆者として邁進し、多くの著書を発表する。そして、そうした著作の中で示された「超人」、「永劫回帰」、「力への意志」といった独自の概念用語は20世紀の時代精神を築くための新たな基盤となっていくのであった。

Topic
1. ニーチェは梅毒を患っていたという説がある。
2. ニーチェの思想、特に「超人」の概念は、彼の死後、曲解されてナチスに悪用された。しかし、ニーチェ自身はドイツの民族主義も反ユダヤ主義も批判していた。
3. ニーチェはドイツの作曲家であるリヒャルト・ワーグナーに心酔していた。

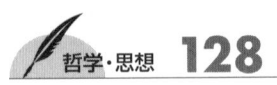

死は現存在が存在するや否や、現存在が引き受ける一つの存在様式である

マルティン・ハイデッガー（1889〜1976）

有限な自らの生をいかに生きるか

　20世紀を代表するドイツの哲学者ハイデッガー。彼の主著である『存在と時間』における大きなテーマはもちろん「存在」であるが、存在は時間と係わりその中でも死の問題は重要な意味を持っている。この問題に対する思想的態度がはっきりとあらわされたものが『存在と時間』の中にある上記した言葉であるが、まずは『存在と時間』という大著について簡潔に説明する必要がある。

　この著書は人間存在の根源的探究に捧げられた本であり、ハイデッガーは人間を「現存在」と呼んでいる。現存在は世界内存在をしている存在であり、世界内存在とは以下のような存在を示す。現存在は世界の中に理由もわからずに受動的に投げ込まれているが（ハイデッガーはこれを「被投性」と呼んでいる）、現存在は世界に対して自ら投げ出すことが可能である（「投企性」と呼ばれる）。この両面を持つ現存在の存在様式が世界内存在であり、それが人間存在の基本的な存在である。

　だが、人間は自らが死に向かって生きている存在であることを知る存在でもある。この自らが死に向かう存在であることの自覚は現存在のみが了解している存在様式である点は重要なことである。現存在が未来における己の死を理解しているからこそ、有限な自らの生をいかに生きるかという問が大きなものとなる。上記の言葉はこの問題を的確に表現したものであるといえるであろう。

　ところで、後期ハイデッガー思想の中で注目すべき問題は「故郷喪失」という概念である。ハイデッガーは科学技術の進歩によって現代世界に生きる我々が帰るべき故郷を失い、疎外された世界で絶望的に生きている存在の様相を故郷喪失という概念であらわした。科学文明に支えられながら人間の社会は発展していったが、ハイデッガーはそうした科学技術を優先した思想が人間の根本的な生を破壊する方向にも向けさせている点を批判し、もう一度帰るべき自らの存在の根源を見つめ直す必要がある点を強調している。

Topic
1. ハイデッガーはナチスへの協力について否定しているが、チリの哲学者ファリアスが『ハイデッガーとナチズム』を書き、ハイデッガーのナチス協力が表面的なものではなく本質的なものであることを詳細に考察している。
2. 1955年にラカンの別荘を夫婦で訪れているが、そのとき、学術的な対話はまったくなされなかった。ハイデッガーはラカンの思想に生涯まったく興味を示さなかったし、理解しようともしなかった。
3. 1976年に87歳で死去した。彼の墓は故郷に近いメスキルヒの教会の中にある。

人間は考える葦である

ブレーズ・パスカル（1623〜1662）

近代市民社会の思想的基盤を築いたパイオニア

　17世紀のフランスの哲学者で、科学者でもあり、数学者でもあったブレーズ・パスカルが書いた断章的な哲学書が『パンセ』であり、「人間は考える葦である」というアフォリズム（箴言）は、この本の断章番号347の中で語られている言葉である。

　パスカルはこの断章の中で「人間は一本の葦に過ぎない。自然の中でもっとも弱いものである」と述べ、人間を一本の葦と同様なものとみなし、人間が自然界であまりにも弱い存在であることを端的に示している。大きな川の中で川の流れに従い揺れ動いている一本の葦を想起してみよう。それは川の流れに対して何も抵抗できずにただ漂っている極めて脆弱で無力な存在として思い浮かべられるだろう。自然界におけるこの一本の葦、それが人間であるならば、人間とは自然に対したときに何と小さく微細なものであろうか。だが、こうした人間の負の一面を提示した後で、パスカルは人間には考えることができるという素晴らしい能力があることを強調し、「それゆえ、われわれの尊厳のすべては考えることの中にある」と語っている。それは自然界において人間のみが有する特権である。とはいえ、考えることができるとはより詳しく述べるならば、どのようなことであろうか。思考可能ということは、まず考える主体が存在していることが前提とされなければならない。そしてその主体は物理的に独立しているだけではなく、精神的にも自由に思索できる存在でなければならない。そうでなければ、その存在者がいくら考えを巡らしたとしても、それは他者の思考のコピーであるからである。それゆえ、思考することは主体性を持ち自由に考えを広げられる存在者が行う行為のことであるのだ。

　このようにパスカルは「人間は考える葦である」という比喩的アフォリズムを通して、人間の自然界における弱小さと偉大さという二面性を的確に提示し、近代社会において中心となる、主体的に思考する近代的自我の重要性を力強く表現し、この葦のように弱い存在が思考を有するゆえに世界を変革する力を宿し、時代を切り開いていくことが可能な存在であることを明確に示したのである。それゆえパスカルは近代市民社会の思想的基盤を築いたパイオニアの一人として捉えることができるのである。

Topic　1. パスカルは10歳くらいの年齢で、三角形の内角の和が二直角であることを証明した。
　　　　2. 1662年に「5ソルの馬車」という乗合馬車制度、現在で言えば公共交通機関の設立を提案した。
　　　　3. 理性によって神の存在が証明できないにしても、神が実在することに賭けても失うものは何もなく、神の存在を信じることでかえって生の意味が増すという「パスカルの賭け」といわれる考えを示した。

独立を失った国民は、同時に、時代の動きにはたらきかけ、その内容を自由に決定する能力をも失ってしまっています。

ヨハン・ゴットリープ・フィヒテ（1762〜1814）

ドイツを独立へと歩ませた愛国的思想家

　ドイツ観念論の代表的哲学者の一人で18世紀後半から19世紀前半にかけて生きたフィヒテは、愛国的思想家として有名である。それを示す典型的例として挙げられるものが「ドイツ国民に告ぐ」というタイトルでベルリンで行われた講演であり、上記の言葉はこの講演の冒頭に述べられた発言である。なお、この講演はのちに出版されている。

　「ドイツ国民に告ぐ」という講演が行われた1807年はナポレオン戦争の真っ最中であった。ベルリンの学士講堂に集まった聴衆に向かってフィヒテが語ったことは、フランス文化に対するドイツ国民文化の優秀さであり、ドイツ国民の宗教的及び政治的な統一、ドイツ人の自由、ドイツの商業上の独立の強調であった。「ドイツ国民に告ぐ」以前、フィヒテは個人が個人よりも高い存在である国家と一体化することによって自由が実現されると論じていたが、この講演では、民族や国民に個人が没入することによって自由が達成されると論じた。すなわち、彼の思想の中で、個人における国家の位置はより強化されたと述べ得るだろう。このように、フィヒテはこの講演の中で人間の普遍的な自由という側面よりも愛国主義的、国家主義的な側面から自由を捉えており、個人よりも民族や国家を優先させ、上記の言葉にあるようにある民族や国家がほかの民族や国家に支配された場合には決して自由を獲得することができない点を強調したのである。それゆえ、彼のこの考えは「ナショナリズム的愛国主義」と呼ばれている。

　「ドイツ国民に告ぐ」におけるフィヒテの主張はドイツの民族主義者や愛国者の熱烈な共感を呼び、民族運動、国家統一運動とナポレオンによる支配からの独立という運動を力強く押し進めていくための基盤となった。こうした背景の下で、この講演を出版した書はドイツの政治運動の発展にとって重要なものとなった。そして、その後ドイツはプロイセンの下で国家統一を果たし、ヨーロッパの列強国の一つとなっていくのである。

Topic 　1. フィヒテは1810年にヴィルヘルム・フォン・フンボルトによって開校されたベルリン大学の初代学長となった。
　　　　　2. 妻はフランスとの戦争で志願看護師として働いていたがチフスに罹り、フィヒテもそれに感染して死亡した。

哲学・思想 **131**

人間は波打ちぎわの砂の表情のように消滅するであろう。

ミシェル・フーコー（1926〜1984）

各時代の精神を追った知の考古学者

　20世紀後半のフランスの哲学者フーコーの主要著作である『言葉と物』の最後に書かれた有名な言葉が「人間は波打ちぎわの砂の表情のように消滅するであろう」である。この言葉を理解するために、まずはこの本の内容を手短に要約すべきであろう。

　フーコーはこの本の中で、ルネサンス期以降の知の枠組み（エピステーメー）について考察し、ルネサンス期の中心概念は「類似」であり、古典主義時代においては「表象」であり、近代において初めて「人間」という概念が知の枠組みにおいて中心的なものとなったと語っている。「人間」という概念を中心とした論述が登場するのは近代以降のことであり、その歴史は実は浅い。我々が当然と考えている「人間」を基盤としたさまざまな理論は、ルネサンス期においても、古典主義時代においても、知的基盤として当然のものとしてはまったくなかったのだ。各時代にはそれぞれの精神が存在し、それが近代という時代においては「人間」であっただけであり、それは普遍的な概念ではないのである。

　このように見ていけば、「人間は波打ちぎわの砂の表情のように消滅するであろう」という言葉の意味が次のように理解できる。近代のエピステーメー上で発明された「人間」という時代的中心概念は絶対的な概念なのではなく、新たな知の枠組みの中では消滅する運命を担ったものであると。20世紀の後半、時代は新たな方向に展開し、「構造」というキータームが登場した。それは「人間」というキータームによって構築されていた近代における理性中心の合理主義のエピステーメーを打破していくものであった。それゆえ、上記の言葉の意味は存在論的な言説なのではなく、認識論的に見て、「人間」というキータームの価値がなくなっていくという意味に解されるものなのである。

　このようにフーコーの思想は知の歴史的な位置づけを通して、時代ごとのエピステーメーを追うことであったが、この知の枠組みは思想のみならず、政治、社会秩序、文化など幅広い領域で、われわれの生活活動の基盤となっていることをフーコーは多様な資料分析によって的確に解明していったのである。こうした点では、フーコーは「構造」というキータームを超えたさらなるキータームをも見据えていたと述べ得るであろう。

Topic　1. フーコーの本名はポール＝ミシェル・フーコーであるが、終生続いた父との対立関係から、自分の名前からポールという名前を消して用いていた。
　　　2. フーコーは同性愛者であり、1984年にエイズで死亡した。57歳であった。死ぬ年にもコレージュ・ド・フランスで講義を行っていた。

国家をつくる要因となるものは、
われわれの必要性ということにあるようだ。

プラトン（紀元前427〜紀元前347）

国家に必要性について探究

　古代ギリシャの哲学者プラトンは、ソクラテスを主人公とした対話形式による多くの哲学書を残した。プラトンの著作は短いものが多いが、『国家』はほかの作品に比べて極めて長い。上記の言葉はこの本の中に登場するものであるが、その意味を考察する前に『国家』という本の大まかな内容について述べる必要がある。この本はケパロスによって提示された「正義とは何であるのか」という問題の探究から始まるが、ソクラテスはまずトラシュマコスの語った「正義とは強者の利益となるもの」という考えを論駁する。しかし、グラウコンなどがソクラテスに正義に関する厳密な見解を示すように求める。それゆえソクラテスは、個人の延長として国家を観察することによって正義を解明しようとする。国家を観察するためにソクラテスは想定し得る理想国家を提示し、その仕組みを明らかにする。そして理想国家を実現する条件としてイデアに基づいて正しい政治を行う哲人王の必要性を主張する。この哲人王にとって不可欠なものとして正義が語られ、正義が人間を幸福にするものであると語る。

　それゆえ、上記の言葉が語られた前提として、正義に対する探究があることには注目しなければならない。ソクラテスは国家における正義の実現という問題設定を通して、国家にとって絶対的に正義が必要であることを示している。上記の言葉は国家が我々にとって必要なものであるのは、それによって正義の実現が可能であるからだとプラトンが考えていると判断できるだろう。『国家』においては個人の正義と国家の正義とが連続しているという点からも正義の探究が行われていることにも注意しなければならない。

　また、『国家』の中でプラトンは、理知が優位である優秀者支配制、気概が優位である名誉支配制、富への欲望が優位である寡頭制、自由への欲望が優位である民主制、もっとも悪い政治システムである僭主独裁制の五つの国家体制について語っており、哲人王が統治する理想国家がもっとも正義に適い、もっともよい国家であると述べている。

Topic
1. プラトンは体格に恵まれており、古代ギリシャの四大競技会の一つであるイストミア大祭のレスリング競技に参加した。一説には優勝したと言われているがこの点は定かではない。
2. プラトンはBC.387年に教育機関であるアカデメイアを設立した。ここでは、算術、幾何学、天文学、哲学などを学ぶことができた。この学園は529年まで続いた。
3. プラトンの高名な弟子アリストテレスであるが、アリストテレスが17歳のときアカデメイアに入学し、そこでプラトンと知り合ったと言われている。プラトンはそのとき60歳で、以後20年間、プラトンが死去するまで師弟関係が続いた。

私有財産は窃盗である。

ピエール・ジョゼフ・プルードン（1809〜1865）

個人の権利と自由を最重要視したアナーキスト

　19世紀のフランスのアナーキスト（無政府主義者）であるプルードンが『私有財産とは何か』で書いた有名な言葉、それが「私有財産は窃盗である」である。プルードンは人間社会における不平等という問題を考察した場合に、その根本原因は私有財産にあると考えた。この考えは当時の社会通念からいうならば、衝撃的な主張であった。何故なら、フランス革命によって宣言されている民主主義精神は、自由、平等、所有である（最後の所有が友愛に変わりフランスの国是になったのは1870年に始まる第三共和政以降である）。所有とは個人の所有のことであるが、このフランス革命の三大精神の一つを否定したのであるから、その衝撃度の大きさは予想がつくであろう。

　資本主義体制の下で、富める者は止まることなく富を独占し、貧しき者はますます貧困に苦しむようになった。それは貧しき者の生産した富を富める者が搾取し尽くそうとしているからであるとプルードンは考えた。この考え方は上記の言葉によく表明されているが、こうした社会矛盾を解決するためには私有財産制度を廃止すべきだと主張したのだ。プルードンはまた、社会的平等の実現のための障害となるものの大きな要因の一つとして国家というものがあるとし、不平等の根本原因である国家は廃絶されなければならず、国家システムは人間社会にはいらない存在であると唱えた。

　プルードンの思想は画期的なものであったが、いくつかの問題点も抱えていた。マルクスは『哲学の貧困』の中で、プルードンの考えには体系的な理論がない点、財産一般を攻撃しているが小財産を擁護している点、女性の権利について反動的な見方をしている点、フランス的なものを尊重するナショナリスト的側面がある点、労働者のストライキ権を認めていない点を挙げ、プルードン思想への批判を行っている。しかしながら、プルードンが個人の権利と自由とを最重要視するアナーキズムという社会思想を打ち立てたことは事実であり、プルードンの思想を土台として新たなよりよい社会を目指そうとする思想がその後次々にあらわれていったことは高く評価すべきである。

Topic　1. プルードンは印刷工場でラテン語訳の聖書の校正をしているうちに広汎な神学の知識を身につけ、ヘブライ語も覚えてしまったといわれている。
　　　 2. プルードンは1848年に起きた二月革命におけるパリのテュイルリー宮の無血占領に参加している。
　　　 3. 1865年にパリで心臓病によって死去したため、プルードンはパリ・コミューンを目撃することができなかった。

意識は精神過程の
もっとも一般的な性質ではありえず、
その特殊な一つの機能に過ぎない。

ジグムント・フロイト（1856～1939）

無意識の重要性を説き、精神分析学という学問を確立

　19世紀後半から20世紀前半まで生きたオーストリアの医師フロイトは無意識というものの重要性を初めて指摘し、精神分析学という学問を確立した。その彼の理論を端的に表す言葉が上に記したものである。フロイトによれば、我々の精神は意識のみによって成り立っているものではなく、無意識も大きな役割を担っている。無意識の存在に気づかずに我々は日常生活を送っているが、精神分析のセッションの中で、その様相が理解できるようになる。我々の精神は自我、エス、超自我という異なる構成物から成り立っており、自らの欲望を隠すために無意識が意識に働きかけ、真の欲望の対象を抑圧したり、変形したりすることをフロイトは突き止めた。そして、こうした変形の大きな原因としてリビドーがあるとフロイトは主張したが、リビドーとは性衝動を発現させるエネルギーを示す。

　フロイトはまず、自らが確立した精神医学の方法によって神経症の患者の治療（セッション）を行った。彼のセッションはヒステリー患者が無意識によって封印した内容を身体的に表出するのではなく、言語化して表出させることによって症状を消失あるいは軽減させる治療法であった。この治療法は自由連想による患者の語ったものに医師が耳を傾け、質問していくというものであるゆえに、この方法にとって言語の果たす役割は大変大きなものであった。フロイトはまた、リビドーの発達を5つの時期に区分した。口唇期、肛門期、男根期、潜伏期、性器期である。それぞれの段階で中心となる器官は順番に口、肛門、男性器、性的活動以外の活動に向かうための様々な対象、大人としての性行動に適したもの全体である。こうした性的発達は人格形成とも深く関係していくとフロイトは述べている。さらに、後期フロイト理論にとって重要となる概念がタナトス（死の本能）である。タナトスとエロス（生の本能）とは人間の二大本能であって、人間行動に相互に、あるいは、結合的に反応を起こすものであるとフロイトは考えた。そして、人間の攻撃性の根本原因はエロスとタナトスとの関係によって引き起こされるものであると主張した。

Topic　フロイトはパリ留学時代フランス語が上手く話せず、カフェではコーヒーとクロワッサン以外の物が注文できなかったことを手紙の中に書いている。

ミネルバの梟は夕暮になって
はじめて飛翔する。

ゲオルク・ヴィルヘルム・フリードリヒ・ヘーゲル（1770〜1831）

国家の役割を説いたドイツ観念論の代表的哲学者

　ドイツ観念論の完成者と言われる18世紀後半から19世紀前半にかけて活躍したヘーゲル。彼の『法哲学』の序文に書かれている有名な言葉が「ミネルバの梟は夕暮になってはじめて飛翔する」である。この言葉の意味を知るためにはまず『法哲学』という大著について簡潔に述べておく必要がある。ヘーゲルは、客観的精神は家族、市民社会、国家といった自由な人間の行為により生み出される、共同体の実現の中に示されているものであると書いている。今述べた共同体は抽象法、道徳、倫理の三つの段階に区分でき、この段階の展開を通して個別性と普遍性が統合されていくとヘーゲルは考えた。そして、人倫も家族、市民社会、国家と3段階に区分できると考えた。この考えに基づき、『法哲学』は第一部抽象法、第二部道徳、第三部倫理から構成されている。

　家族とは愛情といった小さな共同体内で実現される形式による主体と客体の統一を示すレベルにあるものであり、市民社会は市場における欲望に基づく労働の体系であり、国家は市民社会の欲望の体系を包摂しつつ立法権や執行権などを用いて普遍性を現実化させるために市民の利己性を監視するレベルのものである。このようにヘーゲルは『法の哲学』の中で主張している。こうした分析ができるのは、人間社会が成熟した段階にあり、十分に考察可能なものだからである。それが、「ミネルバの梟は夕暮になってはじめて飛翔する」の意味する事柄である。つまり、哲学が現実の成熟のあとに遅れてやってくるものであるということ、現実が完成されてから、初めて哲学の王国が建設されるということをヘーゲルはこの言葉によって述べようとしているのである。それゆえ、この言葉は哲学の持つ探究対象に対する全体的様相の総合的分析という側面を端的に表しているのである。

　ヘーゲルの哲学は『法哲学』以外でも、非常に体系的なものであるが、その基本的な論証は弁証法によるものである。ヘーゲル弁証法は理性を有する主体の志向性を基盤とした、テーゼとアンチ・テーゼとの止揚による結合という弁証法的な発展によって図式化されるものである。主体における弁証法的な思考は『精神現象学』で詳しく検討されているが、歴史的・社会的弁証法の展開はこの『法哲学』などで綿密に検討されている。

Topic ヘーゲルがチュービンゲン大学の神学科の学生だったときの同級生には、ヘルダーリンとシェリングがいた。ヘーゲルは二人から多くの影響を受けた。

知識は力である。

フランシス・ベーコン（1561〜1626）

人々の持つ偏見を分類し、イギリス経験論の基盤を構築

16世紀後半から17世紀前半にかけて生きたイギリスの哲学者フランシス・ベーコンの有名な言葉である「知識は力である」は、イギリス経験論の中核的な考えを示したものであると述べることができる。ベーコンはこの言葉が書かれている『ノヴム・オルガヌム』において、実験と観察によって真理を導き出すという哲学的探究方法である帰納法の重要性について語っている。この方法は現実界にある事象を科学的に様々な視点から検証していき、その事象の根源的な原因に最終的に行き着こうとするものである。それゆえ、この方法においては多くの実験の積み重ねが大きな意味を持つ。

「知識は力である」という言葉があらわしている事柄は、人間が帰納法によって自然界にある多くの対象を探究することによって、そうした対象の根本的な成り立ちや仕組みを了解できるようになることで人間が自然界を制覇できるという意味が込められている。自然の力を畏怖する時代から、人間が自然を制覇するようになる新たな近代という時代の精神がそこには込められていると述べることができる。

人間の能力の拡大と進歩は、これまで信じられてきた多くの偏見（イドラ）をなくすことによって実現されるとベーコンは考えた。彼はイドラを種族のイドラ、洞窟のイドラ、市場のイドラ、劇場のイドラの四つに分類した。第一のものは人間の感覚の錯覚によって起きる偏見である。第二のものは人間一人一人が持つ性癖、習慣などに起因する偏見である。第三のものは人間同士のコミュニケーションが上手くいかないことによって起きる偏見である。第四のものは権威や伝統を無批判に受け入れることによって生まれる偏見である。イドラを克服するために知識は絶対的に必要なものであるとベーコンは強く主張したのである。

Topic 1. ベーコンは1618年に国王に対する請願を処理する大法官となったが、1620年には一時トマス・ホッブズがベーコンの秘書を務めたこともあった。
　　　 2. 1621年に子爵となったが、その後、賄賂を受け取ったという罪状で4日間ロンドン塔に幽閉されたことがある。
　　　 3. 1626年、鶏に雪を詰め込んで冷凍に関する実験を行ったときに酷い風邪に罹り、それが原因で死亡した。

「私の現在」と呼ぶものは、同時に、自分の過去にも未来にも食い入っている

アンリ=ルイ・ベルグソン（1859～1941）

時間はすべて地続き

19世紀後半から20世紀前半にかけて活躍したフランスの哲学者であるベルグソンが『物質と記憶』の中に書き残した言説が、上記の言葉である。彼は「持続」という問題を主要探究課題とした哲学者であり、上記の言葉も持続という問題とかかわるものである。

持続を考える場合に大きな意味を持つ概念が、「純粋持続」である。この概念についてベルグソンは『時間と自由』の中で「それは純粋な異質性」と述べているが、その意味は上記の言葉とも深く関係するものである。すなわち、持続とは時間的な問題であり、現在という時間性が、先行する過去という時間性を内包していなければ現在は現在ではあり得ない。また、現在ここにある何かが後続する未来においても何らかの形で維持されていなければ、未来は未来として成り立ち得ない。このように、持続には同質性を有しながらも相互に浸透し合う異質性の介入が見られる点をベルグソンは強調しているのだ。上記の言葉はまさにこの点を端的にあらわしている。時間が二つの側面から成り立つゆえに持続は差異でありながら同時に同質のものとなるのである。

この持続と異質性の二つの側面を同時に持つことが純粋持続の特徴であるとベルグソンは述べているのだが、彼はそれが新しさを生み出すものである点にも注目している。この点こそが創造的側面であるからだ。さらに、その側面は自由という問題へと通じるものだからでもある。

また、ベルグソンは時間の生成というレベルにも言及しながら、知覚と思い出との差異という問題を探究している。そして、ベルグソンは知覚と思い出は同時に生成し得るものであり、過去も現在と同時に生成するものと考えた。これはデジャヴュ現象によって証明できるとした。この現象にあっては、今あることとすでにあったこととが共時的に生起するからである。

こうしたベルグソンの思想は、我々の生を実証的にのみ考察することをせず、さらには、理性の働きからのみ分析していこうとする考え方に大きく異議を唱える生の哲学の一つであるとみなされている。

Topic 1. 父はポーランド系フランス人であるが、母はイギリス人であり、幼少年期にイギリスで生活していたベルグソンは、幼いころから英語に親しんでいた。
2. ドイツ占領下のパリで1941年に風邪が悪化したことによって死去。彼の葬儀には詩人のヴァレリーが参加した。ただし、参加者は少なかったといわれている。

万人の万人に対する闘争

トマス・ホッブズ（1588〜1679）

国民国家の根幹となる原理を唱えた思想家

　ホッブズは16世紀後半から17世紀にかけて活躍したイギリスの思想家であるが、彼の広く知られた言葉が、「万人の万人に対する闘争」である。この言葉は『市民論』の中に書かれているものであるが、『リヴァイアサン』の中にも同じような表現の言葉が見出される。ホッブズは人間社会という問題を考えるために、自然状態というものを最初に考えた。自然状態とは人間の本来の存在様式のことであるが、ホッブズは自然状態が「万人の万人に対する闘争」状態であると考えた。つまり自然状態において、道徳的なものは何も存在せずに人間は人間に対して狼となり、各人は自らの望むことを実現するために他者と対立し、戦うという関係にならざるを得なくなる。この闘争状態を克服するためには、各人が持つ闘争権としての自然権を国家にすべて譲渡する社会契約を国家と結ばなければならない。こうして成立した国家の保護の下で各人は平和に安定した生活ができるようになる。こうホッブズは考えたのである。それゆえ、社会契約とは近代市民の基盤となる国民国家の根幹となる原理であり、この原理の下で近代国家が成立していくのである。だが、自然権に対する考えはホッブズが唱えた考え方だけではない。たとえばルソーは『人間不平等起源論』の中で、自然状態は理性を持たず他者を認識することのない自然人たちが自由に存在している状態であると考え、文明の発展がかえって人間の対立や不平等を生むと考えた。しかし、ルソーもホッブズと同様に社会契約の重要性を強調している。

　ホッブズにせよルソーにせよ、国家を中心とした社会形成の問題を考えるための第一の前提を自然状態としている点は注目できる。人間の原初的状態を設定し、それがよきものであるにしろ、悪しきものであるにしろ、そこから人間が発展的に進歩しなければならないものであるという考え方の中には、西洋近代の中心的問題設定が明確に発見できるのである。

Topic 1. フランシス・ベーコン、ガリレオ・ガリレイ、ルネ・デカルトなどの当時の世界的な知識人と交流があった。
2. ホッブズの『市民論』や『リヴァイアサン』に書かれている思想の形成には、清教徒革命における残忍な殺戮が大きく影響しているといわれている。

万国の労働者よ、団結せよ！

カール・マルクス（1818〜1883）

社会主義国を生み出すきっかけを作った思想家

『資本論』などの詳細な考察によるマルクス主義経済学を基盤として、科学的社会主義理論を確立したドイツの思想家マルクスが、エンゲルスと共に書いた『共産党宣言』の最後の言葉、それが「万国の労働者よ、団結せよ！」である。19世紀の社会主義思想の根幹を作り上げたのはマルクスとエンゲルスの大きな功績であるが、その中でもこの『共産党宣言』の出版された意味は大きい。

マルクスの社会主義思想における貢献は人間の歴史は階級闘争の歴史であることを示したことにある。『共産党宣言』の中で、マルクスは人間の歴史が自由民と奴隷、都市貴族と平民、領主と農奴といった抑圧者と被抑圧者が常に対立していた歴史であると述べている。そして、工業化が著しく発展した19世紀、この階級対立はブルジョワジー（資本家）とプロレタリアート（労働者）の対立となったとマルクスは分析している。ブルジョワジーは生産手段、所有という経済構造の変動によって、地方にいた農民の土地を奪いプロレタリアート化し、そのために人口は都市に集中していった。そして、大工場を経営するブルジョワジーはプロレタリアートの生産した商品から莫大な利益を得て、プロレタリアートには僅かな賃金しか払わなかった。こうして得た利益は資本主義の拡大再生産の原理の下で、さらなる利益を求めるように用いられ、プロレタリアートからの搾取はさらなる搾取を生んでいった。

この資本主義体制の矛盾を打ち破るためにはプロレタリアート全員が一つになり、ブルジョワジーの搾取から自らを守り、最終的にはプロレタリアートが権力を握らなければならないとマルクスは主張した。この権力闘争を呼びかけ、世界のプロレタリアートの力を一つにしようとする合言葉、それが「万国の労働者よ、団結せよ！」であったのである。

こうしたマルクスの思想の影響は世界的な広がりを見せ、彼の死後、20世紀にはソビエト連邦という人類史上初めてのプロレタリアート独裁を国是とする社会主義国を生み出し、さらに、中国、キューバ、ユーゴスラビア、ポーランド、ルーマニアなどの多くの社会主義国を世界中に生み出すこととなった。

Topic
1. 1843年に貴族であるイェニー・フォン・ヴェストファーレンと結婚し、6人の子どもをもうける。イェニーの墓はロンドンのハイゲイト墓地のマルクスの墓の隣にある。
2. 1883年に椅子に座ったままの姿勢で死んでいるのが発見された。64年の生涯であった。
3. マルクスが書いた『共産党宣言』と『資本論』の初版第1部が、2013年にユネスコによって、世界の古典作を記録保護するプロジェクトの下、世界の記録として登録された。

満足した愚か者であるよりは、不満足なソクラテスであるほうがよい。

ジョン・スチュアート・ミル（1806～1873）

イギリス功利主義の基本的な思想を提示

　ジョン・スチュアート・ミルは19世紀イギリスの哲学者、政治学者、経済学者であるが、彼のもっともよく知られた言葉は上記のものであろう。ミルはイギリス功利主義の基本的な思想を提示したと言われているが、その根本にあるものは自由と倫理性の問題であった。

　ミルは、自由とは個人の発展に必要不可欠なものであり、政府や世論によっていつも干渉を受けていたならば、人間は自らの心や心の中に持っている判断する力をうまく行使できないと考えた。そして、本当に人間らしくあるために、人間一人一人が自由に考え、話せる状態が必要であると主張した。この考え方が明確に示されたものが、『功利主義』の中に書かれている「満足した愚か者であるよりは、不満足なソクラテスであるほうがよい」という言葉である。この言葉でさらに注目すべき点は、以下のように要約できる。心理的満足や幸福感という問題に関して、ミルに先立つ功利主義者ベンサムが「最大多数の最大幸福」というように量的な側面から捉えたのに対して、ミルは量的な側面よりも質的な側面の差異を重視したという点である。また、ミルは経済学的側面ではリバタリアニストであった。すなわち、経済的自由も個人的自由も両者ともに認める立場で、現在の世界において主要潮流である、経済的自由のみを重視するネオリアリズムとは異なる考え方をしている。こうした彼の経済理論は政治的には、他者に危害を加えない行為をするために、個人の自由な行為を邪魔する法や強制措置などを政府が取り除いていく必要があるという主張の中に端的に示されている。

　さらに以下のミルの考えも非常に興味深いものである。まずミルは生産が自然法則に則るのに対して、生産されたものの分配は社会的に変更可能である点に着目している。そして政府がそうしたものを再配分することによって、漸進的に社会改革を行うことができるとミルは主張したのである。この点から見れば、ミルはネオリベラリストとは根本的に異なる「大きな政府」によるセーフティ・ネットの構築が必要であると考えていることがはっきりと理解できる。

Topic　ミルの教養と知識量は膨大なものであったためケンブリッジ大学やオックスフォード大学で学究をするように勧められたが断り、生涯職業的学者となったことはないが、1865年から3年間スコットランドにあるセント・アンドルーズ大学の学長を務めている。

戦争は畜類がするにふさわしい仕事だ。しかもどんな畜類も人間ほど戦争をするものはない。

トマス・モア（1478〜1535）

国民全体が幸福になるような社会の実現を追求

　15世紀後半から16世紀にかけて活躍したイギリスの思想家・法律家であるトマス・モアが1516年に書いた『ユートピア』は、理想的国家というものが語られた本である。その本の中では当時のヨーロッパ国家に対するさまざまな問題点が批判されているが、上に示した言葉もそうした批判の一つである。この言葉の正確な意味を把握するために、まずはモアが『ユートピア』でユートピア国家の誇るべき制度として挙げたものを述べなければならないだろう。それは医療費の無料化などの福祉政策の充実、安楽死の容認、信教の自由、弁護士の不在と法律の単純化、ギャンブルや狩猟や占星術の禁止などである。こうした考えには自由と平等の精神を重視する近代精神の萌芽が見られる。

　この本は当時の理想的社会が語られた著作であるゆえに、モアが戦争を強く否定しているのは当然のことである。平和で安定した社会で生活するためには戦争があってはならない。闘争状態による殺戮が行われるのは動物世界のみの事柄であるべきだが、実際には人間同士が何度も戦争によって殺戮を繰り返している。そうしたことが起きないために、敢えてこうした強いアイロニーを含んだ言葉をモアは投げかけたと考えられる。また、モアが生きた時代は、君主を頂点とする強力な国家体制が築かれようとしていた時代であり、さらには科学の発達などによる戦争での殺戮の悲惨さも増していった時代でもあった。そうした社会的な負の側面を否定し、よりよい国家を作り、国民全体が幸福になるような社会の実現をモアが求めていたのは疑いのない事実である。

　『ユートピア』の中で示されている理想郷的国家には、共産主義的な自由で平等な精神が実現された制度が多々見出されるが、奴隷の必要性を認めている点や女性の社会的権利の制限など、現在から見れば旧時代的な側面が書かれている点も指摘しておく必要があるだろう。それゆえ、モアのユートピア国家論は現在の視点から見れば十分とはいえないものも多数含んでいるのである。

Topic　1. モアはイングランドにおける当時の地主による農地の囲い込み運動に対して、「羊は大人しい動物だが、イングランドでは人間を食べ尽くしてしまう」と述べている。モアのこの問題提起を、のちにマルクスは『資本論』の中で高く評価している。
2. モアは1535年に反逆罪で斬首刑に処せられたが、「法の名の下に行われたイギリス史上もっとも暗黒な犯罪」といわれている。
3. 1935年にカトリック教会殉教者として列聖され、6月6日が彼の記念日とされた。

人の情の感ずること、
恋にまさるはなし

本居宣長（1730〜1801）

日本古来の精神を追求

　この言葉は江戸期の国学者である本居宣長が源氏物語の注釈書である『源氏物語玉の小櫛』に記した一節である。「人が心に感じることで、恋心より強いものはない」という意味である。

　本居宣長の国学は「もののあはれ」に象徴される。儒教的な「勧善懲悪」とは全く異なるその概念こそが、日本固有の情緒であり、王朝文学の本質であるとしたのだ。そして、その頂点こそが『源氏物語』であると位置づけた。

　宣長は『源氏物語』や和歌の研究（『源氏物語玉の小櫛』『石上私淑言』）を通して、人間のあるがままの感情を、善悪の倫理的な判断に及ぶことなく、そのままに肯定することが文学、ひいては人間のあるべき姿であると考えるにいたった。そして、そうした人間の素直な心が凝縮したものが「恋心」というわけなのだ。

　ではなぜ宣長はこのようなことを主張したのか。それは宣長の生きた時代においては、外来文化である儒教や仏教の影響が強く、源氏物語のような人間の素直な感情の発露（恋愛や愛欲）は否定的にとらえられていたからである。

　宣長はそうした中国伝来の倫理観を「漢意」と呼び、否定的にとらえてみせた。すなわち、人間のあるがままの感情をそのまま肯定する「やまとごころ」にこそ日本民族の本質があるとしたのだ。

　本居宣長のこうした「もののあはれ」論は、長く中国大陸の影響下にあった国内の学問（儒学特に朱子学など）や文学（それは仏教的無常観や勧善懲悪に彩られる傾向が高かった）に極めて大きなインパクトをもたらした。そして、そこから国学は蘭学と並び江戸時代を代表する学問の一つとして発展していくことになる。

　ところで、現在の私たちの社会ではいぜんとして儒教的な倫理感が根強く残っている。たとえば、不倫をした女優が芸能界から干されたりするのがその一例だ。しかし、『源氏物語』の世界では主人公の光源氏は年が近い継母との密通などスキャンダルのし放題である。宣長はそうした不倫さえも人間の素直な心のやむにやまれぬ発露、すなわちもののあはれとして肯定してみせたのだった。

Topic
1. 邪馬台国論争は、江戸時代の新井白石や本居宣長から始まった。
2. 本居宣長は『古事記』全編にわたる全44巻の註釈書である『古事記伝』を記しており、近代的な意味での実証主義的かつ文献学的な研究として評価されている。

無知を治そうと思うなら、
無知を告白しなければならない。

ミシェル・ド・モンテーニュ（1533～1592）

懐疑論的思考を投げかけたモラリスト

　16世紀フランスのモラリストであるモンテーニュは『エセー』の著者として知られているが、上記の言葉はこの本の中に書かれたものである。この言葉について考察する前に、モラリストについて簡単に説明する必要があるだろう。モラリストとは、人間の行動や存在様式を観察し、記述していこうとする思想家のことである。こうした意味で、モラリストはユマニストの一種であったと述べ得るだろう。

　先ほども述べたように「無知を治そうと思うなら、無知を告白しなければならない」という箴言は『エセー』の中に登場するものであるが、この著作の中でもっとも有名な言葉は「私は何を知っているのか」であろう。両方の言葉に共通する考え方は、自分自身の思考の不確かさに基づく懐疑論的思考である。モンテーニュはこの本の中で、我々は自分の立てた推論を信用できないことを強調している。なぜなら、人間は本当の意味で自らの思考をコントロールできないからであり、それゆえ、人間が動物よりも優れていると確かに判断できる理由は存在していないと彼は主張した。

　こうした懐疑論はニヒリズム的な側面から捉えるべきものではなく、真理を確実に摑むための思考方法として、のちにデカルトが唱えた方法的懐疑へとつながるものとして評価すべきものである。この連続性は近代思想へと発展していく歴史的流れの中で、モンテーニュの考えが大きな役割を担ったことを示している。そうした意味でも、モンテーニュの思想は極めて重要なものなのである。しかしながら、モンテーニュの思想や論述の仕方は体系的なものではない点も注記しておく必要がある。自らの経験や古典文献を数多く引用しながら、簡潔で、アフィリズム風の書き方は近代合理主義哲学の論述方法とはかなり異なるものであることは確かである。こうした問題点があるにしても、モンテーニュが宗教戦争の狂乱の時代の中で後世に残る偉大な書を記し、寛容の精神を持ちつつ、物事をしっかりと捉えることを重視したことは事実である。また、安易に正義を振りかざす者を信じてはならないことの重要性を注記したことも事実である。それゆえ、こうしたモンテーニュのモラリスト的姿勢は、現在においても見習うべき多くの側面があることを忘れてはならない。

Topic
1. モンテーニュは1581年にボルドーの市長に選出され、1858年まで2期、市長職務を務めた。
2. 『エセー』にはプラトン、アリストテレス、セネカなどのギリシャ、ローマ時代の古典文献からの引用が多いが、聖書からの引用はほとんどない。

意識にある態度が備わっていると
同様に無意識にも態度がある。

カール・グスタフ・ユング（1875〜1961）

フロイトに異を唱え、独自の精神分析理論を展開

　スイスの精神分析医であるユングは19世紀後半から20世紀前半にかけて活躍したが、フロイト理論とは大きく異なった精神分析理論を数多く発表した。特に「タイプ論」といわれる考え方は彼独自のものであり、『心理学的類型』の中に書かれている上記の言葉の中にはその特徴がはっきりと表明されている。

　ユングはフロイトのように個人の持つリビドーを重視せず、無意識の問題に対しても個人的な無意識だけではなく集団的無意識の存在を強調するなど、独特の精神分析理論を展開した。そうしたユングの理論の中で、特にタイプ論は注目すべき問題である。ユングは人間の活動様式を内向型と外向型という二つの態度に分け、さらに、思考、感情、感覚、直観の四つの機能に分けた。心的態度が内向型である場合は興味や関心が自分の内部に向かっている。外向型は興味や関心が社会や自分以外の他者に向かっているものである。四つの機能によるタイプは以下のような特徴がある。思考タイプは論理性を重んじる。感情タイプは情動の働きを尊重する。感覚タイプは感覚による把握を重視する。直観タイプはインスピレーションに従う。こうして二つの態度と四つの機能を組み合わせた8つの型に人間を分類できるとユングは考えた。こうした類型化は人間の大まかな属性を把握するために有効な一つの方法を提示し、個々の人間が自らの特質をわかりやすく理解できるという利点があった。現在行われている心理分析テストの分類も、ユングのタイプ理論が大きな影響をおよぼしていることは確かなことである。

　ユングの研究で言及しておかなければならないこととしては、ユングがオカルト的な問題も熱心に研究した点である。彼は錬金術や占星術だけでなく仏教の曼荼羅やUFOなどの研究も積極的に行った。こうした研究を行ったことによって、ユング理論を非科学的なものとして批判する学者も少なからず存在しているのも事実である。

Topic　1. ユングは1911年に国際精神分析医協会が設立されたときの初代会長に就任しているが、フロイトがユダヤ人であったためにユングが選ばれたという説がある。
　2. ユングはチューリッヒ湖岸にあるボーリンゲンに『石の塔』と言われた家を自らの手で建築し、晩年はそこに籠りながら多くの本を執筆した。

無意識は言語のように
構造化されている。

ジャック・ラカン（1901～1981）

無意識を構造化し、フロイトの理論を大きく発展させた

　20世紀のフランスの精神分析医であるラカンは、精神分析学のパイオニアであるフロイトの理論を大きく発展させた。彼は20年以上にわたりセミネール（講義）を行い、上記の「精神分析の四基本概念」などの複数のセミネール中で語られた有名な言葉が、この「無意識は言語のように構造化されている」である。この言葉は無意識に対するラカンの基本的な考え方が端的に示されている。

　しかし、「言語のように」と、「構造化されている」とはどのような事柄を表しているのだろうか。まず「言語のように」であるが、言語はそれぞれの言語ごとに大きく分けて音のレベルと意味のレベルで独自の構造を持っている（ここで言う言語においては手話という言語は除外する）。つまり、それぞれの言語には音と意味のレベルごとに基本的な構成要素があり、それらの要素の結びつきには規則的法則が存在している。それゆえ「言語のように」とは無意識には今示したような言語構造のような法則性があるということである。

　また、「構造化されている」とは法則性そのもののことではなく、ある法則性に向かう活動が存在しているということである。たとえば、ある患者の無意識が隠そうとする対象は父への性衝動（リビドー）であり、別の患者の無意識が隠そうとする対象は姉へのリビドーであって、それぞれの患者が隠蔽しようとする対象は異なっていても、無意識が何らかの対象を隠蔽しようとする活動性はどちらの患者にも存在しているということである。

　このように考えていけば、ラカンが考察しようとした無意識というものが特異なものでありながらも、隠蔽したり、変形したり、同化したりなどする特性が理解できる。こうした特性についてラカンは、フロイトが語ったことを詳細に検討していくことで明確になるものであると主張している。そしてこの主張の下で、ラカンは鏡を通しての自我の発達に関する「鏡像化段階」、主体の三つの領域としての「現実界、象徴界、想像界」、主体の存在基盤を規定する「大文字の他者」といった新たな概念を生み出していき、精神分析学を大きく発展させていった。

Topic　1. 妻シルヴィアはジョルジュ・バタイユの元の妻であった。彼女の連れ子のローレンス・バタイユをラカンは溺愛し、彼女も精神分析医になる。
　　　　2. ラカンの患者の一人にルイ・アルチュセールがいた。彼は妻を絞殺している。そのことによってアルチュセールの主治医だったラカンに対する強い批判が起こった。

奴隷は彼らの鎖の中ですべてを失う。そこから逃れたい欲望までも。

ジャン＝ジャック・ルソー（1715〜1778）

統治者と国民の関係を定義した啓蒙主義思想家

『社会契約論』第一編第二章に登場するこの言葉は、18世紀のスイスの思想家ジャン＝ジャック・ルソーの啓蒙主義的近代的精神が明確に示されたものである。ルソーは代表的な啓蒙主義思想家であるが、啓蒙主義は人間存在において理性がもっとも重要なものと考える立場であり、この理性に基づいて人間がよりよく生きていくためにはどうすればよいかという問題を考えていこうとする思想である。啓蒙の光の下でルソーは社会、政治、言語といったさまざまな分野の問題に対して画期的な考えを提示していったが、『社会契約論』はその大きな成果の一つである。

この本においてルソーは、理性に基づく社会政治体制についての詳しい考察を行っている。この社会体制の基盤となるものが国家であり、国家を作り上げる基本的な存在者が国民であるが、国家はすべての国民によって運営されることはできず統治者を必要とする。しかし、統治者と国民の関係は主人と奴隷の関係ではない。何故なら、奴隷とはここで挙げた言葉のように、理性を持たず自由であることを望まず、ただ単に主人に服従するだけの人間であるが、国民は奴隷とはまったく異なる理性的な存在だからである。奴隷は意志を持たない。国家というレベルから考えれば国民は国家をよりよくしようとする一般意志を持っている。確かに国家の統治者の意志は一般意志ではなく特殊意志であり、それは国民全体の志向性とイコールではない。しかしながら、国民は社会をよりよくするために指導者に選び、統治者は社会をよりよくするように国民に約束する。つまり、そこには社会契約が存在し、統治者は国民の一般意志を尊重しながら国家運営を行わなければならないのである。この点だけを見ても統治者と国民の関係は主人と奴隷の関係とはまったく別な関係であることが明確に理解できる。また、国家の構成員である国民は、たとえ統治者であったとしても、国民である限り国が定める法の下で平等であるという点も、ルソーは強調している。

このように見ていけば、ルソーの国家に対する考え方は民主主義体制を重視したものであり、人間が生来持っている理性を放棄するような奴隷が存在しない社会の実現を目指すための思想であったと述べることができるであろう。

Topic 1. ルソーは同時代の百科全書派のディドロやダランベールなどとも交流があり、百科全書のいくつかの項目も執筆しているが、最終的に百科全書派の人々とは仲たがいしている。

道は常に無為にして、
而も為さざる無し
しか

老子（不明）

道に従い、自然体で生きる

中国春秋時代における哲学者で道教の始祖とされる。姓は李、名は耳、字は聃。紀元前6世紀に楚の苦県に生まれ、周王室の守蔵室の吏に仕えた。多くの書物に触れる機会を得た老子は、多くの門弟に教えを説き、孔子も礼の教えを受けるために訪れたとされている。その後、老子は周の衰微を見て隠棲を決めて西方に旅立ち、関所に着くと、関守に請われて自らの教えを上下2編の書に書き記した。これがのちに『老子』になったとされており、書を残して去った老子の行方は不明のままであったという。なお、享年は200歳近かったとされている。老子についてのもっとも古い資料は司馬遷の歴史書『史記』の「老子伝」となり、現代でもその記述に沿って語られるが、真偽は定かではなく、司馬遷も老子と言い伝えられる老聃なる人物以外にも、老莱子、太史儋という人物の伝承をあげながら疑問を呈している。『老子』は南北朝時代に81章で構成し直されており、37章までは「道経」と呼ばれ、38章以降を「徳経」と呼ぶ。そのため、『老子』は『老子道徳経』と呼ばれることもある。『老子』でもっとも有名な思想は「道」である。「道」とは万物の起源をも含めた包括的な言葉であり、すべてが「道」から生まれ、万物が「道」と触れ合っているという。人間は「道」に従って生きて行くべきだと説いているが、「道」と並んで老子の思想の中核を担うのが「無為自然」である。「無為自然」とは「道」に従って生きるための指標となるもので、「無為」は何もしないという行動をすることを表している。すなわち、「無為自然」とは「何もせず、あるがままの状態」でいることを意味するのだ。上記の言葉は『老子』第37章の一節で、「何事もしないでいながら、すべてのことをしている」となり、作為的に行動しないことで、かえってすべては天地自然によってなされるという「無為自然」を端的に表した言葉である。

Topic

1. のちに道教として成立すると、老子の神格化は進む。天竺に渡って釈迦となり、仏教を興したとされたり、釈迦の師であったなどと伝えられたりした。さらに81年間妊娠していた母親の左脇から生まれたという完全に釈迦と同一視された逸話も残る。

2. 七福神のひとりである福老人は老子の化身や天に昇った老子が仙人となった姿とも言われている。福老人は道教の神でもあるため、このような伝承が生まれたとされる。しかし、福老人は同じ道教の神である福禄寿と混同されやすく、現在ではどちらか一方が七福神から外れることが多い。

如何なる人間の知識も、その人の経験を超えるものではない。

ジョン・ロック（1632〜1704）

経験重視を徹底した近代自由主義思想の始祖

イギリス経験論の父とも言われているロックは17世紀に活躍した哲学者、政治学者であり、彼の主要著作が『人間悟性論』である。上記の言葉はこの本の中に登場するものであり、彼の経験論的思想側面が端的に示されたものとなっている。

ロックによれば人間はタブラ・ラサ（白紙）の状態で生まれてくるものであって、生得的に観念というものを有していない。つまり我々の観念は経験によって獲得されるものであると主張した。このように人間の心的活動に関して、ロックは経験が何よりも重要であると考えた。それゆえ、上記の言葉にあるように、知識というものはロックにとって二義的なものであったが、こうした経験の重視は多くの実験によって何らかの法則を導き出そうとする、ベーコンに始まる帰納法的な学的探究方法の延長線上にあるものである。

徹底した経験重視の考えがあらわれた書物が『人間悟性論』であるが、この本の中でロックは観念の発生起源、観念によって形成される悟性の知識的特質とその範囲、また信仰や見解の根源について検討し、次のような論述を展開した。悟性を構成するための観念は感覚現象とそれに対する心理的作用により発生するものであって、それ自体がいかに複雑なものであっても、すべて経験に由来するものである。そして、観念には「単純観念」とそれを組み合わせた「複合観念」があり、その内容には物体の客体的性質と物体に対する主観的内容が含まれる。

また、ロック思想の中にある感覚や知覚の重視という側面も注目すべき事柄である。デカルト的合理主義においては、理性的なものを第一義にするために、知的な論証が大きな問題となり、感覚や知覚は懐疑の対象となり、我々の知的活動にとって二義的な役割しか果たさない。それに対して、ロックにとっては我々の経験のベースとなるものが感覚や知覚である以上、それらは疑うべき対象なのではなく、我々の悟性の基盤を形成するための第一義的なものとして捉えられたのである。

Topic 1. 政治学や哲学を研究しただけではなく、医学も探究し、『解剖学』や『医術について』などの著作をあらわしている。
2. ロックが唱えた抵抗権の必要性は、アメリカ独立戦争やフランス革命に思想的な側面で大きな影響を与えた。
3. ロックの政治思想はホイッグ党の根幹的指導原理となり、18世紀前半のホイッグ党政権の精神的支柱であった。

第5章

音楽

音楽は人生そのものだった。何よりも音楽が第一だった。
でも、音楽とは人々の前で披露できなければ意味がない。
本当に大切なのは観客の為に懸命にやること。
だって俺は人々を喜ばせる為にいるわけだからさ。

ルイ・アームストロング（1901〜1971）

音楽のエンターテインメント性を追求

「サッチモ」の愛称で親しまれた、20世紀を代表するジャズトランペット奏者のルイ・アームストロング。そのユニークで親しみやすいキャラクターと同様に彼の音楽は、しかめ面で聴くような従来の難解なジャズと違い、子どもにも伝わるような楽しさを追求したものだった。

アームストロングはニューオーリンズの貧民街で生まれ、幼いころに祭りに浮かれてピストルを発砲してしまったことで少年院送りとなり、少年院のブラスバンドで楽器と出合ったことをきっかけに音楽の道を歩み始めた。20代でメジャーデビューを果たすと『バラ色の人生』や『キッス・オブ・ファイア』がヒット。1967年に発売した『この素晴らしき世界』は世界的な大ヒットとなり、ディズニーソングを取り上げたアルバムや映画『女王陛下の007』の挿入歌を制作するなど、ジャンルにとらわれずサービス精神旺盛なエンターテイナーぶりはジャズファン以外からも大いに支持された。

おどけたキャラクターや明快な音楽性などに対して「アームストロングの音楽は芸術性が低く、白人に媚びを売っているだけの『アンクル・トム』だ」と揶揄する声もあった。だが、アームストロングの演奏技術の高さは折り紙付きであり、グラミー賞などを受賞したウィントン・マルサリスは「いろんなトランペット奏者のいいところを盗んできたけど、アームストロングだけは演奏技術がすごすぎて盗めなかった」と証言している。

若手時代のアームストロングは、公演先で白人と同じホテルに泊まれなかったり、劇場の入り口を別にされたりといった屈辱的な人種差別を受けていた。それでも彼が白人を含めた幅広い人々が楽しめるエンターテインメントを追求していた理由は、この言葉に集約されているといってもいいだろう。

Topic　1. 少年院に入れられていたころ、アームストロングはチャイム代わりにコルネット（トランペットに似た楽器）を吹く役目を任された。仲間たちが普段彼の演奏を聴くようになると、みんな快眠できるようになり、目覚めもすっきりと起きられるようになったという逸話がある。
2.「スキャット」の発明者といわれている。アームストロングが録音中に歌詞をド忘れし、意味のない適当な言葉で歌ったところスタッフに高評価され、そのままOKテイクになったのがスキャットの始まりだという。

 音楽 **150**

修練と自由は極めて繊細な方法で混じり合わなければならない。音楽はすべてロマンティックだと僕は信じるが、感傷的になり過ぎてはロマンティシズムも煩わしい。その一方、修練をもって処理されたロマンティシズムはもっとも美しい類の美だ。

ビル・エヴァンス（1929〜1980）

繊細な旋律で聴衆を魅了

「ジャズピアノの詩人」と呼ばれたビル・エヴァンスは、繊細なタッチから生まれるリリカルでロマンティックな旋律で知られる。だが、それは単に感情を爆発させた結果ではなかった。この言葉は、彼の甘美なメロディが高度な技術に裏打ちされた「計算された美」であったことをうかがわせる一言だ。

1958年にマイルス・デイヴィスのバンドに加入し、ドラッグ乱用の問題などがあって短期間で脱退したものの、マイルスに腕を買われて名盤「カインド・オブ・ブルー」の制作に参加。同盤にはエヴァンスの影響が色濃く反映され、一躍ジャズ界で注目の若手ミュージシャンとなった。1959年には、ドラマーのポール・モチアンとベーシストのスコット・ラファロをメンバーに迎え、歴史的なピアノトリオを結成。メンバーそれぞれが独創的な即興演奏を展開する型破りなスタイルで「ポートレイト・イン・ジャズ」「ワルツ・フォー・デビイ」などの名盤を残した。

ところが、間もなくメンバーのラファロが25歳で交通事故死。エヴァンスはピアノに触れることすらできなくなるほどの激しいショックを受け、一時的に活動を休止。復活後もどこか悲しみを帯びたイメージがつきまとうようになった。

大学卒業後から始めたというドラッグの影響も年齢を重ねるごとに深刻化し、ヘロイン中毒で健康面が悪化。ライブ中にヘロインの影響で一時的に右手が使えなくなり、左手一本で演奏するという事件まで起こし、金銭的にも困窮していった。身体はどんどんボロボロになっていき、普通ならピアノなど演奏できないほど指が腫れ上がったり、疲労困憊でぐったりしている姿を隠さなくなったりと誰の目にも危険だとわかる状態になっていった。

しかし、ひとたび演奏となればロマンティックで情緒にあふれた美しきメロディを奏で、聴衆たちを熱狂させていた。だが、ステージから降りれば廃人寸前という惨状であった。80年9月、激しい体調不良に襲われながらもライブ出演をこなしていたエヴァンスだが、ついに演奏ができない身体となり、病院に担ぎ込まれた末に51歳の若さで亡くなった。

Topic
1. 長年にわたって内縁関係にあったエレインと音楽的にも絆が深かった実兄・ハリーの二人を自殺で失っており、そのショックも、薬物中毒で体調を崩しながら無理を押して演奏する晩年の破滅志向につながったのではないかといわれている。
2. アルバムジャケットなどで口を閉じている写真ばかりを使っているが、これは長年の薬物乱用と喫煙によってボロボロになった歯を隠すためだった。

日本の人たちはロックとロールを分けたり、フォークとロックを分けたりするわけ。二つ並ぶと、絶対に分けたがる。二つのものはひとつだという考え方ができないのね。だから、ハーモニーがないんだよな。

大滝詠一（1948～2013）

自由な発想で日本の音楽界に新たな調和を生む

　この一言は、日本のポップミュージック史に大きな足跡を残した大滝詠一の音楽観を見事に表現した言葉といえるだろう。

　大滝はビートルズに衝撃を受けてからバンドを組むようになり、大学時代に知り合った細野晴臣や松本隆、鈴木茂とともにバンド「はっぴいえんど」を結成した。

　当時はあまり成功したとは言い難かったが、解散後に元メンバー全員が音楽界で大活躍したことで、はっぴいえんどは伝説化。「日本語ロックの草分け」「和製ロックの開祖」と称えられた。だが、その一方で「はっぴいえんどはロックではない」「彼らの音楽はフォークだ」といった批判もあった。当時の音楽界はジャンルごとに派閥のようなものがあり、さらには音楽マニアが硬派だったこともあって「ジャンル論争」が起きやすい状況であった。「フォークロック」という概念もあったが、熱烈な音楽ファンやミュージシャンは「このバンドはロックか、フォークか」と分けたがる傾向にあり、それは80年代になっても変わらない部分があったようである。

　しかし、こういった風潮があっても大滝の音楽はカテゴライズにとらわれることなく自由闊達であった。ソロミュージシャンとしてはもちろんのこと、作曲家として、プロデューサーとして、現代のJ-POPの源流となるジャパニーズポップスを次々と生み出した。松田聖子の『風立ちぬ』に代表されるアイドルソングから森進一の『冬のリヴィエラ』や小林旭の『熱き心に』などの演歌系まで、ジャンルにとらわれることなくヒットを連発した。大滝がプロデュースを手掛けた金沢明子の『イエロー・サブマリン音頭』はビートルズの名曲を音頭調に大胆アレンジしており、ジャンルレスの極致ともいえるだろう。

　現在、音楽ジャンルのクロスオーバーやボーダレス化は当たり前となり、もはや「これは○○か否か」といったジャンル論争は無意味となった。大滝は音楽を誰よりも知り尽くしていたからこそ、ジャンルにとらわれることなく自由な発想で日本の音楽界を変えていくことができたのだろう。

Topic
1. 音へのこだわりが尋常ではなく、レコーディング時にひとつのパートに複数人の有名なスタジオミュージシャンを配置し（通常はひとつのパートに一人）、音に厚みを出した。スタジオミュージシャンのギャラは1日だけで総額400万円に上ったという。
2. レコーディングクレジットで、アレンジャーやエンジニアなどとしてたびたび記載されていた「多羅尾伴内」「笛吹銅次」「ちぇるしぃ」等は大滝の変名。

教えたくなるというのは、もう本能ですよね。なんかそうみたい。これちょっと麻薬的なところがあって、教え始めるともうやめられなくなるんですよね。

小澤征爾（1935〜）

「教えたがり」精神で世界的指揮者に

　この言葉は、小澤征爾が2006年に「スイス国際音楽アカデミー」で指揮活動を再開し、音楽教育に力を入れるようになった理由について問われた際に語られたものである。

　小澤といえば、ボストン交響楽団の音楽監督を29年間にわたって務めたことで知られるが、同楽団に入ってから5〜6年後には学生の指導を始めていたといい、根っからの「教えたがり」であり音楽教育者であったようだ。

　小澤は23歳の時、持ち前の日本人離れした行動力で単身渡仏。カラヤン国際指揮者コンクールで優勝したことをきっかけに巨匠ヘルベルト・フォン・カラヤンに師事した。また、米国で開催されたボストン交響楽団主催の音楽祭に参加し、それを機にクラシック界でカラヤンと支持を二分するレナード・バーンスタイン率いるニューヨーク・フィルハーモニックの副指揮者に就任。カラヤンとバーンスタインという、当時の二大巨頭の薫陶を受けた。

　海外で成功した小澤は1961年に祖国に凱旋し、NHK交響楽団と指揮契約を結ぶ。だが、当時27歳の小澤に対して「敬語を使わない」「生意気だ」といった批判が楽団員から上がり、演奏をボイコットされて小澤が一人で指揮台に立つという悲惨な経験をした。

　小澤は日本のクラシック界に見切りをつけ、海外の数々の音楽祭や定期演奏会で大成功を収め、前述したボストン交響楽団で異例の長期体制を築く。小澤が音楽監督を務めた約30年の間に、同楽団は「世界最高峰のオーケストラのひとつ」といわれるまでに国際的な評価を高めた。これも小澤の「教えたがり」の成果といえるだろう。

　どんなに優秀な音楽家であっても、ひとりでオーケストラはできない。それはボイコット事件で嫌というほど味わったはずである。その経験を糧に妬み嫉みが渦巻く日本を脱出し、持ち前の「教えたがり」で楽団をレベルアップさせていったことが異例の長期体制と世界的評価につながったのだろう。以後もウィーン国立歌劇場の音楽監督を務めるなど「世界のオザワ」として活躍を続けた彼の原点は「教えたがり」精神だったのかもしれない。

Topic　1. 首席指揮者を務めていた日本フィルハーモニー交響楽団がスポンサーから支援を打ち切られ、経営危機となった。1972年に昭和天皇と対面する機会のあった小澤は「皇室にパトロンになってほしい」と直訴している。
　2. いつのころからか小澤は指揮棒を持たずに指揮をするようになったが、そのきっかけは「自宅に指揮棒を忘れたから」と告白している。試しに手だけで指揮してみたところ、特に楽団員たちから何も言われなかったため、「みんな（指揮棒なんて）見てないんだな」と思い、指揮棒を使わなくなった。

マリアとして生きるには
カラスという名が重すぎるの。

マリア・カラス（1923～1977）

私生活では不幸だった悲劇の天才ソプラノ歌手

　この言葉は「20世紀最高のソプラノ歌手」とも称される歌姫マリア・カラスが、インタビューに応えた時に口にしたものだ。

　マリアはギリシャ系移民の子としてニューヨークに生まれ、音楽の才能があることに気づいた母親によって英才教育を受ける。マリアはエキゾチックな美貌と並外れた歌唱力、そして何よりもドラマチックな心理描写と演技によって傑出した人気を獲得した。観客の心を揺さぶる感情表現は「マリア・カラス以上のソプラノ歌手はもうあらわれない」といわれるほどの別格さであった。

　だが、その生涯は決して順風満帆ではなかった。私生活では30歳も年の離れた実業家の男性と結婚するが、女盛りの30代になったマリアにとっては物足りず、ひとりの女ではなく「歌手マリア・カラス」を愛する夫にも嫌気が差した。そんな中、マリアはエネルギッシュな海運王のアリストテレス・オナシスとのロマンスに走る。オナシスは「もう歌わなくてもいい」と甘くささやき、この言葉はマリアにとって何よりも女の幸せを感じさせた。マリアは「夫を捨てた」とマスコミからバッシングされながらも離婚し、オナシスに愛をささげようとするが、彼は暗殺されたジョン・F・ケネディの元妻・ジャクリーンと結婚してしまう。「捨てられた女」となったマリアは自殺未遂を起こした。

　オペラ歌手としても、ローマ歌劇場で体調不良を理由に第一幕だけで降板したキャンセル事件を起こして猛批判を受け、喉に負担のかかる難役を演じ続けたことで歌声も急速に衰えていく。次第に音楽活動からフェードアウトし、晩年はパリで寂しい隠遁生活を送った末、心臓発作によって53歳で死去した。

　稀代のソプラノ歌手として世界的な名声を手に入れた彼女だが、心の内では「歌姫マリア・カラス」ではなく、一人の女・マリアとしての幸せを望んでいたのかもしれない。だが、それは天才歌手には許されない望みだった。その心の叫びが込められた、もの悲しさを感じさせる一言ではないだろうか。

Topic 1. 若いころは体重91キロという体格だったが、興行主から「太り過ぎた」といわれたことで減量を決意。腸内でサナダムシを飼うという仰天のダイエット法で、およそ1年で50キロ近く体重を減らした。
2. ジュリアード音楽学院で講師を務めていた時期があり、生徒に「あなたが練習でいくら泣いても、そんなことは舞台を観る観客には何の関係もないのよ」と怒鳴りつけ、プロとしての心持ちを伝えた。

落ち着け。人を恨めば
自分が駄目になる。落ち着け。

ヘルベルト・フォン・カラヤン（1908〜1989）

指揮者のイメージを一変させたカリスマ

オーストリア出身の指揮者で「楽壇の帝王」と称され、20世紀のクラシック界でもっとも著名な人物ともいわれているカラヤン。音楽家は苛烈な性格の人物が少なくないが、その正反対ともいえる冷静さに満ちたこの言葉には、カラヤンの美学と仕事へのスタンスが凝縮されている。

指揮者としての抜群のセンスや聴衆受けする音楽性はもちろんのこと、目を瞑ったまま手を振りおろす優雅な指揮の動作や、細身の身体を全身黒の衣装で包んだ劇場外でのスタイリッシュなファッションでも注目を集め、それまでオーバーなアクションが嘲笑の対象にもなっていた指揮者のイメージを一変させた。いわば「カラヤンブランド」を自らプロデュースしたのである。

優秀な音楽家は気難しいタイプが多い印象があるが、カラヤンは若手に対する面倒見がよく、小澤征爾をはじめとした弟子の育成にも熱心だった。華やかで明快な「カラヤン・サウンド」で知られ、音に対するこだわりは強かったものの、思い通りの音が出なくても楽団員にきつく当たるようなことはなく、理論立てて根気よく「説得」するタイプだった。ベテランの楽団員からはセレブ指揮者となったカラヤンへの嫉妬心もあり、「芸術家ではなく商売人」といった批判もあったが、若手団員たちや聴衆からは絶大な支持を集めた。

センシティブな仕事は感情的になりやすいが、人を恨んでも意味がないどころか自分が駄目になるだけ。スマートでスタイリッシュな彼らしい人生哲学によって、クラシック界史上最大ともいえる成功をつかんだのだろう。

Topic
1. 来日公演をNHKで生中継した際、リハーサルの演奏時間だとわずかに放送時間をオーバーしてしまうため、スタッフが「テンポを速めて1分短くしてほしい」と頼んだところ、カラヤンはにやりと笑って「君たちはカラヤンを指揮するつもりか?」と言い放ったという。
2. ある日の公演の最中、演奏者のリズムが聴衆に気付かれそうなほど崩れてしまった時、カラヤンは突然演奏を中断して客席をにらみつけた。客席に問題があるかのように振る舞い、演奏者に恥をかかせずに演奏を仕切り直したのだという。

ただの歌詞じゃねえか、こんなもん。

桑田佳祐（1956〜）

日本音楽界における歌詞の概念を破壊

サザンオールスターズが登場する以前、日本の音楽界では「日本語ロック論争」というものがあった。日本語はロックのリズムに合わないから英語で歌うべきだ、いや日本語でも歌える、といった今では考えにくい論争である。この論争を根本からひっくり返した破壊者、革命児こそがサザンオールスターズの桑田佳祐である。

サザンのデビュー曲『勝手にシンドバッド』は「ラーララー」というコーラスから始まり、続いて「砂まじりの茅ヶ崎」「胸騒ぎの腰つき」といった日本語の概念すら覆すような歌詞が飛び出す。単語の意味にとらわれない言葉遊びのようなフィーリング、日本語の正しい発音よりもメロディやノリを優先したボーカルは音楽界に爆弾級の衝撃を与えた。サウンド的にも単なるロックではなく、またタイトルが沢田研二の『勝手にしやがれ』とピンクレディーの『渚のシンドバッド』の合成語であることからもわかるように、日本固有の歌謡曲の影響が強い。

当時は「こんな歌詞が氾濫したら日本の音楽はどうなってしまうのか」といった業界の内外から批判が沸き起こり、ある週刊誌は国語学者の金田一春彦氏に歌詞を見せて「砂まじりの茅ヶ崎という表現は文法的に間違っている」というコメントまで引き出した。

そんな諸々の批判に対する、桑田の率直な気持ちが1984年に発売されたエッセイ付き歌詞集のタイトル「ただの歌詞じゃねえか、こんなもん」という痛快な言葉にあらわれている。

以降も桑田が生み出した楽曲は、日本語・英語の枠にとらわれない言葉遊びにあふれ、場合によってはよく耳を凝らしても何と言っているのかわからないくらい自由奔放だ。その一方、別プロジェクトの「KUWATA　BAND」では全編英語詞の楽曲に専念したこともある。サザンにおいては歌詞も曲も和洋折衷が当たり前の雑食系であり、あらゆる垣根をヒョイと飛び越えてしまう「軽さ」もサザンの大きな魅力だ。

この一言は「日本語ロック論争」に終止符を打ち、日本人の洋楽コンプレックスまで消し去った、彼の功績が凝縮された言葉といえるだろう。

Topic 1. 大のプロレスファンであり、富山のホテルで偶然にジャイアント馬場と遭遇。桑田は緊張しながら「馬場さん、お疲れさまです！」と直立不動で挨拶し、馬場も会釈を返していたが、馬場は桑田が帰った後に「あれ、ゴダイゴか？」と付き人に聞いていた。

2. サザンといえば「湘南」「サーフィン」というイメージがあったが、若いころの桑田はサーフィン未経験で、親交のある泉谷しげるから「丘サーファー」などと揶揄されていた。妻の原由子の勧めで、30代後半から実際にサーフィンを始めている。

音楽 **156**

言葉を超越した音楽という言語で神というものを指し示したい。人々の魂に語りかけたいんだ。

ジョン・コルトレーン（1926〜1967）

音楽を通して神と対話

「ジャズ史上最高のカリスマ」とも呼ばれる黒人サックス奏者のジョン・コルトレーン。1960年代のもっとも熱かったジャズシーンをリードした存在だ。この言葉には、驚異的な演奏力とカリスマ性でジャズファンを夢中にさせるコルトレーンの神懸かり的な魅力の秘密が隠されているのかもしれない。

　19歳のころからプロとして活動し、マイルス・デイヴィスのバンドに参加するなど、それなりに才能を発揮していたコルトレーンだが、無名の時期が長く続いた。よくいる売れないジャズマンの一人でしかなく、ドラッグやアルコールにも溺れ、演奏の評判も生活もボロボロの状態になっていった。ところが、30歳を過ぎてから天才ピアニストのセロニアス・モンクのバンドに加入し、弟子のように音楽を学び、同時に薬物中毒を克服すると一変。1957年7月に「神の啓示を得た」と突如言い出し、それを境に今まで不安定さのあった演奏が見違えるほどの自信に満ちたものに変わり、テクニックも飛躍的に向上したといわれている。具体的に「神の啓示」が何だったのかは判然としないが、これ以降、コルトレーンの音楽的な才能は完全に覚醒した。

　音を敷き詰めるように超絶スピードで演奏する「シーツ・オブ・サウンド」という奏法を編み出し、マイルスのバンドに再加入して名盤「カインド・オブ・ブルー」の制作に参加。無限に湧き出るかのような創作欲によって「ジャイアント・ステップス」などの自身の代表作となる名盤を次々と生み出し、1965年には自身の最高傑作ともいわれるモダンジャズの金字塔「至上の愛」を世に送り出した。

　精力的に音楽活動を続けていたコルトレーンだが、1967年の7月に40歳の若さで肝臓がんによって急死する。プロになってから約20年、第一線に立ってから10年ほどしか活動期間がなかったが、膨大な録音が残っており、現在も未発表音源がリリースされるほどの多作ぶりとなっている。その演奏技術、表現力、カリスマ性、創作欲は人知を超えているといってもよく、彼は本当に音楽を通して神と対話していたのかもしれない。

Topic 1. 1966年7月にツアーのために来日し、記者会見で「10年後のあなたはどんな人間でありたいと思いますか？」という質問をされた際に、コルトレーンは「私は聖者になりたい」と、やはり凡人には理解しがたい返答をしている。
2. 天才であると同時に「練習の鬼」だったといわれ、コルトレーンの家の前を通ると「四六時中、サックスの音がしていた」との逸話が残っている。また、ミュージシャン仲間が家を訪ねてもコルトレーンは練習ばかりで相手をせず、仕方なく彼の奥さんと話して帰るしかなかったという。

作曲の95%は、過去の遺産を糧にしています。 作曲家自身の "発明" は、せいぜい1、2%程度で、 最大でも5%といったところ。 作曲の大部分は過去の作品の引用です。

坂本龍一（1952～）

「世界のサカモト」と呼ばれる理由

「世界のサカモト」と呼ばれる坂本龍一は、1978年に細野晴臣や高橋幸宏とともにイエロー・マジック・オーケストラ（YMO）を結成し、日本でテクノポップというジャンルを開拓。同ユニットの活動期間はわずか4年だったが、海外でのレコード発売やワールドライブツアーの開催などによって国際的な評価を獲得した。ソロとしては、俳優としての出演もこなした映画『ラストエンペラー』の音楽を担当し、米アカデミー賞の作曲賞などを受賞したことで世界的に知られる。

誰もが認める音楽の天才であり、聴く者を夢中にさせる「新しさ」に満ちた独創性はどこから湧き出てくるのかと、当時は多くのファンが感心した。

その坂本が「作曲の大部分は過去の作品の引用」と言い切ってしまったのである。また、坂本は別のインタビューで「音楽に完全なオリジナルは存在しない」とまで言ってのけている。

それまで聴いてきた音楽を組み合わせ、数%のオリジナリティと共に新たな曲に仕上げる。音楽知識の蓄積量とセンスを駆使して「新しい」と感じさせる作品を生み出すか、ただの「パクリ」と思われてしまうか。その分かれ目となるのが「才能」なのだろう。

世界の音楽を変えたビートルズも、ポール・マッカートニーが「僕とジョン（・レノン）は盗作の天才なんだよ」という言葉を残している。自分たちの音楽が引用だらけと認識し、さまざまなジャンルの曲を組み合わせる知識や音楽吸収のセンスがあったからこそ、彼らは世の人々を熱狂させるメロディを生み出すことができたのだろう。ビートルズにしても、坂本にしても、本当の意味での音楽的な新しさはほとんどないと見る向きもある。しかし、引用で構成された彼らの音楽が多くの若者の心を引き寄せたのは紛れもない事実だ。

この言葉は、坂本龍一が「世界のサカモト」と呼ばれるまでに至った成功のメカニズムを紐解くヒントといえるかもしれない。

Topic 1. ニューヨークのマンハッタンに出店した京都の生麩（なまふ）専門店「こかげ」が大のお気に入りで通っていたが、南米のポップスや古いアメリカンフォークなどが入り混じっている店のBGMのひどさに閉口。坂本自ら選曲したプレイリストを店主に贈り、実際に店で音量や曲順の調整まで手掛けた。このエピソードはNYタイムズに掲載され、現地のファンの聖地と化している。

2. ジャージを穿いている人が生理的に嫌いだという。ある日、よく遊んでいた友人がジャージを穿いてあらわれた瞬間に絶交したほどのジャージ嫌いである。

音楽 **158**

ひとつの道を私は行かねばならぬ。
僕の音楽は、僕の苦悩から生まれるのだ。
人間はボールのようなものだ。
偶然と情熱とが、それを転がして遊ぶ。

フランツ・ペーター・シューベルト（1797〜1828）

苦悩の中から傑作を紡ぎだす

　シューベルトほど苦悩に満ちた生涯を送った音楽家はいないのではないだろうか。この言葉には、苦しみの果てにたどり着いた境地と音楽への情熱が秘められている。

　「歌曲の王」と称され、有名な『魔王』をはじめとした600曲以上の歌曲を生み出した大作曲家として知られるシューベルトだが、生前はあまり評価されなかった。

　シューベルトはアマチュア音楽家で教師だった父親に手ほどきを受け、7歳になったころには父の手に余るほどの音楽の才を発揮した。神学校時代に室内楽、歌曲、ピアノ曲などを作り、学生時代の最後には交響曲まで生み出したが、父はシューベルトが不安定な音楽家の道へ進むことに反対。結局、シューベルトは父と同じ教職に就くことになったが、職場になじむことができず、友人の支援を受けてフリーの作曲家として独立する。だが、無名のシューベルトは演奏会で稼ぐことができず、楽譜を買うという出版社もなかった。友人たちが発表の場を用意してくれたり、衣食住を提供してくれたりとサポートしてくれたものの、自分のピアノすら持てない困窮ぶりだった。

　小柄で体型もルックスも恵まれているとはいえ、性格は内気で世渡りの下手な引っ込み思案。女性に対しては奥手で浮いた話もほとんどなかった。さらに、25歳で当時は不治の病だった梅毒とみられる病気になり、健康まで失ってしまう。

　以後、シューベルトは身体の不調と迫りくる「死」に苦悩しながら作曲活動を続けた。絶望の淵に落とされながらも、彼はその苦悩や不安を作品に昇華させ、人間の悲哀を繊細に描き出した名曲を数多く残した。孤独や病と闘い続けたシューベルトの人生は、わずか31歳で幕を閉じた。だが、その苦悩によって生み出された作品の数々は時代を超えて人々に愛されている。

Topic　1. ベートーヴェンを師と仰ぎ、その死に衝撃を受けて歌曲の代表作のひとつ『冬の旅』を完成させたといわれている。シューベルトは死後、彼の遺言によって尊敬するベートーヴェンの墓の横に埋葬された。
　　　2. 25歳の時に作曲した『さすらい人幻想曲』はあまりに演奏の難易度が高く、シューベルト本人ですら上手く弾けずに「こんな曲は悪魔にでも弾かせろ！」と激高したという逸話がある。

パンクはスタイルではない、姿勢だ。

ジョー・ストラマー（1952〜2002）

パンクロッカーが一貫したスタイル

　パンクロックの歴史を語る上で絶対に外すことができないバンド「ザ・クラッシュ」。同バンドのフロントマンを務めたジョー・ストラマー（ジョン・グレアム・メラー）の口から、この言葉が発せられた意味は大きい。

　70年代に入るとロックはハードロックやプログレッシブロックが主流となる。シンセサイザーなどの高価な機材を駆使したり、速弾きなどのテクニックを競ったりする価値観が広まり、もはやロックは「初期衝動」に心惹かれる若者の音楽でなくなっていた。70年代半ばには、反発するようにラモーンズらによる新たな若者の音楽として「パンクロック」がニューヨークで誕生。これに影響された若きミュージシャンたちがロンドンでムーブメントを起こし、その流れの中でザ・クラッシュは1976年に結成された。翌年にリリースした1stアルバム『白い暴動』は英国内でスマッシュヒット。同時期にデビューしたセックス・ピストルズ、ダムドとともに「ロンドンパンク」シーンを牽引した。

　ザ・クラッシュの音楽は政治的・社会的なメッセージ性が非常に強く、それが「反体制」的なバンドのイメージを構築。特にストラマーは黒人移民をはじめとしたマイノリティ差別の問題に関心を示し、1stアルバムでレゲエ曲『ポリスとコソ泥』をカバーするに至った。以降もダブ、スカ、ロカビリーなどさまざまな音楽の要素を取り込み、3rdアルバム『ロンドン・コーリング』は世界的な大ヒットを記録したが「もうクラッシュはパンクじゃない」と評されることも多くなった。あまりに音楽性が幅広くなったため、ジャンルの定義にこだわる音楽ファンや評論家に「パンクロック」として受け入れられなかったのだ。そんな声に対してのストラマーからのアンサーが上記の言葉である。さまざまな音楽の要素を取り入れたザ・クラッシュだが、その根底には「反体制」「初期衝動」「社会批判」といった精神性が一貫して存在した。音楽性やファッションといった表面的なスタイルではなく、物事に向き合うアティテュードこそがパンクの根幹だと彼は言い切ったのである。このセリフは現在も「パンクロック」を象徴する言葉として語り継がれている。

Topic
1. 非常にファン思いだったことで知られ、失業者や低所得者が少なくなかった若いパンクファンのために、ザ・クラッシュのライブチケットやレコードの価格を限界まで下げていた。
2. それでも少年のファンに「クラッシュにしてはチケットが高い」と言われてしまい、ストラマーは帰りのバスの中で無言のまま泣いていたという。
3. 夏の大型フェス「フジロックフェスティバル」に欠かせない存在だった。一般客に交じってテントを張り、隣り合わせた人と乾杯したり、タバコを分け与えたりと異常なほど気さくだったという。

音楽 160

インスピレーションを待っていたら何も書けない。私は毎朝必ず作曲をする。そうすると神様がインスピレーションを送ってくださるんだ。

ピョートル・チャイコフスキー（1840〜1893）

絶え間ない努力が名曲を生む

この言葉は、ロシアの大作曲家として知られるチャイコフスキーの真面目さ、勤勉さを物語っているといえるだろう。幼いころから音楽に親しんでいたチャイコフスキーだが、当時のロシアは音楽家の地位が低く、プロの音楽家になるという選択をするのは難しかったようだ。だが音楽への情熱を諦めきれず、21歳の時にサンクトペテルブルクに開かれた音楽院に入り、本格的に音楽の勉強を開始。欧米の音楽家と比べるとかなり遅咲きのスタートを切った。音楽院卒業後、チャイコフスキーはその才能と音楽理論の巧みさを買われ、モスクワの音楽院で教壇に立つことになる。12年間にわたって音楽講師として働きながら、交響曲第1番『冬の日の幻想』や初のオペラ『地方長官』、チャイコフスキー三大バレエ曲のひとつである『白鳥の湖』などを作曲した。

音楽講師を辞めて作曲に専念するようになってからはさらに音楽的才能が冴えわたり、交響曲『悲愴』やバレエ音楽『眠りの森の美女』『くるみ割り人形』などの歴史的名曲を生み出し、さらに管弦楽曲、協奏曲、声楽曲など幅広いジャンルで大作・名作を残している。チャイコフスキーは欧州やアメリカでも人気を博し、世界的な名声を獲得した。

チャイコフスキーは「リズムの天才」と呼ばれ、その作風は非常にロマンティックなことでも知られている。流れるようなメロディは繊細な彼の内面から自然と沸き起こってきたかのようであり、その天才ぶりは世界中の人々から称賛された。しかし、決して彼は才能だけで名曲を生み出し続けたわけではない。インスピレーションがあろうとなかろうと楽譜に向かい、あがき苦しむ中で名曲がひらめき、作品を世に送り出してきたのである。彼は「怠けている者の元にインスピレーションはやってこない」とも語っており、天才でありながら不断の努力を続けていたことがうかがえる。

Topic 1. 『戦争と平和』で知られる文豪・トルストイと交流があり、チャイコフスキーはトルストイがモスクワを訪れた際に特別音楽会を催した。『アンダンテ・カンタービレ』の演奏中にトルストイは感動して涙を流したという。

2. チャイコフスキーは同性愛者であったと現在は広く知られているが、当時のロシアで同性愛はタブー中のタブーだった。30代で結婚に失敗しており、これは「偽装結婚」だったとする説もある。

伝説なんて過去の業績にしがみついている杖をついた老人のことだろう。俺は今でも現役だ。

マイルス・デイヴィス（1926～1991）

ジャズの幅広い可能性を世界中に示す

　この言葉は、世界的トランペッターとして「モダン・ジャズの帝王」と呼ばれたマイルス・デイヴィスのプライドの高さと矜持を表現した彼らしい発言だ。

　マイルスは独創的な音色とアドリブ奏法によって1950年代からジャズ界をリードし、59年の名盤「カインド・オブ・ブルー」でモード・ジャズと呼ばれる新たな手法を取り入れ、アドリブのマンネリ化を打破。大ヒットした「ビッチェズ・ブリュー」では、16ビートのリズムやエレクトリック楽器の導入でジャズとロックの融合を実現させた。

　誰もが認めるジャズ界の巨人だが、いわゆる「大御所」にならず、その時代の生きのいい若手ミュージシャンとのセッションを絶えず好んだことも大きな特徴である。精力的にエネルギッシュにジャズ界の最前線を走り続けていたマイルスだが、70年代中盤に体調を崩し、活動休止に追い込まれてしまう。

　もはや、この時点でマイルスは「生きた伝説」であった。そのまま引退したとしても、おそらく富も名声も盤石であったろう。しかし、マイルスは80年に不死鳥のごとく復活。プリンスやTOTO、チャカ・カーンなど別ジャンルのミュージシャンと積極的に絡み、ジャズの可能性をさらに広げ続けた。90年代に入ってもヒップホップミュージシャンをゲストに迎えたアルバムを計画するなど意気軒高だったが、その制作を開始した直後に肺炎で倒れ、ジャズ界の巨人は65歳で人生の幕を閉じた。「伝説」と誉めそやす声に対して「俺は今でも現役だ」と答えた言葉にウソ偽りはなく、まさしく生涯現役だったマイルス。過去の栄光にすがることも一切なく、彼は変化と新しい音楽を常に求め続けた。この心意気によって、ジャズの幅広い可能性を世界中に示したともいえる。

Topic　1. 人種差別を受けた経験があり、アメリカの白人至上主義を嫌悪していた。だが、音楽制作においては白人ミュージシャンであろうと人種に関係なく起用し、それを黒人系のファンから批判された際には「いいプレイをする奴なら肌の色が緑色でも雇う」と言い放ったという。
　　　2. ジョン・レノンのパーティに招待され、ジョンと一緒にバスケットボールに興じている貴重なプライベート映像が残っている。

> やる価値のあるものというのは時間がかかるものだ。
> 100の悪い曲を書いてやっと1つの良い曲が書けるものだ。
> それに、予期せぬ犠牲をたくさん払わなければならない。
> 好もうと好まざろうと、その過程は自分独りで進むもの。
> 自分だけの運命の星を追いかけなければならないのさ。

ボブ・ディラン（1941～）

創作の道を孤独に進むアメリカ音楽界の巨人

　この言葉は、ボブ・ディランが2016年にミュージシャンとして史上初となるノーベル文学賞を受賞したあと、初めて沈黙を破ったインタビューで発したものだ。素直な言葉でありながら、詩のように美しく情緒と哀愁にあふれ、思わず誰もが自らの人生に思いを馳せたくなる。この短いフレーズにおいても、ディランの真骨頂を感じさせる。

　ディランは1960年代初頭のアメリカで「フォークの貴公子」として支持され、哲学的で哀愁にあふれた歌詞の『風に吹かれて』『ミスター・タンブリンマン』などがヒット。学生運動に熱狂していた当時の若者たちの「代弁者」として脚光を浴びた。

　1960年代中盤になると、ビートルズらイギリスのミュージシャンとの親交もあってドラッグやエレクトリック楽器の影響が顕著となり、ディランの「ロック転向」にファンは驚愕。当時のロックは軽薄なイメージがあり、社会的なメッセージ性の強いフォークを好んだファンたちは「裏切りだ」と猛反発した。だが、このころから文学界でディランの歌詞が褒め称えられるようになり、世間の騒ぎをよそにロックを取り入れたことでディランの音楽性はさらなる進化を見せていたのだ。

　その一方、ディランは「プロテストソングの旗手」というイメージが自身の実像と離れて一人歩きしていることや反体制運動が過激化していくことに戸惑いを隠さなかった。1965年にリリースした「ライク・ア・ローリング・ストーン」は、上流階級の女性の転落を描いた歌詞によって新たなプロテストソングとして受け止められる結果となった。この曲を機に「ロック＝反体制」というイメージに塗り替えられたとまでいわれ、ディランはこのイメージからなかなか逃れることができなかった。

　その後もディランの思想の変遷にファンは一喜一憂することになる。ディラン本人の意図とは関係なく、周囲が彼の独特のキャラクターと哲学的な歌詞に魅入られて大騒ぎするそのパターンは、ノーベル文学賞の受賞をめぐる騒動とまったく同じ構図だった。ディラン自身は、ここで取り上げた言葉にあらわれているように、ひたすら自分が納得できる良い作品を生み出すために創作の道を孤独に歩んでいるだけなのかもしれない。

Topic
1. 2007年、孫が通っている幼稚園を訪れた際、ギターで弾き語りする大サービスのパフォーマンスをした。だが、園児にとってディランは早すぎたらしく、帰宅した子どもたちは「変なオジサンが来て怖い曲を歌っていった」と怯えた様子で親に話したという。
2. ライブ中の写真撮影には反対のようで、スマートフォンのカメラを向ける観客に対して「写真を撮るのをやめるか、演奏をやめるか、どっちがいい？」とマイクを通して注意することがある。

芸術作品はルールを作るが、ルールは芸術作品を作らない。

クロード・ドビュッシー（1862〜1918）

ルールにとらわれない作曲手法の生みの親

フランスの作曲家であるクロード・ドビュッシーは、長調と短調をぼかすような音楽語法と、機能和声を放棄した自由な和声法などを用いて独自の作曲を実行し、その伝統から外れた音階と半音階の用い方から19世紀後半から20世紀初頭にかけてもっとも影響力を持った作曲家の一人と言われる。

ドビュッシーはピアニストとしての才能のおかげで、まだほんの10歳だった1872年にパリ音楽院への入学を許可された。彼の並外れた好奇心、深い芸術的信念、驚異的な即興演奏、そして独立心旺盛な考えは、教師や生徒たちの関心を一身に集めた。彼は早くから独自の音楽スタイルを確立・発展させて、アカデミズムの枠組みを超えた革新的なハーモニーを次々と生み出していく。

パリ音楽院で11年間学んだものの、彼は生涯にわたって革新的な作曲手法を開発し、他者の成功の結果あるいはそれに基づいたルールに縛られることを拒み続けた。

上記の言葉はイギリスの音楽教育家で作曲家のジョン・ペインターによる『現代音楽思考の手引き』（1992）の中で、クロード・ドビュッシーのものとして紹介されている。

ドビュッシーは他の芸術家に影響を与えたり、新しい傾向の音楽を生み出したりして、芸術がルールを作ることはあっても、あらかじめ何らかのルールがあってそこから芸術が生まれるということはないと信じていた。

ドビュッシーにとって芸術家であるということは、自由な意志を持つ主体たり得ることであり、身の回りの様々な事象からインスピレーションを得るということだったのだ。

なお、ドビュッシーの音楽は、代表作『海』や『夜想曲』などにみられる特徴的な作曲技法から、「印象主義音楽（印象派）」と称されることもある。

Topic　ドビュッシーは詩人ステファヌ・マラルメの自宅サロン「火曜会」に唯一の音楽家として出席していた。この時の体験はのちに彼の出世作である『牧神の午後への前奏曲』に結実した。

音楽 **164**

音楽は体験であり、思想であり、知恵だ。もし、きみがそれを実践しなければ、楽器からは何も生まれない。

チャーリー・パーカー（1920〜1955）

「バード」と呼ばれた天才ジャズマン

「モダン・ジャズの父」「ビバップの生みの親」と称されるアルトサックス奏者のチャーリー・パーカー。1945年から若き日のマイルス・デイヴィスもメンバーだった自身のグループで活躍し、天才的なセンスで即興演奏の極限ともいえる神業のようなプレイを見せた。

この言葉は、パーカーにとって音楽は人間の生き方や人生そのものであることをあらわしている。その言葉通り、彼は単なる技術だけに走ることなく精神性の強い音楽を演奏した。

パーカーの登場前と登場後でジャズの演奏法は一変しており、その革新性は音楽の歴史の中でも屈指である。その人気と評価はすさまじいものがあり、ニューヨーク・マンハッタンの52丁目に自身のニックネーム「バード」を冠したジャズクラブ「バードランド」がオープンするほどだった。

私生活も波乱に満ちており、若いころからドラッグやアルコールに溺れて心身のバランスを崩し、精神病院に何度も入っている。だが、鬱屈した感情を驚異的なアドリブ演奏で爆発させ、それがパーカーの大きな魅力となっていた。チャン・リチャードソンというダンサーと同棲し、二人の子どもにも恵まれるが、このころにはパーカーの身体がドラッグとアルコールに蝕まれ、まともな演奏が期待できないほどになっていた。さらに、幼い娘が肺炎で世を去ってしまい、それをきっかけに自殺未遂するなど取り返しがつかないほど心身の状態が悪化してしまった。しばらく入院生活を送った後に一応の復活を遂げるも、肉体的にも限界に達しており、身を寄せていた「ビバップの女神」ことパノニカ・ド・ケーニヒスウォーター男爵夫人の住まいで衰弱し、心不全によって34歳で早世した。

激しくドラマチックで感情を高ぶらせる自身のアドリブ演奏の如く、ジェットコースターのように駆け抜けていった人生だった。

Topic 1. 死亡時、34歳だったパーカーの肉体は尋常でないほど衰えており、検死を担当した医師は「推定年齢50歳以上」と判定した。
2. レコーディング後にホテルでドラッグとアルコールによって錯乱し、ロビーに全裸であらわれたりベッドに火を放ったりして病院送りになったことがある。

音楽だけが世界語であり、翻訳される必要がない。そこにおいては、魂が魂に話しかける

ヨハン・ゼバスティアン・バッハ（1685〜1750）

聞く者の心に語りかける「音楽の父」

　この言葉はバッハの「音楽」に対する解釈が表現されていると同時に、自らの再評価を予言したともいえる言葉である。

　バッハは1685年に音楽家の家系に生まれ、少年時代に両親を亡くす不幸に遭いながらも、宮廷楽団のバイオリニストや教会のオルガン奏者などを務めながら修業時代を過ごした。22歳で1歳年上のマリア・バルバラと結婚。7人の子どもに恵まれるなど二人は仲睦まじかったようだが、生活は楽なものではなく、少しでも待遇のいい契約先を常に探し求めていた。旅行中に妻・マリアが急死するが、その翌年に宮廷歌手のアンナ・マクダレーナ・ビルケと再婚。13人の子どもが生まれた。前妻との間に生まれた子も含め、子どもたちの多くは幼少期に亡くなっているが、成人した息子たちは音楽家として大成。対位法の巨匠として活躍した長男のヴィルヘルム・フリーデマン・バッハ、当時は父親以上の名声を得ていた次男のカール・フィリップ・エマヌエル・バッハ、モーツァルトに多大な影響を与えた末子のヨハン・クリスティアン・バッハらは国際的に活躍した。

　バッハ自身も膨大な作品を生み出し、優れたオルガン曲などのほか『マタイ受難曲』『ブランデンブルク協奏曲』『フーガの技法』などを世に送り出した。バッハは1750年に65歳で没したが、その作品は「時代遅れ」「古臭い」と評されてしまったことで急速に忘れ去られていく。1829年にメンデルスゾーンがベルリン公演で『マタイ受難曲』を蘇演したことをきっかけに再びバッハの功績が注目され、本格的に「再評価」の声が高まったのは死後100年近くも経ってからだった。以降、バッハはヘンデルと並ぶバロック音楽の最重要人物の一人に位置付けられ、現代では西洋音楽の基礎を構築した「音楽の父」とまで称されるに至った。生前は「有能な音楽一家『バッハ一族』の父」として有名になっていたが、再評価後はその功績の大きさから「大バッハ」と呼ばれた。まさにバッハの音楽は「世界語」として聴く者の魂に語り掛けたのだ。その魂は後世の音楽家たちにも受け継がれ、バッハの作品は国を超えて、時代を超えて、愛され続けている。

Topic　1. 晩年、ほとんど視力を失ってしまったバッハは英国の高名な眼科医であるジョン・テイラーの手術を受けた。だが、テイラーの高名さは自己宣伝術によるもので手術は失敗。バッハは失明し、間もなく亡くなった。ちなみにテイラーはヘンデルの手術にも失敗し、失明させている。
　2. 大のコーヒー好きだったことでも知られ、コーヒー中毒の娘とコーヒーを飲むことに反対する父親を描いた『コーヒー・カンタータ』という歌曲まで残している。

誰かと分かち合えない感動は
私にとって無意味だ。

レナード・バーンスタイン（1918〜1990）

クラシック音楽の大衆化に貢献

　20世紀のクラシック界において、カラヤンと並び称されるスーパースターとして人々に記憶されているバーンスタイン。クールでスタイリッシュでどこか近寄りがたい空気があった「楽壇の帝王」ことカラヤンとは好対照に、躍動感のある楽しげな指揮ぶりと親しみやすい人柄で多くのファンに愛された。

　バーンスタインはニューヨーク・フィルハーモニックの副指揮者を務めていた20代のころ、体調を崩した客演指揮者の代役を務め、大成功を収めたことで一躍脚光を浴びる存在になった。以降は指揮者としての名声を高めるとともに、作曲家としてはミュージカル『ウエスト・サイド物語』の音楽を手掛け、国際的なヒットを記録した。

　指揮者としても作曲家としても世界的な成功を収めたバーンスタインだが、堅苦しい権威じみた従来のクラシック音楽家のイメージと異なり、彼は大衆にクラシックの楽しさ、音楽の美しさを伝えることを喜びとした。それがもっとも如実にあらわれているのが、バーンスタインが後に「もっとも誇りに思う自分の仕事」のひとつとして挙げた音楽教育番組「ヤング・ピープルズ・コンサート」への出演である。同番組は、バーンスタインが子どもたちにわかりやすくクラシック音楽を解説するという内容。ニューヨーク・フィルによる実演や自身のピアノ演奏などを通し、子どもだけでなく大人も気軽にクラシックに親しめるような構成になっている。

　得てして、天才的な音楽家は大衆感覚との乖離があり、孤高の存在になりがちであるが、バーンスタインは「誰かと分かち合えない感動は私にとって無意味だ」という言葉が示すとおりに大衆性を失わなかった。その一方で芸術性も併せ持ち、唯一無二の存在となったのである。その独特のスタンスがカラヤンとの対比によってさらに際立ち、バーンスタインが世界中で愛される大きな理由になったのだろう。

Topic　1. ライバル関係にあったカラヤンとの確執がささやかれていたが、実際は若いころから互いの才能を認め合っており、晩年のカラヤンがバーンスタインに同じ指揮台を分け合う合同公演を持ちかけたことがあった。バーンスタインは快諾したが、間もなくカラヤンが他界したために幻となった。

　　　2. バーンスタインは結婚して子どももうけていたが、それと同時に同性愛趣味を持っていたとされている。ヒッチコックの「ロープ」などに出演した米俳優のファーリー・グレンジャーは晩年、若いころにバーンスタインと恋愛関係にあったと暴露している。

絶えずベートーヴェンのような巨人が後ろからのっしのっしと歩いてくるのが聞こえる。その気持ちがどんなものか、君には見当もつかないだろう。

ヨハネス・ブラームス（1833〜1897）

ベートーヴェンの影に怯え続ける

　19世紀後半のドイツ・ロマン派を代表する大作曲家のブラームス。この言葉は彼にとって誰よりも尊敬し、誰よりも愛し、誰よりも畏怖したベートーヴェンへの想いと堅実な人間性をあらわす言葉といえるだろう。

　ブラームスは生前から、わかりやすいメロディーと古典的な構成による保守的な作曲家というイメージが強く、作風も実生活も堅実一筋であった。

　港町ハンブルクの貧しい家庭に生まれ、高等教育を受ける機会に恵まれなかったブラームスだったが、音楽好きの父の影響でピアノを猛練習し、10代のころにはカフェやダンスホールで演奏し、その収入で家計を助けるまでになった。19歳の時に音楽武者修行の旅に出たブラームスは、やがて演奏者としての自分の技量に見切りをつけるようになり、努力の末に作曲家として大成した。だが、優れた九つの交響曲を残したベートーヴェンを敬愛するあまり、交響曲の作曲に非常に慎重になってしまったという。最初に作られたブラームスの交響曲第1番は推敲に推敲が重ねられ、構想から完成までに前代未聞の約20年という歳月を要した。しかし、ブラームスほどの作曲家がそれだけの時間と情熱をつぎ込んで作っただけあり、この交響曲第1番は歴史的な傑作として当時の聴衆たちに絶賛された。

　富や名声にあまり興味がなく、偏屈で人付き合いが下手で、束縛を嫌って結婚もしなかったブラームス。ただひたすら愚直に音楽と向き合った彼にとって、崇拝するベートーヴェンは永遠の心の師であり、見えざる重圧によって恐怖や焦燥を感じるほどに常に頭から離れない存在だったのだろう。後世、ブラームスはドイツの「三大B」として、敬愛するバッハ、ベートーヴェンと並び称されている。

Topic　1. 居眠り癖があったことで知られる。20歳のころ、師匠・シューマンの紹介で超絶技巧ピアニストのリストと対面。リストはロ長調ソナタを弾いてくれたが、演奏が佳境に入った時にブラームスは居眠りをしていた。以後、プライドを傷つけられたリストは二度とブラームスに会おうとしなかった。

　　　2. 青年期は細身だったが、中年以降はでっぷりとした体型になった。体型の変化とともに「いびき」が酷くなり、演奏旅行で宿を共にした友人たちを大いに悩ませたという。

> 私は今まで世界を旅してきたが、日本ほど私の心に
> 強い印象を残してくれた国はない。それは演奏を聴く
> 態度はもちろん、何よりも嬉しいのは、アフリカを除いて、
> 世界中で日本だけが我々を人間として歓迎してくれたことだ。
> 人間として！ ヒューマンビーイングとして！

アート・ブレイキー（1919～1990）

親日家の天才ドラマー

　ジャズドラムの巨匠といわれ、音楽史に名を残したアート・ブレイキー。1961年の来日公演をきっかけに日本に爆発的なジャズブームを起こしたドラマーとしても知られている。日本の野外フェスに毎年のように参加するなど大の親日家でもあったが、ここで取り上げた言葉は彼が日本びいきになったきっかけを表している。

　60年代当時、まだまだアメリカやヨーロッパには人種差別が色濃く残っており、黒人は公然と白人に差別されることが珍しくなかった。この時代は多くの黒人ジャズミュージシャンがイスラム教に改宗したが、その理由は「改宗でイスラム圏の名前に改名すればホテルの予約・宿泊を断られにくくなる」という事情もあったという。それほど人種差別が蔓延していたのだ。

　前述したように1961年に初来日したブレイキーは、空港に集まったジャズファンたちが自分を待っているのだとは思わず、「飛行機に誰かVIPが乗っていたのか？」と勘違いしたという。ブレイキーはファンに記念写真をせがまれると「俺は黒人だぞ？ 一緒に写っていいのか？」と驚愕。ファンが「そんなことは知っています！ お願いします！」と懇願されると、ブレイキーや周りのバンドメンバーたちはさらに驚嘆したという。また、東京公演がラジオで全国中継されるという情報も彼らを驚かせた。

　そもそも歴史的に黒人差別が存在しなかった日本人にとっては、優れた世界的ジャズドラマーに対する当然の敬意だったわけだが、ブレイキーにとっては望外の待遇であり、この出来事は彼が大の親日家となる大きな要因となったようだ。

　ブレイキーは自身が率いるグループ「ザ・ジャズ・メッセンジャーズ」に日本人メンバーを加えていたこともあったり、日本人女性と結婚していた時期もあったといわれ、晩年は使用するドラムまで日本製にしていたという。「ナイアガラ・ロール」と呼ばれる激しい連打で世界中のジャズファンを魅了していたスーパースターの彼が日本での「人間扱い」に感動したというエピソードは、数十年前まで当たり前に存在した人種差別の生々しい記憶を今に伝えているともいえそうだ。

Topic 1. キャリア初期はピアニストだったといわれている。ある日、演奏しているクラブのボスが別のピアニストを連れてきてしまい、ブレイキーよりも演奏が上手かったため、ボスから「お前は今日からタイコでも叩いていろ！」と拳銃で脅されたのがドラム転向のきっかけだったとする説がある。
2. 若い才能を発掘する眼力にも優れ、自身が率いるメッセンジャーズからリー・モーガン、フレディ・ハバード、キース・ジャレット、ブランフォード・マルサリスら後のスターを多数輩出している。

みんな俺の歌のスタイルは どこから来たのか聞いてくるけど、 誰からもコピーしなかったさ。

エルビス・プレスリー（1935～1977）

ロックン・ロールの革命児

　世界でもっとも成功したソロアーティストとしても知られる「キング・オブ・ロックン・ロール」ことエルビス・プレスリー。チャック・ベリー、ファッツ・ドミノ、リトル・リチャードらとともにロックン・ロールの誕生に大きく影響したといわれているが、その功績において特筆すべきはプレスリーが「白人」だということだ。

　ロックン・ロールのベースとなったのはR＆B（リズム＆ブルース）やゴスペルなどの黒人音楽であり、それは「創始者」といわれる面々の黒人率の高さが物語っている。当時のアメリカは人種問題が色濃く残っており、このジャンルに白人が踏み入るのは「ありえない」はずだった。

　だが、エルビスは黒人音楽のブルースやR＆Bと白人音楽のカントリーミュージックを融合させ、自分だけのスタイルを確立した。黒人音楽としても白人音楽としても一流だったとされ、本格ブレイク前に「ザッツ・オール・ライト」がラジオで流れた際、それを聴いた人々のほとんどが黒人歌手だと思い込んだという逸話が残っている。エルビスは音楽界において、初めて白人と黒人の垣根を超越した存在となった。

　腰を振ってヒップを揺らす独特の歌唱スタイルも早くから話題となり、56年には『ハウンド・ドッグ』と『冷たくしないで』が共にビルボード11週連続1位という快挙を達成。時代を象徴するポップアイコンとなった。

　プレスリーのスタイルは黒人文化と白人文化を融合させながら、そのどちらとも違った方向へ進化していった。セクシーでひたすらカッコよく、プレスリーは今までの誰とも違っていた。「誰からもコピーしなかったさ」というプレスリーの言葉は、決して自信過剰などではなかったのだろう。

Topic　1.65年にプレスリーの邸宅でビートルズとの対面とセッションが実現している。プレスリーは「君たちのレコード全部持っているよ」という言葉を4人に贈ったが、これにジョン・レノンは「僕はあなたのレコードを1枚も持ってない」と返答。レノン流のジョークだったともいわれるが、実はナイーブなエルビスは傷つき、以降はレノンを嫌うようになったという。

　2.ステージでの腰の動きが卑猥すぎると全国のPTAなどから批判が殺到していたため、エルビスのテレビ出演時に上半身だけを映して放送されたことがある。

音楽とは、男の心から炎を打ち出すものでなければならない。そして女の目から涙を引き出すものでなければならない。

ルートヴィヒ・ヴァン・ベートーヴェン（1770〜1827）

「大衆のための音楽」として大衆の心を揺さぶった

　ベートーヴェンが生まれた18世紀、当時のヨーロッパの音楽家の大半は宮廷や貴族に仕える「使用人」だった。王侯貴族の依頼によって楽曲を作り、彼らの行事や食事のシーンを盛り上げる「ＢＧＭ」として演奏していたのである。言ってみれば、依頼者を満足させることが何よりも大事な「職人」の世界であり、様式美こそが重要視され、そこに作り手の個人的な感情や独創性が入り込む余地はあまりなかった。

　祖父が宮廷楽長、父が宮廷歌手という家庭に生まれたベートーヴェンも、ごく若いころは宮廷楽団の奏者を務めていた。だが、このころにはフランス革命の勃発によって欧州を覆っていた絶対主義体制が崩れ始めていた。ベートーヴェンは「貴族も市民もすべて人間は平等だ」「音楽はもっと自由であるべきだ」という思いを強くし、それまで常識だったパトロンとの主従関係を拒絶。大衆に向けて音楽を発信するようになる。

　それと同時に、彼は音楽に自らの感情や人間性を盛り込み、ただのBGMではなく「聴く者の心を揺さぶる」という革新的な表現を開始した。王侯貴族の使用人だった音楽家が本当の意味での「芸術家」となった歴史的な分岐点である。それまでの音楽家の肖像画を見ると、バッハやハイドンなど誰もが基本的に「カツラ」をかぶっているが、これは宮廷での正装に必要だったためだ。ベートーヴェンの有名な肖像画はカツラをかぶっておらず、この点からも彼が革命的な「反逆児」だったことがうかがえる。

　ベートーヴェンは20代後半から難聴を患い、音楽家が徐々に聴覚を失っていくという絶望感に飲み込まれそうになりながらも、56歳で他界するまで芸術への執念を燃やし続けた。そうして生み出された交響曲第5番『運命』や「第九」の通称で親しまれる交響曲第9番『合唱』といった誰もが知る名曲は、普遍的な人間の歓びや苦悩といった感情を豊かに描き出し、現在に至るまで「大衆のための音楽」として全世界で愛されている。

　ここで取り上げた彼の言葉は「音楽をすべての人のための『芸術』にした」という、ベートーヴェンの最大の功績を端的にあらわしているといえるだろう。

Topic
1. 1994年にベートーヴェンの遺髪がオークションに出品され、髪の毛から通常の100倍近くの「鉛」が検出された。鉛は聴覚や精神状態に悪影響を及ぼすといわれ、鉛中毒が難聴の原因や死因になったとの説が生まれている。
2. 服装に無頓着で髪の手入れもほとんどしていなかったため、作曲に夢中になってウィーンの街を徘徊していたとき、当時すでに有名な音楽家だったのに浮浪者と間違われて逮捕されたことがある。

自分ひとりで？ いいや。俺ひとりで
ロックン・ロールを発明したとは言えない。

チャック・ベリー（1926〜2017）

「ロックン・ロール」創始者の一人

　この言葉は「自分ひとりでロックン・ロールを発明したか？」とインタビューで問われたチャック・ベリーが茶目っ気たっぷりに発したものだ。「ロックン・ロールには色々なタイプがある」「俺が成し遂げたものが何か、それはみんなが判断すれば良いことじゃないかな」とも語り、煙に巻きつつも核心を突くような言葉でロックン・ロールの創始に言及している。

　ビートルズのジョン・レノンが「ロックン・ロールに別名をつけるとすれば『チャック・ベリー』だ」と語った逸話があるが、ベリーがロックン・ロールの創始者の一人であることは明白だ。1955年にシングル『メイベリーン』でデビューし、独特の演奏法とギターを弾きながら腰を曲げて歩く「ダックウォーク」で話題に。以降は『ロール・オーバー・ベートーヴェン』『ジョニー・B.グッド』『ロックンロール・ミュージック』など、ロックン・ロール界のスタンダードともいえる名曲・名盤の数々を生み出した。

　60年代に入ってからも、ビートルズやローリングストーンズがベリーの曲をカバーしたことで人気が再燃し、存在感をあらためて見せつけた。1986年に「ロックの殿堂」に選ばれた際には、「ロックン・ロールの創始者を一人には限定できないが、もっとも近い存在はチャック・ベリーだ」と評されている。だが、ベリーはあくまで「俺ひとりで発明したとは言えない」と語っているのだ。これはロックン・ロールを愛し、同じ志を持ったミュージシャンたちをリスペクトしているからこそその言葉なのだろう。

Topic　ローリングストーンズのキース・リチャーズがベリーの楽屋を訪れた際、ギターケースを発見。どうしても中を見たくなったキースがギターを出してつま弾いていたところ、楽屋に戻ってきたベリーに殴られ、左目にあざをつくったという。後年、キースは「あれは彼の最大の"ヒット"だ」とジョーク交じりに語っている。

俺がギターを10時間練習して、ああ頑張ったなと思っても、どっかの誰かは11時間練習してる。そういうもんさ。

ジェームズ・マーシャル・ヘンドリックス（1942〜1970）

伝説のギタリストも努力なしには生まれなかった

ロック界に突如としてあらわれ、27歳で急逝するまでの短い活動期間の間に「伝説」となったギタリスト、ジミ・ヘンドリックス（本名 ジェームズ・マーシャル・ヘンドリックス）。神業的なテクニックはもちろんのこと、歯でギターをかき鳴らしたり、背中でプレイしたりといったアクロバティックなスタイルや、ソウルフルな〝泣きのギター〟は「ジミヘン以後」のすべてのギタリストに影響を与えたといわれる。「ギターの神様」と称されるエリック・クラプトンも影響を受けたひとりだが、ヘンドリックスとセッションした際に「お前はギターよりベースを弾いた方がいい」と面と向かって言われたという逸話がある。ヘンドリックスの技量がどれほどズバ抜けていたかを物語るエピソードだ。

ヘンドリックスは15歳のときに父親から中古のギターを買い与えられたことでギターと初めて出会い、すぐにエレキギターも購入して独学で練習に励んだ。陸軍に入隊していた時期があるが、当時の軍記録によると「ギターと薬物にしか興味を示さない」と評され、問題児扱いされていたという。除隊後はバックミュージシャンとなっていたが、元アニマルズのチャス・チャンドラーに見出されてデビュー。チャンドラーは「こんな才能に誰も手を付けていないのは何か裏があるのでは」と不安になったとも述懐している。その時点ですさまじい技量に達しており、ジェフ・ベックがデビュー当時のヘンドリックスの演奏を聴いて廃業を考えたという逸話も残っている。史上初の大規模野外ロックフェスとされる「モントレー・ポップ・フェスティバル」では、驚異的な演奏テクニック、ド派手なファッション、ギターを燃やす過激なパフォーマンスで聴衆を圧倒。世界的なスターにのし上がり、現代においてもなお「史上最高のギタリスト」の座に君臨している。

鮮烈なギタープレイや「セックス・ドラッグ・ロックンロール」のスキャンダラスな私生活のイメージが強く、凡人は「天才は普通の人と違う」と思ってしまいがちだが、ここで取り上げた言葉は「ジミヘンですら上達のためにはひたすら練習するしかなかった」という当たり前の事実を再確認させてくれる。

Topic 1. 1969年の「ウッドストック・フェスティバル」でのアメリカ国歌演奏は、ヘンドリックスを語る上での象徴的なシーンとして有名だが、大トリを希望したヘンドリックスはタイムスケジュールが押し続けたことで月曜早朝の出番となり、大半の観客が帰ってしまったため実際に目撃できたファンは非常に少ない。
2. 当時はロックスターのペニスを石膏でかたどりして彫刻化するグルーピーの一群「プラスター・キャスターズ」がおり、ヘンドリックスも餌食になったといわれている。かたどりに必要な15分間、彼は屹立した状態を完全に維持していたという。

ロックスターとして、二つの本能がある。
楽しみたい、世界を変えたい。
僕にはどちらもやるチャンスがある。

ボノ（1960〜）

音楽を楽しみ、世界を変える

　世界的ロックバンド「Ｕ２」のボーカリスト兼フロントマンとして活躍し、その一方で過去３度もノーベル平和賞にノミネートされるなど慈善活動家としても知られているボノことポール・デビッド・ヒューソンは極端な商業主義を嫌うスタンスでありながら世界的な成功を収め、現代でもっとも著名な音楽家の一人ともいえる存在だ。

　高校時代に出会ったジ・エッジ、アダム・クレイトン、ラリー・マレン・ジュニアとＵ２を結成。アルバム総セールスは１億7000万枚以上といわれ、グラミー賞世界最多受賞記録を持つなど評価も高く、コンサートの規模や観客動員数も世界最大級のモンスターバンドだ。2018年に米フォーブス誌が発表した「世界でもっとも稼ぐミュージシャン」ランキングでは年間収入約133億円と算出され、コールドプレイや若手のエド・シーランを抑えて１位となった。バンドの人気は浮き沈みがあるものだが、Ｕ２は常に同ランキングのトップクラスで「ずっと稼いでいる」のである。

　これだけの商業的な成功を収めると、得てしてロックスターは快楽主義的で破滅的な方向に流されがちだ。逆に聖職者のように達観し、説教臭い歌によってロックスターとしての魅力を失っていくパターンもある。ボノの活動において特筆すべきは、ロックスターとして魅力の維持と、世界を変えようとするメッセージの発信や社会活動を両立させている点だ。ボノは1985年にエチオピアの飢餓救援コンサートに参加し、孤児院でボランティアを経験したことをきっかけに「自分の知名度と影響力をアフリカの貧困撲滅のために使おう」と決意し、同時にエイズ撲滅運動にも取り組んだ。政治家や財界人らから援助や支援の約束を取り付けるなど単なる慈善家の枠を超えた影響力を示している。

　その一方、ホームレス支援のための投げ銭ストリートライブに登場して観客を驚かせたり、人気ラッパーのケンドリック・ラマーとのコラボで音楽ファンを熱狂させたりと、遊び心も健在だ。まさに「楽しみたい」「世界を変えたい」というロックスターの二つの本能に忠実な活動を続けている、稀有な存在といえるだろう。

Topic　1. 公私にわたってボノと親密な元オアシスのノエル・ギャラガーは、Ｕ２のツアーに出演後、ボノ宅で行われた打ち上げに参加しるも、連日の大宴会に辟易。翌日夜にフランスでライブを控えていたため逃げ出そうとしたが、ガウンを着て両手にビールを持ち、スクランブルエッグを食べながらオペラを聴いているボノに見つかり「泊まっていけ。一緒にプライベートジェットで行こう」と引き留められてしまった。プライベートジェット内でも大宴会が行われ、フラフラになりながら何とか滞在先のホテルに着いたノエルがテレビをつけると、ボノが記者会見でフランス大統領とアフリカ問題について語っており、ノエルは「この人は人間じゃない」と驚愕したという。

音楽 174

僕はロックスターにはならない。
伝説になるんだ。

フレディ・マーキュリー（1946〜1991）

内気な若者が死後も語り継がれる伝説に

　この言葉は、まだフレディ・マーキュリーが「ファルーク・バルサラ」（出生名）という名の、音楽好きで内気な若者でしかなかったころに発せられた「伝説の始まり」である。

　1960年代後半、フレディはクイーンの前身となったバンド「スマイル」の大ファンだった。スマイルのボーカルで大学の同級生だったティム・スタッフェルからバンドを紹介され、追っかけのようにライブに通っていた。それはライブ後の集まりにまでついてくるほどの熱烈さだったという。当時のメンバーによると、フレディは「僕はロックスターになるんだ」と公言していたが、誰も本気にしていなかった。

　ある夜、フレディは頭を抱えて座り込み、ひどく落ち込んだ様子だった。メンバーが「どうしたんだ？」と聞くと、フレディは「僕はロックスターにはならない」とつぶやき、そしてゆっくり立ち上がると「伝説になるんだ」と口走ったという。

　スタッフェル脱退後にスマイルの新ボーカルとなったフレディは、名を公式に「フレディ・マーキュリー」に改名。バンド名を「クイーン」に改め、ベースにジョン・ディーコンを迎え、4人がそろった1971年に伝説が幕を開けた。1974年にシングル『キラー・クイーン』がスマッシュヒットしたことをきっかけに本格ブレイクし、翌年には最高傑作と名高いシングル『ボヘミアン・ラプソディ』が全英9週連続1位を記録。その後も『愛という名の欲望』『地獄へ道づれ』が全米1位になるなど世界的な人気を獲得した。

　だが、次第にバンドに暗雲が垂れ込め、メンバーの確執や売上の伸び悩みによって解散説が噴出。それを吹き飛ばしたのが、20世紀最大のチャリティーコンサート「ライブエイド」での圧巻のパフォーマンスだった。約8万人の観客が『We Will Rock You』で足を踏み鳴らし、すべてが一体となった奇跡のパフォーマンスによってフレディは「伝説」となった。

　その6年後、フレディはHIV感染症による肺炎のため45歳で死去。しかし、伝説はそれで終わらず、以降もたびたび再ブームが起こり、2018年に公開された映画『ボヘミアン・ラプソディ』は世界的大ヒットを記録した。ただのロックスターではなく、彼は永遠の伝説となったのだ。

Topic　1. フレディが来日時に何度も足を運んだ新宿2丁目のゲイバー「九州男」は今も健在。1985年5月に初めて来店し、ママの増田逸男さんと意気投合。ライブ後に二人で飲み明かすなどしていたという。
　　　　2. フレディはダイアナ元妃と友人関係にあった。1980年代後半、ゲイクラブに遊びに行くというフレディにダイアナ元妃が「ついていきたい！」と言い出したため、フレディはダイアナ元妃を男装させてゲイクラブに連れ出した。英王室のプリンセスがゲイクラブにいるとは誰も思わなかったのか、まったく気づかれなかったという。

僕がビートルズから去ったんじゃない。本当にいろんなことがあったんだ……。ビートルズがビートルズから去っていったんだ。

ポール・マッカートニー（1942〜）

ザ・ビートルズに訪れた避けられない解散

　20世紀を代表するイギリスのバンド「ザ・ビートルズ」。ジョン・レノン、ポール・マッカートニー、ジョージ・ハリスン、リンゴ・スターの4人が生み出す音楽は、解散から半世紀が経過した現在も世界中で親しまれている。多くの音楽ファンがビートルズを愛したように、メンバーたちもビートルズを愛していた。しかし、解散の口火を切ったのはバンドを愛していたはずのメンバーの一人であるポールだった。メンバー同士の確執などが発生し、バンド存続のために誰よりも奔走したポールだったが、1970年にポールがバンドからの脱退を発表。それが翌年のビートルズ解散につながったのである。

　長年、ビートルズファンの間で解散のもっとも大きな理由は「ポールとジョンの確執」とされ、その原因となったのはオノ・ヨーコだったとする説が有力視されていた。バンドの方向性をめぐってポールとジョンは口論になり、ヨーコからソロ活動を促されていたジョンが脱退を宣言。契約上、脱退が認められることはなかったが、これ以降ジョンがビートルズとして活動することはなくなった。ポールは大きなショックを受け、バンドは転がり落ちるように解散の道へと進んでいった。ゆえに、今も多くのファンが「ジョンがヨーコと出会わなければビートルズは解散しなかった」という説を信じている。

　しかし、のちにポールは「ビートルズ解散はヨーコのせいじゃない」と発言。ジョンが脱退宣言をした時点で「当時は気付かなかったけど、メンバー全員がそういう人生のステージに到達していた」といい、どうあっても解散は不可避だったことを明かした。この状況を詩的な深い言葉で表現しているのが、「ビートルズがビートルズから去っていった」というポールのセリフである。実際、解散後にポールとジョンの確執はすぐに解消された。ジョンがヨーコと別居状態となり、いわゆる「失われた週末」と呼ばれる荒んだ生活を送っていたときに救いの手を差し伸べ、ヨーコとの復縁を取り持ったのはポールであったと明かされている。それほどメンバー同士が深い絆で結ばれ、それぞれがバンドを愛していても解散しなくてはならないときがある。ビートルズ解散という音楽史に残る出来事は「歴史的必然」だったのかもしれない。

Topic
1. ポールは1980年に日本公演を予定していたが、大麻所持容疑によって成田空港で逮捕。勾留された留置場の雑居房で暴力団員から名曲『イエスタデイ』をリクエストされると、陽気に「OK！」と応えてアカペラで歌ったという。
2. ビートルズが名盤『アビイ・ロード』をリリースした際に「ポール死亡説」が流れた。
3. 日本で大相撲を観戦した際に懸賞旗に興味を持ち、懸賞金を出したことがある。

音楽 **176**

伝統とは火を守ることで、灰を崇拝することではない。

グスタフ・マーラー（1860～1911）

伝統の火を受け継ぎながら、新たな息吹を吹き込むこと

19世紀末から20世紀初頭にかけてウィーンを中心に作曲家・指揮者として活躍したマーラー。後期ロマン派を代表する大音楽家であり、ヴィスコンティ監督による1971年の映画『ベニスに死す』で使われた交響曲第5番の『アダージェット』や演奏機会の多い交響曲第1番『巨人』はクラシック好きなら知らぬ者はいないといっても過言ではないだろう。しかし、生前は指揮者として活躍したものの、現在のようにマーラーが作曲家として世界的な評価を得たのは死後のことだった。

マーラーはウィーン・フィルハーモニーの指揮者などを務め、ワーグナーのオペラを斬新な演出で上演するなどして高い評価を獲得。しかし、あまりに革新的すぎたために周囲や評論家と衝突し、批判の対象とされることも多かった。

作曲家としては、伝統的な構成と革新性が組み合わさった交響曲を残した。交響曲第6番『悲劇的』は古典的な形式でありながら、終楽章で打楽器としてハンマーを打ち鳴らすという常識破りの表現方法を使い、初演時に聴衆を困惑させたといわれている。だが、前述したようにマーラーは先人たちに敬意を払っているかのように伝統的なスタイルを大切にしており、決して奇をてらっての行為ではなかった。しかし、新しすぎた表現であったために当時は理解されず、作曲家として評価されるまでに時間を要したのである。

マーラーは聖火リレーのように過去から伝統の火を受け継ぎながら、新たな息吹を吹き込むことで交響曲を進化させていった。ここで取り上げた言葉はまさに彼の精神性を象徴しているといえるだろう。だからこそ、マーラーの楽曲は現代でも色あせることなく斬新さを感じさせ、クラシック界でも屈指の人気を獲得しているのである。

Topic　マーラーはユダヤ人だったが、ウィーン宮廷歌劇場の芸術監督の地位を得るためにユダヤ教からカトリックに改宗した。欧州で反ユダヤ主義が隆盛する前後だったこともあり、人種問題は彼の大きな障害となっていたという。

ひばりに引退はありません。
ずっと歌い続けて、
いつの間にかいなくなるのよ。

美空ひばり（1937〜1989）

最後まで歌い続けた日本の元祖歌姫

　日本の歌謡史に大きな足跡を残し、誰もが認める「昭和の大スター」として君臨していた美空ひばり。この言葉は、生前最後のメディア出演となったニッポン放送のラジオ番組で語られたものである。幼少期から子役スターとして活躍し、大人になってからは本格派の歌手として『悲しい酒』『柔』『真っ赤な太陽』『愛燦燦』などの国民的ヒットを連発。今でこそ「歌姫」と称される女性ソロアーティストの活躍は珍しくないが、その先鞭をつけた「日本の元祖ディーバ」ともいえる存在だ。

　歌姫としての華々しい活躍の一方、私生活では1981年に「一卵性母娘」といわれた実母・喜美枝や父親代わりだった山口組三代目組長・田岡一雄が相次いで他界。翌年に大親友だった江利チエミが45歳で急逝し、1983年には実弟・かとう哲也が42歳の若さで永眠した。愛する肉親や大親友らを次々と亡くしたひばりは、埋められぬ寂しさから酒とタバコに溺れ、華奢な身体が病魔に蝕まれていくことになる。度重なる体調不良の末、49歳となった1985年に緊急入院。重度の慢性肝炎（実際はすでに肝硬変だったがマスコミ対策として病名を変更させた）と診断された。引退は避けられないかと思われたが、50歳となった88年4月に東京ドームで行われた伝説の「不死鳥コンサート」で復活。痩せ衰えた身体で凛と立ち、激痛に耐えながら全39曲を熱唱し、自らの足で花道を歩く壮絶な姿は今も語り草となっている。

　以降もレコーディングやテレビ出演などをこなし、元号が平成に変わった1989年1月に秋元康の作詞によるラストシングル『川の流れのように』を発売した。だが、間質性肺炎まで発症したひばりの病状は悪化の一途をたどり、コンサートを強行したものの楽屋に医師が常駐する命懸けのステージが続き、ついに倒れてしまった。歌への意欲は最後まで消えなかったが、病魔に勝つことはできず、1989年の6月24日に52歳で人生の幕を閉じた。ひばりは自分の言葉通りに、決して最期まで引退することなく、ずっと歌い続けて現役の歌姫のまま世を去ったのだ。

Topic 1. 弟・哲也の息子だった和也を養子にして溺愛し、和也がファンだったビートたけしやとんねるずを自宅に招いた。幼少期の和也の誕生日には、ひばりの力によって当時の歴代の仮面ライダーや秘密戦隊ゴレンジャーが自宅の庭に勢ぞろいしていたという。
　　　2. 1964年に小林旭と結婚した際には、ひばりの記者会見に山口組の田岡組長が「親代わり」として同席した。だが、実弟の哲也が山口組幹部になっていたことが発覚した1973年ごろから、ひばり一家と山口組の関係が問題視され、コンサート会場を貸してもらえなくなるなど猛バッシングにさらされた。

高尚な知性や想像力、あるいはその両方が あっても天才の形成に至りはしない。 愛、愛、愛。それこそが、天才の神髄である。

ヴォルフガング・アマデウス・モーツァルト（1756～1791）

天才を支えた音楽への愛

　ハイドン、ベートーヴェンと並んでウィーン古典派の三大巨匠の一人として知られるモーツァルトは、幼少期から「天才」と呼ばれ続けていた。

　彼は18世紀のザルツブルクに生まれた。宮廷楽団のバイオリニストだった父・レオポルドは早くから息子が天才であることを見抜き、モーツァルトに英才教育を施した。3歳でチェンバロを弾き始め、初めて作曲をしたのは5歳。6歳でオーストリアの女帝マリア・テレジアの御前で演奏するなど、その早熟ぶりは「神童」と呼ぶにふさわしいものであった。レオポルドは息子を売り込むために欧州各地の宮廷を巡り、その旅の中でモーツァルトは音楽を学んでいった。異なった国々の音楽様式を学習したことが、作曲においてモーツァルトの大きな魅力になったともいわれている。

　「早熟の天才」は得てして「20歳過ぎればただの人」となりがちだが、モーツァルトは大人になってからも非凡な才能を発揮し続けた。作品総数は900曲以上といわれ、第41番『ジュピター』をはじめとした交響曲や、誰もが知る『アイネクライネナハトムジーク』『トルコ行進曲』といった有名曲、さらには『フィガロの結婚』『ドン・ジョヴァンニ』『魔笛』などのオペラまで、数々の歴史的な傑作を生み出した。それまで堅苦しさを感じさせる機械的な「様式美」が重視されていた音楽界で、モーツァルトは天才ならではの優雅な旋律で軽やかに情緒を表現し、文字通り「音を楽しませる」ことで聴衆たちを熱狂させたのだ。

　天賦の才あってこその偉業とも思えるが、モーツァルトは晩年に「長年にわたって僕ほど作曲に長い時間と膨大な思考を注いできた人は、ほかに誰もいません」と書き記している。巨匠と呼ばれる大作曲家たちの有名な作品を丹念に研究し、考えに考え抜いた努力の末に名曲たちを生み出すことができたと語っているのだ。このすさまじい努力を支えたのは、彼の音楽に対する「愛」だったのだろう。「愛」がなければいくら才に恵まれようと知性を身につけようと、天才の形成には至らない。ここで取り上げたモーツァルトの言葉は、音楽に限らず、すべてのジャンルに共通する「天才」の神髄といえるのかもしれない。

Topic　1. 下ネタが大好きだったと伝えられている。排泄物にまつわるジョークが満載の手紙を恋人に送ったり、『俺の尻をなめろ』というタイトルのカノンを作曲したりしていた。
　　　2. マリア・テレジアの前で演奏した際、6歳のモーツァルトはシェーンブルン宮殿の床で転倒。当時7歳の皇女マリー・アントワネットが駆け寄って助け起こすと、彼は感激して「大きくなったら僕のお嫁さんにしてあげる！」と求婚した。

勘ですよ、YAZAWAの勘。

矢沢永吉（1949〜）

革新性と時代感覚の鋭さを持ったロッカー

1972年に伝説的ロックバンド「キャロル」を結成し、解散後もソロシンガーとして数十年にわたり音楽界の最前線で活躍し続けている矢沢永吉。ここで取り上げる言葉は2018年に当時68歳の矢沢がインタビューで語ったものである。

矢沢は東京ドームや京セラドーム大阪などを巡る大規模ライブツアーを発表し、それと同時にチケットの「完全電子化」を宣言した。若いバンドや歌手のライブでも紙のチケットが多いなか、古希も近い大ベテランが完全デジタル化に乗り出したことに業界の内外で驚きの声が上がった。

矢沢はインターネットやデジタル技術について詳しいわけではないという。ならば、よほど必要性に迫られない限りは「現状維持」を望むのが普通の感覚だろう。それでもチケットの完全デジタル化に踏み切った理由として「勘ですよ、YAZAWAの勘」と説明したのである。チケット転売防止という目的もあるが、それ以上に「こういう時代がくるよね」と本能で感じ取ったことが最大の理由だったという。「ロックミュージシャンがカネの話をするなんてみっともない」という風潮が色濃かった時代から、矢沢は重要な収入源となる音楽著作権を自らの手で管理。ライブを何よりも重視し、徹底した自己プロデュースで「YAZAWAブランド」を確立させ、タオルなどのグッズ販売にも力を入れた。当初は「守銭奴」と揶揄する声も少なくなかったというが、著作権や肖像権などのさまざまな権利を通して収入を得たり、楽曲販売よりもライブやグッズ販売を重視したりするのは、現在の音楽界で主流となっているビジネススタイル。その先鞭をつけたのは間違いなく矢沢だったといえる。

矢沢は日本においてロックをメジャーにした最大の功績者といわれ、ソロ転向直後からアメリカで楽曲制作をするなど現在は当たり前になった「海外レコーディング」の先駆者でもある。音楽性やスター性だけでなく、肌感覚で時代を読み取る力が矢沢永吉のサクセスストーリーに大きく作用し、その「YAZAWAの勘」が業界にも大きな変革をもたらしてきたのだ。

Topic 1. 1998年、オーストラリアでの元側近による巨額詐欺横領事件に巻き込まれた。約35億円の借金を背負ったが、たった6年ほどで完済。一度も返済が滞ったことはなく、金融機関の担当者から「返済の優等生」と評された。
2. キャロルが駆け出しだったころ、ロック界の顔役だった内田裕也に「僕らを男にしてください」と頭を下げてプロデュースを依頼。しかし、キャロルが別の人物と組むことになって内田が激怒。内田に呼び出された矢沢は「自分が悪いので一発殴ってください」と詫びを入れ、その姿に内田は「こいつは大スターになる」と感服したという。

音楽 180

音楽は心で生まれ、
心に届かなければ意味がない。

セルゲイ・ラフマニノフ（1873〜1943）

自分の中で聴こえている音楽に身を任す

ロシアの作曲家でピアニストでもあったラフマニノフ。前奏曲『鐘』やもっとも有名な『ピアノ協奏曲第2番』は世界中で愛され、日本ではフィギュアスケートの浅田真央が滑走曲に使用していたことでも知られている。

ラフマニノフは1873年に裕福な貴族の家系に生まれ、幼少期から類い稀な音楽の才能を発揮。ここまでは天才音楽家のよくあるパターンだが、やがて一家は破産し、両親は離婚した。以降は母に育てられ、不良学生になったこともあったが、敬愛するチャイコフスキーに目をかけられ、18歳のときにモスクワ音楽院ピアノ科を首席で卒業する。

だが、間もなく誰よりも尊敬していたチャイコフスキーが急逝。さらに、作曲した交響曲第1番の初演が酷評され、神経衰弱に陥ってしまう。幼少期からこの当時までの苦悩はラフマニノフの性格や作風に大きな影響を与えたとされ、あまり他人に心を開かなくなり、ロマンティックでありながら独特の哀愁を持った「クラシックの王道」ともいうべき情緒あふれる名曲の数々を生み出すに至った。進歩性が重要視された当時は批評家から「古臭い」と酷評されたが、一般の聴衆からは熱狂的な支持を集めた。

この自身の音楽性について、ラフマニノフは「私はただ、自分の中で聴こえている音楽をできるだけ自然に楽譜に書きつけているだけです」と語っている。約100年も前に「古臭い」と断じられたはずのラフマニノフだが、現代でも人気は一向に衰えていないという事実が、この言葉に重みを与えている。

ロシア革命を避けてアメリカに移住した後は、主にピアノのヴィルトゥオーゾとして活躍したが、やはり彼の情熱的な演奏は多くの人の心に響いた。演奏においても「心に届かなければ意味がない」という信念が聴く者の心をとらえたのだろう。

Topic 1. 身長2メートル近い体躯の持ち主だった。笑顔が少なく、いつも難しい顔をしていたため、ストラヴィンスキーから「6フィート半のしかめ面」と皮肉られた。
2. 歌曲『ライラック』は広く人気を博し、ライラックの花はラフマニノフの代名詞となった。以降、匿名のファンによってライラックの白い花がコンサート会場など彼の行く先々に必ず届けられるようになった。後に熱狂的な女性ファンが花の贈り主として名乗り出ている。

私を真似てはいけない。私のやり方で私は成功できたが、あなたはきっと失敗するだろう。これは私だからできたとしか言えないのだ。

フランツ・リスト（1811〜1886）

天才的な超絶技巧を持つ伝説のピアニスト

　ロマン派の巨匠にして「ピアノの魔術師」と呼ばれるフランツ・リストは、誰もが認める19世紀最高のピアニストだ。その卓越した才能と人間離れした技巧は群を抜いており、この言葉はプライドの高さを感じさせるものの、決して驕りから生まれたわけではないことをうかがわせる。

　リストは1811年にハンガリーで生まれ、10歳になる前に演奏会に出演するなど幼少期から音楽の才能を発揮。ウィーンに移住し、音楽院でベートーヴェンの弟子であるカール・ツェルニーらに師事し、その後はパリに移住して14歳でオペラ『ドン・サンシュ、または愛の館』を完成させた。この時点で天才ピアニストの片鱗を見せ、同時に絶世の美少年として上流階級の女性たちの間で話題になっていた。

　超絶技巧で知られたバイオリニストのニコロ・パガニーニの演奏に感銘を受け、リストは自らも技巧を極めようと決意。パガニーニはあまりの超絶技巧ぶりから「悪魔に魂を売り渡して演奏技術を手に入れた」と噂されたが、一方のリストは「指が6本あるのでは」とまことしやかにささやかれるほどの境地に達した。

　リストは数々の女性と浮名を流したのだが、ピアニストとして、指導者として、作曲家として、こと音楽においては求道的でまったく妥協することなく、類い稀なる能力によって数々の功績を残した。リストの作品は難曲が多いことで知られているが、情緒豊かな『ラ・カンパネラ』などは時代を超えてピアニストたちに愛されている。

　天才的な超絶技巧、音楽に対する情熱、女性たちを熱狂させたルックス……と、これだけでも常人とはかけ離れた要素ばかり。リストを真似して同じように成功するのは無理というものだろう。それほどまでに彼は特別であり、だからこそ「伝説のピアニスト」として今も語り継がれるのだろう。

Topic 1. 同じくピアノの名手として知られたショパンとは1歳違いで親交が深く、パリのサロンで連弾を披露したこともある。
2. 情熱的な演奏でピアノを壊してしまうことがよくあり、3台のピアノを用意して「壊れたら次」という形式で演奏したこともある。製造業者はリストの演奏に堪えることを目標にして改良に励み、そのおかげで後世のピアノの耐久性が大幅に向上したともいわれている。

音楽 **182**

僕たちはキリストより人気がある。

ジョン・レノン（1940〜1980）

世界的ロックバンドは神をも超えた!?

　この言葉はアメリカでは大論争を巻き起こし、結果的にジョン・レノンの運命まで変えてしまった。1966年にロンドンの夕刊紙に掲載されたインタビュー記事で、ジョンは「キリスト教は廃れていくだろう。衰退し、消えるだろう。それは議論の余地のないことだ。そのうち証明されると思う」とキリスト教批判を展開し、さらに「僕たちはイエス・キリストより人気がある。ロックン・ロールかキリスト教、どちらが先に消えるかはわからない。イエスはよかったが、弟子たちが愚鈍だったんだ。彼らがキリスト教を捻じ曲げ、台無しにしたんだ」と語った。本国イギリスでは「いつもの毒舌」と問題視されなかったが、これがアメリカの雑誌に転載されると国際的な「炎上騒動」に発展。米国南部のキリスト教原理主義者たちを中心にビートルズへの抗議活動が巻き起こり、レコードなどの焼却や粉砕、殺害予告などの深刻な脅迫が相次いだ。抗議の声はローマ法王の耳にまで入り、バチカンの公式新聞を通じてジョンの発言に苦言が呈された。

　最悪なことに、この騒動が起きたのはビートルズの全米ツアーが始まる直前だった。抗議活動が激しい南部も回らなければならず、ツアーの中止も検討された。当初は謝罪やコメントの訂正を拒否していたジョンだが、深刻な状況を理解すると「僕の発言のせいでツアーが中止になったらメンバーに合わせる顔がない」と落胆。謝罪会見で「どっちが偉大か、という意味ではない」「イギリスでのキリスト教衰退を指摘しただけだった」などと釈明し、憔悴した様子で「あのように発言してしまったことを申し訳なく思っている」と嘆いた。この謝罪会見によってアメリカ国内での抗議活動は沈静化し、ライブツアーも実施された。しかし、この発言はバンド解散後も尾を引くことになる。世界的に大ヒットしたジョンの名曲「イマジン」の「天国は存在しないと想像してごらん」という一節が非キリスト教的であると指摘され、ビートルズ時代の騒動が蒸し返された。

　ジョンは狂信的なファンだったマーク・チャップマンに銃殺されたが、チャップマンは熱心なキリスト教徒だった。ジョンの発言に「キリスト教の冒瀆」「裏切られた」と感じていたといわれ、それが殺害の動機になったとも推察されている。

Topic　1. ビートルズ時代、頭蓋骨に小さな穴を開けて脳圧をコントロールする治療法「穿頭術」に興味を持ち、ポール・マッカートニーに施術を勧めていた。ポールは「君がやってみて、どんな感じか教えてよ」と断っている。
2. 2008年、ローマ法王庁は公式新聞でジョンのキリスト発言について「労働者階級のイギリスの若者が急に予想外の成功を手にして『自慢話をした』だけなのだろう」と理解を示し、約42年ぶりにジョンの発言を許した。のちにビートルズの音楽的な功績を褒め称える記事も掲載している。

音楽は激情の言語だ。

リヒャルト・ワーグナー（1813〜1883）

壮大なオペラが人の心を魅了

　壮大なスケールのオペラを作曲し、19世紀後半のヨーロッパで中心的な文化人となったドイツの大作曲家ワーグナー。それまでアリア偏重だったオペラに対し、神話や伝説をテーマに音楽・演劇・文学・舞踊を一体化させた総合芸術として「楽劇」という形式を創始した。その作品は単なる芸術の枠を超えて愛され、「ワグネリアン」と呼ばれる狂信的なファンを生み出すほどのカリスマ性を誇った。

　ワーグナーの生涯は波乱に満ちている。ドレスデンの宮廷楽長という体制側の立場であったにもかかわらず、労働者たちが立ち上がったドイツ三月革命に参加。革命運動が失敗したために指名手配され、天才ピアニストのリストを頼ってスイスへ亡命。約9年もの間、亡命者として過ごした。私生活も破天荒で、妻がいながら人妻との不倫に身を焦がし、その経験をきっかけに代表作のひとつ『トリスタンとイゾルデ』を生み出した。また、リストの娘で人気指揮者ハンス・フォン・ビューローの妻だったコジマとダブル不倫の末に結婚。ビューローはワーグナーを支援する友人のひとりだったが、ワーグナーはその信頼を裏切り、恩を仇で返すような略奪愛を繰り広げた。自己中心的でわがままで自信家でプライドも高く、その魅力に取りつかれた信奉者に囲まれていた反面、敵も多かった。当時同じく音楽界で大活躍していたブラームスとは犬猿の仲で知られている。さらに、変名で発表した論文「音楽におけるユダヤ性」でユダヤ批判を展開するなど反ユダヤ主義者でもあり、その猛烈な反ユダヤ思想はワグネリアンだったヒトラーに大きな影響を与えた。

　悪評が絶えなかったワーグナーだが、彼が生み出した『タンホイザー』『ローエングリン』『ニーベルングの指環』といった壮大な名作の数々が人の心を魅了してやまない大きな理由は、聴衆の熱狂と陶酔を思いのままに操る巧みな音楽構成にある。まさに「音楽は激情の言語だ」という彼の言葉に魅力の秘密が集約されているといえるだろう。

Topic
1. 哲学者のニーチェはワーグナーの大ファンだった。しかし、ワーグナーが自身の作品を上演する劇場を作ったり、パトロン探しに奔走したりと「俗物的」になったことにニーチェは失望。ニーチェは著作「人間的な、あまりに人間的な」でワーグナーとの決別を表明した。
2. バイエルン王のルートヴィヒ2世はワーグナーを庇護し、そのオペラの世界を再現するためにノイシュヴァンシュタイン城を建設。しかし、この城の建設で国家財政が危機に陥り、精神的にも不安定になって国王の座を追われてしまった。ワーグナーにもっとも人生を狂わされたワグネリアンだ。

第6章

文学・演劇・古典芸能

では、己が引剝をしようと恨むまいな。己もそうしなければ、饑死をする体なのだ。

芥川龍之介（1892～1927）

現代にも通じる人間の利己的な姿

『羅生門』、『藪の中』、『芋粥』、『蜘蛛の糸』など古典作品から題材を取った短編小説を数多く遺し、その業績から彼の名を冠した「芥川賞」が創設されるなど、日本の文芸史に多大な影響を与えた文豪・芥川龍之介。彼が東京市京橋区入船町（現 東京都中央区明石町）に住む新原家に生まれたのは1892年3月1日のことであった。父は牛乳製造販売業を営んでいたが、生後すぐに母が精神に異常をきたしてしまい、龍之介は伯母の手で育てられた。11歳のときに母が亡くなると、今度は叔父の芥川家に養子として引き取られることとなった。学業成績優秀だった龍之介は、一高に無試験での入学が許され、難関の東京帝国大学文科大学英文学科へ進学。在学中の1914年に菊池寛、久米正雄らと同人誌『新思潮』を創刊すると翌年には代表作となる『羅生門』を発表し、級友の紹介で夏目漱石の門下に入った。その後教職を経たのち、大阪毎日新聞社に入社して創作に励む。1921年には海外視察員として中国を訪問するが、帰国後から心身共に不調に陥った。そして1927年、龍之介は睡眠薬を飲んで自殺。39歳の若さだった。

　この名言は、龍之介の代表作として名高い『羅生門』の一節である。この物語は、天変地異が続く平安時代の都で、数日前に解雇された下人が生きる手段を持たず、盗賊にでもなろうかと途方に暮れているところから始まる。羅生門の2階に人の気配を感じた下人は、上へ登るとそこには身寄りのない遺体がいくつも捨てられており、その中の若い女の遺体から髪の毛を引き抜いている老婆を見つける。下人は正義感に駆られて老婆を詰問すると、老婆は「これは生きるためには必要な悪であり、ここにいる死人も生きている間は生きるために同様のことをしていたはず」と自らの行いを正当化した。それを聞いた下人は、途端に勇気が湧いてきて、この言葉を吐くと老婆の着物を剝ぎ取って闇の中へと消えていくのである。この小説のテーマは、善悪の判断というものは社会の中で安定した生活手段や居場所を持っていればこそ行えるものであり、そうしたよりどころを失って無事に暮らしていけなくなれば、人間は途端に善悪の判断ができなくなるということである。貧富の差が拡大していく中で、凶悪事件が続発する今、この下人の言葉は不気味な響きを持って我々に迫ってくる。

Topic　1. 死の8年後に、菊池寛によって芥川龍之介賞が創設され、現在も純文学の新人に与えられる賞として知られている。主に原稿用紙100～200枚程度の短・中編が対象とされる。

はたらけどはたらけど　猶^{なお}わが生活
楽にならざり　じっと手を見る

石川啄木（1886〜1912）

薄命の歌人が残した悲しき嘆息

　明治期の夭折した文学者といえば、石川啄木（本名 石川一）の名前を挙げる人は多いだろう。啄木は1886年2月20日、岩手県南岩手郡日戸村で生まれた。生家は曹洞宗日照山常光寺で、父は住職を務めていた。岩手県盛岡尋常中学校時代に短歌に傾倒して、短歌の会「白羊会」を結成した啄木は、上京して与謝野鉄幹・晶子夫妻と交流を結ぶが、就職が不首尾に終わったこと、結核を発病したことが原因で盛岡に帰郷。与謝野夫妻が発行していた文芸誌『明星』に短歌を発表し、徐々に歌壇での注目を集めるようになった。1905年、第一詩集『あこがれ』を発表して浪漫派の天才詩人という評価を得、堀合節子と結婚したが、父による家賃滞納という不祥事のために一家の財政が破綻をきたしたせいで、家族の生活が啄木ひとりの双肩にのしかかってきた。啄木は渋民村で代用教員として就職し、逼迫する生活のなかで彼の作風はしだいに浪漫派から「生活派」と呼ばれるものに変化していった。教職を辞してからは北海道へ渡ってさまざまな職に就くがいずれも長続きせず、函館、札幌、小樽、釧路と転々とした。1908年4月には上京して歌作に勤しむがなかなか評価を得られず、生活は苦しいままであった。1909年に東京日日新聞の校正係として就職すると、1910年12月、ついに第一歌集『一握の砂』の出版にこぎつける。ところが翌年暮れには腹膜炎と肺結核を患い、1912年4月13日、肺結核によりわずか26歳で死去した。第二歌集『悲しき玩具』出版の2カ月前のことであった。

　掲出の言葉は、歌集『一握の砂』に収録されている、もっとも有名な短歌である。どれだけ働いても生活が楽にならないという彼の嘆息は、現代人にとっても大いに共感を呼ぶ言葉ではないだろうか。生活の苦しさや閉塞感に呆然として、自分の手を見つめる人の姿が目に浮かぶ。

Topic 石川啄木は、上京した際に「小説家になる」と作品を書き始めたが、全く認めてもらえず、浅草で連日連夜遊興に耽ったという。彼の抱えていた借金のほとんどは、遊興費のせいであったそうだ。また、「はたらけどはたらけど」というが、新聞社勤めの彼の勤務態度はまったく褒められたものではなく、遅刻や欠勤が多かったという。生活派と聞くと、堅実な人柄を想起するが、実態はどちらかといえば「破滅型」の天才だったようだ。

四月は一番残酷な月だ。

T・S・エリオット（1888〜1965）

生は死に向かう堕落と腐敗の道

「四月は一番残酷な月だ」という一文は、20世紀前半に活躍したイギリスの詩人T・S・エリオットの文名を世界に響かせた長編詩『荒地』の、冒頭の一節である。T・S・エリオットは、1888年9月26日、アメリカ合衆国ミズーリ州セントルイスに生まれた。生家は17世紀後半にイギリスから渡ってきた旧家で、父親は実業家だった。文学愛好家の母親の影響で少年時代から詩に親しみのあったエリオットは、1906年にハーバード大学に入学すると文芸誌への寄稿を始める。その後、パリのソルボンヌ大学に留学し、アメリカに帰国後はハーバード大学大学院でサンスクリット語などを研究。1914年にドイツに留学したが、第一次世界大戦が開戦したためにイギリスへと移住した。ロイズ銀行の渉外部門で働いて糊口をしのぎつつ、すでに名声を得ていたアメリカの詩人エズラ・パウンドの助力を得て1917年には第一詩集『プルーフロックとその他の観察』を発表した。その後も続々と詩、評論、戯曲などを発表して高い評価を得、1927年にはイギリスに帰化するとともに英国国教会に改宗、名実ともにイギリスを代表する文学者となり、20世紀前半の英米文学に多大な影響を与え、1948年にはノーベル文学賞を受賞した。

『荒地』は、第一次世界大戦後に生きる人々の精神の荒廃を描いた詩だが、そもそも荒地とは何のことを意味しているのだろうか。一説によれば、「荒地」とは、一見すると華やかな印象を受ける都市の、生活の裏側に隠された人間の堕落と腐敗のメタファーだという。そして、近代文明が繁栄と引き換えに人々に堕落と腐敗を与えたがゆえに、本来ならば四月は生命が新たに誕生する素晴らしい季節であるのだが、エリオットはむしろ命が生まれるということはその命が文明社会において堕落と腐敗を始める季節になると考え、「一番残酷な月だ」と表現したという。

Topic　エリオットの『荒地』の冒頭に出てくる四月という言葉は、14世紀のイングランドの詩人ジェフリー・チョーサーが書いた『カンタベリー物語』に、「四月は恵みの季節である」と出てくるので、それを意識して対照的な意味を持たせたのだという説がある。

ある朝、グレゴール・ザムザが気がかりな夢から目覚めたとき、自分がベッドの上で一匹の巨大な毒虫に変わってしまっているのに気づいた。

フランツ・カフカ（1883〜1924）

独特な世界観が描く社会への閉塞感

　生前はほとんど世間に知られないまま亡くなり、死後に『変身』、『審判』、『城』、『失踪者』など日常と非日常が織りなす独特な世界観を持った小説群が高く評価され、ジェイムズ・ジョイスやマルセル・プルーストらとともに20世紀文学を代表する作家として認知されるまでになったフランツ・カフカ。彼は、1883年7月3日、オーストリア＝ハンガリー帝国のプラハで生まれた。両親はともにユダヤ人で、父は成功した高級小間物商であった。ギムナジウムではスピノザ、ダーウィン、ニーチェなどの著作に親しみ、実証主義や社会主義などに関心を示していたが、プラハ大学に入学すると当初は哲学専攻を望んでいたものの父親から嘲笑されたため、結果的に法学を専攻することになった。しかし、法学にもあまり興味を抱けなかったカフカは、ドイツ文学の講義を受けるようになり、やがて彼の人生に多大な影響を与えることとなる新進気鋭の作家マックス・ブロートと出会った。大学卒業後は、保険会社に就職して勤務するかたわら、ブロートのすすめで小説を執筆し文芸誌に掲載されている。1917年8月に喀血すると翌月肺結核であることが判明し、長期休暇を取って療養したが、その後は職場復帰と長期療養を繰り返す生活に入ってしまった。1922年には健康状態の悪化により勤務することができなくなったために退職、翌年サナトリウムに入り、1924年6月3日、この世を去った。死後、友人のブロートがカフカの遺稿を整理して未完の代表作を刊行、カフカの文名は次第に高まっていった。

　掲出の言葉は、カフカの代表作のひとつ『変身』の中の一節。『変身』は、セールスマンのグレゴール・ザムザがある朝目覚めると、自分が毒虫に変身していることに気づくが、家族たちはグレゴールの姿を嫌悪し、やがて見放されて息絶えるという物語。このあまりにも不条理な展開は、一説によれば「逃げることのできない生活に閉じ込められた小市民」のメタファーだということである。そうであるとすれば、グレゴールを忌み嫌って死に追いやった家族は「国家」や「社会」ということであろうか。カフカが生み出した世界観は、現代においても閉塞を感じている人々の共感を呼んでいる。

Topic 1. 死後にブロートの手によって有名になったカフカだが、彼は生前ブロートに対して二度遺言を伝えており、最初の遺言では「自分の全作品を死後に焼却するように」と伝え、二度目の遺言では『判決』『変身』『流刑地にて』など、一部の作品を除いて焼却するようにと頼んでいる。
2. 陰鬱な世界観をもった『変身』だが、カフカがブロートらに朗読して聞かせたとき、彼はさも可笑しそうに笑いながら読んでいたという。カフカにとって『変身』は一種のブラック・ユーモアだったのかもしれない。

詩人にとって最大の悲劇は、
誤解によって賞賛されることだ。

ジャン・コクトー（1889〜1963）

真に理解されなかった天才の悲哀

詩人、小説家、劇作家、評論家、画家、映画監督、脚本家として広範な分野で活動し、「オーケストラ人間」「芸術のデパート」と称された芸術家ジャン・コクトー（本名 クレマン・ウジェーヌ・ジャン・モリス・コクトー）は、1889年7月5日、フランス共和国のメゾン＝ラフィットで生まれた。生家は裕福な家庭で、父のジョルジュは美術・音楽を愛好し絵を描く趣味を持っていたが、1898年にピストルで自殺してしまう。コクトーは若いころからパリの社交界に出入りし、高校時代に作家デビュー前のマルセル・プルーストや女流詩人ノアイユ伯爵夫人などと交流して文学に傾倒した。そのため学業がおろそかになり大学進学は断念したが、20〜23歳の間に詩集を3冊刊行している。そのころにはニジンスキーをはじめとするバレエ関係の人脈が広がり、作曲家のストラヴィンスキーとも交流を持った。1915年にはモディリアーニ、サティ、ピカソとも知己を得て、モディリアーニはコクトーの肖像画を描き、サティとピカソとはともにバレエ『パラード』を制作した。1923年に仕事をともにしていた作家のラディゲが亡くなるとそのショックからアヘン中毒となってしまい、その療養中の1929年に代表作となる小説『恐るべき子どもたち』を発表した。ダダイズムやシュルレアリスムの芸術家たちと対立しながら、映画や演劇の世界にも進出。その後もかなり広範な分野において多数の作品を発表し続けたコクトーは、1963年10月11日、就寝中の心臓発作によってこの世を去った。

上記の言葉は、コクトーがサティを擁護するために書いた最初の音楽論『雄鶏とアルルカン』に含まれている一節である。コクトーは実に多岐にわたる活動を行った芸術家だったが、自分自身は「詩人」と呼ばれたいと望んでいたそうだ。この言葉は、誇りを持って自らの仕事に打ち込んでいる人間にとっては、詩人でなくても通用するのではないだろうか。

Topic 1. 1936年、世界一周の旅路で来日したコクトーは、石蹴り遊びをしている日本の少女がチョークで地面に円を描くさまを見たとき、「子どもがこれほど正確かつ幾何学的な線を描く国は他にない」と驚嘆したという。
2. コクトーは、ともに演劇製作にたずさわったこともある歌手のエディット・ピアフの大ファンだった。1963年10月11日にピアフが癌で死去した報が伝えられるとコクトーは大いに衝撃を受け、彼もまたその日の夜に亡くなってしまった。

本当に芸に一身をぶち込んでやれば、眼のある人はきっと見てくれます。

古今亭志ん生 (1890～1973)

落語に専心した自由奔放な落語家

　NHK大河ドラマ『いだてん』でビートたけしが演じたことでも話題になった、昭和の名人落語家、5代目古今亭志ん生。独特の間とふんだんにちりばめた独自のくすぐり（ギャグ）で客席を沸かせた志ん生は、1分1秒の狂いもない完璧な芸で「名人上手」と賞賛された8代目桂文楽と並んで東京の二枚看板と称され、それぞれの異なる持ち味は落語ファンを二分し、いずれ劣らぬ人気を博したという。

　だが志ん生がそこまでの評価を得られるようになったのは、戦時中の満州慰問を前後してから。年齢的には50歳手前だったというから、ベテラン揃いの落語界にあってもかなり遅咲きの部類であった。前座時代には「ボロボロの着物で辛気臭い顔をしているが、噺を聞いてみると滅法上手い」などと一部の落語通には認められていたようだが、一般からの人気はさっぱり。ボロボロの着物というのは少年時代から浅草界隈で飲む打つ買うの道楽三昧で衣裳にかけるカネがなかったためだった。そんな素行の悪さもあってか度々師匠や名前を替えていて、正式に入門してからの改名回数は16回（講釈師兼業だったときの名前を入れれば17回）を数えた。遊びで作った借金まみれの状況ではとても高座に身が入らない。当時を知る者は「早口でセカセカしていて間が取れない」「とても売れるような芸には見えなかった」とその様子を語っている。

　そんな中にあっても落語の勉強には熱心だったようで、なにがきっかけとなったのか突然に人気が高まりはじめた。まさしく「本当に芸に一身をぶち込んでやれば、眼のある人はきっと見てくれます」との言葉通りになったわけだ。
「天衣無縫、無手勝流の噺家」のイメージの強い志ん生だが、「自在の間のようだが実は計算されたもの」「売れない時代に地方回りなどする中で苦労して作り上げた芸風」とする評もある。ただし、酒好きだけは売れっ子になってからも変わることなく、朝から呑んで高座に臨むこともしばしばだった。ある日、噺の出番を終えた後に行われた大喜利の最中に寝入ってしまったときには、客席から「寝かせといてやれ」「寝ている志ん生を見られたのも何かの話のタネだ」と声がかかったりもしたという。

Topic　1. やはり名人と称された6代目三遊亭圓生（現在の6代目三遊亭圓楽はこの孫弟子）は「志ん生さんとは道場の試合では勝てるが、野天の真剣勝負では斬られるかもしれない」と剣に例えて互いの芸の違いを語っている。
　2. 初代柳家三語楼の自宅が火事になったとき、志ん生がそのどさくさにまぎれて三語楼のネタ帳を盗み出して自分のものにしてしまったのは落語家内では有名な話」と5代目柳家小さんがラジオで語ったことがある。
　3. 亡くなる前日、水を混ぜて薄めた酒を飲んで「酒はやっぱりうまいよなぁ」と言って寝入ってしまったという。

痩せ蛙まけるな一茶これにあり

小林一茶（1763〜1828）

息子に向けた精一杯の励まし

　生活感情に根ざして子どもや弱者の視点に寄り添うような「一茶調」と呼ばれる独自の句風を確立し、松尾芭蕉、与謝蕪村と並び江戸期を代表する俳人・小林一茶（弥太郎）は、1763年6月15日、北国街道柏原宿（現 長野県信濃町）の農家で生まれた。生家は柏原ではそれなりの地位にある農家であったが、一茶は幼少期に母を亡くしたあと、継母となった女性とそりが合わず、陰鬱な少年時代を過ごした。継母との距離を置かせようと父によって江戸に奉公に出されたが、のちに一茶は、この奉公時代には非常に苦労を重ねたと述懐するようになる。25歳のころ、一茶は葛飾派の俳諧師として歴史的な資料に名前が見出されるようになる。東北や西国に俳諧行脚を行いながら、俳諧の実力を錬磨していった一茶だったが、39歳の時に父親が他界。以後は、父の遺産を巡って継母や弟との間で争いが起き、彼らの対立は足かけ13年間も続いた。40歳になるころには、一茶の名は俳句界でそれなりに知られるようになったものの、生活は一向に安定せず、苦しい生活が続いた。51歳のとき、遺産相続の問題がようやく解決したため故郷に移住して、それ以後は信濃国を拠点に活動を続けた。翌年、ようやく結婚したものの妻との間にできた4人の子どもが全員早世し、妻とも死別するという憂き目に遭った。そのうえ、再婚した妻との仲もうまくいかず、健康面でも中風の発作を二度起こし、64歳で三度目の結婚をするが翌年には火事で自宅を焼失。晩年の一茶は、まさに不幸の連鎖のなかにあった。火事で自宅を焼失した数カ月後、一茶は死去。

　掲出の言葉は一茶が48歳から56歳までの信濃時代に書かれた『七番日記』の中の一句。一見すると、この句は弱者への応援歌のように読めるが、実は50代にして授かった病弱の息子・千太郎を励ますための句だったという。千太郎はこの句が詠まれてから1カ月も経たないうちに亡くなってしまったが、一茶の詠んだ痩せ蛙の句はのちに教科書に載り、今もなお逆境にある人々を勇気づけている。

Topic｜晩年、二度の中風発作を起こしていた一茶は体の自由がきかず、言語障害、手先の震えなどの症状も出ていて介護が必要な身であった。そのような状態であったにもかかわらず、柏原の大火によって家が焼失、一家はやむなく唯一焼け残った土蔵で暮らすことになったのである。土蔵暮らしを強いられてもなお、一茶は門人宅を廻って俳諧を指導していたという。

人間は誰でもみんな、灰色の魂を持っている。だから、ちょいと紅をさしたがるのさ。

マキシム・ゴーリキー（1868〜1996）

社会への苦痛が生み出したリアリズム

社会主義リアリズムという手法を創始し、大正期から昭和初期にかけての日本のプロレタリア文学に多大な影響を与えたロシアの作家で社会活動家でもあったマキシム・ゴーリキー（本名 アレクセイ・マクシーモビチ・ペーシコフ）は、さまざまな職業を転々としたあと、1892年、鉄道工場に勤めながら、処女作となる『マカール・チュドラ』を発表する。その後は新聞社に勤めるかたわら多くの短編小説を書き続け、1898年の短編集『記録と物語』をきっかけに彼の文名は一気に高まった。1902年に『どん底』を発表した際はドイツでも上演されるほど評価され、科学アカデミー名誉会員にも選出されたが、その社会主義的な姿勢を快く思わなかったロシア皇帝ニコライ2世によって取り消しの憂き目に遭った。その後ゴーリキーは社会主義革命を期するボリシェヴィキに入り、レーニンの活動を支援するようになる。ロシア革命が成功してソビエト連邦が成立すると、ゴーリキーはレーニンやトロツキーらに幻滅してイタリアに移住したが、生活が困窮したためスターリンの要請に従ってロシアに帰国している。帰国後は、スターリンに盲従してソ連作家同盟結成に参加、ほかの作家たちと書物の編纂に携わったが、1934年にスターリンの粛清が始まるとその対象となって自宅軟禁され、2年後に死没した。

掲出の言葉は、『どん底』に出てくるセリフである。同作品は、夫から自由になりたいと欲したワシリーサが、情夫ペーペルに夫への殺害を依頼したことがきっかけとなり、連鎖的に不幸が生まれていくさまが描かれており、社会のどん底にいる下層民たちが誰一人幸福になることができずに終わる。人間というものは、どんな生活水準にあってもそれに充足するということができずに、もっともっとと求め続ける。そうした飽きることのない欲望を持ち続け、それゆえ悪循環を生み出してしまう心を、ゴーリキーは「灰色の魂」と呼んだのかもしれない。

Topic マキシム・ゴーリキーは筆名で、マキシムは父親の名前から取り、ゴーリキーは「苦い」「つらい」という意味の形容詞から取ったという。

戦争に負けたから堕ちるのではないのだ。人間だから堕ちるのであり、生きているから堕ちるだけだ。

坂口安吾（1906〜1955）

戦後の人々に自分自身、日本自身の発見を啓蒙

　終戦直後に発表した『堕落論』で一躍時代の寵児となり、太宰治、織田作之助らとともに無頼派の作家として活躍し、文学作品のみならず推理小説、歴史小説、随筆など幅広い作品群を残した作家、坂口安吾（本名 坂口炳五）。彼は、1906年10月20日、新潟県新潟市に衆議院議員・坂口仁一郎の五男として生まれた。生家は新潟で有名な富豪だったが、安吾が生まれたころにはすでに家産は傾いていた。幼少期から破天荒な性格を発揮した安吾は、ガキ大将として振る舞っており学校にもまともに通わなかったそうで、ある親戚は「（安吾は）とてつもなく偉くなるか、とんでもない人間になるか」のどちらかだと評したという。中学に入った安吾は、落伍者や反抗者への憧憬を抱くようになり、シャルル・ボードレールや石川啄木の影響を強く受けつつ、兄からの影響もあって文学作品を読みふけるようになった。1926年、東洋大学印度哲学科に入学し、サンスクリット語、パーリ語、フランス語などを猛勉強し、1931年には処女作『木枯の酒倉から』を発表した。『風博士』、『黒谷村』などで文壇に認められたが、安吾の文名が本格的に知れ渡るようになるのは、太平洋戦争後の1946年に発表した随筆『堕落論』からである。

　掲出の言葉は、その『堕落論』の一節。安吾は、戦後間もない荒廃した日本において自信を失いかけている日本人に向けて、今の日本が堕落してしまったのは「戦争に負けたから」ではなく、堕落するのは人間だからに過ぎないと訴えた。また、人間は堕落しきることもできない弱さを持った存在であるからこそ、武士道や聖女など神聖で尊厳あるものを追い求め、生み出すのだという。そして、そうした人間性というものは、どんな戦争や政治をもってしても破壊も救済もできないものであるから、一人一人が自分自身の美なる真理を編み出すべきであると主張した。この安吾の随筆は、『堕落論』という一見するとネガティブな印象を与えるタイトルを持ちながらも、その内容は戦後の廃墟で打ち沈む日本人たちに明日への一歩を踏み出すための生きる指針を与えた。

Topic 1. 坂口安吾は、当時ヒロポンと呼ばれていた覚醒剤の依存症になったほか、アドルムという睡眠薬の依存症にもなっていた。アドルムの服用によって、幻覚を見て狂乱状態になることもしばしばで、夫人や友人たちによって病院に入院させられていた。
2. 『堕落論』以降の坂口安吾は一躍流行作家となったものの、金銭面ではルーズで印税をすべて使い切ってしまっていたために、税金を滞納したとして国税庁から家財などを差し押さえられている。

生きるべきか死ぬべきか、それが問題だ。

ウィリアム・シェイクスピア（1564〜1616）

世界でもっとも優れ、もっとも謎多き劇作家

イギリスのルネサンス演劇において『ハムレット』、『マクベス』、『ロミオとジュリエット』、『リア王』など数多くの戯曲を生み出し、英文学史上もっとも偉大な作家と呼ばれるウィリアム・シェイクスピアの生涯は、いまだ多くの部分が謎に包まれている。彼はイングランド王国のストラドフォード＝アポン＝エイヴォンに生を受けた。父は革手袋商を営む人物で、町長にも選出されたことがある市会議員でもあり、母もジェントルマンと呼ばれる階層の出身だったため、経済的には恵まれた環境で育てられた。しかし、父親は間もなく没落してしまったため、シェイクスピアは地元のグラマー・スクールに通ったものの、大学へは進学できなかったと考えられる。18歳で8歳年上の女性と結婚し、20歳を過ぎたころにロンドンで俳優となったが、それまでの約2年間の行動は不明である。俳優として活動するかたわら、シェイクスピアは脚本も書くようになり、名声を確立していった。1594年の後半には、シェイクスピアは俳優にして劇作家であるだけでなく、「宮内大臣一座」と呼ばれる劇団の共同オーナーにして、劇場グローブ座の共同株主にまでなっていた。シェイクスピアは52歳で没するまで数多くの傑作を残したが、なかでも有名なのが『ハムレット』であり、『ハムレット』で有名なフレーズが上記の言葉である。

『ハムレット』は、デンマークの王子ハムレットが、父を殺して母親を奪い王位まで篡奪した叔父クローディアスに対して復讐しようとする物語である。クローディアスに奪われた母への愛憎半ばする思いや、復讐を進めていくたびに自らの周囲にいる人々を不幸に追いこんでいく状況にハムレットは激しく苦悩する。このセリフは、ハムレットの心理を通して、思い通りにならない人生に苦悩するすべての人間に共通する心理を、これ以上ないほど的確に表現した名台詞として、数百年の時を経てもなお色褪せていない。

Topic 原文は「To be, or not to be: that is the question」であり、これまで翻訳家たちがさまざまに訳してきた。文脈からは「復讐をすべきか、すべきでないか」という意味に取れるが、動詞はbeが用いられているので、「あるべきか、あらぬべきか」という訳も存在する。ちなみに、シェイクスピアが日本に紹介された初期に翻訳した坪内逍遙は「世にある、世にあらぬ、それが疑問ぢゃ」と訳している。

木曾路はすべて山の中である。

島崎藤村（1872〜1943）

現実の醜さをありのまま描く

　浪漫主義の詩人として詩集を刊行したのち、小説家として『破戒』、『春』、『家』などを著して自然主義文学の旗手として活躍した作家、島崎藤村（本名　島崎春樹）。彼は1872年3月25日、現在の岐阜県中津川市馬籠で籠宿の本陣、問屋、庄屋を兼ねる旧家に生まれた。明治学院本科（のちの明治学院大学）に入学すると、在学中には恩師の影響でキリスト教の洗礼を受けた。その後1893年には北村透谷らによって創刊された『文學界』に参加して浪漫主義運動に加わり、抒情詩集『若菜集』を出版、近代詩の黎明期を作った。詩人として多くの若者の共感を呼んだ藤村であったが、やがて現実問題への関心が高まるとともに詩から小説への転向を図り、1906年、被差別部落に生まれた主人公の苦悩を描いた小説『破戒』を発表し、夏目漱石から「明治最初の小説」と絶賛された。妻が死去すると、家事手伝いに来ていた実の姪と近親相姦の関係となって苦悩を深め渡仏した。その後、姪との関係のすべてを告白した小説『新生』を上梓したが、そのせいで姪は日本にいられなくなってしまう。

　掲出の言葉は、晩年に7年もの月日をかけて執筆した長編歴史小説『夜明け前』の冒頭の有名な一文である。小説の主人公である青山半蔵は、旧家に生まれて国学を修めて役人となったものの、精神に変調を来して座敷牢に閉じ込められて死んだ藤村の父親をモデルとしている。半蔵は、貧しい人々や虐げられている人々への同情心が篤く、明治維新という新たな時代の到来に胸を弾ませていたが、西洋を手本とする明治新政府の行政運営は、半蔵の期待を大いに裏切るものであった。新政府は、江戸時代よりもさらなる圧迫を人々に加え、自由を奪うようになっていったのである。また、政府は山林の国有化を決めたため、山の樹木の伐採を禁じられてしまった。国学的な理想を追求する半蔵は、生涯を通して社会との軋轢と葛藤を深め、次第に精神に変調を来して座敷牢に入れられてしまう。藤村は、このあまりにも有名な冒頭の書き出しにどんな思いを込めたのだろうか。彼は、明治という激動の時代に失われてしまった何かを、木曾路の山の中に見いだしていたのかもしれない。

Topic　島崎藤村は、自身の作品の中でたびたび「親譲りの憂鬱」に言及している。これは、実の父と姉が精神障害を起こして亡くなっていることや、すぐ上の兄が母親の不義によってできた子であること、藤村は姪との近親相姦に陥ったが実の父親も妹と関係していたことなどが、藤村の人格に暗い影を落としていたことを表現したものだと考えられる。

初心忘るべからず

世阿弥（1363ごろ～1443ごろ）

初心の本来の意味とは？

室町初期の能楽師・世阿弥による能の理論書『風姿花伝』。父・観阿弥の教えを基にして能の修行法や演技論、美学などを再解釈したものであるが、その中から現在まで教訓として伝わっているものに「初心忘るべからず」との言葉がある。現在、一般的には「ワクワクしたり緊張したりという純粋で素朴な最初の気持ちをいつまでも忘れてはいけない」といった意味で使われるが、世阿弥の考えはそれとはいくらか異なる。

世阿弥は度々「初心」について触れていて、晩年に著した『花鏡』では、それらについて「ぜひ初心忘るべからず」「時々の初心忘るべからず」「老後の初心忘るべからず」と三つの段階に分けて詳述している。以下はその意訳である。

若いころに失敗や苦労をしながら身につけた芸は常に憶えておかなければならない。それがのちのち、成功の糧になる。能役者は24、5歳ともなると舞を舞えるようになり、周囲もこれを褒めそやすが、それに浮かれ、上達の過程を忘れてしまうと、先々の上達は見込めない。だから生涯、初心を忘れてはならない。これが「ぜひ初心忘るべからず」である。

また、若いころから最盛期を経て老年に至るまで、その歳に合った演じ方をすることが大切だ。これを「時々の初心」といい、年齢とともに積み重ねたもの一つ一つを全部身につけておけば、年月を経たとき、それが味わいになってくる。

最後に、老齢期になっても初めて遭遇し、対応しなければならない試練が出てくる。このとき、年齢を理由に投げ出すのではなく、初めての試練に遭遇するたびそれを乗り越えなければならない。これが「老後の初心」である。

つまり、大事なのはスタート地点ではなく、常に自身の未熟さを自覚し、それを乗り越えようとする姿勢であり、成功でも失敗でもその経験を「初心」として覚えておけば、中年・老年になっても常に挑戦し続けることが可能である、と説いているのである。

Topic
1. 世阿弥は生涯で21編の伝書を残しているが、その存在が知られるようになったのは1909年に歴史学者の吉田東伍が学会に発表してからのことである。それまでは能楽流派の奈良金春宗家に「秘伝書」として伝えられてきた。
2. 世阿弥は将軍や貴族の保護を受けながら教養を身に付け、これが後々の能芸論に影響を及ぼしている。
3. 1434年、72歳にして世阿弥は佐渡に流されている。ことの理由は不明ながら、彼の地で生涯を終えたと見られている。

僕の前に道はない
僕の後ろに道は出来る

高村光太郎（1883～1956）

前時代的な社会や父からの脱却

　彫刻家として活動する傍ら『道程』、『智恵子抄』などの詩集を発表し、日本の近現代を代表する詩人の一人となった高村光太郎。父は『老猿』、『西郷隆盛像』、『楠公像』などで知られる著名な彫刻家・高村光雲で、光太郎自身も1897年に東京美術学校（東京芸術大学）彫刻科に入学して彫刻家を志した。しかし、同時に文学への関心も高く、在学中に与謝野鉄幹が主宰している同人雑誌『明星』に寄稿するようになる。その後、西洋画科に移ってニューヨーク、ロンドン、パリへの留学を経験した光太郎は、西洋の芸術に直に触れることで近代的な人間としての意識に目覚めた。帰国後は、日本の美術界と家族制度があまりにも前時代的で封建的であることに不満を持つようになり父と対立。教職への誘いを断り、自身のアトリエで美術作品を製作しながら退廃的な生活を送るようになる。しかし、そんな折、新進女流画家の長沼智恵子と出会い、恋に落ちたことで人生観が一変。それまでとは打って変わって理想主義的、人道主義的な「白樺派」へと接近していく。1914年、詩集『道程』を出版すると同年、智恵子と結婚。しかし1929年、智恵子の生家が破産したことをきっかけに智恵子が統合失調症を発症、その約9年後に彼女はこの世を去ってしまった。その後、1941年、光太郎は詩集『智恵子抄』を発表した。

　上記の言葉は、詩集『道程』におさめられている詩の一節である。なお、雑誌発表時は少し長く、この言葉の前後にこうあった。「どこかに通じている大道を僕は歩いているのじゃない」、「道は僕のふみしだいて来た足あとだ　だから　道の最端にいつでも僕は立っている」。未来の不確かさに目を向けることよりも、今まで自分が歩いてきて今まさに立っている場所の大切さを説いているようにも読めるし、いわゆる「道なき道」を行くように、誰もまだ歩んだことのない道を自分の足で歩いていくことを伝えているようにも読める。

Topic　光太郎は、真珠湾攻撃が起きるとそれを賞賛して、喜んで軍部に協力しようとし、戦意高揚の目的で数多くの戦争協力詩を発表した。太平洋戦争後は、自らのその行為を恥じ、反省して『暗愚小伝』を書いている。

恥の多い生涯を送って来ました。

太宰治（1909〜1948）

遺書か？　フィクションか？

　戦前から戦後にかけて坂口安吾や織田作之助らとともに無頼派の作家として活躍し、『斜陽』、『走れメロス』、『津軽』、『人間失格』などの作品を残した太宰治（本名 津島修治）は、1909年6月19日、青森県北津軽郡に生まれた。生家は県下でも有数の大地主で、父・源右衛門は県会議員、衆議院議員、貴族院議員を務めた有力者だったが、のちに治は零細農民からの搾取によって財を成した生家を後ろめたく思うようになる。父は多忙で、母は病弱だったことから、生後間もなく乳母や叔母の手で育てられた。少年時代はすこぶる優秀な学業成績を収め、芥川龍之介や志賀直哉などの小説を愛好していた治だったが、やがて芥川龍之介が自殺したという報に接してショックを受けた。弘前高校文科時代には「クラスでは私ひとり、目立って華美な服装をしていた。いよいよこれは死ぬより他は無いと思った」と、裕福な出自を持つことに負い目を感じて自殺未遂を図り、東京帝国大学入学後には交際していた女性との結婚を許されずに心中を図って女性だけが死亡するといった事件を起こした。大学時代に小説を書き始めたが、大学を卒業できないことになり、新聞社に就職しようとするも不採用となる。また、急性盲腸炎を患ったあとに鎮痛剤の依存症となり、内縁の妻だった小山初代が不義を犯していたことが発覚すると再び心中未遂事件を起こした。このような退廃的な生活を送りながらも創作活動を続けた治は、1936年に処女短編集『晩年』を出版する。その後は師事していた井伏鱒二の援助を受けて山梨県三坂峠に滞在しながら、『走れメロス』、『富嶽百景』などの作品を刊行、終戦の2年後に出版した『斜陽』がベストセラーとなったが、ほぼ同時期に結核を病んでしまった。翌年に『人間失格』を執筆したあと、6月13日、玉川上水で愛人の山崎富栄と入水自殺を図り、二人とも死亡した。

　掲出の言葉は、太宰の完成された作品としては最後の小説となった『人間失格』の冒頭の一文。小説の主人公・大庭葉蔵の生涯は、治自身のそれと重なる部分が多く、「恥の多い生涯」とはまさに自分自身の人生を俯瞰した治の、いつわらざる感想だったのだろう。

Topic
1. 太宰治の遺体が発見されたのは入水してから6日後で、その日は奇しくも治の誕生日であった。この遺体が発見された日は、治が最後に書いた短編『桜桃』にちなんで桜桃忌と名付けられ、現在でも全国から太宰ファンが法要の執り行われる三鷹禅林寺に集い、故人の死を悼んでいる。
2. 治は「恥の多い生涯」と自嘲したが、『人間失格』は現在にいたるまでに累計発行部数が600万部を超える大ベストセラーとなり、今もなお多くの人々を惹きつけている。彼の文学的功績は必ずしも恥の多いものであったとは言えないだろう。

分け入つても分け入つても青い山

種田山頭火（1882〜1940）

挫折の多い人生が生んだ自由な俳句

　乞食行脚で全国各地を放浪しながら、五七五の定型にこだわらない「自由律俳句」の作り手として独自の俳句世界を築いた種田山頭火（本名 種田正一）は、1882年12月3日、山口県防府町で生まれた。幼いころに父の芸者遊びを苦にした母親が投身自殺をし、その衝撃が山頭火の後の人生に多大な影響を与えたという。私立周陽学舎（現 山口県立防府高等学校）時代から本格的に俳句を作り始め、学友たちと同人誌を発行していた。1902年、早稲田大学に入学するも神経衰弱となって退学、父とともに酒造業を営むようになる。1913年、俳人の荻原井泉水の俳句機関誌『層雲』に加わり、井泉水に師事する。井泉水は、のちに山頭火と並ぶ自由律俳句の作り手として知られるようになる、尾崎放哉も育てている。1916年、父と経営していた種田酒造場が破産し種田家は一家離散。山頭火は妻子を連れて熊本で古書店を、続いて額縁店を開くもいずれもうまくいかず、弟が自殺するという事件とも相まって、その後は定職には就かずに酒浸りの自堕落な生活を送った。妻と離婚した山頭火は1924年、熊本の曹洞宗報恩寺で出家、法名は耕畝（こうほ）。熊本市内にある味取観音の堂守となると、2年後には行乞と呼ばれる「乞食行脚」「托鉢」を始め、以降は諸国を廻りながら自由律俳句を作り、『層雲』に寄稿した。1940年10月11日、自らが愛媛県松山市に結んだ一草庵で脳溢血により生涯を閉じたのである。

　掲出の言葉は、山頭火が45歳の時、全国行脚の旅の途中で詠んだ代表作。道なき道を進めども進めども一向に目的地に届かない、その道行きの困難さ、先行きの不透明さ、山頭火はそうした旅程と自分の思い通りにならない人生とを重ね合わせて詠んだのではないだろうか。

Topic 　1. 山頭火は、晩年に山口市湯田温泉街に風来居という庵を結び、さらに愛媛県松山市にも一草庵という庵を結んでいるが、それでも放浪をやめなかった。
　2. 晩年の日記には、自らの人生について「無駄に無駄を重ねたような人生だった、それに酒をたえず注いで、そこから句が生まれたような一生だった」と述懐している。

芸というものは、実と虚の皮膜(ひにく)の間にあるものなり。

近松門左衛門(1653〜1725)

真実と虚構の間に面白さがある?

「芸というものは(その面白さは)、虚と実の皮膜の間にあるもの」だと唱えたとされる近松門左衛門だが、これは江戸時代の儒学者で芸事にも詳しかった穂積以貫が『難波土産』において近松から聞き書きしたとして記したもので、近松本人が書き残したとされる芸能論は存在しない。その穂積による実際の文章は「舞台へ出て芸をせば慰になるべきや。皮膜の間といふが此也。虚にして虚にあらず実にして実にあらずこの間に慰が有たもの也」というもので、これをもって日本文芸史における虚構論の先駆とする評もある。

また「虚実」ということの解釈についても二通りがある。「虚」は実体のないものや嘘、偽り。「実」とは実体のあるもの、誠のものとする考え方が一つ。「虚」とは超越的な存在を指し、「実」とはそこからあらわれる具体的なものであるという考え方がもう一つである。中国の思想書では古くから「虚」なる言葉が散見され、詩文、医学、兵学等の分野でも用いられたことから、近松もその影響を受けたとするのが後者の考え方だ。近松以降の芸術分野において多く用いられるようになり、浄瑠璃や歌舞伎など古典の世界のみならず、近代演劇や文学における表現論をあらわす上での重要概念となっている。

武士の家に生まれた近松だが、父が浪人となると自身は公家に仕える身となり、そのころに京で評判の浄瑠璃語りと交際を持ち、これが戯作のきっかけになったといわれる。浄瑠璃作家に専念するようになると徐々に名前が知られ始める。近松以前の古浄瑠璃は物語性に乏しく宗教色が強いものであったが、1683年、曾我兄弟の仇討ちの後日談を描いた『世継曾我』が、義太夫浄瑠璃の創始者である初代・竹本義太夫の竹本座で掛けられると大きな評判に。その後も竹本座での『出世景清』(平家滅亡後も生き延びて源頼朝を討ち滅ぼそうとする悪七兵衛景清の苦悩を描く)が大ヒット。それまでの浄瑠璃の概念を一変させた演劇性に富んだものとして、これが日本における近世演劇の始まりとする声もある。

近松の筆による300年以上も前の作品が今なお歌舞伎などで演じられているというのだから、まさに時代を越えたヒットメーカーと言えようか。

Topic 1.1703年の『曾根崎心中』は、あまりの人気ぶりから、これを真似た恋仲の男女による心中が社会現象化。幕府が心中禁止令を出すほどであった。
2.近松の墓はもともと大阪市の法妙寺にあり、法妙寺の移転後は近松の墓だけが跡地に残されたのだが、移転した法妙寺にもやはり近松の墓があり、さらには兵庫県の広済寺にも近松の墓がある。

物事を正しく見ることができるのは心だけだ。もっとも重要なものは目には見えないんだ。

サン=テグジュペリ（1900〜1944）

大人への示唆に富んだ児童文学

　300以上の国と地域の言語に翻訳され、発行部数は2億冊を超える児童文学『星の王子さま』。この挿絵を自ら描いたことでも知られるフランスの作家サン=テグジュペリ（本名アントワーヌ・ド・サン=テグジュペリ）は、1900年6月29日、フランス共和国リヨンで生まれた。生家は由緒ある伯爵家で、イエズス会の学校を経てスイスの聖ヨハネ学院に進んで文学を学んだ。1921年、兵役に服すると飛行機の操縦士となり、退役後は自動車販売員として働いたあとに、民間のパイロットとして勤務した。1926年、サン=テグジュペリは自身のパイロットとしての経験に基づいた小説を発表し、世界的な評価を得た。1939年に第二次世界大戦が勃発すると、当初はトゥールーズで飛行教官となったが前線で戦うことを希望して転属を許され、オルコントへ駐屯する。ところが、ヴィシー政権がナチス・ドイツと講和したためサン=テグジュペリはアメリカへと亡命し、ニューヨークで自由フランス空軍に志願兵として入隊して再び北アフリカ戦線で戦った。そして1944年7月31日、フランスのグルノーブル、シャンベリーなどを写真偵察するために単独で出撃したが、そのまま地中海上空で消息を絶ってしまった。2008年にサン=テグジュペリの飛行機を撃墜したパイロットが明らかになったが、実はそのパイロットは、サン=テグジュペリの作品を読みパイロットに憧れたのだという。

　掲出の言葉は、サン=テグジュペリが1943年に出版した『星の王子さま』の一節である。砂漠に不時着した郵便飛行のパイロットは、そこで少年と出会う。彼と話すうち、少年が小さな星の王子であり、いろいろな星を巡って地球へやってきたことを知るのだが、少年が地球で知り合ったキツネから教わったのが、この言葉の内容だ。サン=テグジュペリは、この物語を通して生命、愛、連帯といった人生における重要な問題に対する指針を示したが、その中でもこの言葉は特に重要なサン=テグジュペリのエッセンスともいうべき言葉である。

Topic　1.『星の王子さま』の主人公が不時着をするシーンは、サン=テグジュペリ自身が1935年にフランス−ベトナム間最短時間飛行記録に挑戦した際にサハラ砂漠へ不時着しており、その時の体験が反映されている。
　　　2. 飛行機やパイロットに題材をとったサン=テグジュペリの作品群は、パイロット仲間にもファンが多く、第二次世界大戦で敵方となったナチス・ドイツの空軍にも愛読者がいた。そのため、彼らはサン=テグジュペリが所属している部隊と戦う羽目になることを嫌がったという。

一般にすべて他人の不幸というものは、どんな場合でも、傍観者の目を楽しませるようなものを含んでいる。

フョードル・ミハイロヴィッチ・ドストエフスキー（1821～1881）

日本文学にも強い影響を与えたロシアの文豪

『罪と罰』、『白痴』、『カラマーゾフの兄弟』、『悪霊』など近代小説の新たな地平を切り拓く作品を生み出し、レフ・トルストイと並んで19世紀後半のロシア文学を代表する文豪フョードル・ミハイロヴィッチ・ドストエフスキーは、1821年11月11日、ロシア帝国のモスクワで貧民救済病院に勤める医師の次男として生まれた。17歳の時に陸軍中央工兵学校に入学、卒業すると工兵隊製図局に就職したが1年ほどで退職し、文筆で身を立てようとした。25歳のとき、『貧しき人々』で華々しくデビューを果たしたが、その後は低迷。空想的社会主義のサークルに入って社会主義者としての活動を始めると、1849年に逮捕されて死刑判決を受けた。ところが、銃殺刑執行直前に特赦が与えられてシベリア送りになり、以後1854年まで服役することとなる。刑期終了後ペテルブルクに帰還して執筆活動を行い、『罪と罰』など数多くの作品を残した。晩年には、自らの集大成として大長編『カラマーゾフの兄弟』を発表、1881年、59歳で死去した。

上記の言葉は、『悪霊』の中に出てくるものである。『悪霊』は、1869年にモスクワの大学生が革命秘密結社からの脱退を申し出たところ、結社の首領ネチャーエフとその同志らによって殺害されるというネチャーエフ事件に題材を取った小説。「他人の不幸は蜜の味」という言葉が現在も広く人口に膾炙しているが、ドストエフスキーのこの言葉はまさにそれと同じ心理を伝えている。人間が他人の不幸によって幸福を覚え、他人の幸福によって不幸を覚えるのは、実は科学的に証明されていることらしい。他人の不幸を喜ぶ心理のことを「シャーデンフロイデ」といい、誰しもが多かれ少なかれ持っているのだ。

Topic
1. ドストエフスキーは、存命中、ロシアにおける人気作家であった。彼の葬儀は盛大に行われ、棺が埋葬地に向かう間、約3万人もの人々が沿道に押し寄せたという。
2. ドストエフスキーは、文豪のイメージとは裏腹に賭博狂で、ギャンブルにのめり込んでは借金を作っていたため、人気作家だったにもかかわらず、生涯貧しい境遇のままだった。そのような境遇だったため、自分の不幸にも他人の不幸にも敏感だったのかもしれない。

幸福な家庭はどれも似たものだが、不幸な家庭はそれぞれに不幸なものである。

レフ・トルストイ（1828〜1910）

人物の心理を細やかに描いたリアリズムの巨匠

『戦争と平和』、『アンナ・カレーニナ』、『復活』などの小説を発表しながら、私有財産の否定、非暴力主義、非戦論を含む「トルストイ主義」に基づいた活動を行い、文学界に留まらず、さまざまな分野に多大な影響を与えた19世紀ロシアを代表する文豪レフ・トルストイは、1828年9月9日、ロシア帝国ヤースナヤ・ポリャーナに生まれた。生家は由緒ある伯爵家だったため裕福な家庭に育ったが、母親を2歳のときに父親を9歳の時に亡くし、カザンに転居して叔母の手で育てられた。カザン大学東洋学部に進むが、学業をおろそかにして社交や遊興に耽る青春時代を過ごし、大学を中退。広大な農地を相続したトルストイは農地改革に乗り出すものの失敗し、再びペテルスブルクで遊蕩に耽り、1851年、コーカサス戦争に従軍する。コーカサスで執筆した小説が認められて注目を集めるようになり、退役後は教育問題にかかわりながら創作を続け、作家としての地位を確立していった。1861年、34歳の時に16歳年下のソフィアと結婚、この女性との間に10人以上の子どもを作ることとなり、その結婚生活の中で『戦争と平和』や『アンナ・カレーニナ』など文学史に燦然と輝く傑作群が誕生することとなった。しかし、トルストイが文学から離れて社会活動や宗教に入れ込み家庭を顧みなくなると、トルストイとソフィアの仲は次第に険悪化。二人の対立は解消されることがなく、1910年10月、ついにトルストイは家出をするに至ったが、鉄道で移動中に悪寒を感じて小駅アスターボヴォで降りると、1週間後に帰らぬ人となった。享年82、死因は肺炎だった。

掲出の言葉は、1877年に刊行された『アンナ・カレーニナ』の一節。確かにいわれてみればさもありなんといった、正鵠を射た言葉である。家庭の幸福の形は往々にしてステロタイプであるが、家庭の不幸の形は実にバリエーションに富んでいるものだ。この言葉を小説に書いた当時、トルストイがすでにソフィアと不和に陥っていたのかはわからないが、妻との不和に苦しんで行き倒れた最期を踏まえれば、どことなく予言的な響きを感じる。

Topic 1. 晩年のトルストイはソフィアをひどく毛嫌いし、死の直前に「妻を私に近づけるな」と遺言したという。また、ソフィアが「お父さんが死んだのは私のせいだ」と反省の言葉を述べたとき、そこにいた子どもたちはその言葉を否定しなかったと伝えられる。
2. 悪妻として名高いが、二人の不和はむしろトルストイにこそ原因があるとする人々もいる。ソフィアは10人以上の子どもを養育しなければならなかった反面、トルストイは自らの理想に生き、裕福な生活を送ることを恥じていたため印税や地代の受け取りを拒否していたのである。理想に生きた夫と、現実に生きた妻とが必然的に対立したのかもしれない。

汚れつちまつた悲しみに　今日も小雪の降りかかる　汚れつちまつた悲しみに　今日も風さへ吹きすぎる

中原中也（1907～1937）

波乱に満ちた人生から顕出した生の虚無感

　ダダイズムの影響を受けて『山羊の歌』、『在りし日の歌』などの詩集を刊行し、わずか30歳の若さで夭折した中原中也。死後も高い評価を受け続けているこの詩人は、1907年4月29日、山口県吉敷郡下宇野令村に生まれた。生家は代々開業医を営む名家で、両親は結婚後6年間も子宝に恵まれなかったために、中也の誕生をひどく喜んだという。そのせいもあってか、両親は中也に対して過保護・過干渉な態度で教育し、そのことが中也の人格形成に大きな影響を与えた。幼少期の中也は「神童」と呼ばれるほど成績優秀で、ユーモアがあったため学校では人気者であった。ところが、山口中学校（現 山口高等学校）に入ると文学に傾倒した影響もあってか成績は次第に低迷、飲酒や喫煙を覚えて、不良少年となり、落第を経験する。京都の立命館中学に編入するとダダイズムと出会ってこれに傾倒し、自分でも詩作を始めた。その後、上京した中也は日本大学予科文科に入学したがすぐに退学、のちに評論家となる小林秀雄や大岡昇平らと交流を持ったが、かねてから交際していた女優の長谷川泰子が中也の元を去って小林と同棲を始めたことにショックを受け、『朝の歌』という詩を書いた。その後、母のすすめで結婚し、1934年、処女詩集『山羊の歌』を資金難などの障害を乗り越えて刊行にこぎ着け、高い評価を得た。ところが、1936年、中也の長男文也が小児結核によりわずか2歳で死去すると、極度の悲しみに打ちひしがれた中也は心身共に激しく衰弱してしまい、翌年、30歳の若さで結核性脳膜炎により帰らぬ人となった。

　上記の言葉は、『山羊の歌』におさめられている「汚れつちまつた悲しみに……」という詩の一節。悲しみが汚れるとはどういうことだろうか。かつては純粋だった悲しみが、ときの経過とともに純粋さを失っていってしまったことへのむなしさを伝えているのだろうか。あるいは、中也にとっての悲しみとは彼が詩人として創作するうえでの原動力だったのかもしれない。しかし、見方を変えれば、詩人は自分の悲しみを詩にすることで「売り物」にしているとも考えられる。そうした表現者としての葛藤を自らえぐり出したのが、この詩なのかもしれない。

Topic 中原中也は酒癖が悪く、たびたび問題を起こしていた。友人と酒を飲んだ帰りに通り沿いの家にあった外灯を叩き壊して留置場に入れられたり、文人が集まるバーに毎日やってきては手当たり次第に喧嘩をふっかけたりしていたという。坂口安吾、大岡昇平、太宰治らも喧嘩をふっかけられたことがあり、大岡に至っては実際に中也から殴られている。

呑気と見える人々も、心の底を叩いてみると、どこかかなしい音がする。

夏目漱石（1867〜1916）

近代人の孤独やエゴイズムを追求

『吾輩は猫である』でデビューし、『三四郎』、『坊っちゃん』、『こころ』など数々の名作を生んだ明治日本を代表する文豪・夏目漱石（本名 夏目金之助）は、1867年2月9日、江戸牛込馬場下で生まれた。若いころから英語に関心を持ち、英学塾成立学舎に学び、大学予備門時代からずば抜けた成績を修めた。学生時代にのちに俳人として有名になる正岡子規と出会い、友情を温めるようになった。漱石は子規から人間的にも文学的にも多くの影響を受け、子規が逝去するまでその友情は続いたという。1893年に帝国大学を卒業すると高等師範学校で教壇に立つが、このころから強迫観念に駆られるようになり、重度のノイローゼに陥ってしまう。1900年、文部省から英語留学を命じられてロンドンに留学したときも滞在先のロンドンで再びノイローゼに陥り、やがて精神に変調をきたしてしまう。留学から帰国すると一高と東大で教職に就いたが、ここでもノイローゼになった。そんな中、俳人高浜虚子に薦められて処女作『吾輩は猫である』を執筆し、漱石は専業作家としての道を歩み始めた。上記の一節は、その『吾輩は猫である』の終盤のシーンで登場する。

　主人公の猫は、ある秋の日、飼い主の苦沙弥先生の座敷に仲間たちがやってきて呑気な話を繰り広げる、そんな実に日本的な微笑ましい光景を眺めるが、じきに日が暮れて客が三々五々帰路に就き、座敷にはほとんど人がいなくなった。そんな座敷を見た猫がこのような感想を抱くのである。互いに触れ合っている時には顔に微笑みを浮かべてはいても、人間はひとりになると、なんとも形容しがたい漠然とした寂しさや不安のようなものを抱えていることに気づくものだ。そういった現代社会に生きる人間という存在そのものが抱えている根源的な不安や寂しさを見事にえぐり出した言葉である。

Topic 夏目漱石は、亡くなるまで長らくノイローゼと精神の変調に悩まされてきた。また、胃潰瘍を患って度々入院し、療養生活を強いられた（入院回数は5度に及ぶ）。晩年には痔や糖尿病も発症し、1915年12月9日、体内出血を起こして帰らぬ人となった。49歳の若さだった。漱石の作家デビューは1904年であるため、彼の作家生活は約11年に過ぎなかったが、数多くの傑作を残した。

あまりうちとけ過ぎる人間は尊厳を失うし、気安い人間は馬鹿にされますし、むやみに熱意をみせる人間はいい食い物にされます。

オノレ・ド・バルザック（1799〜1850）

現代にも通じる人との付き合い方

　ドストエフスキーやトルストイらに先駆けて近代リアリズム小説を発表し、『人間喜劇』と呼ばれる90篇の長編・短編からなる小説群を完成させようという壮大な構想を抱くも志半ばで亡くなった、19世紀フランスを代表する文豪オノレ・ド・バルザック。彼は1799年5月20日、フランス共和国トゥールで生まれた。父より30歳近く若い母親からは愛されなかったバルザックは、生後間もなく乳母に預けられて育てられた。その後は寄宿学校に入学し6年間を過ごしたが、そのあいだに母が面会に訪れたのはわずかに2回しかなく、こうした母親からの愛情の欠如は、バルザックののちの人生に大きな影響を与えたとされる。パリに引っ越すと1816年にパリ大学法学部に合格して法律事務所で働くが、文学への情熱を抑えきれず、息子が安定した職業に就くことを望んでいた両親と対立したという。両親から2年間の猶予期間を許されたため、バルザックは屋根裏部屋に住んで文学修行にいそしんだが失敗に終わった。家族の元に戻ってからは偽名で多数の作品を発表するもこれも挫折。その後は出版業、印刷業、活字鋳造業などさまざまな事業に手を出すも、いずれも失敗してしまい、破産宣告を受けて莫大な借金を背負った。この借金を返済するべく小説『ふくろう党』、『結婚生理学』を発表すると、ついに好評を博し社交界入りを果たす。その後は、『ゴリオ爺さん』や『谷間の百合』など多数の作品を上梓したが、休みなく執筆したことによる過労が重なり、1850年8月18日、帰らぬ人となった。

　掲出の言葉は、バルザックの最高傑作の呼び声が高い『谷間の百合』に出てくる。苦労に苦労を重ねて、大文豪にまでのし上がったバルザックらしい含蓄に富んだ言葉である。社会の中に生きる人間を見つめ続けたバルザック流の社交術の極意が垣間見える。

Topic
1. バルザックはコーヒーを愛好し、毎日がぶ飲みしながら夜通し小説を執筆したことで知られる。また、小説を書いていない間は社交界に出入りしては、豪華な食事をたらふく食べ、知人・友人たちとの歓談に興じた。そうした生活が原因で、バルザックは恐らく糖尿病を患い、晩年には失明に悩まされた。
2. バルザックを一念発起させた莫大な借金は、結局彼の生涯を通して完済されなかったため、財産家の未亡人が肩代わりした。

これらすべてががっしりと形をなし、町も庭も、私の一杯のお茶からとび出してきたのだ。

マルセル・プルースト（1871〜1922）

半生をかけて書かれた画期的作品

　20世紀初頭に大長編小説『失われた時を求めて』を発表し、後世の世界文学に多大な影響を与えたフランスの小説家マルセル・プルーストは、1871年7月10日、フランス共和国オートゥイユに生まれた。父アドリヤンは医学博士で衛生局総監、ソルボンヌ大学教授を務めたことがある人物、母ジャンヌはパリ在住の富裕なユダヤ人の娘で古典文学を愛好する女性だった。プルーストは9歳のときに喘息の発作を起こして以来、生涯を通してその持病と付き合うこととなり、病弱だった彼は文学的素養のある母親の影響を受けながら、早い段階で文学に目覚めることとなった。プルーストは、若いころから友人の母親たちが出入りしていた社交界への憧れから、サロンに出入りするようになり、1年間の兵役に就いたあと入学したパリ大学では法律と文学を学びながら熱心に社交界に出入りして、貴族や芸術家などの著名人と交流を持った。両親はプルーストが定職に就くことを望んでいたが、彼はほとんど勤めには出ず、20代後半以降は一切職に就かず、文学活動に専念する生活を送った。作家としては1896年に第一作『楽しみと日々』を出版したが高い評価は得られず、その後自伝小説の執筆を始めるも中断。1903年11月に父が死去すると、その2年後にはプルーストを愛してやまなかった母も死去してしまう。それに伴い、慣れ親しんだ家からアパートへと転居したプルーストは、1908年自伝的小説『失われた時を求めて』の執筆を開始。1922年11月18日、この大長編小説が完成したあとの改稿作業を行っていた最中、喘息発作と肺炎の併発によって死去した。

　掲出の言葉は、『失われた時を求めて』に登場する。プルーストはこの小説の中で「無意志的記憶」という概念を登場させている。彼は、時間というものは順序立てて直線的に進んでいくものではなく、特定の形式を持たずに不規則に流れていく一つの塊のようなものであると捉えていた。そのため、彼はそれまで忘れ去られていた記憶の数々が、何かのきっかけによって鮮明に、連鎖的に、まとまって思い出されることがあると考えた。この一節は、プルースト自身をモデルとする主人公が、以前よくやっていたようにマドレーヌという菓子を紅茶に浸して食べた瞬間に、幼少時代のさまざまな記憶が一気に脳裏によみがえった瞬間を表現している。こうした時間と記憶に対するプルーストの考察は、のちの作家たちに多大な影響を与え、現在でも20世紀文学の最高傑作という呼び声が高い。

Topic 『失われた時を求めて』は実に3000ページにも及び、登場人物は2000人を超える。

毎日が新しい日だ。幸運であるに越したことはない。でも堅実に行くほうがいい。そうすれば運が向いたときには準備ができているさ。

アーネスト・ヘミングウェイ（1899～1961）

鬱屈した日々にめげそうなときに

『武器よさらば』、『誰がために鐘は鳴る』、『日はまた昇る』、『老人と海』などの小説で知られ、1954年にノーベル文学賞を受賞したアメリカ合衆国の作家、アーネスト・ヘミングウェイは1899年7月21日、イリノイ州オークパークで生まれた。医師だった父からは釣りや狩猟、ボクシングなどの趣味の手ほどきを受け、母からは音楽や絵画など芸術面での影響を受けたという。高校を卒業すると、『カンザス・シティ・スター』の記者となり、現場主義の取材姿勢と無駄をそぎ落としたシンプルな文体を体得した。第一次世界大戦には、赤十字のメンバーとして従軍するが、北イタリア戦線で重傷を負ってしまう。それでも1930年代には、スペイン内戦に人民戦線政府側として実際に身を投じ、その体験を題材に『誰がために鐘は鳴る』や『武器よさらば』などの小説を執筆。ベストセラー作家の仲間入りを果たした。1952年には、キューバの老漁師サンチャゴの孤独な生き様を描いた『老人と海』によって、どんな困難に打ちのめされても負けることのない人間の尊厳を簡潔な文体で描いたとして、ピューリッツァー賞とノーベル文学賞を受賞する。掲出の言葉は、その『老人と海』に出てくる一節である。

　主人公の老漁師サンチャゴは、84日間ものあいだ釣果に恵まれず、食料にも事欠く困難に直面するなど、並大抵の人間ならば心が折れてしまうような状況にいた。ところが、サンチャゴは、そのような苦境にあってもめげることなく「今日こそチャンスに出会えるはず」と信じて漁に出かけてゆく。この言葉には、そのサンチャゴの内面が描かれているのだが、現代においても、この「常に新しい1日に新しい希望を持って臨もう」とした老漁師の言葉に勇気づけられる人は多いのではないだろうか。

Topic　行動派の作家だったヘミングウェイだが、ノーベル賞受賞の年に二度の航空機事故に遭い、重傷を負ってしまった。事故の後遺症と長年の不摂生によって重度の神経衰弱に陥ると、次第にヘミングウェイの行動的な側面は影を潜めていった。ヘミングウェイは何度も自殺未遂を繰り返した挙げ句、1961年7月2日、ショットガンで自殺した。

何一つ　この世で　当てになるものはない、人間の利己主義は、どれほど気をつかって表面を飾ってみても、いつも本心がもれてくる。

シャルル・ボードレール（1821～1867）

散財の限りを尽くした詩人の鋭い視点

　唯一の詩集『悪の華』によって象徴派の道を拓き、ランボーやマラルメなどに絶大な影響を与えたフランス近代詩の創始者シャルル・ボードレールは、1821年4月9日、フランス王国のパリで生まれた。父親はかつて聖職に就いていたが辞職し、革命前は大貴族の家庭教師を務め、第一帝政下では元老院事務局に勤務していた人物であった。6歳のころに父が他界したが、母は1年半後に陸軍少佐の男性と再婚、ボードレールはそのことに深く傷ついたという。1839年、バカロレア（大学入学資格）を取得したボードレールはパリ大学法学部に進んだが、悪友の文学青年たちと放埒な生活を送り、このころ梅毒にも感染している。20歳になると、かねてから素行に問題のあったボードレールは、親族たちによってほとんど強制的にインドのカルカッタ行き汽船に乗せられてしまう。インドには至らずに間もなく帰国したボードレールは、実父の遺産を相続していわゆる「ダンディ」な生活を送って散財し続け、23歳の時に禁治産者として監視下に置かれてしまった。経済的な理由から筆を執る必要に迫られたボードレールは、1845年ごろからサロンの美術批評家としてデビューを飾り、その後は小説を発表するようになった。1857年、20代のころから執筆していた詩集『悪の華』を刊行したが、その卑猥で耽美的、かつ背徳的な内容から6編の詩が公序良俗に違反しているとして罰金刑に処された。その後、『悪の華』は増補版が出版されて一定の評価を得たものの、ボードレールは借財による貧窮と、時代を先取りしすぎたがゆえの周囲の無理解による孤独にさいなまれる人生を送った。

　掲出の言葉は、『悪の華』に含まれている一節である。優れた美術批評家であり、また近代社会の危機を鋭く批評した文明批評家でもあったボードレールは、その透徹した人間観察眼によって、人々が取り繕おうとする体面の奥底には必ず利己主義があり、それこそが人間社会における危機を招くものだと考えていたのかもしれない。

Topic　ボードレールは、実父が亡くなったわずか1年半後に母カロリーヌが軍人と再婚したことに失望し、それ以後母親との関係はぎくしゃくしたものとなった。その上、義父となった人物はボードレールが亡父の遺産を蕩尽しつくすことを恐れ、半ば強制的に彼をインド送りにした。そのためボードレールは長らく家族と対立し、義父が亡くなってから実母との関係を修復した。

貫之は下手な歌よみにて 古今集はくだらぬ集に有之候。
これありそうろう

正岡子規（1867～1902）

日本の短歌を大転換させた男の広言

　明治期に俳句・短歌を近代化させる革新運動を行い、特に日本の伝統的な短歌を現在まで続く近代的な短歌へと大転換させ、日本近代文学を代表する文学者の一人となった正岡子規は、1867年10月14日、伊予国温泉郡（現 愛媛県松山市）で松山藩士正岡常尚の長男として生を受けた。1872年、父が死没したために母方の大原家と叔父が後見人となり、幼くして家督を継いだ子規は、幼少期から漢詩、戯作、軍談、書画などを愛好し、自らも試作していたという。旧制松山中学を中退したのち上京して共立学校（現 開成高等学校）に入学、1890年には大学予備門を経て帝国大学哲学科に進んだが、のちに国文科へ移っている。共立学校では、のちに日露戦争の日本海海戦で参謀として活躍する秋山真之が同窓生（同郷でもある）で、東大予備門では夏目漱石や南方熊楠と同窓生であった。1892年に新聞『日本』に『獺祭書屋俳話』を連載、俳句の革新運動の狼煙を上げた。大学を中退して『日本』の記者として勤め、日清戦争の際には従軍したが日本への帰路で吐血し、結核菌のせいで脊椎カリエスに罹っていることが判明する。以後はほとんど病床から出ることのできない生活を強いられたが、子規は獅子奮迅の働きを見せた。1897年には、俳句雑誌『ホトトギス』を創刊して俳句の革新に大いに貢献するとともに、短歌においては『歌よみに与ふる書』を書き、短歌の世界にも革新的な変化をもたらした。掲出の言葉は、その『歌よみに与ふる書』に出てくる一節である。

　貫之とは、古今和歌集の代表的な歌人だった平安歌人・紀貫之のこと。子規は、それまで短歌の世界におけるバイブルとされてきた古今和歌集を象徴する歌人を「下手」と断じ、藤原定家についてもその歌には「ろくなものがない」とこき下ろした。子規は万葉集を称揚しつつ、短歌に使われる言葉は古語にこだわる必要はなく、現代語、漢語、外来語などを使ってもよいのだと主張した。子規は、短歌は近代国家日本にふさわしいものに生まれ変わる必要性を感じていたのだ。『歌よみに与ふる書』以降、日本の短歌はこの子規の理論から多大な影響を受けるようになった。

Topic
1. 本名は常規で幼名は処之助。のちに升と改めている。「子規」という号はもともと「ホトトギス」の意。鳴いて血を吐くと言われるホトトギスと、結核に冒されて吐血した自分自身とを重ね合わせて、その号を名乗ったと言われる。
2. 正岡子規が『歌よみに与ふる書』で主張した、短歌は現実生活に密着した写生・写実的なものであるべきという考え方は、現在においても今なお強い影響力を持っている。

月日は百代の過客にして、行き交ふ年もまた旅人なり。

松尾芭蕉（1644～1694）

諸国を旅するなかで見つけた歳月の捉え方

　蕉風と呼ばれる句風を確立し、「古池や蛙飛び込む水の音」、「夏草や兵どもが夢の跡」、「閑かさや岩にしみ入る蝉の声」など、日本人ならば誰もが一度は聞いたことがあるであろう名句の数々を詠み、日本史上最高の俳諧師としてだけでなく、今や世界的にも知名度の高い松尾芭蕉。彼は1644年、伊賀国（現 三重県伊賀市）に生まれた。本名は、松尾忠右衛門宗房といい、若年より藤堂藩の侍大将藤堂良精に仕え、主君の若君である藤堂良忠と俳諧を詠むようになった。ところが、良忠が死去したために仕官を辞し、30代の初めに江戸に出るとやがて職業的な俳諧師になる道を選んだ。宗匠となって多くの作品を発表した芭蕉だったが、1680年、突如として深川に庵を結んで隠棲した。1684年、芭蕉はのちに『野ざらし紀行』としてまとめられる旅に出て、次第に蕉風と呼ばれる作風を確立していく。1689年3月27日、芭蕉は弟子の曾良を伴ってのちに『奥の細道（おくのほそ道）』としてまとめられることになる旅に出立。下野、陸奥、出羽、越後、加賀、越前など東北から北陸にかけて、いまだ行ったことのなかった土地を巡ってさまざまな名句を詠んだ。この『奥の細道』での旅では、「不易流行」という理念に到達して、芭蕉はさらに自らの句風を深化させたといわれる。不易流行とは、いつの時代にも変わらない物事の本質を忘れずに、それと同時に新しく変化していくものも取り入れていくという考え方である。まさに、旅という行為そのものを作風に変換したかのような考え方である。

　上記の言葉も、『奥の細道』の序文にある一節。意味は、「月日は永遠の旅人である。来ては過ぎゆく年もまた旅人のようなものである」というもの。このあとは、「舟の上に生涯をうかべ、馬の口をとらへて老いをむかふるものは、日々旅にして、旅を栖とす」と続く。1694年5月、松尾芭蕉は西上の旅へ出発したが、5カ月後、大坂滞在中に死去した。

Topic
1. 松尾芭蕉の人生は旅そのものであり、旅こそが人生であったようだ。彼が詠んだ最後の句は「旅に病んで夢は枯野をかけ廻る」だったとされ、病床にあってもこの句を推敲していたという。
2. 『奥の細道』の旅程は、合計2400キロにも及ぶ長大・広範なものであり、記録から計算すると芭蕉の移動スピードは相当に速かったことがわかっている。そのため、伊賀の出身であること、元は武家に仕えていたことなどから、芭蕉は「忍者」か「隠密」だったのではないかという説がまことしやかにささやかれている。

政治を軽蔑する者は、軽蔑すべき政治しか持つことが出来ない。

トーマス・マン（1875〜1955）

全民主主義国家の全国民に対する警鐘

『ベニスに死す』、『トニオ・クレーガー』、『ブッデンブローク家の人々』、『魔の山』などの小説を執筆し、20世紀のドイツ文学に巨大な足跡を残した文豪トーマス・マン（本名 パウル・トーマス・マン）は、1875年6月6日、ドイツ帝国の商業都市リューベックに生まれた。生家は代々商家を営む裕福な家柄であるだけでなく、祖父はオランダ名誉領事を、父は市参事会議員を務めた人物でもあった。マンは、読書家の両親の影響を受け、幼少期からさまざまな書物に親しんで育った。学業成績はあまり優秀ではなかったが、ギムナジウム（高等学校）時代から芸術や文学に触れ、自身も詩作および小説の執筆を始めるようになる。1893年からは南ドイツ火災保険会社で働く傍ら、小説の執筆を続け、同年10月に『転落』でデビュー。抒情詩人リヒャルド・デーメルに認められたことで、マンは専業作家として身を立てることを決意し、退職して執筆に励んだ。その後、多くの短編小説を発表したのち、1897年にマンの歴史を題材にした長編小説を着想、それが2年半の執筆期間を経て『ブッデンブローク家の人々』として結実した。この作品は好評を博し、数カ国語に翻訳されるほどのベストセラーとなる。1912年、妻のカタリーナの肺病を癒やすためスイスにあるサナトリウムで半年間の療養生活を送ることとなったが、このときの体験が1924年に発表された教養小説『魔の山』の題材となった。

　掲出の言葉は、『魔の山』に出てくる一節。同作品は、ハンス・カストルプという青年が第一次世界大戦前に、スイスのサナトリウムを訪問し、そこで自身が結核に罹っていることが発覚したため7年もの間滞在することになり、そこで出会ったさまざまな人との交流を通して人間的に成長していくさまを描いている。第一次世界大戦が終わり、敗戦国としていわゆるベルサイユ体制の中で過酷な条件を押しつけられ、ドイツ国内が政治的にも混迷を極めていた頃に書かれたこの言葉は、のちに出現する文字通り「軽蔑すべき政治」であったナチス・ドイツの台頭を予言していたかのように思える。このトーマス・マンによって鳴らされた、国民への政治に対する関心の高さこそが民主主義の質を担保してくれるのだという警鐘は、今もなお響き続けている。

Topic　ナチス・ドイツの台頭を受けて亡命したトーマス・マンは、1940年10月からBBC放送でドイツ国民に対して「ナチスへの不服従」を訴える放送を始めた。ところが、このことが第二次世界大戦後に賛否両論を生んだ。なぜなら、マンはドイツ国外の安全な場所に退避しつつ、しかも人気作家として何不自由のない生活を送っていながら、ドイツ国民に対して独裁政権と戦えと訴えていたからである。

喜助はその苦しみを見ているに忍びなかった。苦から救ってやろうと思って命を絶った。それが罪であろうか。殺したのは罪に相違ない。しかしそれが苦から救うためであったと思うと、そこに疑いが生じて、どうしても解けぬのである。

森鷗外（1862〜1922）

死を望む者を生かすのは正しいのか？

　この名言は、陸軍軍医としても活躍しながら、同時に文学者としても『舞姫』、『雁』、『山椒大夫』などの数々の名作を生み出し、日本文学史に巨大な足跡を残した文豪・森鷗外が晩年の1916年に刊行した歴史小説『高瀬舟』の一節である。鷗外（本名 森林太郎）は、石見国鹿足郡津和野町（現島根県津和野町）で代々津和野藩の御典医を務める家に生まれた。幼少期から四書五経のほかにオランダ語も学ぶなど学業に専心した鷗外は、東京大学医学部を開校以来最年少の19歳で卒業するほどの、抜群の成績を修めた。卒業後は陸軍軍医となったが、1884年に念願のドイツ留学を果たし、現地では近代細菌学の開祖コッホに師事しただけでなく、ドイツ社会において芸術鑑賞やパーティなどにも親しみ、文学・芸術面において大きな刺激を受けたという。帰国後は軍医として働きながら文学活動を開始し、『舞姫』を発表。以降鷗外は、平安時代の文体を模した雅文による流麗かつ格調高い文章に支えられた浪漫的な作風によって、近代日本文学の礎を築いていく。

　冒頭の言葉は、京都の罪人を遠島に島流しにするため、護送役の羽田庄兵衛が弟を殺した喜助という男を高瀬舟に乗せて運ぶ場面で登場する。弟を殺したという喜助が妙に晴れ晴れとした表情をしていることを不審に思った庄兵衛がそのわけを尋ねる。すると喜助は、これまで弟とつつましく生きてきたのだが、弟が病に倒れてしまい、カミソリで首を切って自殺を図ったものの、失敗して死にきれずにいた。そこで弟からどうか死なせて欲しいと頼まれ、弟の苦しむ姿を見ていられずにカミソリを引き抜いて死なせてやったのだと語るのである。これは、鷗外が「安楽死」をテーマにして書いた小説で、まさに現代的な問題にも通ずる問いが含まれている作品なのである。

Topic 『高瀬舟』には安楽死以外に、もう一つのテーマがある。それは知足（足るを知ること）である。知足とは「知足者富」という老子の言葉に由来し、自分の持っている物に満足できるものはそれだけで幸せであるが、満足できなければどんなに富裕であっても幸せにはなれないというものだ。喜助は、罪人となって流刑に処される身でありながらも、京での苦しい暮らしに比べれば今のほうがありがたいとその状況に満足を覚えており、その様子を見た庄兵衛は我が身を顧みて衝撃を受けるのである。

菜の花や月は東に日は西に

与謝蕪村（1716〜1784）

画家ならではの浪漫的、絵画的な俳句

　松尾芭蕉、小林一茶と並ぶ江戸期の俳諧を代表する巨匠で、江戸俳諧中興の祖とも呼ばれた俳人で画家でもあった与謝蕪村（本名 谷口信章）。蕪村は1716年、摂津国東成郡毛馬村（現 大阪府大阪市都島区毛馬町）に生まれたが、その出自については、ほとんど正確なところは伝わっていない。生涯を通してほとんど故郷に帰らなかったことを考えると、あまり幸福な幼少期を過ごしたとはいえないようである。10代後半か、または20歳頃に江戸に出て、俳人の早野巴人（夜半亭宋阿）の門下に入って俳諧を学んだ。早野は芭蕉の弟子の宝井其角、服部嵐雪の門下であり、蕪村は松尾芭蕉をいたく尊敬していたという。早野は蕪村が芭蕉を敬い慕うことについて「学ぶのは良いことだが、（芭蕉の）真似はいけない。独自の境地を探しなさい」と諭した。1742年、27歳の時に早野が死没したため、下総国結城の砂岡雁宕のもとに身を寄せ、以後10年にわたって北関東地方を放浪しながら俳句を詠み、絵を描いた。また、40歳を超えても、自身が尊敬する松尾芭蕉の足跡をたどるために僧形で東北地方を遍歴するなど修行に励んだ。蕪村という号は、このころに下総国宇都宮で名付けており、42歳の頃に丹後国（現 京都府）の与謝地方に周遊した際に、「与謝」の姓を名乗るようになったという。なぜ、名乗るようになったかは定かではない。45歳で結婚すると、51歳で讃岐地方に赴いてそこで作品製作に打ち込むようになり、以後は京都で余生を過ごした。1770年、夜半亭二世に推薦されて師匠の名跡を継いで、宗匠となった。1784年1月17日未明、死去。死因は心筋梗塞ではないかと推測されている。

　掲出の言葉は、蕪村の俳句の代表作の一つで、彼が1774年に六甲山地の摩耶山を訪れたときの句だという。摩耶山から見下ろす菜の花が一面に咲き誇り、曾良はあかね色に染まって、まん丸の月が東の空に浮かび、同時に日は西に沈もうとしている——。まるで、菜の花、月、太陽と作者自身が一体化しているかのような美しい情景が、五七五の言語空間にまるで絵画のように見事に描かれている。蕪村はこの句をどのような気持ちで詠んだのだろうか。

Topic　1. 与謝蕪村は画家としても著名で、53歳のころには『平安人物誌』の画家の部に登録されていることから、当時すでに俳人としても画家としても一流の人物として世間に認められていたことがわかる。
　　　　2. しかし、与謝蕪村の俳人としての業績が本格的に認められるようになったのは、明治期に正岡子規が再発見してからであったという。子規は、蕪村の菜の花の句に見られるような絵画的な作風を高く評価した。

見つかったぞ　何が?
永遠が　海と溶け合う太陽が

アルチュール・ランボー（1854〜1891）

一瞬の中に永遠を見た早熟の天才詩人

　早熟の天才と評され、ポール・ヴェルレーヌやステファヌ・マラルメらとともに19世紀フランスの象徴派を代表する詩人アルチュール・ランボーは、1854年10月20日、フランス帝国アルデンヌ県シャルルヴィルで生まれた。父は陸軍軍人だったがランボーが6歳のときから家に戻ってこなくなり、母子家庭で育った。母親は敬虔なキリスト教徒で、厳格にして勤勉なうえ、プライドが高い女性だったため、ランボーは抑圧的な幼少期を過ごしたという。学校に上がると、ずば抜けた学業成績をおさめる神童として知られたが、次第に母親の期待を裏切って詩作に情熱を傾け始めた。

普仏戦争が勃発する前後には合計3回も家出して各地を放浪するようになり、二度と学校には戻らずに街の図書館ですべての書物を読み漁るなどして詩人として急激に覚醒していった。1871年、ランボーは10代後半で『酔いどれ船』を、翌年には『母音』を発表した。『酔いどれ船』を発表した年、ポール・ヴェルレーヌの招きを受けてパリに出ると、二人は同性愛の恋愛関係となり、妻子を捨てたヴェルレーヌとランボーは生活を共にするようになる。しかし、二人の間には喧嘩口論が絶えず、2年後、ヴェルレーヌがランボーに向けてピストルを発射し、ランボーの左手首に命中。ヴェルレーヌは逮捕され、二人の関係は破局する。その後ランボーは詩作をいっさいやめて兵士、翻訳家などの職業を転々としたのち、アビシニア（現 エチオピア）のハラールで武器商人となり、1891年、癌が全身に転移し37歳でその生涯を閉じた。

　冒頭の言葉は、ヴェルレーヌとの破局後書いた詩集『地獄の季節』に含まれている、有名な一節。若きランボーの怒りと苦悩が、鮮烈なエネルギーを放つ言葉によって結晶しているかのような詩の数々は、のちのダダイズムやシュルレアリスムをはじめ20世紀の詩人や文学者たちに多大な影響を与え、今もなお人生に苦悩する若者の心を掴んでいる。

Topic　1.『地獄の季節』は、ベルギーの書店で印刷が完了したものの、自費出版の代金未払いのためにランボー自身の手には数冊の見本誌しか渡らず、印刷された約500部はランボーの死後10年経ってからその書店の倉庫で発見されている。
　　　 2. ランボーは粗暴かつ挑発的な言動で知られ、パリの文壇ですぐに孤立してしまったという。

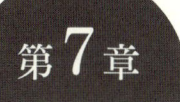

第7章

美術・建築

つまづいたっていいじゃないか
にんげんだもの

相田みつを（1924〜1991）

書道にポエムの要素を取り入れる

　書の中に詩的な文章を取り入れる独自の作風を確立した相田みつをは、1924年、栃木県足利市に6人兄弟の三男として生まれた。父は刺繍職人で反物の行商などもしていたが家計は苦しく、優秀だった二人の兄は旧制中学への進学を断念。相田は兄たちに学費を工面してもらい旧制足利中学校（現 栃木県立足利高等学校）に進学し、書や短歌、絵に親しんだ。卒業後は歌人・山下陸奥に師事した。1942年、歌会で曹洞宗高福寺の武井哲応と出会う。生涯の師となる武井のもとで、在家しながら禅を学んだ。

　1943年には書家を志し、岩沢渓石に師事。短歌・禅・書と同時に習得していった。1941年、次兄の幸夫が中国で戦死。その最期の言葉は「戦争というものは人間の作る最大の罪悪だなぁ……」だったという。1944年には長兄の武雄もビルマで戦死する。二人の兄を失った相田は、何か困ったことがあると「あんちゃんなぁ、どっちの道選んだらいいかなぁ」と石塔に相談するようになったという。

　終戦から8年後の1953年、相田は29歳で関東短期大学（群馬県館林市）の夜間部国文科を卒業。翌1954年、書道界で権威ある毎日書道展に入選を果たした相田は、足利市で初の個展を開く。その後技巧派の書家として同展に7年連続で入選。この頃結婚し二人の子どもにも恵まれたが、生活は楽にならなかった。そして専門家でなければ理解しにくい書のあり方に疑問を抱き、この頃書の中に詩的な文章を取り入れた独自の作風を確立する。すぐには評価されなかったが、50歳となった1974年、仏教学者・紀野一義のベストセラー「生きるのが下手な人へ」で作品を紹介され、書に馴染みのなかった層にもしだいに知られていくようになった。この名言は60歳の時に刊行された初の詩集『にんげんだもの』（1984年）に収められた、相田50代後半の言葉である。『にんげんだもの』はミリオンセラーとなり、〈みつをブーム〉を巻き起こす。3年後の第2詩集『おかげさん』もベストセラーとなった。

Topic　1. 相田は一つの作品に長い時間をかけた。仕事部屋で筆を持ち、書いて書いて書きまくり、書き損じの紙で毎日風呂が沸かせたほどだったという。
　　　2. 相田はある講演先で、反物の行商をしていた亡き父を知る老婆に「あなたのお父さんは、仏さまのような大変いい人でした」と言われ、「その一言が、我が子に残す一番いい財産じゃないかと思う」と発言している。
　　　3. 相田が長男一人（相田みつを美術館館長）と交わした最期の言葉は、「一文字を書いた大作だけを集めた展覧会を開きたい」だったという。

具眼の士を千年待つ

伊藤若冲（じゃくちゅう）（1716〜1800）

葛飾北斎と並ぶ江戸時代の人気絵師

　この言葉は伊藤若冲と交流があった医師で歌人の川井桂山が自身の歌集の中で、若冲の生き様を詠った七言二十四句の漢詩『丹青歌寄若冲山人』のうちの一句であり、『以竢千載具眼徒』を口語訳したもの。

　意味としては『自分の価値がわかる人を千年でも待とう』ということになる。

　では生前の若冲がこの漢詩に詠まれたように、千年後の評価を待たねばならぬほど不遇であったかというと決してそういうことでもなかった。1768年から刊行の始まった当時の文化人名鑑にあたる『平安人物志』において、若冲の名は円山応挙らと並んで上位に掲載されていて、つまり生前からしっかりと評価を受けていたことになる。察するに「たまたま人気を落としていた時期に詠まれた詩」であったか、あるいは「川井か若冲のいずれかが"今以上にもっと評価されてしかるべき"と作品への絶大な自信を持っていた」ということになろうか。

　京・錦小路にあった青物問屋の長男で23歳で家督を継いだが、商売には熱心でなく、芸事もせず、酒も呑まず、妻も娶らず、ただひたすら絵に没頭していたという。40歳で弟に家督を譲るとその頃から代表作となる『動植綵絵』に取り組み始めた。細部まで綿密に描き込まれた写実主義風でありながら、その鮮やかな色使いとあいまってどこかアバンギャルドでシュールな印象を与える。近代絵画でいうところの「新印象派」を先取りしたとも言えそうな画風は、当時京の人々を大いに魅了した。

　明治に入ってやや存在を忘れられたところもあったが、大正末期には本格的な研究が始まり、また1990年代後半にアメリカ人蒐集家ジョー・プライスによる多くのコレクションが見つかったこともあって生誕300年を迎えた2016年には各地で展覧会が開かれるなど一種の若冲ブームが巻き起こっている。現代の若者の目にもなお「新鮮」で「再発見」されている若冲。してみると最初の文言通り、千年後には更にこれまで以上のブーム到来となる可能性もあり得るか。

Topic　1. 代表作の『動植綵絵』30幅は、当時の最高品質の画絹や画具を惜しみなく使用していて、また若冲から寄進された相国寺による管理も良く、現在も良好な状態を保っている。後に皇室御物とされ現在は宮内庁が管理している。
2. 写実と想像を巧みに融合させた画風から、曾我蕭白、長沢芦雪と並んで「奇想の画家」とも称される。

人はやり通す力があるかないかに よってのみ、称賛または非難に値する。

レオナルド・ダ・ヴィンチ（1452〜1519）

多くのことを成し遂げた"万能の人"

　15〜16世紀イタリア・ルネサンスの巨人レオナルドは、上記の言葉のほかにこうも言う。「使わない鉄は錆びる。淀んだ水は腐り、寒さで凍結する。同様に、行動を起こさなければ、才能も朽ちていってしまう」。口で夢や目標を語るのは簡単である。しかし、まず何か行動を起こさなくてはならない。とりあえず目の前の仕事を行ってみる。あるいは何かの作品をつくってみる。何かの勉強をしてみる。それを一つの区切りのいいところまでやり通す。一つやり通せたら、また次を行ってみる。それらをずっとやり通していく。こうして長い時間をかけて、何度も何度もやり通した果てに、振り向いてみる。きっと何かが生まれている。レオナルドはそれを「称賛に値する」と言う。必ずしも皆が認めてくれないかもしれない。そのときは自分で自分を誇っていい。そして、すぐに次の行動を始める。それだけで十分なのだ。

　しかし、途中で諦めてしまう人間は「非難に値する」。やり通すことは難しい。途中で挑戦するのを投げてしまうと、錆びたり、凍結したりする。だが人生は長い。人生は、たった一本の道ではない。一つのものがダメならば別のものを目指し、また一からやり直せばいいのだ。

　実際、レオナルドは実行の人だった。芸術分野（彫刻を含む）のみならず、解剖学、地学、土木工学、建築学……などなど、好奇心の赴くまま、さまざまな分野で研究や実験、実践をやり通した。その結果、図案化されたヘリコプターや武器、人体の解剖図など多くが残された。もちろん芸術に関しては、絵画や素描で神の領域に達したとさえいえる。鋭い自然描写と深い精神性。まさに天才である。だが彼が標記の言葉を述べたことからも、彼はともかく行動し、そしてやり通すという当たり前すぎる訓練を行っていたことがわかる。エジソンの言うところの「天才は1%のひらめきと99%の努力」が、ここにある。

Topic　1. フィレンツェ近郊のヴィンチ村出身。画家ヴェロッキオの工房で学んだ。ヴェロッキオ工房作の『キリストの洗礼』で、左下の隅の天使を描く。ヴェロッキオはたったそれだけのレオナルドの技量を見て、あまりの見事さに筆を措いたともされる。

　2. 『モナリザ』は世界でもっとも有名な絵ともいわれる。ジョコンダ夫人（イタリア名『ラ・ジョコンダ』）を描いたというが、その謎めいた優美な表情から、彼の理想の女性像だったのではないかともされる。またモナリザの背後の風景にはスフマート（ぼかしを用いた空気遠近法）が駆使されている。中世では、これほど奥行きのある自然は描かれなかったため、これらの描写をもって近代の誕生と見る評論家もいる。自然の中にいる（神とは異なる）人間像も初めて見出されたものであり、事実ルネサンス以降、生気のみなぎった人間の姿や風景が描かれていく。

孤立することが悪いなんてちっとも思わない。僕にとっては最高の気分さ。

アンディ・ウォーホル（1928〜1987）

既成概念を壊し続けたポップアートの父

　20世紀後半の芸術家（画家・版画家）であるウォーホルは、モダンアート（ポップアート）の最前線を孤高に走り抜けた作家である。彼の作品は極めて前衛的であり、悪い言い方をすれば、何でもありの複製芸術であった。たとえば、マリリン・モンローの肖像写真をシルクスクリーン（版画の一つ）に転写し、多色刷りで何枚も刷り飾った。また大量消費による高度資本主義社会を意識した作品『キャンベルスープ』。アメリカではおなじみのキャンベルスープの絵柄が何枚も（商品名だけ微妙に違う）シルクスクリーンで描かれ貼り出された。こうした、すでに撮影された写真を無機質に大量コピーする作品に否定意見も多く語られた。

　だがウォーホルは、そうした否定意見には耳を傾けなかった。前述の言葉もそんな彼の心境が綴られている。つまり、孤立なんて怖れない。自分の進んでいる道は間違っていないという自信の発露である。事実、ウォーホルの作品は機械的に描かれ、モンローであれ毛沢東であれ、その写真の内面性が追求できないことに意味があった。ただひたすら並べられた色違いの有名人の肖像からは、作者の心情が読み取れず美の表層しか汲み取れない。人物像など到底読み取れない（読み取ったとすればそれは誤読である）。しかしこれこそがアートであるという彼の矜持があった。

　いずれにせよ、ウォーホルはモダンアートのフロントランナーだった。したがって批判も真正面から受けた。それをわかっていながらなおも逆風の中を走り切った。彼はその信念を「他と違うことは恥ではない、誇りだ」という言葉で表している。

Topic 前衛は難しい。いったん最前線を走り出したら、そのまま走り続けなくてはならない。進歩して当たり前。現状維持は退歩していることになる。ギャグマンガも同じ世界だという。いったんヒット作が出ると時代の寵児になり、世界の最前線を走っているような気になる。だがそれを続けるのは並大抵の努力では務まらない。日本の先鋭的ギャグマンガ家は晩年、描けずに苦労している。ウォーホルは晩年に到達する前に亡くなった。前衛作家の宿命なのだろうか。

世の中が変わり、事物が異なったとしても、心に深く感銘を受ける理由はたいてい一つにまとまるのです。

王羲之（303〜361）
<small>おう ぎ し</small>

書聖と呼ばれ、書の芸術的価値を確立

　中国東晋の書家。書の芸術性を確立した存在として「書聖」と呼ばれ、中国本土だけでなく、現代に至るまで日本などの書の世界で多大な影響をおよぼしている。魏晋南北朝時代、王羲之は貴族の家に生まれた。誕生年は301年や307年など、303年以外にも諸説唱えられているが、真相はいまだ不明だ。7歳のころから書を学び始め、寝食を忘れるほど書に没頭したという。いつでも字が書けるように、筆や墨などが家中の至るところに散乱していたほか、王羲之が筆を洗っていた池が墨で黒く濁ってしまったという逸話もある。その後、18歳ほどとなった王羲之は、東晋の有力者である郗鑒の女婿になり、子を7人ももうけた。326年、初めて朝廷に出仕した王羲之は、宮中の図書をつかさどる秘書郎になる。さらに、征西将軍の庾亮に請われ、幕僚に就任した王羲之は、その後も朝廷の高官たちから高く評価され、要職に推され続けた。しかし、中央政治に馴染めなかった王羲之は地方勤務を願い続け、351年に会稽郡（現 浙江省紹興市付近）に右軍将軍及び会稽内史として赴任。風光明媚な会稽郡を王羲之はいたく気に入り、自らの終焉の地と決めると、詩や酒、音楽を嗜みながら地方行政に励んだ。だが、以前から対抗意識を持っていた王述が上司となったため、王羲之は辞職を決意。以後は悠々自適な生活を送り、365年（361年という説もあり）に58歳で亡くなっている。

　この名言は名作『蘭亭序』の一文だ。王羲之は50歳のとき、別荘に名士を招いて「流觴曲水の宴」を行った。その際に皆の詠んだ詩を集める詩集の序文として書かれたのが、この『蘭亭序』である。下書きとして書かれたため、書き損じや書き直しが目立つが、のちに何度清書しても下書き以上によい書が書けなかったといわれている。現代でも『蘭亭序』が書の作品でもっとも有名なことが、この名言の裏付けといえないだろうか。

 1. 王羲之の真筆（本人の書いた書）はすべて失われており、現在見られるものは、後世の書家などによって書き写された作品である。しかし、彼の字を手本にしたものは多く残っており、奈良の唐招提寺の題字などはその一つである。
2. 日本では古来、書道のことを入木道とも呼ぶが、王羲之が祝文を書いた木に墨が深く染み込み、カンナをかけてもなかなか消えなかったという逸話が由来となっている。

美しく生きてきた者だけが
美しく死ぬことができる。

岡倉天心（1863〜1913）

近代日本美術の育ての親

　日本美術院を創設するなど、在野派として明治末期の美術界に著しい業績を残した岡倉天心（本名 覚三）は、1863年、武蔵国横浜（現 神奈川県横浜市）に生まれた。父・覚右衛門は福井藩の下級武士だったが、藩命により武士の身分を捨て、藩の経営する貿易商店を運営していた。開港間もない横浜で育った岡倉は、幼い頃から英語塾や洋学校で学び、明治政府が創設した東京外国語学校（現 東京外国語大学）を経て、1875年、東京開成学校（東京大学）に入学する。ここで外国人教師アーネスト・フェノロサと出会い、日本美術に傾倒したフェノロサの通訳として、行動を共にするようになる。

　大学卒業後は、文部省（現 文部科学省）に入省し、草創期の美術行政に携わり、1886年には美術取調委員としてフェノロサとともに欧米各国の美術教育情勢を視察した。帰国後は東京美術学校（現 東京芸術大学）の開校に奔走し、わずか27歳の若さで同校の校長（第2代）となった。近代国家にふさわしい新しい絵画の創造をめざす岡倉は、横山大観、下村観山、菱田春草ら気鋭の作家を育てていく。しかし急進的な日本画改革を進めようとする天心の姿勢は、伝統絵画に固執する人々から激しい反発を受け、排斥されることに。1898年に校長を辞職し在野となった岡倉は、26名の同志とともに東京上野の谷中初音町に日本美術院を創設する。芸術の大学院を作るというのがその構想だった。天心の指導を受けた大観ら日本美術院の作家たちは、大胆な没線描法を推し進めたが"化物絵"などと酷評され、院の経営は行き詰まりをみせる。

　これにより海外へと目を向けるようになった岡倉は、1904年に渡米。ボストン美術館に迎えられる。この名言は、同美術館で中国・日本美術部長まで務めた岡倉が、日本の茶道を欧米に紹介する目的で1906年にアメリカで出版した『茶の本』にある一文である。その後岡倉は、日本美術院の拠点を移した茨城県の五浦（現 北茨城市）とボストンを行き来する生活を送り、近代日本画史に残る名作を発表していく大観ら教え子たちの活躍を見守りながら、1913年9月、静養先の新潟県妙高市の赤倉温泉の山荘で50年の生涯を終えた。

Topic 1. 岡倉は16歳の時、赤坂の茶会で知り合った大岡もと（基子）と結婚。もとは名奉行として知られた大岡越前守（忠相）の末裔に当たる。
2. 日本美術院の創立展には、横山大観作「屈原」、下村観山作「闇維」、菱田春草作「武蔵野」など、岡倉が育てた新進画家の作品が出品され、大きな話題を呼んだ。

自然がつくり上げたものこそが美しい。
我々はそこから発見するだけだ。

アントニ・ガウディ（1852〜1926）

自然の持つ美を目指し建築物に没頭した生涯

　スペイン・カタルーニャ地方の建築家ガウディは、バルセロナにあるサグラダ・ファミリアや、グエル邸などを手がけた。これらの作品は、従来の建築作品と明らかに異なる。曲線を多用し、細部にきめ細かな装飾を施している。だが決して不安定ではない。これをガウディは自然の模倣だとする。植物も動物も、すべて自然であり、これらに最高の形があるとする。実際、ガウディの作品の中にはトカゲのような動物の姿や、昆虫などの小動物の姿などが建造物の中に描かれている。これらについてガウディは以下のようにも言う。「世の中に新しい創造などない。あるのはただ発見である」。

　一方で、ガウディは敬虔なカトリック信者であった。特に後年はサグラダ・ファミリアの建築にすべてを賭けた。そのことについて彼は以下のように語っている。「新しい作品のために自然の秩序を求める建築家は、神の創造に寄与する。故に独創とは、創造の起源に帰ることである」「すべての建築にはヒビがある。すべての人間に罪があるように。大切なのはこれを致命傷にしないことだ」。これらからガウディの思想がわかるだろう。神によってつくり出された自然こそが最高の美であり、芸術はその美を発見するだけでよく、それが創造だとする。同時に人間がすべて罪人であるという聖書の教えも忘れない。人間がつくる建築物はすべて不完全であり、その中でよりよいものを創造するしかない。1世紀古代ローマの思想家セネカも「すべての芸術は自然の模倣である」と述べた。芸術が自然の模倣や発見であるという説は新しいものではない。だが、模倣や発見はそう簡単にできるのだろうか。ガウディが自然の中から芸術の本質を発見できたのは、まがりなりにも芸術を学んだ経験に基づいているからかもしれない。

Topic　1.『サグラダ・ファミリア』は1882年に着工。翌年からガウディが設計を担当した。現在でも未完成。1980年代に完成まで300年かかるといわれたが、大幅に短縮され、2026年に完成するといわれている。
　2. ガウディ自身は交通事故により1926年に73歳で死去。身なりに気を遣わない生活をしていたため、浮浪者と間違えられたという。生涯独身だった。

天我をして十年の命を長らわしめば、天我をして五年の命を保たしめば、真正の画工となるを得べし。

葛飾北斎（1760〜1849）

世界中の芸術家に影響を与える

　天才浮世絵師・葛飾北斎は、1760年、武蔵国葛飾郡本所割下水（現 東京都墨田区亀沢）に生まれた。1764年、幕府御用達の鏡磨師であった中島伊勢の養子となるが、実子に家督を譲る形で養家を辞す。12歳で貸本屋の丁稚、14歳頃には木版彫刻師の徒弟となるなど苦労を重ねるなか絵師を志し、1778年に勝川春章に入門。勝川派の絵師として勝川春朗の雅号で、春章の様式に倣った役者絵や黄表の挿絵などを描いた。

　34歳となった1794年、春章の門を去った北斎は、俵屋宗達らによって開かれた琳派に入り、独自の様式を完成させる。この時期、狂歌の世界と深く関わりながら、宗理の雅号で多くの摺物や狂歌絵本の挿絵を描いている。38歳となった1798年には琳派からも独立し、北斎辰政を名乗り、どの流派にも属さないことを宣言。文化年間（1804年〜1818年）には読本挿絵の制作を精力的に行い、墨の濃淡を利用した奥行きのある空間表現や奇抜な構図などで、その芸術性を飛躍的に高めた。

　葛飾北斎の号を用いるようになったのもこの時期である。またこの頃には北斎に絵を習おうと多くの門弟ができたため、絵手本の制作に情熱を注ぎ55歳の時スケッチ画集「北斎漫画」を完成させる。この時期には、狂歌、俳諧などに絵を加えて板刻した摺物絵も多く手がけている。北斎71歳〜74歳までは「錦絵の時代」（1830年〜1833年）といわれる時期で、風景版画や花鳥画など、有名な浮世絵の名作が多数生み出された。「冨嶽三十六景」を描いたのもこの頃である。75歳を過ぎた頃からは肉筆に傾倒するようになり、題材も風俗画から和漢の故事に即した作品や宗教画等へと大きく変化。絵を描く者のために作画技法や絵の具の調合法を記した絵手本なども刊行している。しかし病を得て1849年5月、浅草聖天町・遍照院の境内にあった仮宅で没する。この名言は、90歳で死去した北斎の臨終の言葉である。「天が後10年、いや後5年寿命を下されたなら、私は本当の絵が描けるのに」という現世への未練に満ちた最期の言葉に反し、辞世の句は「人魂で 行く気散じや 夏野原（魂になって夏の原っぱにでも気晴らしに出かけようか）」というものだった。

芸術家は楽しい人生に生まれついていない なすべき苦役があるのだから。

カンディンスキー（1866〜1944）

波乱の人生を送った抽象絵画の創始者

　ワシリー・ワシリエヴィッチ・カンディンスキーはロシアの画家であり美術理論家である。事物の再現にはとらわれない絵画を模索し抽象にむかい、後に抽象絵画の創始者として認められた。

　エストニアのタルトゥ大学でローマ法に関する教授職を受け持っていたが、教職を捨て30歳を過ぎてから絵を本格的に学び始めた。1896年にカンディンスキーはミュンヘンに移る。アントン・アズベの私立学校で美術を学び、次いでミュンヘン美術院で学んだ。

　1911年にはフランツ・マルクとともに「青騎士」を結成し、ドイツの前衛芸術運動で活躍しはじめる。カンディンスキーにとっての絵とは客観的な観察に基づいたものではなく、極めて主観的で経験的な内面の表現だった。第一次世界大戦が勃発すると1914年にモスクワに戻るが、独裁者スターリンが共産党書記長に就くと1921年にドイツへ戻り、1922年から1933年にナチス政権により閉鎖されるまでバウハウスの美術学校で教鞭をとる。バウハウス時代の教職は、1933年にナチス・ドイツによってバウハウス自体が閉鎖されるまで勤務を続けた。1941年にフランスがナチスによって占領されたのにも関わらず、彼はアメリカへの移住を拒否し続け、パリ郊外に位置するヌイイ＝シュル＝セーヌでその生涯を閉じた。世界大戦前後の激動の国際情勢のなかでアーティストとしての活動を貫いたカンディンスキーにとって、芸術とはまさに命がけの自己表現の場であり、同時に厳しい「苦役」の場でもあったのだ。ロシア、ドイツと、時の権力者たちからのいわれのない迫害や弾圧を繰り返し受けるなかで、カンディンスキーが描き続けたのは預言的な円、半円、ジグザグ、直線、そして角といった抽象的な、そしてそれゆえに感情的な心の世界であった。

Topic　1. 1911年にはクレーやマルクらとともにドイツ表現主義を代表するグループのひとつ「ブラウエ・ライター」（青騎士）を組織し、独自の抽象絵画論『芸術における精神的なもの』（1912年）を発表。
　　　2. 1923年作の『支え無し』は、猛々しい馬の首のような褐色のシルエットが突き伸び、画面のあちらこちらで赤、緑、黄の三角形が高揚感のなかに漂っている。

醒めよ、吾が冷き理性、醒めよ、吾が、強き意力、
常に爾を欺きて、眠らせんとする、
卑屈なる吾を鞭打て、吾は弱し、されど、
吾は、吾自ら進まざる可らず、醒めよ！常に醒めよ！

岸田劉生（1891〜1929）

常に自分の内面と戦い続けた洋画家

　明治から昭和前期にかけての洋画家で、1891年に東京都銀座で生を受けた。弟は大正時代に一大ムーブメントを起こした浅草オペラで活躍し、のちに宝塚歌劇団の劇作家となった岸田辰彌。1908年、東京高師附属中学を3年で中退していた劉生は、東京都赤坂溜池の白馬会葵橋洋画研究所に入り、黒田清輝の指導を受ける。1911年に雑誌『白樺』主催の美術展をきっかけとして、イギリス人陶芸家で画家のバーナード・リーチと知り合い、『白樺』の影響でゴッホやセザンヌなど後期印象派、フォービスムなどの感化を受ける。その後、柳宗悦や武者小路実篤など白樺派の同人たちとも交遊を深めた劉生は、1912年に高村光太郎らと主観主義芸術グループのヒュウザン会（のちにフュウザン会と改める）を結成し、展覧会を開く。画壇への本格的なデビューを果たした劉生だったが、その後は一転してデューラーなど北欧ルネサンスの写実絵画に惹かれ、木村荘八らと1915年に草土社を結成。一種宗教的なまでの徹底した写実を追求した。1929年、満州鉄道の招待を受け満州で個展を開くが、帰路山口県徳山町（現 周南市）で急死。享年38であった。

　劉生は30歳を機に日記をつけており、上記の名言もその一節だ。日記の中には自分を鼓舞する言葉が多い。1917年から娘である岸田麗子を描いた『麗子像』を連作し、京都に移ってからは中国の宋元画に学んで東洋的な表現を加味した独自の画風を築くなど、日本画壇に大きな足跡を残した劉生だったが、「自分の虚栄心は他人に対して、自分は偉い人間だぞと云いたがっている、それから、自分は世間的に名のひろまった、つまり有名な人間だぞと云いたがっている」など、社会の評価に対する自らの不安と常に戦っていたことが日記に綴られた言葉の節々から感じられる。

Topic
1. 1922年に春陽会の創立に参加して以降、歌舞伎や能、長唄などに親しみ、日本画も描くようになった。また、京都に移ってからは肉筆浮世絵を収集し、浮世絵情緒に惹かれて茶屋遊びを始めるなど、日本芸術にも広く精通している。
2. 潔癖症だったことが知られており、腕に汚物が付着した際は「腕を切り落とせ」と言い張ったという。さらに、病的なまでの神経質で癇癪持ちでもあったといわれている。

書でも絵でも陶器でも料理でも、結局そこに出現するものは、作者の姿であり、善かれ悪しかれ、自分というものが出てくるのであります。

北大路魯山人（1883〜1959）

芸術と食との融合をめざす

　美食家・料理家で、料理のための器づくりを実行したパイオニアの一人である北大路魯山人は、1883年、京都府愛宕郡上賀茂村（現 京都市北区）の上賀茂神社の社家・北大路家の次男として生まれた。士族の身分であったが生家は生活に困窮しており、父・清操は北大路が誕生する4カ月前に自殺。母・登女は、出産後に失踪する。このため北大路は、複数の里子先を転々とする。6歳の時、ようやく木版師・福田武造の養子に落ち着いた北大路は、自ら炊事を買って出たという。尋常小学校を卒業すると、烏丸二条の薬局の丁稚となるが13歳で辞め、養家の仕事を手伝うようになる。この頃から"美"に対する才能を発揮し始め、一字書の書道コンクールで受賞を繰り返す。20歳の時、母の消息を知り上京。生母には受け入れられなかったが、書家を目指すため東京に残った。

　1904年、日本美術協会主催の美術展覧会に出品した「千字文」が褒状一等二席を受賞。21歳の若さでの受賞は前代未聞の快挙だった。1905年には町書家・岡本可亭の内弟子となるが、3年後に独立。長兄の死亡により1916年に北大路姓を継ぎ、魯山人と名乗るようになる。この頃から日本画壇の巨匠たちとの交流を深め、京都や金沢の素封家の食客として転々と生活することで、北大路は食器と美食に対する見識を深めていく。

　36歳となった1919年、東京の京橋に古美術店・大雅堂芸術店（後に大雅堂美術店に改称）を開業。共同経営者は、古美術の複製や美術書の図版印刷で知られる便利堂の4代目社長・中村竹四郎だった。北大路はこの店の2階で、古美術品の陶器に高級食材を使った料理を常連客に出すようになる。これが評判となり、1921年に会員制食堂「美食倶楽部」を発足。4年後の1925年には東京の永田町で中村とともに会員制高級料亭「星岡茶寮」を始めた。北大路は、鎌倉に魯山人窯芸研究所「星岡窯」を設立して料理のための器を製作するようになり、料亭を訪れる政財界の大物たちの礼賛により、その名声は高まっていった。この名言はこの頃北大路が書いた『食器は料理の着物』の一文である。

Topic
1. 若い頃北大路が内弟子となった町書家の岡本可亭は、新聞漫画家・岡本一平の父で、芸術家・岡本太郎の祖父である。
2. 北大路と画壇の巨匠たちを繋いだのは、動物画の名人といわれた近代日本画の先駆者・竹内栖鳳だった。竹内は北大路が作った印章をひどく気に入り、多くの芸術家に紹介するようになったという。
3. 北大路はその晩年に人間国宝の認定を受けるが、これを辞退。その理由は、「作家は作品が永遠にものを言うのだから、勲章なんてアクセサリーはいらない」というものだった。

もし自分に適していることに
その能力を使うのなら、物事は極めてうまくゆく。
しかし、自分に向いていない物事に、
その能力を使うのなら、労多く、益は少ないだろう。

空海（774〜835）

自分に向いたことを探し続ける

「労多くして益少なし」とのことわざを辞書で調べると、その多くでは「苦労した割に利益が少ない」といった意味が示され、類語として「徒労」や「骨折り損のくたびれもうけ」といった言葉が挙げられている。だが空海が最初にこれを言ったときの掲出の文言を改めて見るといくらか意味するところが異なっていることに気付く。空海が強調するのはあくまでもその前半の「自分に適していることにその能力を使うのなら、物事は極めてうまくゆく」という部分であり、「労多く〜」というのは念のために付け足した注意事項ではなかったか……。

そうした視点から空海の生涯を振り返ってみると、これがなかなか味わい深い。空海は15歳になると京の長岡へ留学して役人になるために試験に向けての勉強を続け、無事大学に合格したのだが、次第に役人になることや大学の授業そのものに価値を見出せなくなり仏教の教えに興味を惹かれるようになる。そこで大学を辞めて、故郷の四国に帰って山々を渡り歩きながら修行を続け、大乗仏教の教法の一つである密教の教えを説いた「大日経」に出会うと空海はこれを解読するためにいろいろな経典を読みあさった。密教をもっと学びたいと考えた空海は、留学僧として唐へ行くことを考える。803年の遣唐使派遣で運良く補充人員に選ばれて唐へ渡ると、密教の第一人者といわれた恵果阿闍梨に教えを受ける。帰国後は京都の高雄山寺に入って本格的に密教を広める活動を開始。同時にこの頃、唐で学んだ密教以外の知識を生かして農業用のため池を造ったり、民衆のための学校の開校も手掛けている。「弘法にも筆の誤り」の格言で知られるように、空海が日本の書道史上の能書のうちでもっとも優れた3人である「三筆」の一人に数えられているのも、彼の多彩さを物語っている。

こうして見ると空海は、必ずしも仏教一筋というわけではなく様々なチャレンジを繰り返してきたことがわかり、つまりは空海その人こそがまさに「自分に適していること」を探し続けた一生だったのではなかったか。

Topic
1. 921年、醍醐天皇より「弘法大師」の称号が与えられた。
2. 四国八十八カ所巡りのお遍路の傘に「同行二人」という文字が書かれているのは「弘法大師と二人で道を行く」という意味が込められている。

私はこの水玉一つで立ち向かってやる。
これに一切を賭けて、
歴史に反旗をひるがえすつもりでいた。

草間彌生（1929〜）

水玉に魅せられた前衛の女王

“ハプニング”という言葉は、1950年代アメリカに始まった一回性の強い芸術活動……。今ではパフォーマンスと称されるものを指したことによって広まった。

そのアメリカで「ハプニングの女王」の異名を取った日本人が草間彌生だ。

1968年、ニューヨークのブルックリン橋において草間は、裸の男女に水玉をボディペインティングする「ハプニング」を行った。全裸の男女の体に水玉を描き、街頭で国旗を燃やす。尻や胸に穴の空いた「クサマ・ドレス」を着た男女が妖しくうごめく。

草間はこうした数々の「クサマ・ハプニング」を仕掛けていった。幼いころから抱いていた性への嫌悪感と執着、あるいは泥沼化するベトナム戦争に対する反戦と平和の思いがその原動力だった。掲出の言葉に表される水玉へのこだわりは少女時代に始まる。

統合失調症を病み、またヒステリックな母親からの虐待もあって、水玉が視界を覆うといった幻覚に悩まされるようになった草間は、その恐怖から逃れるためにそれらの幻覚・幻聴を絵にし始めたのだという。「子どもの頃から、自殺への憧れがすごくありました。家庭環境に悩んで、幻聴や幻視にとらわれてものすごく恐ろしくて、毎日、自殺したいと願うほど追いつめられた。自殺を思いとどまらせてくれたのは、絵を描いたり、作品を創ったりすることだった。それは私の生涯を通して、ずっと同じです。芸術への愛を見出して、私は今日まで生きてこられたんです」（『Vogue』2014年4月号）

1969年にニューヨーク近代美術館でヌード・パフォーマンスを行うと、米紙デイリー・ニュースが「これは芸術か？」と問いかけるなど多くの議論を呼ぶことになる。これに対して草間は「餓えや犯罪が戦争につながるように、セックスの抑圧も、人間の本当の姿を押し曲げ、人間を戦争に駆り立てる遠因になっている」と答えている。

2016年には文化勲章受章、翌年には「草間彌生美術館」が開館し名誉都民にも選ばれるなど、落ち着いたふうにも見えるが、そこに至るまでの過激な活動の数々がその根本にあることは覚えておきたい。

Topic 1. 水玉と並んでモチーフにされることの多い「カボチャ」は、種苗業を営む生家が広い畑地を所有してカボチャを育てていたことに起因する。「何とも愛嬌のある形をしたカボチャに私は魅せられた。私がカボチャに造形的興味を受けたのは、その太っ腹の飾らぬ容貌なのだ。そして、たくましい精神的力強さだった」（『無限の網─草間彌生自伝』より）

2. 高校卒業後には京都市立美術工芸学校で日本画を学ぶも、この頃について草間は「日本は伝統の良さを失って、醜く近代化してしまった」とコメントしている。

美術・建築 **228**

芸術の本質は、見えるものをそのまま再現するのではなく、目に見えないものを見えるようにするものである。

パウル・クレー（1879～1940）

リアリズムの先にあるもの

　20世紀スイス出身の画家クレーのこの言葉を聞いて、小説家サン＝テグジュペリの『星の王子さま』の名言を思い出した人も少なくないのではないだろうか。「本当に大切なものは目に見えない」。この言葉の解釈は文学のページに譲るが、二人の作家に共通しているのは、決して目に見えるものだけを信じてはいけないということだろう。

　美術の世界で、見えるものをその姿のまま再現しようとするのはリアリズム（写実主義）の運動である。また印象派も見えるものだけを描いたが、忠実（客観的）に再現するのではなく、作者の印象（主観的）によって見えるものが再現される世界である。20世紀の作家クレーはそれらとは反対の立場にいる。

　美術史をひもとくと、20世紀後半、印象主義に対抗するように象徴主義が盛んになる。象徴主義は人間の内面や夢、神秘性などを幻想的に描いたものである。奇しくもその代表的作家ギュスタブ・モローも言う。「私は見えないもの、感じるものだけを信じる」。20世紀初頭にはドイツを中心に表現主義も興る。これも人間の内面にある、感情的、精神的なものなど目に見えないものを主観的に表現する運動である。象徴主義と異なり、神秘性はあまり追究されず、表現方法も鮮烈な色彩を自在に用いる作風となる。さらに第一次世界大戦以降にはシュールレアリスムも生まれる。これはフロイトの精神分析の影響を受け、人間の内面にある無意識や夢などを、非現実感を持たせて描いたものである。

　クレーは表現主義やシュールレアリスムの影響も受けているが、描く世界はどれにも当てはまらない、彼独自のものである。むしろ抽象画に近い、高い幾何学性を持った作風を残す一方で、子どもの落書きのような要素も残す。ときに絵のタイトルに意味を持たせることもある。これらがすべて彼の内面にある、見えないものの表現である。

Topic
1. クレーは1911年、カンディンスキーらの表現主義グループ「青騎士」に入る。
2. クレーは、美術（工芸・写真・デザイン）と建築教育のための学校であるバウハウスでも教鞭を執った。
3. 代表作は初期の『水差しとバケツと花瓶』や、『ある庭の記憶』『夢の都市』『美しき女庭師』『パルナッソス山へ』『新しい天使』など多数。

専門家とは、いつも同じ間違いを繰り返す人たちのことである。

ヴァルター・グロピウス（1883〜1969）

バウハウスの初代校長として活躍

　ヴァルター・グロピウスはドイツの建築家である。世界的に知られた教育機関である「バウハウス」の創立者であり、1919年から1928年まで初代校長を務めた。グロピウスはミュンヘンやベルリンの工科大学で建築を学んだ後、ペーター・ベーレンスの事務所に入った。1911年の彼の作品『ファグスの靴型工場』は、後のバウハウス校舎を思わせる鉄とガラスを巧みに用いた初期モダニズム建築として高い評価を受けた。

　1915年にアンリ・ヴァン・デ・ヴェルデからヴァイマルの工芸学校を託され4年後の1919年に統合されて国立バウハウスとして開校すると、グロピウスはその初代校長となった。掲出の言葉はこの教育者としての経験から出たものではないだろうか。バウハウスは美術と建築についての総合的な教育機関だったが、学校として機能したのは1933年にナチスにより強制的に閉校されるまでの14年間のみであった。しかしここでの活動が現代美術に与えた影響は極めて大きい。当初は総合芸術としての建築教育を目指すものであったが、カンディンスキーらのアヴァンギャルドな造形教育の場ともなった。1923年の『ヴァイマル・バウハウス校長室のインテリア』はモダンデザインによって統一された空間であり、記念碑的作品とされる。1925年にバウハウスの校舎がデッサウに移転し、デッサウ市立バウハウスとなると、グロピウスはハンネス・マイヤーを後任に指名して1928年に校長を退任。一連のナチスによるバウハウス閉鎖の後にドイツを脱出してイギリスに亡命する。

　1937年にはハーバード大学に招かれアメリカに赴き、ここでI.M.ペイ、フィリップ・ジョンソンらを育てた。また共同設計事務所TAC（The Architects Collaborative）を設立し、超高層ビルのパンナムビル（現 メットライフビル。ピエトロ・ベルスキらと共同設計）などを設計した。戦後の母国ドイツにおいても再び設計を行い、1952年にはベルリンの国際建築展に参加し、高層住宅を実現。さらに1960年代にはベルリン南部のノイケルン地区にグロピウス・シュタットと呼ばれる、集合住宅が建ち並ぶ大規模な郊外住宅地を設計した。

Topic
1. グロピウスも参加した「ドイツ工作連盟」の活動はインダストリアルデザインの始まりといわれ、その理念はグロピウスによる1919年の バウハウス設立にも大きな影響を与えた。
2. 初期のバウハウスでは建築部門は設けられていなかった。建築部門が設けられたのは、バウハウスがデッサウの地に移って1年後の1927年のことだ。

我々はどこから来たのか
我々は何者か 我々はどこへ行くのか

ポール・ゴーギャン（1848〜1903）

脱西洋を目指した孤高の画家

ポール・ゴーギャンは、ポスト印象派の孤高の画家である。

1891年、西洋文明に絶望したゴーギャンは、ヨーロッパ文明と「人工的・因習的な何もかも」からの脱出を目指して、ポリネシアにあるフランス領のタヒチ島に渡った。このタヒチでは、植民地の首都パペーテからおよそ45キロ離れたパペアリに自分で小さな竹の小屋を建てて、ここをアトリエとして制作に没頭した。この地で『ファタタ・テ・ミティ（海辺で）』や、『イア・オラナ・マリア』といった作品を描いたが、後世にゴーギャンの代表作、傑作といわれた作品群は、まさにこの時期にこのタヒチで描かれたものである。最初にタヒチ住民をモデルとした肖像画は、ポリネシア風のモチーフを取り入れた『ヴァヒネ・ノ・テ・ティアレ（花を持つ女）』だ。1893年フランスに戻ったゴーギャンは、タヒチ時代の作品で展示会を開催したり、少なからぬ販売実績も上げたものの、すでにこの頃パリにあった彼の家庭は崩壊し、妻メットとの破局も決定的になっていた。さらに『メルキュール・ド・フランス』誌の1895年6月号に、エミール・ベルナールとカミーユ・モークレールがそろってゴーギャンを批判する記事を書いたことにより、故郷であるパリに居場所を失ったゴーギャンは1895年、再び単身でタヒチに渡航したのである。

タヒチに戻っては来たものの、現地で豪奢な暮らしをし、身の丈以上の借金を重ねた上に病魔にも侵されたゴーギャンの生活は徐々に苦しいものになっていく。1897年、ゴーギャンは哀しみのなかで大作と呼ばれる『我々はどこから来たのか 我々は何者か 我々はどこへ行くのか』を完成させた。当時の画家たちからの受けは極めて悪かったが、西洋と西洋絵画に深い問いを投げかける彼の制作姿勢とその孤高の作品群は、死後になって名声と尊敬とを獲得していった。

Topic ゴーギャンは、『我々はどこから来たのか 我々は何者か 我々はどこへ行くのか』を描き上げた後に自殺未遂をしている

何も後悔することがなければ、人生はとても空虚なものになるだろう。

フィンセント・ファン・ゴッホ（1853～1890）

内面の苦悩を芸術に昇華

オランダ人で、19世紀後期印象派（ポスト印象派）の画家ゴッホは、多くの人が知る通り、挫折の人であった。生前に売れた作品は数点だけとされる。しかし、それでも自分の才能を信じ、時に自分自身後悔しつつ、画業を死ぬまで続けた。

「後悔先に立たず」という言葉がある。すでに終わったことは、いくら悔やんでも取り返しのつかないという意味である。では後悔なんてしない方がいいのだろうか。そうではない。後悔して、自分の失敗を悔しく思い、なぜそんなことをしたのかを分析することで、人は初めて進歩し、同じ間違いをしなくなる。逆にいえば、後悔することなく能天気に生きている人間は進歩がなく、同じミスを何度もするものといえる。

ゴッホはたぶんこの言葉の意味を知っていた。ゴッホは多くの名言を残した。その中には恋愛に関するものもある。おそらく恋愛でも画業でも何度も後悔し、そのたびに苦しみ、その上で時に恋愛を成就し、また優れた作品も仕上げたのだろう。

実際、ゴッホの名言には「99回倒されても、100回目に立ち上がればいい」というものがある。彼はずっと挑戦していた男だった。

だが挫折し、後悔するのはやはり心を痛めつける。まして繊細なゴッホにはいっそうダメージが大きかった。ゴッホは1890年7月ピストル自殺をして帰らぬ人になる。彼は挑戦し続けるのを諦めたのだろうか。そうかもしれない。しかし我々は彼に決して無様な敗北者のイメージは持たない。映るのは精神の苦しみと最後まで戦い切った、すこぶる人間らしい男の姿である。

Topic
1. 牧師の家に生まれ、本人も牧師を目指したことがある。
2. 代表作は『ジャガイモを食べる人々』『ひまわり』『糸杉と星の見える道』『星月夜』『カラスのいる麦畑』など。生前、数点しか売れなかったゴッホ作品だが、現在はどれも高値で取引される。『ひまわり』は数点あるが、その1点を1987年安田火災海上（現 損害保険ジャパン日本興亜）が落札した時は、手数料含め約58億円の価値がついた。
3. 1888年、南仏アルルに画家の協同組合をつくることを夢見て、ゴーギャンを呼ぶが二人の生活はうまくいかず、精神を病んだゴッホが自分の耳を切り落とし破綻した。なお、ゴッホはアルルを憧れの地・日本と重ね合わせていた。

絵画とは、すべて犠牲と決断である。

フランシスコ・デ・ゴヤ（1746～1828）

鋭い観察眼で人間の内面を描く

　近代スペイン絵画の巨匠ゴヤの名言である。ゴヤは18世紀から19世紀にかけて欧州の近代化が進む激動の中を生きた人間である。それだけにこの言葉は心に突き刺さる。ゴヤは苦労を重ねて、宮廷画家になった。かつてのスペイン宮廷画家には、ディエゴ・ベラスケスのような天才もいた。ゴヤはその才能においてベラスケスに匹敵するものだったが、生まれた時代が違っていた。隣国でフランス革命が起き、絶対王政が揺らぐ中、ゴヤは国王一家を理想的な姿で描くのを拒んだ。地位と安定を求めるなら、もっと美しい国王一家の絵をそれでも描いたはずだが、ゴヤは自らの観察眼に基づく写実性を信じた。結果、彼の代表作の一つ『カルロス4世の家族』は、顔立ちや表情が特別美しいというわけでもなければ、むしろたぶんに意地の悪い内面までも描写した極めて写実的な作品となった。これを描いた時、ゴヤは標記の言葉を思っていたのかもしれない。

　翻って考えれば、この言葉は絵画に限らない。芸術のみならず、文学でも、いや人生そのものが、「すべて犠牲と決断」と捉えることができる。人生を大きく変える出来事があったとき（たとえば運命の人との交際、たとえば転職を決めるとき）、ほかの運命（別の異性や、現在いる企業）を犠牲にし、最終的に決断しなくては前に進まない。ゴヤの言葉はシンプルだけに心を打つし、現代でも応用可能なのである。

　実際、ゴヤの後半生も多難であり、ドラマチックだった。宮廷画家として成功はしたものの、病で全聾になってしまった。一方で本国はナポレオンの侵攻により、多くの犠牲者を出した。それらの体験は、作品を内面化し（耳が不自由な分、感性が研ぎ澄まされたともいわれる）、鋭い風刺を含んだ心理表現による多くの傑作を生み出させた。事実、晩年彼は「黒い絵」のシリーズを描き、画業の頂点に達した。

> **Topic**
> 1. 『着衣のマハ』『裸のマハ』は18世紀に流行したロココ様式の影響もあって、美しい女性像が描かれたが、陰毛が描かれた裸体画でもあったため、猥褻とされ裁判になった。ゴヤはそこで依頼主の名を決して喋らなかったという。
> 2. 『1808年5月3日』は1808年のナポレオンの侵攻に反対したマドリード市民が虐殺されたことに怒り描かれた。銃をつきつけられ両手をあげる市民は、十字架にかけられたキリストをイメージしたともされ、手に聖痕も見える。
> 3. 1820年から数年、「聾者の家」という別荘を購入。ここで「黒い絵」が描かれた。『わが子を食らうサトゥルヌス』はその代表作。ゴヤは名言を残している。「理性が眠れば、怪物が生まれる」。ローマ神話で、自分の子どもに殺されるという予言を聞いたサトゥルヌスが次々と子どもを飲み込む作品をゴヤは描いた。近代に入り、理性という概念が定着した時代の中でのゴヤのメッセージである。なお、代表作の一つだった『巨人』は彼のものではないという報告書が、所有するプラド美術館から出ている。

家は生活の玉手箱でなくてはならない。

ル・コルヴュジェ（1887〜1965）

合理性と機能性を追求

　ル・コルヴュジェは、フランク・ロイド・ライト、ミース・ファン・デル・ローエとともに「近代建築の三大巨匠」と呼ばれる。生まれつきの弱視のために家業を継げなかったコルヴュジェは、画家を目指し美術学校へ入学するも、彼の非凡な才能を見出した校長の勧めにより建築への道を歩み始めた。パリで鉄筋コンクリート建築の先駆者、オーギュスト・ペレと出会い、1910年からはドイツ工作連盟の中心人物ペーター・ベーレンスの事務所で建築を学んだ。やがて、それまでの石やレンガによる伝統建築とは一線を画す、スラブ、柱、階段のみを建築の主要要素とする「ドミノシステム」を独自に考案。合理性と機能性を追求した「モダニズム建築」を声高に提唱した。その後の代表作『サヴォア邸』は、ル・コルヴュジェの主張する新しい建築の5つの要点（ピロティ、屋上庭園、自由な平面、水平連続窓、自由なファサード）を体現している。まさに掲出の言葉「家は生活の玉手箱でなくてはならない」を地で行く建築物となっている。

　第二次世界大戦後は、ヨーロッパの男性の身長183cmを基準にした独自の尺度「モデュロール」を完成させ、集合住宅「ユニテ・ダビタシオン」に採用。東京の国立西洋美術館にもこの尺度が使われている。しかし、コルヴュジェ晩年の最高傑作と言われた「ロンシャンの礼拝堂」はそれまでのコルヴュジェの世界とは異なる新しいかたちを提案し、世間を騒がせた。ロンシャンの礼拝堂は、うねった屋根、それを浮かせるように支える巨大な外壁、その厚い壁にランダムに穿たれた小さな開口部から光が差し込む内部空間が特徴だ。特に正面ファサードはカニの甲羅をかたどったとされる一種異様な形で、それまでのコルヴュジェの建築理論からは大きくかけ離れた作品となった。1965年、南フランスで海水浴中に心臓発作のため77歳で逝去。彼の作品群のうち、ドイツのヴァイセンホーフ・ジードルングの住宅、ベルギーのギエット邸、フランスのラ・ロッシュ＝ジャンヌレ邸、ペサックの集合住宅、サヴォア邸など、計7カ国にまたがる17件は、2016年に開催された世界遺産委員会において世界遺産に登録された。

Topic　1. コルヴュジェは画家としてスタートし、生涯を通して絵も描き続けた。
　　　 2. 1925年にはパリ市街を超高層ビルで建て替える都市改造案『ヴォアザン計画』を、そして1930年には『輝く都市』を発表した。低層過密な都市よりも超高層ビルを建て周りに緑地を作ったほうが合理的であるという考え方によるものであった。

むつかしい漢字を続け字で書いて、そんなん誰も読めへんやろ。かしこい言葉を書くほど人は離れていく。

榊莫山（さかきばくざん）（1926〜2010）

書壇に独自の風を吹き込む

1994年、自身が書画ラベルを制作した酒のCMに出演したことで一般にもその名を知られるようになった榊莫山。仙人のような風貌や飄々とした味わいのある関西弁もあいまって、以後その作品は「バクザン先生」の愛称とともに広く親しまれるようになる。

既に高等小学校の頃から学童競書会で特選を受けるなど才を発揮していたが、時は太平洋戦争前夜。書画に親しむなどは叶うはずもなく、徴兵から復員した後は小学校の教員となる。

ところがひょんなことから芸術家への道が開けることとなる。奈良国立博物館で正倉院展が開催されると知った莫山は週末を利用して出かけたものの、そこで待っていたのは長蛇の列と受け付け終了の立札。せっかくここまで来たのだからと、奈良に住んでいた書家・辻本史邑を訪ねることを思い付く。筆の専門店で住所を聞いてその自宅を訪れると運よく在宅中で、その仕事部屋に上げられた莫山は、唐突に辻本から「翌週までにこれを書いてくるように」と手本を渡された。思いがけず師を得た榊はそれから毎週末に奈良へ通い辻本から書を習うこととなる。そうした中で日本書芸院展に出品した『杜甫・放蕩の詩』が推薦一席・文部大臣賞を受賞すると、これを機に雅号を莫山とし、この頃美術記者であった司馬遼太郎にも激賞されるなど新進の書家として注目されるようになった。

長く師事した辻本が1957年に亡くなると、これを機に既存の書道団体を離れ、自身の立ち上げた団体においていわゆるインディーズ的な活動を始めることになる。山野を歩き、道標や文学碑、寺院の扁額、店の看板などから面白い書を見つけては写真を撮り、そうした生きた書を己の師とした。

後半生でもっとも熱心に取り組んだのは漢字一文字を徹底して追求した書のシリーズで、望郷の念から思いついたという『土』『山』『樹』、生命の豊穣を表した『女』などの一文字だけを徹底してさまざまな表現で書き続けた。掲出の言葉にあるように「自分がそれを愛するのと同様に、市井の多くの人々にも書に親しんで欲しい」という素直な心のあらわれだったろう。

Topic 1. 米焼酎の商品紹介では「莫山がこの味に惚れた」と説明されていたが、実際には酒類は一滴も飲めなかったという。
2. 後半生は「花アルトキハ花ニ酔ヒ 風アルトキハ風ニ酔フ」を自身のフレーズとしていた。

わたしたちは、美術を静止的なものとしてとらえていない。
変化してやまないものとして見ている、と言ってもよい。
また当然のことだが、その変化しつづける美術の制作に
あたっている人間もまた、変貌しつづけていると考えている。

佐藤忠良（1912〜2011）

日本人による日本人らしい彫刻

　彫刻家・佐藤忠良は特に地元・宮城県での人気が高く「忠良さん」として親しまれているという。掲出したのは高校の美術教科書に掲載された「美術・その精神と表現」と題された佐藤の文章の書き出し部分である。

　ここから佐藤は「生まれたままの自然児が自由な人間なのではなくて、ほんとうの知性や感性を努力の末に獲得した人間が、自由なのである」と続け、「仮面をかぶった人生から自分を解き放つために、人間は努力して自分を変えなければならない」と結論する。

　また佐藤は小学1年生の図画の教科書でも「このほんをよむひとへ」と題したメッセージを送っている。「図画工作の時間は、上手に絵を描いたり、上手に物を作ったりすることが目当てではありません。君の目で見たことや、君の頭で考えたことを、君の手で描いたり、作ったりしなさい。心を込めて作っていく間に自然がどんなに素晴らしいか、どんな人になるのが大切か、ということがわかってくるでしょう。これが目当てです」

　日本を代表する彫刻家であると同時に、大衆的な側面もあり、それを象徴するのがパブリックアートであった。高度成長期からバブル期にかけて、「地方の時代」との掛け声とともに各都市の駅前にアート作品が並ぶようになると、佐藤もこれに多く関わっている。

　その一方で、アジア人として初めてフランスのロダン美術館で個展を開催している。〈「パリの市立美術館で個展を開かないかという話があるのですが」。アトリエで電話をとった私は、初めだれのことかわからずに聞き返したが、私の個展と知って、ウソのようだが、ガタガタと足が震え始めた。そのあとで話はさらに大きくなって、会場もロダン美術館の教会風の別館でということになった。それこそご先祖さまの屋敷内であり、日本人はもちろん初めてだという。私にとっては奇跡のような話で、日々高まる緊張の度合いも並みたいていではなかった〉（佐藤忠良自伝『つぶれた帽子』）

「日本人による日本人らしい彫刻」として世界に認められ、なおかつ身近に親しまれた彫刻家でもあった。

Topic
1. 女優の佐藤オリエは実の娘である。
2. 福音館書店版の絵本『おおきなかぶ』の挿絵を手掛けている。
3. 1977年、釧路市にある第5代幣舞橋の欄干に据えられた乙女のブロンズ像は「春」「夏」「秋」「冬」の4体を日本の代表的な彫刻家が競作したもので佐藤は「夏」を制作。後に佐藤は「都市も広場も道路も、国や市がつくってくれると人は思っている。しかし、幣舞橋は市民が自分で作り出した。手応えある体験だったと思います」と語っている。

絵を描く時、人は思考してない。

ラファエロ・サンツィオ（1483～1520）

ルネサンスの巨匠が至った境地

　絵画は理論（理屈）よりも実践である、とも読める。もちろん、人が何かしら集中しているとき、思考をせず我を忘れているとも読み解ける。後者の解釈はいったんここでは置いておく。前者の解釈は哲学など、高度な論理的思考能力を駆使する場合は必ずしも当てはまらない。確かに学問は思考するものである。その意味で、たとえば学業が終わったら思考するのを終えるというのは間違いともいえる。思考はときとして苦痛だ。だが、このことがなければ学問はもちろん、社会や世界の姿も読み解けない。絵画でも同じだ。標題の言葉を曲解してはならない。話がそれた。後者の解釈に移ろう。人間は集中すると思考が消えることがある。思考によって前もって準備していたにもかかわらずだ。それは絵画の分野だけではない。スポーツは代表的だが、それ以外の多くの場合にいえる。「ゾーンに入る」という言葉がある。これは究極の集中状態を指す最近の言葉だが、ラファエロもそれを知り、自らそういった状態で多くの傑作を生み出したとも考えられる。

　ラファエロはイタリア・ルネサンスの巨匠である。レオナルド・ダ・ヴィンチやミケランジェロとともに盛期ルネサンス期の三大巨人ともいわれる。レオナルドとミケランジェロがライバル的存在だったのに対し、年齢的に若いラファエロはこの二人を尊敬し、二人から多くを素直に学んだ。その代表作、バチカンにある『アテナイ（アテネ）の学堂』は自らを含めたルネサンスの芸術家とギリシャの哲学者を揃えて描いた傑作である。

　ラファエロは実際、先人から多くを学んだ。彼は短期間で理想的な人間表現を学び、調和的な世界を描き切った。もちろんそこに絵画理論はあっただろう。ただ、筆を執ったら、すでに学び取っていた先人の画業を十分に咀嚼し、自分の色で描き出すことにのみ専念し、立ち止まり思考することはなかったと考えられる。いずれにせよラファエロの天才的な画業に、その強い集中力は否めない。才能を分けるのは集中力という説もある。何かに集中している姿の多くは美しい。実際、彼ほどになるのは天賦の才も必要だが、思考を忘れるほど創作に没頭することは、凡才にあってもよいのだ。

Topic
1. ルネサンスの特徴に古典の再発見がある。これは中世の宗教的な制約を解き放ち、古代ギリシャ文化に戻ろうとするものである。ラファエロは本文でも記した『アテナイの学堂』などでその傾向を見せ、ルネサンス古典主義の完成者とも称される。
2. 代表作は、『小椅子の聖母』『ベルヴェデーレの聖母』『システィーナの聖母』『大公の聖母』のほか、上記の『アテナイの学堂』など。この作品群からわかるように彼は聖母子像の絵画の第一人者。ラファエロは実際に愛し合う母子のように、慈愛に満ち溢れた聖母マリアと幼子イエスを描いた。

愛だけが私の興味を引くものだから、愛を取り巻くものとしか私はかかわりを持たない。

マルク・シャガール（1887〜1985）

純愛を率直に描いた「愛の画家」

20世紀ロシア出身のフランス人（ユダヤ人）画家、シャガールは「愛の画家」と呼ばれる。彼が残したというこの言葉は、彼の立ち位置を見事に表している。

シャガールは幼少期の経験などを描く一方、カップルなどを好んで描いた画家である。実際、彼の作品の多くには愛し合う幸福な男女の姿がある。彼らはしばしば、無重力空間に浮いている。青い夜空が映し出され、シンプルだが鮮やかな色彩が画面を輝かせている。色彩の見事さは、ピカソに「マティス亡き後、シャガールだけが色が何であるか理解している画家であった」と述べさせるほどである。この色彩と愛についてはシャガール自身が語っている。「人生には一つだけの色がある。芸術のパレットと同様に、その色は人生と芸術の意味を与えてくれる。それは愛だ」

絵画としては、彼の作品は極めて幻想的な絵画である。前衛芸術とロシア系ユダヤ文化の土着性を融合させたともいわれる。エコール・ド・パリの画家に入れられることもある彼だが、シュールレアリスムとは一線を引いている。シャガールの愛は基本的にプラトニックな愛であり、魂の愛だった。いうまでもなくリアリストでもない。したがってほかの多くの画家ほどには、女性の裸婦像をより美しく描こうという意識もなかった。同時に愛する対象も、妻のベラ一人であり、描かれるテーマもベラとの結婚などであった（1944年にベラが病死したのち、1952年に第二の妻をもらっている）。そこに改めてストイックな愛の姿が見てとれる。シャガールは「時間は岸のない川である」という言葉も残した。そうであるならばシャガールの世界では、愛という魂が空間を常に自由に浮遊し、さらには時間という川までも泳ぎ切っているのかもしれない。

Topic
1. 幼少期から幾何学が好きで、三角形、四角形などの要素を含んだ作品も残している。
2. ナチスが政権を掌握後、「退廃芸術家」として迫害を受けた。ユダヤ人であった彼はアメリカに亡命する。戦後パリに戻り、名声を確かなものにする。
3. 代表作は『私と村』、『誕生日』、『青いサーカス』など。1964年に描いたパリ・オペラ座の天井画や、舞台背景画の『アレコ』も知られる。またニースのシャガール美術館に飾られる青いステンドグラスも見事である。

自然を円筒・球・円錐によって扱いなさい。立体や平面の各面が一つの中心点に向かって集束するように、すべてを遠近法の中に入れなさい。

ポール・セザンヌ（1839～1906）

自然はその表面にあらわれているよりもずっと奥深い

　セザンヌは後期印象派（ポスト印象派）に所属する画家。1904年、画家のエミール・ベルナールに宛てたこの手紙は、後期印象派の画家としてのアイデンティティとなるとともに、数年後に訪れるキュビズムを予言することにもなる重要な言葉である。

　セザンヌの風景画の多くには、しばしば円柱（円筒）や球、円錐が見出される。これらの形状物が組み合わされ、一つの美しい自然が描かれる。すなわち「自然の存在感を描くには、感情ではなく、形態をしっかり捉え、確かな構造で描くべき」ものという。

　代表作は『サント・ヴィクトワール山』。この山は複雑な形状をしていて、見る角度によってまったく違う姿を見せる。セザンヌはこの山に惚れ込み、近くにアトリエを設け、繰り返し多様に変化する姿を複数の視点から眺め描いている。

　「自然はその表面にあらわれているよりもずっと奥深い」もまたセザンヌの言葉である。セザンヌは単純に目に映る山の姿を、円筒などの多様な形状に分析、四角や丸い形で再構成し、奥行きのある、より深く自然の奥底にあるもので表現した。加えてダ・ヴィンチが得意としていた空気遠近法も採用し、色彩に基づく奥行きも表現。使う色も抑え、実物以上に美しいサント・ヴィクトワール山の姿を30年にわたり何枚も描き切った。そこにはセザンヌのもう一つの名言がある。「感動を基礎としない芸術は芸術ではない」

　一方、セザンヌの上述の思想は、1907年にパブロ・ピカソが描いた『アヴィニヨンの娘たち』に意外な形で結実する。それは原形をほとんどとどめない、形状だけで描かれた女性たちの姿であった。ピカソは翌年以降、セザンヌのいた（セザンヌは1906年没）エスタック地方に行き、『オルタの貯水池』などの、一見セザンヌ風の、しかしセザンヌがあくまで形状を手段と考えていたのとは一線を画する、円筒などの形状が剝き出しになった風景画を描く。時代はキュビズムの誕生を祝していた。

Topic
1. セザンヌは静物画を得意とした。テーブルに果実が置かれた作品をモチーフに、極めて濃密で重い存在感のあるリンゴやオレンジなどを描いた。『リンゴとオレンジのある静物画』を始めとした作品は現代でも高い評価を受けている。このほか代表作は『カード遊びをする人々』『大水浴図』。水泳をする若い男の作品も多く残した。
2. 自然主義文学の作家エミール・ゾラとは中学以来の友人。ゾラが画家への道を薦めたという。

風景こそ最大の師

雪舟（1420〜1506）

中国に渡り、自然の素晴らしさに気づく

　室町時代に活躍した水墨画家で禅僧。1420年、備中国赤浜（現 岡山県総社市）に生まれた雪舟は、諱を等楊（等揚）といい、幼くして宝福寺に入り、禅の修行を開始する。10歳ごろ、京都の相国寺に移ると、春林周藤のもとで禅僧として修行を積む一方、絵を天章周文に学んだとされる。1454年ごろ、周防国（現 山口県）の守護大名である大内氏の庇護のもとで画房雲谷庵を営み、号を雪舟とする。1467年、大内政弘の勘合船に便乗して明にわたる。各地を回って本格的な水墨画を研究した雪舟は、長有声、李在、高彦敬などから影響を受け、彼らに就いて設色と破墨の法を学んだとされる。北京の礼部院に壁画を描いたほか、禅僧としても高い評価を受け、天童山景徳禅寺では四明天童第一座に推された。しかし、弟子に送った「破墨山水図」には、「明の画壇に見るべきものはなく、日本の詩集文や叙説を再認識した」と書かれており、大陸の自然と宋元以来の名作に触れたことが、後の画業形成に大きく寄与したといわれている。

　この名言は明で水墨画の研究を終えた雪舟が悟ったとされる水墨画の境地である。自然に魅入られた雪舟は明からの帰路、揚子江を下りながら各地で写生を行ったという。1469年に帰国した雪舟は豊後国（現 大分県）に天開図画楼を開き、その後は周防国や豊後国、石見（現 島根県）など各地で創作活動を行うが、晩年は石見益田を再び訪れ、臨済宗東光寺に入山。尊観世音菩薩の下で禅の修業を兼ねて画の制作に励むが、86歳で病没したとされる。雪舟の画風は従来の日本画とは異なり、如拙や周文の系統を受け継ぎながら、馬遠、夏珪、李唐、梁楷、牧谿、玉澗など、宋や元の画家たちの画風を取り入れており、きびきびした描線と、奥行きのある強固に構築された構図法が特徴。自然に対する写実的表現と禅僧のもつ真摯な厳しさを併せ持っている。

Topic
1. 宝福寺での小僧時代、まるで生きているかのような鼠の絵を涙で描いた逸話が有名だが、禅の修行をせずに絵ばかり描いていた雪舟に住職が腹を立てたのが原因である。
2. 雪舟の号は元の禅僧楚石梵琦の墨跡「雪舟」を得たのち、自ら称したもの。これは、南宋時代の詩人楊万里が書斎を釣雪舟と号していたことに因むものでもある。

油絵は写真に勝る

高橋由一（1826～1894）

近代洋画の開拓者

　江戸時代生まれの日本の洋画家で幼名は猪之助、壮年になって佁之介と改める。1828年、佐野藩の家臣である高橋源十郎の嫡子として江戸大手門前の藩邸に生まれた。12歳ごろから堀田家に出入りしていた狩野洞庭から絵の手ほどきを受けるが、さらなる修行のため、狩野探玉斎という絵師に狩野派を学ぶ。しかし、当時は家業である剣術指南役を継ぐため、祖父から剣術修行を受けていたうえ、藩務も忙しく、余裕のなくなった由一は独学で絵を学び始める。やがて、病弱だった由一は祖父から画学の道に進むことを許され、吉澤雪菴に師事するが、またしても藩務に追われる。

　しかし、嘉永年間に洋製石版画を見て感激すると、洋画の研究を決意。1862年から川上冬崖の指導を受けるが、外国人から指導を受ける必要性を痛感し、1866年に当時横浜に住んでいたイギリス人画家チャールズ・ワーグマンのもとを訪ね、入門した。明治維新が起きると、「由一」と名を改めた。1864年に開成所画学局出役介となるが、油絵の実技がままならず、横浜居留地のワーグマンや貿易商ショイヤー夫人を訪ねている。その後、官職を辞めた由一は画塾である天絵舎を創設。さらに、1876年には工部美術学校の創設にあたって来日したイタリア人画家アントニオ・フォンタネージから洋画の画論技法を学んだ。

　この名言は洋画の研究を始めた由一が周囲に豪語していた言葉で、そんな洋画の素晴らしさを伝えるため、由一は葛飾北斎や歌川広重などが描いてきた庶民に馴染みある風景を意図的に油絵で描いたほか、展覧会の開催や日本初の美術雑誌『臥遊席珍』の刊行などを行った。さらに、キャンバスや油絵の具の製造を指導し、国産化を成功させるなど、西洋画の啓蒙に尽力。1894年に67歳で逝去した。

Topic　1. 実は由一には欧米への留学経験はない。逆にだからこそ"和製油絵"ともいえる日本人の心にうったえる写実的な絵が描けたのかもしれない。

　　　　2. 由一は山形県令や福島県令、栃木県令を兼任していた三島通庸と関係が深い。三島は自らの行っていた公共事業の成果を残すため、由一に風景画を依頼。由一は生涯3度にわたって東北地方に訪れ、風景を描いている。

万能的なのは一心がかたまらぬせいか、心が籠らないせいか、傑出するには足りなかった。それをみると、不器用の一心がかえって芸道のことには上達の見込みがあるか。

高村光雲（1852〜1934）

職人と芸術家との狭間で

　高村光雲は「芸術家」なのか「職人」なのか。美術史的に評価が分かれるのはもちろんだが、当の光雲も同じく悩んでいたようで、上の一文はそんな呻吟が生々しく伝わってくるようでもある。

　日本の木彫技術に洋風彫刻の写実性を加味した明治期の傑作で「シカゴ万国博覧会」にも出品された光雲作の「老猿」。教科書などで見た覚えのある人も多かろうが、これなどはまさしく芸術と言うしかない。「日本初となる仏像以外の本格木彫り彫刻」と評価する声もある。しかし一方で、光雲はその作品のすべてが注文制作されたものであり、また光雲一人で仕上げたのは「一生涯かかつて五十點位なものであらう」と長男の光太郎が記したように、ほとんどは工房として門弟とともに、あるいは門弟が光雲に代わって手掛けたものであった。

　光太郎は以下のようにも記している。「徳川末期明治初期にかけての典型的な職人であつた。いはゆる木彫師であつた。もつと狭くいへば佛師屋であつた」「明治初期の衰退期に彫刻の技術面に於ける本質を、父の職人気質が頑固に守り通して、どうやらその絶滅を防いだことになる。彫刻の技術上の本質については無意識のうちに父は傳統の橋となった」「父の作品には大したものはなかつた。すべて職人的、佛師屋的で、又江戸的であつた」……。

　西洋画の写実表現を彫刻にも取り入れようとして実物写生に励んだという光雲は、その一方で家族や門弟たちの生活費のため通り一遍の仏像を作り続けた。門弟が光雲に無断で光雲作として世に出した作品もあったというから真贋の問題も付きまとい、これは現在ではもはや判別不可能とも言われている。もっともそんなとき、大らかな性格の光雲は「作品の善し悪しは歴史が判断するだろう」とさほど問題ともしていない風だったという。

Topic　1. 明治維新以後、廃仏毀釈運動の影響で仏師としての仕事が減る中で、積極的に西洋美術を学んだ結果として作られたのが「老猿」であった。
　　　2. 老猿以降は人気芸術家として名前を上げ、上野恩賜公園の西郷隆盛像を手掛けた。

天才になるには、
天才のふりをすればいい。

サルバドール・ダリ（1904～1989）

奇才の苦悩と努力

スペインの芸術家ダリは、常日頃から自分が天才だと言い続けた。上述の言葉以外に「私は天才になるし、世界は私を称賛するだろう。（中略）なぜなら私はそのことを確信しているから」といった言葉も残している。これらの言葉から、天才になるには自信を持つことと、そのように振る舞うことの大切さがわかる。つまり、どちらも努力が必要ということである。

ダリも自分の才能に不安を持つこともあったのだろう。そうでなければ、自分で自分が天才だと言って確認はしない。また奇抜に見える振る舞いもわざわざしない（狙ってやったとされる）。このように自分自身にも他者にも天才だとひたすら言い聞かせ、目指した目標に近づいていく。逆説的だが、そういう行動ができるということが努力の人である証明でもある。もちろんダリは、その振る舞いや発言だけがユニークだったわけではない。絵画やオブジェなどの彼の作品が天才的に優れていたため、それが認められたのである。これらは突然、うまく描けるようになったわけではなく、たくさんの見聞を深めながら相当な訓練をしてきたからできたことである。そこにはやはり努力の姿がある。

ダリを含めたこれだけ多くの人が「天才」という言葉を愛するのは、「天才」というシニフィエなきシニフィアンへの欲望があるのかもしれない。人間、自信を持つことは何より大切である。ときには自分が天才だと信じてみてもいいだろう。だが大概は現実の壁にぶち当たる。ならば身の丈にあった思い込みをするのが妥当ではないだろうか。実現可能な目標（自分の理想像）を設定するのだ。そこから本当の成長が始まるはずだ。

Topic 代表作は、溶けたチーズのような時計（柔らかい時計）が三つ、大地に配置されている『記憶の固執』。このほか『聖アントニウスの誘惑』『ニュートンへの敬意』など多数。また、映画監督ルイス・ブニュエルと共同で『アンダルシアの犬』という前衛作品も残している。

画家は灰色を使って、色白の美女を描くことができる。

フェルディナン・ヴィクトール・ウジェーヌ・ドラクロワ（1798〜1863）

負の感情を劇的に描いたロマン派の巨匠

　ドラクロワは、フランス、ロマン主義運動の代表的な美術家である。その表現豊かな筆使い、光や色の効果に対する技術的な探求は、のちにルノワールやゴッホをはじめ印象派の画家たちに影響を与えた。ドラクロワのもっとも有名な作品は、1830年に制作した『民衆を導く自由の女神』である。銃剣を左手に持ち、右手はフランス国旗を高々と掲げて人々を導く若い女性は、フランス共和国のシンボルである「マリアンヌ」像の典型例とされる。フランス7月革命というテーマから、絵画におけるロマン主義の代表作とされ、その主題の選択や技術において、ロマン主義と新古典主義の違いを明確に理解できる作品である。掲出の言葉からはそんな画家としての矜持が垣間見られる。この作品は1831年のサロン展に出品され、フランス政府は革命を記念するためとして3000フランで買い上げたが、翌1832年の暴動以降、あまりにも煽情的かつ政治的であるという理由から、1848年の革命までの16年間、常設展示は行われなかったという。

　この代表作『民衆を導く自由の女神』や、1820年に始まったトルコ軍のギリシャ侵攻を描いた『キオス島の虐殺』のように、ドラクロワは実際に起こった歴史的事件を主題とし、見る者の顔を背けさせるような強烈な生と死の描写を激しい筆使いで描いた。当時ライバルだった新古典主義派のドミニク・アングルの完璧主義とは対照的に、ドラクロワはルーベンスやヴェネツィア・ルネサンスからの影響を受け、輪郭やデッサンの正確さよりも、色彩や躍動感、人物の感情をこれでもかと強調して描き出したのである。古典派が主流であった当時、ドラクロワのように人間的な負の感情をありのままに描くというのはかなりの異端であった。彼の作品は「絵画の虐殺」、「ドラクロワはパリを焼き尽くす」と責めたてられ、非難も集中したのである。ドラクロワの成熟期は、劇的でロマンティックな物語絵画が中心的な主題となるが、それはギリシャやローマ時代のような古典主義に対する憧れゆえではなく、彼自身が北アフリカ旅行などエキゾチックな場所を追い求める態度が根底にあったからと言われている。

Topic　1. ドラクロワの実の父は、ウィーン会議のフランス代表として知られる外交官、タレーラン＝ペリゴールだという説がある。実際タレーランはドラクロワの画家としての成功に相当の手助けをしていたことが記録に残されている。

　　　2. 『民衆を導く自由の女神』の中で、自由の女神の左側のシルクハットをかぶっている男がドラクロワ自身であると伝わっている。

優秀な芸術家は模倣し、偉大な芸術家は盗む。

パブロ・ピカソ（1881〜1973）

模倣を超えた模倣の仕方

　しばしば、芸術において模倣は、重ねながらその中で独自的なものを創造するものだと論じられ、その逆に単純な剽窃は犯罪であると語られる。ところがピカソの言うそれは真逆である。どちらが正しいのだろうか。答えは簡単である。ピカソが言う「盗み」とは、芸術を模倣し、そこから独創的な新しいものを見つけ生み出す行為をいう。つまり（創造的）「模倣」なのである。実際、映画人のタランティーノも「かつてつくられた映画すべてから盗む」と言う。これも（創造的）「模倣」だ。逆にピカソはただの「模倣」を一段下に置く。真似するだけで創造性がないもの、それこそが「剽窃」である。そんな芸術家は「優秀」以下ということになる。いずれにしても、広く深く過去の名作を学んみること。その上で気になった箇所を模倣しそれを組み合わせたり、大幅にデフォルメを加えたり、それをヒントに新しい作品をつくったりすることが創造である。このことは同時代のスペインの画家サルバドール・ダリも語っている。「何もまねしたくないなんて言っている人間は何もつくれない」

　ピカソは、1901年ごろに『青の時代』として貧しい人々らを青を基調とした色彩で描き始める。その後『ばら色の時代』として明るい色彩でサーカスの芸人などを描く。やがてピカソはアフリカ彫刻に夢中になる。この影響からキュビズムが生まれる。代表作の『アヴィニョンの娘たち』である。この絵では、遠近法のない世界にグロテスクに歪曲された女性の顔が並ぶ。これはピカソがアフリカ彫刻から確かに「盗んだ」ものであった。その後、ピカソは新古典主義の時代、シュールレアリスムの時代と次々に作風を変えるが、どの作品でも他の芸術の影響を受けながら最高の作品を生み出した。

　ここで留意したいのはキュビズムがアフリカ彫刻から盗んだ（模倣した）ということ。当時あまり目がいかなかったアフリカに着目したのはさすがである。創造的な模倣をするには古典だけを対象にするのではなく、広い視野を持ち続けなければならないのだ。

Topic 1. 若いころはつき合う女性が代わるたびに作品の傾向が変わった。たとえば、新古典主義の時代。結婚したオルガは「私を見たままに描いて」と頼んだ。ピカソはキュビズム風の女性の顔から、ふつうの女性の顔に変えた。
2. 反戦主義で左翼的思想を持つ。共産党にも入党していた。1936年スペイン内戦勃発。右派フランコ軍を応援するナチスはゲルニカを空爆。これに抗議してピカソは大作『ゲルニカ』を描いた。ドイツ軍人が「この絵画を描いたのは君か？」と問うたのに対し、ピカソが「いや、君たちだ」と答えたことは有名。
3. 多作。91歳で亡くなるまで油絵と素描だけで約1万3500点残した。ギネスブックでも、もっとも多作な美術家と認めている。代表作は前述の『アヴィニョンの娘たち』『ゲルニカ』のほか『サルタンバンク』『泣く女』など多数。2015年には『アルジェの女たちバージョン0』が史上最高額の215億円で落札された。

美は余分なものの浄化である。

ミケランジェロ・ブオナローティ（1475〜1564）

飾り立てないという美術観

　美には無駄な装飾はいらない。加えるのではなく削ること。イタリア盛期ルネサンスの巨人ミケランジェロの言葉からはそういう意味が読み解ける。実際、ミケランジェロは次のような名言も残している。「余分の大理石がそぎ落されるにつれて、彫像は成長する」。確かに、絵画、彫刻などの彼の多くの作品からは、無駄な贅肉を削ぎ取られ、一方でダイナミズムを持つ、力強く美しい人間像が見て取れる。そこに彼の芸術観がある。しかしこれは芸術だけなのだろうか。たとえば本書は名言本である。ここには名言とともにたくさんの解説が載っている。名言を敷衍するため、多少のトートロジー（同義語反復）はあるかもしれない。しかし大概において無駄な情報はない。その意味でも制作者たちにこの要求は突き刺さる。文字数は金である。現代メディアでは過剰表現は捨てられてしかるべきものなのである。

　ミケランジェロの時代と現代メディアとでは、比較する対象が違うが、人がいかに高密度なものを求めるかという観点において、上述の言葉は意味を持つ。では、芸術はすべてそんな高密度を期待し、余剰（余白）や装飾などをなくしたものがすべて最高なのだろうか。そうともいえない。日本には石庭・龍安寺を代表とした独特の「余白の美」もある。また同じ日本でも琳派のような装飾の美もある。西洋美術史をひもといても、ジャポニズムに影響を受けたクリムト（ウィーン分離派）のような、金を貼り巡らせた装飾美もある。美は多面的であり、矛盾するものを同時に包含するものなのだ。

　結局のところ、新聞広告や情報誌など（無論その表現方法は多様で、新聞広告でもあえて余白をつくる場合はある。それでも文字数制限はつきまとう）高密度でなくてはならない場合は存在する。だが、それ以外の芸術の場合は、意図的に余分をそぎ落すか、意図的に何かを加えるか。どちらかの覚悟を持つことが、プロである以上必要となる。その覚悟を持って「つけ加えられたもの」はすでに「余分」ではない。すべてが浄化された姿である。クリエイターには何を望むかの覚悟がいるだけだ。

Topic　1. ミケランジェロは画家でもあり、彫刻家、建築家でもあった。だが本人はあくまで画家より彫刻家であることを本意としていた。彼には両方で極めて名高い代表作がある。絵画ではバチカンのシスティーナ礼拝堂の天井画（『アダムの創造』『デルフォイの巫女』）、同じ祭壇画の『最後の審判』が挙げられる。どちらも大作であり、足場を設置してフレスコ画（修正が利かない）で描かれた。絵画ではほかに『トンド・ドーニ』。彫刻では『ダヴィデ』『ピエタ』など。『ダヴィデ』は旧約聖書の人物。ミケランジェロは、隆々とした筋肉を持つ、力強い男性的な美を表現した。

私は、世界に日本人として生きたいと思う。それはまた、世界人として日本に生きることにもなるだろうと思う。

藤田嗣治（つぐはる）（1886〜1968）

藤田嗣治として、レオナール・フジタとして

　バブル時代、「世界に通用する日本人」という言葉が叫ばれたことがあった。あれから世界で活躍する日本人は増え続け、いくぶん隔世の感もある。だが、いまだ現代でも世界を目指す人々が模索する中、過去を振り返れば藤田嗣治が見つかる。20世紀に活躍した彼は時代の先の先をいく人物の一人だったということができる。

　藤田は洋画家である。フランスに渡航し学んだ。戦後、再びフランスに戻り、フランス国籍を取得した。だが、特定のフランス人画家の影響を受けたわけではない。彼の画風はどの派にも属さないオリジナルなもの。確かに「エコール・ド・パリ」の一人であるが、これは特定の画風を意味するものではなく、パリに集まった異国人たちを総称した呼び名だ。この中で彼は世界的な画家になった。まさに偉大な日本人である。

　しかるに戦後の日本を顧みれば、終戦まもない混乱期から、高度成長期、バブル期を経て、今グローバルな時代に立たされている。物理的、経済的にも世界との垣根がなくなり、世界への扉がより広く開かれている。実際、プロ野球選手のメジャーリーグでの活躍は驚くべきものだ。また「世界＝アメリカ」ではないことを我々に教えた文化であるサッカーでは、藤田と同じフランスで活躍する選手もいる。しかし、そういった選手たちは日本人を捨てたわけではなく、彼らの多くは日本代表として一つのチームとなる。藤田は特別な芸術思想の影響があったわけではない。むしろそこにあるのは日本画などの影響である。線画を基調としつつ、女性の肌などを描いた美しい乳白色。彼は第二次世界大戦で一転してリアルな戦争画を描き、戦犯という批判を受け、日本を離れフランスに戻った。そこでフランス国籍まで取得し没した藤田。だが、彼は日本を嫌悪していたのか。そうではない。「私が日本を捨てたのではない、日本が私を捨てたのだ」という言葉も残されている。日本へのノスタルジーと日本文化への共感、誇り。たとえば彼がフランスでの生活時に残した、ささやかな日本食の記録と広沢虎造の浪曲などのレコード。彼が異国の地でいかに日本を愛してやまなかったか。考えると愛おしい。

Topic　1. 彼の栄光は20代前半、パリのモンパルナスに住んだところから始まる。後にエコール・ド・パリと呼ばれる、多くの画家たちとの接触である。彼らの中にはモディリアーニやキスリングらもいた。
　　　　2. 前述の通り、第二次世界大戦で、戦争画を描いた。代表作の一つでもある『アッツ島玉砕』では、リアリズムで戦争の悲劇を捉えた。だが戦後、戦犯の疑いでGHQから取り調べを受けることになる。結局、このように国家とメディアに振り回され、戦犯の汚名を着せられたのが日本出国、フランス帰化の原因とされる。

壮年にはまだ一家を成し得ず、あらゆる古典から
学んだ寄せ集めで、人々から集古字といわれた。
しかし晩年になって一家を成すと、
人は私の書が誰の書風に基づくか分からなくなった。

米芾（べいふつ）（1051〜1107）

徹底した模倣が独自の作風に結実

　中国北宋末の書家だが、文学者、画家、収蔵家、鑑賞家と幅広い顔を持つ。名はもともと黻だったが、1091年以降に芾と改めた。字は元章で、号を襄陽漫仕、海嶽外史、鹿門居士などと名乗ったほか、礼部員外郎となったことから米南宮とも呼ばれる。米芾は宋の三大書家のひとりとされているが、同じ三大書家の蘇軾、黄庭堅が文人官僚であったのに対し、米芾は書画の分野のみで活躍した専門家で、1104年に書画学博士となり、徽宗の御府の書画を審定している。そのため、卓越した審美眼を持っており、王羲之や唐代の書を研究するうえで、いまだ米芾の文章は重要な資料となっている。

　この名言は米芾の書論を後世にまとめた『海嶽名言』の一節だ。米芾は徽宗の収集した書画を自由に利用することができたため、名跡を研究し古法を徹底して学んだ。その技術の高さは、書き写した書が本物と見分けがつかなかったという逸話からも明らかだ。また、米芾は徽宗のコレクションだけに飽き足らず、米顛や米癲と揶揄されるほど書画に並々ならぬ執着を示しており、船上で王羲之の書を見せられた米芾は、「書を手に入れられないなら、水に飛び込んで死ぬ」と持ち主に迫り、その書を手に入れたという話もあるほどだ。そんな米芾の書は王羲之の作風を感じさせながらも技巧的で、南朝や初唐の大家に匹敵するほどの品位と規模を持ち、後世に米芾を超えるほどの書家はあらわれなかったと言われている。模倣の繰り返しが至高の技術と独自の作風に結実したのである。なお、『海嶽名言』には書家への批判も書かれており、米芾は柳公権に対し、「公権は欧陽詢を師としているが遠くおよばない。しかも醜怪な悪書の元祖であり、古法は公権よりすたれた」と酷評している。さらに、米芾自身も徽宗の前で「黄庭堅は字を描くだけで、蘇軾は字を画くだけである」と述べたという。世間に順応できず、米狂とも呼ばれた米芾の傍若無人な一面が見える。

Topic　1. 米芾は黄庭堅や蘇軾より若く、二人に可愛がられていた。米芾が二人を酷評した際も、特に怒りはしなかったという。
　　　　2. 書画のほかにも奇石や怪石を集める趣味があったと言われ、名石に出会うと拝んでいたという。極端に潔癖で奇行も多く、これも蔑称がつけられた背景の一つとされる。

イメージを、何か手で触れることの できるものと混同してはならない。 パイプのイメージは、パイプではないのだ。

ルネ・マグリット（1898～1967）

矛盾を投げかけるイメージの達人

20世紀ベルギーの画家マグリットの作品は不可思議なものばかりだ。標題の言葉を検証しよう。私たちが主観で思っているイメージと、実物は当然同一のものではない（娯楽番組の調査で、白の背景にワイングラスを写した写真を見せて、どう捉えるかの実験があった。それをワイングラスではなく、女性の股間と捉えた人がたくさんいたという）。

マグリットの『これはパイプではない』では、そう書かれた言葉の上部にパイプの絵が提示される。一般人のイメージ通りのパイプの絵と「これはパイプではない」と記された記号（言語）の間には亀裂がある。ここにシニフィアン（意味するもの：文字）とシニフィエ（意味されるもの：パイプのイメージ）との恣意的な結びつきが露呈する。マグリットはそうしたずれに気づき、西洋絵画伝統の原理（描かれたものは、現実世界の似たものを示す）の矛盾を暴き出し、その矛盾を自らの作品で突きつけたといえる。彼の作品はそうしたずれや、後述する「類似」によって描かれたものが多い。『風景の魅惑』では、机の上の額縁から、少しも魅力的ではない黒の画面が映る。『透視』では、机の上の卵を見ながら、飛び立つ鳥の絵を描く画家の姿が描かれる。『凌辱』では金髪女性の顔が、女性の裸体になっている。『大潮』では青空に浮かぶ雲が描かれる。実際マグリットでは、題名は描かれた作品を直接意味しない。マグリットは言う。「私は自分の描いたイメージを、題名によってできる限り巧みに名づけるのだ」。そしてこうも言う。「類似性は眼に見える世界の形象を、霊感が与える秩序にしたがって、さり気なく結びつけるのである」。

マグリットにとってキーとなるのは「類似性」である。これは発想の類似である。たとえば『風景の魅惑』や『大潮』では、題名とあえて反対のものが類似的に捉えられる。『透視』には描かれたものの中に現在と未来の類似がある。『凌辱』ではその題名の類似とも思える女性の裸体、そしてそれと顔の類似がある。マグリットは、こうして類似するものを描いた。それらの作品には常に秩序があり、一見すると明解で合理的である。にもかかわらず、そこには矛盾があふれている。このような作風を持つ作家はマグリットしかいない。

Topic 1. 『これはパイプではない』は、20世紀後半の哲学者ミシェル・フーコーが同名作で論じたことで有名。
2. マグリットはシュールレアリスムの影響を強く受け、その画家の一人ともされる（ただし主導者のアンドレ・ブルトンとは馬が合わなかったとされる）。一方でイタリア形而上学の画家キリコとの関係も指摘される。作品は古典的ともいえる丁寧な描法で描かれ、前述の通り明晰かつ合理的に構成されているように一見映る。だが、題名とともに不可思議な世界に私たちを誘うイメージの魔術師である。

見たいと願う人たちのために、いつも花はあります。

アンリ・マティス（1869～1954）

自然をこよなく愛した「色彩の魔術師」

アンリ・マティスは、フランスの画家。フォービズム（野獣派）のリーダー的存在であり、フォービズムの活動が比較的短く終わった後も20世紀を代表する芸術家の一人として活動を続けた。自然をこよなく愛し、緑あふれる世界を描き続けた画家でもある。彫刻および版画の名作も数多く手がけている。

マティスの初期の作風は写実的であったが、次第にフィンセント・ファン・ゴッホ、ポール・ゴーギャンらの後期印象派の影響を受け、強烈で自由な色彩による表現を追究するようになった。『緑のすじのあるマティス夫人の肖像』（1905年）、『ダンスI』（1909年）など大胆な色彩を特徴とする作品を次々と発表し、モーリス・ド・ヴラマンク、アンドレ・ドランらとともにフォービズムと呼ばれるようになる。しかしその活動は1905年から3年ほどの短い間だけであり、やがて「私は人々を癒やすひじ掛け椅子のような存在になりたい」との思いから、その後はより静謐な作品を多く描くようになった。

マティスはフォービズムのレッテルを自身の画風に貼られることを嫌ったのである。その後のマティスは、線の単純化、色彩の純化を追求し、切り紙絵に夢中になる。人気作である『ジャズ』は、この切り紙絵を原画とする20点の挿絵と自筆のテキストを収めた挿絵本の集大成だ。やがて、南フランスのドミニコ会修道院ロザリオ礼拝堂の内装デザインも担当。この礼拝堂はマティス芸術の集大成とされ、切り紙絵をモチーフにしたステンドグラスや、白タイルに黒の単純かつ大胆な線で描かれた聖母子像などは、20世紀キリスト教美術の代表作と称賛された。マティスのアトリエは植物たちや鳥たちが満ち溢れた、自然ゆたかな場所だったという。この草花が満ち溢れ、鳥たちが憩うアトリエから数々の傑作を生み出した。晩年のマティスは地上の楽園のようなアトリエで作品を作り上げていったという。掲出の言葉はそんなマティスの晩年をあらわしているといえよう。

Topic
1. 初期の代表作「緑のすじのあるマティス夫人」では、顔の真ん中に太い緑色の線を中心に左右それぞれ異なる色彩と筆使いで描いた。マティス自身の内面を表現していると言われている。
2. マティスは、目に映る色をそのまま描くのではなく、マティス自身の内側にある色彩で表現していくという奔放なスタイルを身につけた。

芸術においてシンプルなことは洗練の極みである。

エドゥアール・マネ（1832～1883）

裸体をありのままに描く

　エドゥアール・マネは、印象派の先駆者と呼ばれた19世紀フランスの画家である。代表作『草上の昼食』と『オランピア』は、その題材と表現手法で当時の画壇に衝撃を与えた。1859年にマネがサロンに出品した『アブサンを飲む男』は落選したが、その後も毎年のようにサロンへの出品を繰り返し、画力を確かなものにしていく。1861年には『オーギュスト・マネ夫妻の肖像』と『スペインの歌手』で初入選を果たした。1863年はサロンの出品が例年にないほどに増加したせいで、落選は3000点にも上った。画家たちからサロンの選考に対して不満の声が爆発したため、時のナポレオン3世は落選者たちの作品を集めた展覧会「落選者展」を開催した。この時にマネの作品『草上の昼食』が出品され、斬新な手法で注目を浴びたのである。ただし、その注目のほとんどはマネの描くスキャンダラスな題材への好奇の眼差しであった。

　翌々年の1865年には、『オランピア』もサロンに入選したが、このときは注目ではなく轟々たる非難を浴びることになる。なぜならば『草上の昼食』でも批判の的になった裸体の女性を、今度は画面いっぱいに寝かせて描いたからである。絵画史上、裸の女性が描かれたことは確かにあるが、いずれも伝説の神々やヴィーナスなど空想の存在であった。一方のマネはリアルタイムで生存している高級娼婦の裸体を画面いっぱいに描き、しかも堂々と公表したのである。

　「芸術にとってシンプルであることは洗練の極みである」と独白しているように、マネにとっては彼が見たものを世の因習に縛られず、ありのままに描くことは美学であった。晩年のマネの周囲には、徐々に作品を評価する人間も増えてはいたが、依然として芸術界の問題児としての認知は変わらず、サロンの落選の日々が続いていた。日々、苦悩しながら作品制作を続けていたが、80年になって健康状態が悪化、独自のスタイルと美意識とを貫き通したマネは51歳の若さで死去した。

Topic　1.『草上の昼食』は、19世紀後半以降の西洋絵画史に多大な影響を及ぼした作品の一つである。モネは、1866年にマネのこの作品を意識して同じ題名の作品を描いた。
　　　　2. ピカソは1960年頃にマネの当作品にピカソ自身の解釈を込めた『草上の昼食』として描いている。

他人を感動させようとするなら、まず自分が感動せねばならない。そうでなければ、いかに巧みな作品でも決して生命ではない。

ジャン＝フランソワ・ミレー（1814〜1875）

作者自体の感動が作品に命を宿す

　ミレーは19世紀フランスの写実主義（リアリズム）の画家。彼はパリ近くのバルビゾン村に住み、森などの自然の風景や貧しい農民などの生活をリアリズムで描き続けた。そんな彼の上述の言葉は、絵は写真代わりに記述されるものではなく、鑑賞者に感動も伝えなければならないという意味を持つ。加えてそのためには自分が感動できなくてはダメだとする。

　ミレーは知っていた。自分の描く対象自体が、描かれる前に感動を含んでいることを。美しい森の自然。崇高なる農業労働。それらは十分に感動的だ。そもそも農業は生命をつむぐ職業だ。『落穂拾い』はそれ自体が生命を甦らせる儀式であり、そこには生命の輝きがある。感動できる自然や労働中の人を目にしたミレーはそのまま描くだけで感動を呼び起こせると思っていた。確かにミレーの描いた作品は評価され、没後はその評価がさらに高まった。このことからも上述の言葉は、改めて意味を持つ。自分が感動するような対象に食らいつき、しっかり描くこと。ときに自らの鑑賞眼を高め、その基準に合わせたものをありのままに描くこと。それが芸術のあるべき姿の一つである。

　さて、この言葉は現代にあって、美術を超えたさまざまなシーンで応用されている。たとえば企業で自社製品の営業をする場合、それへの愛情がなくては受け入れられないという考え方。製作者が感動しないものは売れない、自分で感動するものをつくれという考え方である。とはいえ、この要求に応えるのはなかなか難しい。なぜなら企業の多くは普段目先の売上と原価率のみを考え、感動なんて考えてないからだ。

Topic) 1. 本文にあるようにバルビゾン派のリアリスト。紆余曲折を経て、パリ近郊のバルビゾンに住み、自然と農民の生活を中心とした作品を残す。代表作は『落穂拾い』『種まく人』『晩鐘』『羊飼いの少女』『ポーリーヌ.V.オノの肖像』など。ミレーの最初の妻ポーリーヌを描いた作品は、「ミレーのモナリザ」という評価を受ける。だが、貧困もありポーリーヌは23歳で亡くなってしまう。ミレーの落胆はいかばかりだっただろう。彼女の死がミレーの感性をさらに高め、より敏感な人間に変えたかもしれない。

歴史に残るのは、革命を起こした作品だけ。アレンジメントでは生き残ることはできない。追従者は小銭を稼ぐことはできるが、小銭では未来に生き残れない。

村上隆（1962〜）

日本の美術を再解釈して英語に翻訳

　上の言葉を見て啞然とする人もいるだろうか。

　村上隆に対する海外での高い評価とは裏腹に国内のアンチ勢は多く、その批判の主を成すのが「村上の作品自体が旧来日本のアニメやマンガをアレンジどころか剽窃しただけ」というものであり、つまり「その村上がどの口でアレンジを否定するようなことを言えるのか」「自分はそれで大儲けしているじゃないか」というわけである。

　「日本のオタクカルチャーとアートの融合」との評価を得て、世界を股にかけて活動を展開する村上。2003年にはルイ・ヴィトンとのコラボレーション『モノグラム・マルチカラー』を発表、2009年、競売会社サザビーズがニューヨークで行ったオークションに出品された村上プロデュースの「マイ・ロンサム・カウボーイ」……。裸の股間から投げ縄状の白い液体を発する等身大のフィギュア彫刻は516万ドル（約16億円）の高値で落札されるなど、もっとも著名な現代日本人アーティストの一人であることには違いない。

　一方、日本での低評価の主因としては拝金主義的な創作姿勢に加えて「高校卒業後にはアニメーターを志しながら挫折した」というその経歴から、村上が作品の題材とする日本オタク文化を支持する層から「しょせんはアニメ界の落ちこぼれ」「それがオタク文化を食い物にしている」と強い反発を受けているところが大きい。

　では日本における村上擁護としてはどんな声があるのか。以下は村上作品の販売を手掛ける銀座「翠波画廊」のHPから引用したものである。〈村上隆のアートを理解するポイントは、日本の美術を再解釈して英語に翻訳し、その延長線上に自身のアートを位置付けたことなのです。マンガというと現代のサブカルチャーと思われていますが、村上は「鳥獣戯画」から「北斎漫画」といった日本の伝統の美術にまで遡って線で描く表現を日本の美と捉えます〉

　たとえば2005年にニューヨークで開催した『リトルボーイ展』で村上は、作品の意義を「父親たる戦勝国アメリカに去勢され温室でぬくぬくと肥えつづけた怠慢な子どもとしての日本と、そうした環境ゆえに派生した奇形文化としてのオタク・カルチャー」、「それがゆえにオタク・カルチャーのきっかけはアメリカにもあるのだ」と明確な言葉で語っている。

Topic　1. 精神科医の斎藤環は、村上批判者の言説を非難して「村上の作品はオタク文化から影響を受けているだけでなく、それを昇華させてオタク文化に影響を与えてもいる」と話している。
　　　2. 東京芸術大学美術学部日本画科卒で、同科初の博士号取得者でもある。

私の芸術は、自己告白である。

エドヴァルド・ムンク（1862～1944）

自らの内面をさらけ出した魂の"叫び"

『叫び』で知られるノルウェーの国民的画家ムンクの言葉である。確かにムンクは、自分の魂の叫びを絵画で表現した。彼は、ほかの多くの作品でも自らの不安や死の恐怖などのイメージを具現化した。まさにそれは自己告白であった。

ムンクは自身が、不幸を多く抱え、精神的な病に苦しんでいた。幼少時に愛する母を亡くし、10代で姉も亡くしている。自らもずっと病気（気管支炎）に悩まされ、死の恐怖に怯えた。敬虔な父親に育てられながら、その父とも対立した。芸術家への道も決して簡単な道ではなく、せっかく開いた個展が一週間で打ち切りになるという事件もあった。実際、若いころは作品も売れず認められなかった。このような挫折を経て生きたムンクは、印象派のように明るいものになるはずはなかった。彼は上述の言葉通りに、自らが持つ不安や恐怖などの目に見えないものを、抽象に陥ることなく具象のまま赤裸々に描き抜いた。彼の作品は表現主義に近いとされ、あくまで目に見える美しいものを描いた印象派とは真逆の立場ともいえる。

作家は大きく二つに分けられる。自らの人生の悪い部分に焦点を当て、人生の不条理さや辛さ、人間の醜さ、不確実さを描く作家。自らの人生のよい部分に焦点を当て、生きることの楽しさや、人間存在の確かさを描く作家。どちらもあっていい。だが、ムンクは明らかに前者だった。彼にとって芸術は自分の生きる苦悩を表現する場所だったのだ。同時に描くこと自体が、自分の精神安定の方法だったともいえる。ゴッホがそうだったように。これらに我々の多くは共感する。ルノワールに共感する一方、ムンクにも共感する。

実際、20世紀の精神分析医フロイトが主張する死の欲動は、我々の中に存在する。幸不幸関係なく、多くの人は死を無意識の中に抱えて生きているのだ。そして心の底でそれに憧れもする。それを芸術上で暴露したのがムンクであり、それこそが彼の人生の叫びだった。彼の作品からは、生きることと死ぬこと、悩むことの生々しい現実がつきつけられる。しかしそこに一つの美の有り様がある。彼の作品から誰も目をそむけられない。

Topic ムンクの代表作『叫び』は、決して描かれている人物が叫んでいるのではない。この人物は叫び声が聞こえ、恐れ戦いているのだ。背後にある風景はノルウェーの町。ムンクがもしかすると体験したかもしれない恐怖がそこに再現されている。

私は鳥が歌うように、絵を描きたい。

クロード・モネ（1840〜1926）

睡蓮に魅せられた画家

　クロード・モネは印象派を代表するフランスの画家である。絵の具本来の質感を生かした描写技法によって、自然界の光と大気との関係や、水面に反射する光のうつろい、気候や時間によって変化する自然の要素を巧みに表現した。主に屋外での風景を描いたが、人物や室内画、静物画なども多く残し、「積みわら」「ポプラ樹」「ルーアン大聖堂」「睡蓮」などの連作的作品も数多く残されている。掲出の言葉はモネの作品群に見られる自由自在な作風を見事に表している。

　1862年に入ったシャルル・グレールの画塾で、ルノワール、アルフレッド・シスレー、フレデリック・バジールらバティニョール派（のちの印象派）と呼ばれる画家たちと知り合い、ともにフォンテーヌブローの森で作品を制作。1870年に最初の妻カミーユ・ドンシューと結婚、1カ月後に普仏戦争が勃発したためロンドンへ亡命、同地でターナーやジョン・コンスタブルらの作品から、空気遠近法や色彩の表現技法を学び、翌年オランダを経て帰国した。1872年、代表作『印象 日の出』を制作。フランス北西部の都市ル・アーヴルの港の風景を柔らかな筆の動きで描いた。この作品が初めて展示されたのは1874年の印象派展だった。その展覧会のカタログの責任者であったエドモン・ルノワールから作品のタイトルを聞かれた時のことを、モネは次のように説明している。「これに『ル・アーヴルの眺め』というタイトルをつけることはできなかった。そこで『印象』としてほしいと言った」

　1880年代に展示会が成功し、経済的に豊かになると、モネはロンドンを頻繁に訪れながら作品制作に没頭した。モネは、1890年にジヴェルニーの地所を購入すると、リュ川の水を引いて睡蓮の咲く池を作り「水の庭」と呼ばれる日本風の庭を作った。この水の庭をテーマにした作品が、1898年から数多く描かれるようになる。最晩年には最後の大作『睡蓮』の大壁画を手がけた。1900年までの「睡蓮」第1連作では太鼓橋を中心に、睡蓮の池と枝垂れ柳が、光の変化に従って描かれた。ジヴェルニーの自宅兼アトリエで1926年12月6日に86歳で死去した。

Topic　晩年にかけてのモネの作品で、同じモチーフで複数の絵を描くという手法は、モネが愛好していた葛飾北斎の『富嶽三十六景』や歌川広重の『名所江戸百景』といった浮世絵から発想を得た可能性があると考えられている。

よい絵とは、ああっと言うだけで、ものが言えなくなるような絵だ。どうだこうだと言えるような絵、言いたくなるような絵は大した絵ではない。

横山大観（1868〜1958）

鑑賞者を引きつける美を目指した日本画の巨匠

「言葉を失う」という表現がある。感動や衝撃のあまり、それを表現する言葉が見つからなくなることだ。上述の言葉には、優れた絵画（美術）にはそれだけの感動や衝撃をもたらすという意味がある。言語は記号の一つであるが、鑑賞者が何かしら意味のある言葉を発した（言語化された）時点で、過去の陳腐な表現の中に埋没してしまう。重要なのは、そういった言語化さえ許さない、圧倒的な美の衝撃である。誰もが言葉を失うという経験。これは自分のメモリーの中で探すべき（枠の中にはめるべき）言語（シニフィアン）が瞬時に見つからないことである。そこに美の極致があることを大観は知っていた。

　上述の言葉は、優れた絵画が、まず論理よりも直感に訴えかけるということも意味する。これは芸術作品に限らない。広告やデザインなどにしても、まず鑑賞者を引きつけること。相手に理屈をこねさせることすらできないほど、人間の直感において圧倒することの意義が見出せる。もちろん、作り手も鑑賞者にも、頼るべき理論はあってしかるべきだ。制作者はそれにしたがった上で、鑑賞者を圧倒することを考えなくてはならない。近代日本画を代表する巨人である大観も、西洋画などの影響を受け模索した上で「朦朧体」という、独自の筆致をつくり出した。彼には思想があった。それにしたがった上で表現し、教養ある鑑賞者にそれでも批評を無効化させるほどの美を目指したのである。

　大観は「己が貧しければ、そこに描く富士も貧しい」という名言も残している。日本の象徴・富士山を好んで描き、自ら品格ある人間であろうとした大観の芸術観がここに窺える。だが、芸術を極めるためには「優れた人間」にならなければいけないのだろうか。答えはそうであるとも、そうでないともいえる。イタリア・バロックの巨匠カラヴァッジオは、殺人を犯して逃走した画家である。彼の作品は、彼自身のように貧しいものだったのだろうか。そうではない。多様な鑑識眼や倫理観が必要になるが、少なくともカラヴァッジオは絵画を描く時には高い集中力を持ち極めて真剣だっただろう。その意味において決して貧しくはない。だからこそ、大観の言葉は的を射てないとは言い切れない。

Topic 1. 東京美術学校（現 東京芸術大学）に1期生として入学。岡倉天心や橋本雅邦に学ぶ。同期には下村観山といった画家がいた。
2. 本文で触れた「朦朧体」は明確な輪郭を持たずに描く技法。当初は悪意を持っていわれた（この意味においてフランスの「印象派」に通じる）。
3. 代表作は『屈原』『生々流転』など。

長く生きるほど、
人生はより美しくなる。

フランク・ロイド・ライト（1867～1959）

大自然との美しい調和を目指した建築

　フランク・ロイド・ライトはアメリカを代表する建築家である。

　18歳のライトはウィスコンシン大学マディソン校土木科に進学したが、建築家を目指す彼は大学を中退、シカゴに移り住み、アドラー＝サリヴァン事務所でルイス・サリヴァンの指導のもと建築を学ぶ。6年を経て独立すると、最初の仕事としてウィンズロー邸の設計を手がけ、そのシンプルさと優美さで人々の耳目を集めた。このウィンズロー邸に始まり、ライトの初期の代表作と言われるハートレー邸、ロビー邸などは、自然と混然一体となるような限りなく低く、安定した構造、部屋同士を緩やかにつなぐ連続性のある空間デザインで「プレーリースタイル（草原様式）」と呼ばれた。ヨーロッパの建築様式を真似て、権威主義的なデザインが蔓延していた当時のアメリカ建築界において、ライトのプレーリースタイルは革新的なアイデアであった。ライトはこの作品によりアメリカ郊外の住宅地に新しい建築スタイルやライフスタイルを創出し、一躍建築家としての名声を得る。

　ライトは続けてラーキンビルやユニティテンプルなど、住宅設計以外の分野でも高い評価を受けた。1936年にはペンシルバニア州に彼の代表作となる「落水荘」を完成。これは滝の上にダイナミックに張り出されたバルコニーが特徴的な建物であり、大自然との美しい調和を描くというライトの建築への哲学を見事に形にした作品であった。この落水荘の発表により、ライトのキャリアは第二の黄金期を迎えることになる。落水荘以降のライトの住宅設計は、第一黄金期の「プレーリースタイル」と区別して「ユーソニアン住宅」と呼ばれるが、なかでも新しい手法によって造った中産階級向けの小住宅は「ユーソニアンハウス」と名づけられた。

　その全生涯を革新的な建築デザインの創出に捧げたライトは、戦後も休むことなく精力的な創作活動を続け、1959年4月9日、アリゾナ州フェニックスにて最期を迎えるまで、グッゲンハイム美術館やユニタリアン教会といった数々の名作を世に問い続けた。掲出の言葉をまさに地で行く生き方であった。

Topic　1. 建築家としての名声の一方で、ライトの私生活は単調ではなかった。6人の子どもと妻をアメリカに残し、愛人であるチェニー夫人と連れ立ってヨーロッパへの逃避行に出る。
　　　2. ヨーロッパ滞在中、ライトは後にル・コルヴュジェやミース・ファン・デル・ローエなど若い建築家に絶大な影響を与えることになる作品集の監修を手がけた。

用筆は心にあり、
心正しければ筆正し。

柳公権（778〜865）

中国楷書の四大家のひとりが説いた書の心得とは？

　中国唐代後期の書家及び政治家で、欧陽詢、顔真卿、趙孟頫と並び楷書の四大家のひとりと称される。字は誠懸で京兆華原県（現在の陝西省）出身。800年代初頭に進士に及第した柳公権は、唐の15代皇帝・穆宗に書を認められ、文章の起草をつかさどる翰林侍書学士となった。その後も柳公権は書や人格が深く評価され、敬宗、文宗、武宗、宣宗など歴代皇帝に奉仕するなかで、出世を重ね、文宗に仕えていた際は勅文の執筆などを行う中書舎人、翰林書詔学士となって、建設と庶務を担当する工部侍郎に転じると、武宗に仕えていたときに、皇帝の側近である右散騎常侍から、典籍の編集や発行をつかさどる集賢院学士知院事となった。さらに、宣宗のとき、河東郡（現在の山西省南部）開郡公、国子祭酒、工部尚書、太子少師を経て、皇太子を補導する太子太保に至る。中央政府で40年も務めた官職を退いたのち、865年に88歳でこの世を去ると、死後は太子大師を贈られた。書は初めに王義之を学ぶと、続けて欧陽詢や虞世南などの書法を広く学び、晩年は顔真卿の書風が次第に強くなった。柳公権の書は、唐代ですでに一文字で千金に値すると評されるほど高い名声を得ていたが、現代でも顔真卿とともに「顔・柳」や「顔筋柳骨」と並称され、主に中国で書道の初学の手本となっている。

　この名言は、書をうまく書く秘訣を穆宗から聞かれた柳公権が答えた言葉で、「筆諫の言」とも呼ばれている。人格が足りなければ、字をうまく書くことができないと示唆したのだ。当時の穆宗は政治を怠っており、その諫言を聞いて心を改めたという。以降、この諫言は後世に伝えられ、書道倫理の一つとなった。柳公権の清らかで力強い書だけではなく、剛毅で正直な性格と高尚な品格も彼の魅力といえよう。

Topic　1. 柳公権の書は当時の高位高官の間で高い評価を受けており、高い潤筆料を払ってまでも先祖の墓碑・墓誌を書いてもらわなければ親不孝だといわれたという。
　　　　2. 父を殺害した宦官に擁立された穆宗は、主体性に欠け享楽に耽る生活を送っていたという。当時の政治は宦官に牛耳られていたと伝えられており、なかば諦めていたのだろうか。

風景ならその中を散歩したくなるような、女性ならその人を抱きしめたくなるような、そんな絵を私は描きたい。

ピエール＝オーギュスト・ルノワール（1841〜1919）

絵画の域を超えた美しさ

　ルノワール作品のほとんどは明るく、温かい。これは印象派に共通するものであるが、とりわけルノワール作品には明るい光が満ち、暖色が多く支配し、幸福感で溢れている。ルノワールはこうも言う。「僕の絵を見る人に楽しい気分になってほしい」。

　ルノワールの人生を振り返ると、労働者階級に生まれ、画家を目指したのも比較的遅い。売れるようになるまでも数年かかっている。しかも晩年はリウマチで車椅子暮らしを余儀なくされている。彼は、世の中は不愉快ばかりであると語ったとされる。そんな彼がなぜ上述の言葉を述べたのか。実は彼の人生は、まったく不幸せだったとはいえない。たくさんの愛に満ちていたのも確かだ。作品も途中から認められたし、素晴らしい家族もつくった。全員の家族がそろった時間は長くはなかったが、決して不幸などではない。つまり、彼は人生に不幸と幸福の二つの面があることを知っていた。その上で描く作品には人生の喜びや愛だけを込め、見る者に束の間の幸福を感じ取ってほしいと願ったのだ。

　大概の人間は、幸福なだけの人生も送らないし、不幸なばかりの人生も送らない。そんな一般人が人生を振り返り何かを創作しようとするとき、悪い部分に焦点を合わせ、生きることの不条理さや社会の厳しさ、人間の醜さや不思議さを訴えることがある。一方でよかった部分に焦点を合わせ、生きることの豊かさや人間の美しさや優しさ、世界の美しさを訴える作家もいる。どちらがよいというわけではない。どちらにもよさがある。ただルノワールは間違いなく後者である。印象派が興る前、19世紀の半ばごろまでは写実主義が流行していた。そこでは見たものを正確に表現することが重要視され、絵の具をパレットで念入りに混ぜて黒に近づけた、暗い色調が中心となった。だが、カメラの普及によってリアルに描くことの必要性が薄れた時代の中、印象派が登場する。印象派の画家は、目に見えるものの印象を大切にし、正確さは追求しなかった。屋外制作を重んじ、絵の具はほとんど混ぜずに塗られ、その結果、明るい光と空気に包まれた風景や人物像が描かれた。ルノワールは、モネやマネ、ドガらとともに印象派の代表的作家である。

Topic 1. ルノワールの描く女性は温かいものばかりだったが例外はいた。『町の踊り』でモデルになったシュザンヌ・ヴァラドンである。自身もルノワールに勧められ画家になるが、彼女は実はモーリス・ユトリロの母であった（ルノワールのモデル時代、妊娠していたとされる）。彼女は多くの男性と関係を持ち、ユトリロの実父もわからない。一方で彼女は育児放棄（ネグレクト）した。ユトリロは10代でアルコール依存症になり精神病院に入る。ルノワールと対極だったヴァラドン。確かに彼女の描く自画像にはルノワールの女性とは異なる、激しい気性が見て取れる。

神の影を描けたとき、私の絵ははじめて完成する。

レンブラント・ハルメンソーン・ファン・レイン（1606〜1669）

光と影を探究し続けたバロック期の巨匠

レンブラントは、バロック期を代表する画家である。17世紀に、現在のオランダであるネーデルラント連邦共和国に生まれたレンブラントは「光の魔術師」あるいは「光と影の魔術師」と呼ばれた。彼は油彩だけでなく、エッチングや複合技法による銅版画、そしてデッサンにおいても多くの傑作を残した。「神の影を描けたとき、私の絵は、はじめて完成する」。そんなレンブラントの独白そのままに、光と影は彼の絵でもっとも重要な役割を担った。代表作として名高い『夜警』（別名『フランス・バニング・コック隊長とウィレム・ファン・ラウテンブルフ副隊長の市民隊』）においても、黒衣に赤の肩帯をした隊長と、黄金の服に儀式用の槍を持った副官が舞台上の俳優のように目立つ。この二人は画面左上から射す一条の光に照らされているのでこのように見えるのだ。光と影を巧みに配置し、描かれている世界が絵空事ではなく現実の事件のように生々しさ、リアリティを持たせる手法はレンブラントの真骨頂であった。

若くして高い名声を得た一方で、レンブラントの私生活は波乱に満ちていた。経済的に支え続けた富裕な妻サスキアが29歳の若さで亡くなると、レンブラントの浪費癖は歯どめが利かなくなる。制作のための重要なアイテムであった大道具や小道具、骨とう品などを大量に購入し、亡き妻の遺産もあっという間に使い果たしてしまう。子どもの世話係として雇い入れたヘールトと愛人関係になるも、のちに若い家政婦ヘンドリッキエとも関係を持ち、泥沼の法廷争いに発展。すべてを失い無一文となった晩年のレンブラントは、娘コルネリアや雇った老女中と生活し、「パンとチーズと酢漬ニシンだけが一日の食事」と記されるほど質素な日々を送ったというが、そんな困窮した生活にもかかわらず、彼の描く芸術世界はより一層深みと陰影を増し、数々の傑作を生みだしたのである。

Topic レンブラントのデッサンには、セピア色の線がよく見られる。これはイカ墨を用いたインクであり「レンブラント・インク」とも呼ばれた。

神は細部に宿る

ルートヴィヒ・ミース・ファン・デル・ローエ（1886〜1969）

20世紀のモダニズム建築の体現者

　ルートヴィヒ・ミース・ファン・デル・ローエは、ル・コルヴュジェ、フランク・ロイド・ライトと並び近代建築の三大巨匠と呼ばれる建築家である。「Less is more.」（より少ないことは、より豊かなこと）や「God is in the detail」（神は細部に宿る）という哲学でも有名だ。

　ローエは1907年に最初の作品でもあり哲学者アロエス・リエルのために設計した「リール邸」を手がけ、この仕事が認められたことにより建築家ペーター・ベーレンスの事務所にドラフトマンとして在籍しながら建築を学んだ。1912年に独立すると一躍、ローエは建築界の表舞台に躍り出ることになる。1929年にはバルセロナ・パビリオンの設計を任されたが、これはバルセロナ万国博覧会のドイツ館として建設されたもので、スペイン国王を迎えるためのレセプションホールであった。基壇を上がると広々とした水面が目の前に広がり、パビリオンの主要部分は、水平に伸びた薄い屋根を8本の十字形断面の鉄柱が支えるという開放的なデザインであった。

　ローエは1930年からバウハウスの第3代校長を務めたが、台頭するナチスによってバウハウスが閉鎖され、アメリカに亡命した。アメリカ亡命中はかの有名なイリノイ州の「ファンズワース邸」の設計を手がけている。これはエディス・ファンズワースという富裕な女医のための週末住宅、いわば別荘であった。四周をガラスで囲われた内部空間には、キッチン、浴室、トイレなどの必要最低限のもの以外には何もない。クライアントのファンズワースは独身であったが、ゲストたちのためのスペースの間にも動かせない仕切りや壁は存在せず、つまり完全なワンルームで成り立っていた。ローエのこういった個性的な設計は、利用者の必要に応じて間仕切りや家具を配置し、いかなる用途にも自由に対応できるようにつくられたのである。この斬新な空間設計は後に「ユニバーサル・スペース」と呼ばれた。

Topic
1. アメリカに亡命して後1969年に亡くなるまで、ローエは高層ビル（シーグラムビル、レイクショアドライブ・アパートメント）などの作品も残した。
2. ユニバーサル・スペースは鉄筋コンクリートや鉄骨の建築が発達することで、広い内部空間が実現できるようになった。オフィスなどの空間は使用者によって自在に平面プランを変えられるよう、パーティションなどで仕切った。

低級な芸術家たちは、常に他人の眼鏡をかける。

オーギュスト・ロダン（1840〜1917）

酷評の嵐の中で自己を貫く勇気

　一般にこの言葉は、二流・三流の芸術家は常に他人の評価を気にする、と解釈される。つまり、他人を気にしていては一流の芸術家になれないということである。

　ロダンは19世紀後半から20世紀初頭にかけてフランスで活躍した。彼の若い頃、フランス彫刻界は、古きギリシャ彫刻の影響の強い新古典主義が主流であった。ロダンは、その風潮に刃向かうように独創性の強い作品を発表したが、認められず希望した美学校を三度も落第した。それでもイタリアを旅行し、ドナテルロやミケランジェロの彫刻を見て、見聞を広め、自己の道を切り拓いていった。ロダンの作風は、極めて自然主義的であり、実物そのもののような高いリアリズムを表現する。その一方で、人間の生命や情熱の造形化も同時に果たしている。その技はまさに天才といっていい。上述の言葉からは、確かに他者の目線を気にしてはいけないという意味が読み取れる。だが、現実に我々が何かの作品を生み出したとき、他者の評価に振り回されずに済むだろうか。ロダンは3回受験を失敗した過去があり、いわば挫折を知っている天才だ。彼は、自分が認められるまで（自分の方が正しいとわかるまで）、きっと模索したはずだ。時には自信を失くしたこともあるかもしれない。だが、最終的には、ミケランジェロなどの古典的傑作を見て学んだ自分の審美眼と、それに基づく自作に対する自信が打ち勝った。

　ここに他人に否定されたからといって、安易に自己否定に向かってはいけない、より高いものを参考にしながら、学んでいくべきであるという一つの推論が成立する。だが、他者の評価をそのように無視していいのだろうか。それではあまりに自己満足に留まってはしまわないだろうか。その判断は難しい。ロダンほどの天才なら他者の評価も関係ない。でも自分がロダンほどでなければ……。もちろん他者は勝手なことを言う。映画作家トリュフォーが言うように、映画などでは古典を知らない人も批評するのだから、時にそれは無視してもいい。だがそれだけでいいのか。結局、自分で考えるしかない。クリエイティブな道を目指す者が一度は突き当たる壁がそこにある。

Topic　1. ロダンは「近代彫刻の父」といわれる。西洋の彫刻は、ギリシャ彫刻から、ミケランジェロらのイタリア・ルネサンス彫刻へと移る。やがてバロックや新古典の時代を経て、19世紀後半、ロダンに到達する。彫刻界の近代が明けるのだ。そしてアントワーヌ・ブルーデルやアリステッド・マイヨールら20世紀彫刻へ引き継がれる。
　2. ロダンの代表作は何といっても『考える人』。美術を知らない人でもこの作品の存在を知らない人は少ないだろう。

第8章

現代視覚芸術

自惚れもたいがいにせよ。人間一人の命はその者一人分の価値しか無く、それ以上にもそれ以下にもならん。

荒川弘（1973〜）

錬金術を通して命の価値を描く

　19世紀の産業革命期のヨーロッパを題材に、ダーク・ファンタジーをテーマとした『鋼の錬金術師』で世界的な評価を得た漫画家・荒川弘は、1973年、北海道中川郡幕別町に生まれた。道立北海道帯広農業高等学校卒業後、荒川は弟が高校を卒業するまでの7年間、家業の酪農を手伝う。その期間「エドモンド荒川」や「ちきんぢょーぢ」のペンネームで、イラストや4コマ漫画の投稿をしていた。1999年、『STRAY DOG』で第9回エニックス21世紀マンガ大賞を受賞。同作が月刊少年ガンガンに掲載され、26歳で漫画家デビューを果たす。その後衛藤ヒロユキのアシスタントとなるが、2001年8月、月刊少年ガンガンで錬金術が存在する架空の世界を舞台としたファンタジー漫画『鋼の錬金術師』の連載がスタートし、これを機に独立する。

　物語はダークでシリアスな路線に舵を切る傾向にあるが、そうした中で〈運命への反骨〉をテーマに掲げることが多く、登場人物たちの多くが血肉を通わせたセリフを放つ。この言葉は、攻め落とされたある国のリーダーが、自らの命と引き換えに民を救うよう交渉に臨んだ際、敵軍のトップから放たれたものである。作中では何度も「等価交換」という言葉が出てくるが、自己犠牲で他者を救おうとする行為を、まさにこの「等価交換」で切り捨てる一言は痛烈としかいいようがない。

　『鋼の錬金術師』の連載は2010年の7月で終了したが、全108話・全27巻（完全版18巻）の単行本は、世界累計売上部数で7000万部（2017年11月時点）を超えている。荒川は『鋼の錬金術師』と並行して、北海道十勝に生まれた酪農と畑作を営む農家の娘が、農業高校卒業から漫画家になるまでの7年間を描いた、実体験に基づくエッセイ漫画『百姓貴族』も手がけた。また2011年9月より、週刊少年サンデーで北海道の農業高等学校を舞台とした学園漫画『銀の匙 Silver Spoon』を、2013年8月より別冊少年マガジンで田中芳樹原作の中世の中東に似た異世界を舞台にしたファンタジー小説『アルスラーン戦記』のコミカライズ版の連載を続けている。

Topic　1. 荒川は女性で荒川弘はペンネーム。本名から一文字省いたものだというが、それは公開されていない。
　2. 『鋼の錬金術師』の源流について荒川は、リハビリセンターでアルバイトをしていた時に得た義手の知識や、等価交換の概念だったと語っている。
　3. 荒川は『鋼の錬金術師』連載中の2007年に第1子を出産したが、妊娠中・出産後ともに一度も休載することがなかった。

俺にはわからない ずっとそうだ…自分の力を信じても… 信頼に足る仲間の選択を 信じても… 結果は誰にも わからなかった…だから… まぁ せいぜい…悔いが残らない方を 自分で選べ。

諫山創（1986〜）

人の強さと生き様を描いた巨人との戦い

　巨人と人間との戦いを描いたダーク・ファンタジー「進撃の巨人」で一大ブームを巻き起こした諫山創は、1986年大分県日田郡大山町（現 日田市）に生まれた。県立日田林工高等学校を卒業した諫山は、梅の栽培農家を営む父親に反対されながら、福岡市の専門学校九州デザイナー学院マンガ学科に進む。19歳のとき、専門学校の集団持ち込み会で上京。同級生とともに複数の少年誌の編集部へ漫画の持ち込みをし、最後に訪ねた少年マガジン編集部（講談社）で「絵に力がある」と評価される。「人類vs巨人」という巨人と支配される人類との戦いを描いたこの小品は、毎月開催の登竜門として知られたマガジングランプリ（MGP）で佳作を受賞。その賞金を持って上京した諫山は、同じ九州出身の漫画家・佐藤友生のアシスタントとなる。専門学校時代、諫山は作画の練習よりもネーム（ストーリー）作りに多くの時間を割いていたというが、このアシスタント時代に作画で迷惑をかけたことで、改めて絵の修練の大切さを知ったという。2008年、『HEART BREAK ONE』で第80回週刊少年マガジン新人漫画賞特別奨励賞を受賞。同年、第81回週刊少年マガジン新人漫画賞に入選した『orz』がマガジンSPECIALに掲載され、デビューを果たす。そして同年の10月号より別冊少年マガジンに『進撃の巨人』の連載を開始。この原型となったのが、19歳で描いた「人類VS巨人」だった。

　この名言は『進撃の巨人』に登場するリヴァイ・アッカーマン兵長のセリフである。巨大樹の森の中で女型の巨人に追われ逃げる中、調査兵団の仲間が次々と殺されるのを見て、巨人に変身し戦おうとする主人公のエレン・イェーガーに、上官であるリヴァイ兵長は、自分の過去の失敗を思い起こしながらこの言葉を投げつける。これにより、エレンは仲間を信じ巨人化せずに走り続けることになる。他者のアドバイスに従うにしろ、自分の力を信じるにしろ、結果が出るまではその判断が正しいかわからない。あるいはどちらも間違っている可能性もある。人生にやり直しがきかない以上、あとで死ぬほど悔いることがあったとしても、その瞬間に悔いが残らないと思う選択を続ける以外にないというこの言葉には、人生を他人任せにしない、厳しさと優しさが同居している。

Topic
1. 諫山は小学生時代サッカークラブに入っていたが、そのころに抱いた劣等感が自身の人格形成に少なからず影響を及ぼしたと後年語っている。
2. 諫山は、2018年の大晦日に公式ブログで結婚を発表。相手は元アシスタントの女性だといわれている。
3. 2009年に始まった「進撃の巨人」の連載は現在も続いており、単行本の国内発行部数は累計8000万部を突破（2019年4月時点）している。

あきらめたらそこで試合終了だよ。

井上雄彦（1967〜）

作者の情熱がバスケットを国民的スポーツに！

　プロリーグも存在していなかった時代に、バスケットボールを国民的スポーツにしたといわれる井上雄彦（本名 成合雄彦）は、1967年、鹿児島県大口市（現 伊佐市）に生まれた。中学校までは剣道を習っていたが、進学した県立大口高等学校では、当時まだマイナーだったバスケットボール部に入部し、キャプテンとなる。高校卒業後の進路は、子どものころから漫画が好きだったこともあり芸術大学を希望。しかし学費がかかりすぎるという理由で断念し、地元の熊本大学に進む。大学在学中に週刊少年ジャンプに投稿した作品が編集者の目に止まると、大学を中退し上京。漫画家への道を歩み始める。1年足らずではあるが、北条司のアシスタントとなり、そこで漫画の基礎を学んだという。1988年、『楓パープル』が手塚賞（ジャンプの新人漫画賞）に入選し、漫画家としてデビューを果たした。2年後の1990年、神奈川県の湘南地区を舞台に、主人公の不良少年、桜木花道の挑戦と成長を軸にしたバスケットボール漫画『SLAM DUNK』の連載が週刊少年ジャンプでスタート。たちまち人気を博し、それまでマイナーだったバスケットボールを、メジャーな存在へと押し上げたのだった。

　このセリフは、湘北高校バスケットボール部顧問・安西光義が中学3年生だった三井寿に向けて言った言葉である。自身の心が折れなければ逆転の可能性が残されていると、優しい言葉で励ますこのセリフに背中を押された読者も多いことだろう。テレビアニメでは、第26話『三井寿15歳の悩み』として放送された。1994年、『SLAM DUNK』は第40回小学館漫画賞少年部門を受賞。2006年には文化庁メディア芸術祭「日本のメディア芸術100選」において漫画部門で1位を獲得。漫画家、評論家、書店員、読者の総勢808人が選んだ漫画史50年の中のコミックランキング（ダ・ヴィンチ調べ）でも第1位に選ばれている。2006年、井上はバスケットボールへの恩返しの意味を込めて「スラムダンク奨学金」を創設。高校卒業後も競技を続けることを希望する高校生を対象とし、奨学生はアメリカの大学へ進学することを目的としたプレップスクールに14カ月派遣される。

Topic
1. 井上は漫画家を目指すようになった時点で、「とにかくバスケットを描こう」と決めており、『SLAM DUNK』の連載を始めた1990年まで、「誰もバスケ漫画を連載するな」と願っていたという。
2. 『SLAM DUNK』を終了する際、編集側は断固として続けて欲しいと言ったが、井上は「売れない時の打ち切りは編集部の裁量で決めるのだから、売れている時の進退は作者の裁量で決めていいはずだ」と発言したという。
3. 『SLAM DUNK』は1996年に連載が終了したが、その後井上は「続きを書きたい」と発言。公式サイトでも「描きたくなったときに描く」とメッセージを残している。

変わらずに残るためには、変わらなければならない。

ルキノ・ヴィスコンティ（1906〜1976）

目まぐるしく変わる社会を生きるためには？

イタリア映画の巨匠ルキノ・ヴィスコンティの代表作の一つ『山猫』で、登場人物が口にする言葉である。ヴィスコンティはイタリアの有名貴族の家に生まれ、近代化が進むイタリアの中で、滅びゆく者と栄えていく者の双方を見続けた人物である。

現代のIT社会の中で、その変化に苦労している人は多いだろう。高度に発達した消費社会は、次から次へと過剰に生産して大衆に購買（蕩尽）してもらわなくてはならない。そのために、大してグレードアップしたわけでもないのに、さも飛躍的に商品が向上したように宣伝し、消費者の欲望をくすぐり、新商品を買わせる。そうして新たな枠組みをつくり、そこに入れない者を排除する。「デジタルデバイド」という言葉があったが、これは今でも生きている。いや、生産者が新たな製品を生み続ける以上、常にそこからあぶれる者は必ず出てきて、この言葉を裏づけていくのだろう。一方で「人生は下りのエスカレーターを逆走するもの」という言葉もある。現状維持を求めても下りのエスカレーターの逆走ならば、立ち止まっていると下がってしまう。同等のポジションを求めるならば、常に前進を心がけなければ、上にたどり着くことはおろか、現状維持さえできないのである。

高度に発達した資本主義社会は常に食うか食われるかだ。もちろんここで資本主義批判をするつもりはない。凡庸な社会主義よりはよほどましなのは事実である。だが、この世界では誰もが前進することを要求され、同時にこれまでうまくいっていた物事を思い切って変えることも必要とされる。社会自体が変革を遂げている中、同時に変化を果たし、上を目指さなければ成長はない。だからこそ、企業に勤める者は常に向上と変化を命じられ、追われている。そのしわ寄せは、リストラや、うつ病患者の増大など多様な形で出ている。そこから見ても、この世界がよいのかはわからない。だがすでに選んだ以上、こうするしか道はないのかもしれない。ヴィスコンティの言葉は多くの示唆を与えている。

Topic　1. 前述の通り、ヴィスコンティは名家の生まれ。だが本人は共産主義に強い影響を受け、「赤い貴族」といわれた。
　　　2. 監督初期作品はイタリア・ネオリアリズモの影響が強く、貧しい人などの生活をリアルに描くことに力を注いでいた。ちなみにほぼ同時期のフェリーニもそうである。

日本人はおそらく、無数の象形文字（漢字）をものにしている。
……それと同時に、カタカナ、平仮名などアルファベット系の
文字も存在している。……（彼らは）少しもためらわずに、
象形文字の絵画と、いくつかのまったく違う
アルファベット系の文字とをモンタージュするのである。

セルゲイ・エイゼンシュテイン（1898〜1948）

映画黎明期の巨匠が語る日本文化論

　この言葉からは二つの文意が読み取れる。一つは旧ソ連（ロシア）という遠い国から他文化を学ぶことの意義。そして一つは、日本文化でも明らかなほどモンタージュ理論が文化にとって重要であり応用の利くものだということだ。旧ソ連映画の巨匠エイゼンシュテインは、知日派で日本文化にも精通していた。それはこの言葉からもよくわかる。彼は日本語だけでなく、歌舞伎や絵巻物、短歌など多様な文化を通じ日本を学んだ。ここに先人の、そしてジャンルを超えた文化を学ぶことの意義が見て取れる。だが彼はそれだけではなかった。日本文化に彼の主張するモンタージュ理論と同じものを見た。映画におけるモンタージュにおいて、独特の理論を挙げ、『戦艦ポチョムキン』をはじめとする多くの代表作を描いた作家エイゼンシュテイン。そのモンタージュ理論とはどういうものだろうか。

　モンタージュは編集の意味。ショットとショットをつなぐこと。たいがいの作品は何テイクもショットを撮り、それを編集時につなぎ、組み合わせてつくられる。エイゼンシュテインはこの手法を独創的に活用することによって、多大な効果をもたらすことに気づいた。アトラクションモンタージュなどとも言われた彼の思想である。ショットとショットが衝突するほどの激しいつなぎが思想を生み、観客の心をとらえるものだ。

　前述の『戦艦ポチョムキン』でいえば、オデッサの階段のシーンが挙げられる。列をなし発砲する兵士たちと逃げ惑う民衆の姿。恐怖に戦く母親のアップと、階段を落ちていく乳母車。迫りくる兵士。これらが短いカットでつながれ、誰もが忘れられない極めて緊迫した効果を生み出している。これは「映画史上もっとも有名な6分間」ともいわれている。

　これらとエイゼンシュテインが日本文化を学んでいたことの親和性は今でも語られる。上記の言葉を改めて解説しよう。たとえば漢字は、「日」と「月」を組み合わせて「明」という字（異なる意味）が生まれる。これは絵画であり象形文字のモンタージュだ。一方で平仮名やカタカナはアルファベットに近く、つまり文字としての記号に近い。画像（絵画）と字幕（文字）の組み合わせ。確かにこれはサイレント映画だ。

　こうして考えれば、モンタージュという観点で映像を学ぶこともできるし、我々の文化をも顧みることができる。

Topic ｜ 1. エイゼンシュテインは多くの論文を書いており、そのためか「映画は思考過程を具体的に呼び起こすことのできる、ただ一つのダイナミックな芸術である」など名言が多い。多文化を学んだ彼だけに深い言葉である。

僕が言いたいのは、仕事であれ、恋愛であれ、どんどん失敗せよということだ。

押井守（1951〜）

世界的作品を生み出すメンタル

　この言葉は、あとにこう続く。「そして失敗をしたら、敗因をきちんと分析することだ。二度と同じ過ちは犯さないようにする。それでも次の勝負には、違う敗因で負けるかもしれない。その次も、また違う理由で負けるかもしれない。だが、何連敗、何十連敗してもいいではないか。何度も負けても、勝負を続ける限り、いつかきっと一勝できる日はやってくる」。長い引用になったが、これだけで十分に言い尽くしている。

　以下は蛇足的な補説だ。押井が言いたいことの一つは、まず挑戦するということだ。挑戦すれば当然負ける可能性がある。負けるのは誰でも辛い。精神的ダメージも受けるだろう。プライドが高い人間ならなおのことだ。だからといって挑戦を怠ってしまっては、もう進歩はない。挑戦するというのは、少なからずプライドを捨てることである。無駄に高い自己評価をいったん脇に置いて、挑んでみること。そうすれば失敗しても傷は浅くて済む。次に、失敗したときに、どこがダメだったかを分析すること。試行錯誤という言葉もある。人によっては、後悔していても仕方がないとする意見もある。確かに切り替えも必要だろう。しかしそれだけでいいのだろうか。失敗した際に、深く恥じ、なぜそうなったかを思い、二度と同じ間違いをしないように心に決め考えること。これこそ学習であり、次へのステップである。適度な後悔は進歩への足掛かりになる。逆に後悔しない人間は何度も同じミスをするのだ。さて、そうして進歩してみても、やはり勝てない場合はある。そのときはまた反省・分析をして、次に臨んでみる。受験のように何度も挑戦できない場合もあるが、恋愛や仕事などは何度挑戦してもいい。そう考えれば言葉の意味もわかってくる。

　押井自身は少なくとも仕事の面では、負け続けた作家ではない。比較的早くに頭角をあらわした人物である。それでも彼は大学時代、ろくに学校に通わず、映画を見続け、心理学など多様な本を読んできた過去がある。それがのちのヒット作につながっているのはいうまでもない。

Topic
1. アニメの監督であるが、実写の作品も多く、このほかマンガや小説も残している。
2. 代表作（アニメ）は『機動警察パトレイバー』シリーズと、『GHOST IN THE SHELL／攻殻機動隊』。『攻殻機動隊』は、日本の映像作品史上初の米ビルボード誌のビデオ週間売り上げで1位を獲得した。

おれ達の命くらい一緒に賭けてみろ!!! 仲間だろうが!!!!

尾田栄一郎（1971〜）

海賊から絆と漢気を学ぶ

　海賊王を目指す少年、モンキー・D・ルフィとその仲間たち〈麦わらの一味〉の冒険を描く漫画『ONE PIECE』により、世界から注目を集める存在となった尾田栄一郎は、1971年、熊本県熊本市に生まれた。4歳のときに漫画家という職業の存在を知った尾田は、大人になっても働かなくていいのだと考え、漫画家を目指し始めたという。市立出水南中学校の2年生のころから本格的に漫画を描き始め、東海大学付属熊本星翔高等学校在学中には、『WANTED！』で手塚賞（ジャンプの新人漫画賞）準入選、『一鬼夜行』でホップ☆ステップ賞（ジャンプの月例新人漫画賞）入選を果たす。この時代は、月火水木金土（つきひみずきこんどう）というペンネームを使っていた。高校卒業後は九州東海大学工学部建築学科に進学するが、1年で中退。漫画家となるべく甲斐谷忍、徳弘正也、和月伸宏などのアシスタントとなった。1996年夏、アシスタント仕事のかたわら完成させた海賊漫画『ROMANCE DAWN』が週刊少年ジャンプSummer Special号に掲載される。翌1997年7月、週刊少年ジャンプで『ROMANCE DAWN』をベースにした『ONE PIECE』の連載を開始すると、たちまち大人気となり、1999年にはテレビアニメ化。2000年にはアニメ映画となり、東映アニメフェアのメイン作品として上映された。

　この言葉は『ONE PIECE』アラバスタ編で、主人公である〈麦わらの一味〉の船長・ルフィが、仲間のネフェルタリ・ビビに放ったものである。アラバスタ王国の王女で、国王ネフェルタリ・コブラの娘であるビビは、国の乗っ取りに向けて暗躍する海賊サー・クロコダイルから、自分だけを犠牲にして国を守ろうと考える。ルフィは仲間である自分たちを頼ろうとしないビビに激怒。「じゃあ一体何を賭けたら良いのよ!!」と反論するビビに対し、ルフィはこの言葉を放ったのである。仲間のために命がけになるのは当然という漢気と、仲間も同じ考えであるという絆の強さが、短いセリフの中に込められている。世界でも愛される国民的漫画となった『ONE PIECE』の作者としての功績を讃え、2018年4月、尾田に熊本県民栄誉賞が授与された。これを記念し、熊本県庁プロムナードにルフィの像が設置された。

Topic　1. 尾田が『ONE PIECE』の題材ともなっている海賊を好きになったその原点は、子どものころに見ていたテレビアニメ『小さなバイキングビッケ』（1972年〜1974年）だという。

　　　　2. 1997年7月にスタートした『ONE PIECE』の連載は現在も続いており、単行本はすでに90巻を超え、累計で2億7000万部（2019年7月4日時点）を超えている。

現代視覚芸術 **269**

私、いつまでもこのままじゃいられないような
気もするんです。このまま一人でいたら、
いったいどうなるだろうなんて、
夜中にふと考えたりしたことがあるんです。

小津安二郎（1903～1963）

日本映画の巨匠が描く「家族」という普遍的テーマ

名作『東京物語』の中で、安定したＯＬの生活を続けるアラサーの独身女性・原節子（夫は戦死したと考えられている）が、ラスト近くで、義父の笠智衆に語る言葉である。この言葉には続きがある。「一日一日が何事もなく過ぎてゆくのがとっても寂しいんです。どこか心の隅で何かを待ってるんです。ずるいんです」。これに対し義父の笠は「ずるいはない。あんたは本当にいい人じゃ。正直で」と答える。

1953年に公開された本作は、小津の紛れもない代表作であり、世界中で最高の評価がなされている。昭和28年という、今から65年以上も前に公開されたモノクロのホームドラマのどこが現代人に（しかも外国人たちにも）訴えかけるのだろうか。それはときを超え、いつの時代にも変わらない、親と子、そして家族を構成する人たちの本質が描かれているからである。

人は誰もがエゴイストである。たとえば、大人になり自分の意志で自由に生きられる力を持てば、本作のように年老いた親をないがしろにして、自分の子どもたちの家族を優先することがある。また、一人身で大きな不満がなければ、本作のようにそれに身を委ねる。にもかかわらず、一方でそれが本当にいいことか疑問に思ってもしまう。しかもそれでも何か変化を期待してしまうことも。まったく利己的で「ずるい」のだ。

日本の家族は20世紀以降、近代化・高度成長などの波を受け、その姿は大きく変わっていった。家父長制度の封建的な大家族から核家族、そして現代は一人暮らしをする独身者や高齢者、親と同居する引きこもりなど多様な変化を遂げている。家族の形態がこれだけ変わっているのに、本作がこれだけ受け入れられるのは、誰もが家族を一方で恋しくて、一方で煩わしく思う本質が見えるからだろう。嫌でも誰もが考えなければならない家族との絆。小津の古き作品は、現代でも多くの意味を投げかけている。

> **Topic** イギリス映画協会が2012年に発表した、世界中の映画監督の投票による世界史上の映画ベスト30の中で、見事1位に輝いた。このベスト10は、1962年からほぼ10年ごとに行われているが、本作は年々上昇して、ついに1位になった。改めて古さを感じさせない普遍性がそこにある。ＢＢＣが1995年に発表した「21世紀に残したい映画100本」の中にも選ばれている。

燃えたよ……まっ白に……
燃えつきた。

梶原一騎（1936～1987）

万人を引き寄せる滅びの美学

　本作を読んだ（アニメで見た）人なら、誰もが知る名台詞である。バンタム級世界チャンピオンのホセ・メンドーサとの試合を終えて、コーナーに戻った矢吹丈がつぶやく台詞である。

　この台詞には伏線がある。矢吹を秘かに想っている林屋の娘・林紀子との散歩の帰り道。紀子は、矢吹がほかの同年代の若者のように青春を謳歌しないのかと問う。それに対し矢吹は語る。「そこいらの連中みたいにブスブスとくすぶりながら不完全燃焼しているんじゃない。ほんの瞬間にせよまぶしいほど真っ赤に燃え上がるんだ。そして後には真っ白な灰だけ残る。燃えかすなんか残りやしない…。真っ白な灰だけだ」

　常識人の紀子はその言葉を理解できず「私、ついていけそうにない」とし、やがて矢吹の盟友で引退したマンモス西と結婚する。確かにこの言葉は、異性と恋をして青春を楽しみ、安定した職業に就き、幸せな家庭を持続させるという一般的な生き方とは真逆のものだ。

　だが、魅力的な言葉でもある。自分の好きな道にとことんのめり込みたいという思いは、夢を持つ人間なら皆感じるはずだ。しかし、たいがいの人間はどこかで挫折し、自分ができる範囲で妥協する。生計を維持するためにもそうせざるをえない。だからこそ、この言葉は心を打つ。矢吹のような人生に憧れながら、妥協して生きる半端者にはこの言葉はきらめいて残るだろう。

　矢吹は最終ラウンドまでホセと戦い、ホセの強打を何度も浴びた。もとよりパンチドランカーだった矢吹はこの試合で死んだのではないかという説がある。実際、彼は「燃え尽きた」と言う。生きていたとしても重い障害が残ったのではないか。だが、矢吹はまだ生きているという意見も根強い。

Topic　丹下の台詞として有名なのは「立て、立つんだジョー」である。これはアニメのエンディングでも使われているため人口に流布している。だが、意外にこの言葉が発せられる機会は多くなく、作品の終わりの方ではむしろ丹下が「立つんじゃねえ、ジョー。殺されちまうぞ」と叫んだりもしている。矢吹を心から気遣う丹下は、母親のような存在ともいえる。

ハイル、ヒトラー！　私は歩けるぞ。

スタンリー・キューブリック（1928〜1999）

コメディに秘められた恐るべきブラックユーモア

　恐ろしい言葉である。これは本書収録の映画上の台詞の中でも、かなり異色の言葉だろう。そもそも、この言葉が収録された映画のタイトルからして『博士の異常な愛情 または私は如何にして心配するのを止めて水爆を愛するようになったか（原題：Dr. Strangelove or: How I Learned to Stop Worrying and Love the Bomb)』という尋常ならざる長さである。

　これはキューブリックならではのブラックコメディであり、決して訪れてはならない世界を描いた作品である。映画は、主演のピーター・セラーズが一人三役を演じる。この中でも極めて異常人物なのが、上述の言葉をラストシーンで叫ぶストレンジラブ博士である。映画が公開されたのはキューバ危機（1962年）などがあり、アメリカとソ連の冷戦が、実際に核戦争まで発展するのではないかと危惧された時代である。本作では、異常をきたしたアメリカの一軍人によって始まった核攻撃と、それを探知したソ連による核ミサイルの全面報復攻撃装置によって、世界全土が核攻撃を受け滅びることが明らかになる。そこで開かれた会議の中で、足と右手が不自由なストレンジラブ博士が、選抜された優秀な男性と魅力的な女性のみを避難させるべきだと主張する。やがて自分の演説に酔って立ち上がった博士が上述の言葉を叫ぶことになる。つまりナチズムの復活である。まったく救いのない話であるが、全編コメディタッチで、ブラックユーモアに満ちている。我々は笑いながら、このようなことが起きてはいけないと愚直に思うのである。

Topic
1. アメリカの映画作家キューブリックはユダヤ人の血を引くという。このことからもナチズムに対する嫌悪がわかるが、それをストレートに表現するのではなく、コメディでイロニカルに表現したのが、彼の才能の証左でもある。
2. キューブリックの作品の中でも『2001年宇宙の旅』は傑作中の傑作。イギリス映画協会のオールタイムベストの中でも2位である（1位は小津の『東京物語』）。また『バリーリンドン』も19位に選ばれている。
3. 自身が影響を受けた作家として、チャップリンやエイゼンシュテインを挙げている。

大衆が見たいのは銃と女の子である。

デヴィッド・ウォーク・グリフィス（1875～1948）

映画の本質はエロスとタナトス

　D・W・グリフィスは映画の黎明期（1908年～1920年代）に活躍したアメリカの映画作家。異なる場所で生じている出来事を交互につなぐ並行モンタージュなどを駆使し、『イントレランス』や『国民の創生』などの名作を残し、映画の父と呼ぶ声もある。

　掲出の言葉は現代にも脈々と受け継がれている。グリフィスの時代、特に第一次世界大戦前は、武器といえば銃だったが、その後の武器の進化もあって、多様な武器と女性との組み合わせは、多くの映画で見られることになった。現代日本を見ても、1980年代の『セーラー服と機関銃』は、グリフィスの言葉そのままであるし、『超時空要塞マクロス』が嚆矢ともいわれる現代のアニメ作品も、精緻に描かれた戦闘マシンと美少女の組み合わせが、多くの男性アニメファンの心をくすぐっている。その意味からも、グリフィスは先見の明があったといえ、さすが名匠といえるだろう。

　しかしこの言葉を分析するとどうなるだろうか。銃は武器であり、常に死（タナトス）をイメージさせるものである。一方、女の子、特に若い女性は生命力豊かであり、生（エロス）のイメージである。人は常に無意識のうちに生と死という両極端の欲動を持つ。精神分析学者ジグムント・フロイトによれば、死への欲動は、自己破壊の欲動であるとともに、現実では他者に向かうものとされた。奇しくもフロイトとグリフィスはほぼ同時代人だが、面識はないはずである。しかし、どちらも人間に破壊の欲動を意識していたという点で一致するのは興味深い。実際、彼らの晩年、世界は第二次世界大戦に向かい、原爆やホロコーストなどで多くの死者を生むことになる。

　対する生の欲動は、自己保存の欲動である。これには対象に向けて愛を注ごうとする意味もある。人間の欲動は、生だけでは成立せず、常に生と死の欲動を共有する。その典型的なものを映画で表現できるとグリフィスは見抜いていたのではないだろうか。

Topic 　『国民の創生』はアメリカ初の長編映画。ところがこの映画は白人至上主義、人種差別ともされ、その評価は現代でも分かれている。以前はグリフィス賞という映画賞が存在していたが、その差別的な視点に配慮され同賞は1999年に廃止されている。

現代視覚芸術 **273**

世界中の優れた小説や戯曲を読むべきだ。それらがなぜ「名作」と呼ばれるのか、考えてみる必要がある。

黒澤明（1910〜1998）

先人に学ぶことで名作は生まれる

黒澤明は言わずと知れた日本映画の巨匠である。彼の作品は、日本人のみならず、世界中の映画人に影響を与えた。本書で取り上げる（取り上げていない人も含めて）ハリウッドの名監督の多くもそうである。

ヴェネツィア国際映画祭で金獅子賞を、アカデミー賞で名誉賞を受賞した『羅生門』を筆頭に「名作」と呼ばれる数多くの作品を後世の映画人に提供している黒澤だが、彼は彼で、その地位と名声を得るに至るまで、先人の作品から多くを学んでいた。上述の言葉はそんな彼の本心を突いたものだろう。

たとえば黒澤は画家を目指していた時期もあり、イタリア・ルネサンスの巨匠ダ・ヴィンチや、ミケランジェロらの影響を受けた。彼の画力は、残された映画の絵コンテでもうかがい知ることができる。一方、文学にも造詣が深く、特にトルストイ、ツルゲーネフ、ドストエフスキーらのロシア文学から、シェイクスピアのようなイギリスの戯曲まで強い影響を受けている。それはのちに彼がつくる『白痴』（ドストエフスキー原作）や『蜘蛛巣城』（シェイクスピア原作）につながっている。

これらのエピソードでも彼の言葉の意味がわかるだろう。過去の優れた作品を鑑賞し、深く分析すること。創造とは優れた作品の模倣から始まるのである。

模倣は悪いことではない。剽窃は悪いが、模倣は誰もがそれを試行錯誤しながら、その反復の中で自分なりの独創性を含めていき、最終的に優れた自分なりの作品を残すものだ。

誰も無から有を創造できない。何かしら先人の残してきたものを探究しなければ、創造はできない。もちろん、それには愚作より名作を鑑賞した方がよい。そしてそれを分析し、そのよさを叩き込むこと。過去の作品を鑑賞することは、同時に自分自身の鑑識眼や読解力を高めるためにも必要である。何がよくて何が悪いのか。それがわからなければ話にならない。黒澤の言葉は多くの示唆に富んでいる。

Topic 世界のあちこちでオールタイム世界の名画ベストがつくられている。中でも2012年にイギリス映画協会が世界各国の映画監督に尋ねた、世界映画史上の名作ベスト30は有名。この中で黒澤作品は17位に『七人の侍』、18位に『羅生門』が入っている。なお1位は小津安二郎の『東京物語』。欧米以外でベスト30に入った作品は日本の映画しかない。日本映画のすごさが伝わる。2位以下は次の通り。2位『2001年宇宙の旅』、3位『市民ケーン』、4位『81/2』、5位『タクシードライバー』、6位『地獄の黙示録』、7位『ゴッドファーザー』『めまい』、9位『鏡』、10位『自転車泥棒』。

写真は真実だ。
映画は毎秒24倍の真実だ。

ジャン＝リュック・ゴダール（1930〜）

ヌーヴェルヴァーグの雄が語る映画の真実

　1963年に公開された、ゴダールの長編第2作で、主人公ブリュノがヒロイン・ヴェロニカの写真を撮るシーンで語る言葉である。スパイ物ともいえなくはない本作だが、ストーリーはそれほど深く追う必要はない。作品内で語られるゴダールの言葉と映像に目を向けたい。

　当時のゴダールには、写真が、撮られたものの内面の「魂」まで写し取るものだという発想があった。つまり実物が、写真に撮られた複製へと移動しているというものだ。ここには絵画芸術を超えた写真と複製へのゴダールの信頼がある。

　一方、映画は基本的に1秒間に24コマの写真を映すメディアである。フィルムの1枚1枚は止まったフォトグラフである。これの運動を人は目の残像によって、動いて見えるものとしてとらえるのである。

　こう考えるとゴダールは映画を、真実を映す鏡と単純に考えていたように思われるかもしれない。だが、必ずしもそうでないことは本作でも、その後の多くの作品でもわかる。ゴダールはむしろ、映画が24コマの静止写真の運動でしかないことを意識していたからこそ、その運動の分解と再構成に力を注いだのだ。

　芸術を鑑賞する者に容易に同化させず、映画そのものについて意識させること。観客が映像に同化できないような試みは、ゴダールならではのものであり、そう簡単に模倣できるものでもない。これは映画こそが24コマの写真という真実を意識していたからにほかならない。具体的に言えば、短いモンタージュと字幕、音楽とのコラージュで語る映像。これはゴダール独特のものである。

　容易に感情移入できる映画に慣れている私たちには、これらは時として違和感の残ることも多いだろう。しかしこれも映画であり、これも創造物なのである。いみじくもゴダールは後にこうも述べている。「正しい映像はない。ただ複数の映像があるのだ」。創造することの本質はそこにあるかもしれない。

Topic 1. 本作『小さな兵隊』主演のアンナ・カリーナとゴダールは交際していて、公開の翌年に結婚している。『小さな兵隊』は彼女を美しく撮るための映画だったともいわれる。
2. 本作は長編第2作だが、デビュー作の『勝手にしやがれ』（1959）はゴダール一番の代表作であり、「ヌーヴェルヴァーグ」の記念碑的作品である。ジャン＝ポール・ベルモント、ジーン・セバーグ主演で、日本でも高い人気を博した。

シンプルより、難しいものはありません。

マーティン・スコセッシ（1942～）

削ぎ落とすという難題

　この言葉を聞いて、「シンプル・イズ・ベスト」というフレーズを思い出す人も多いだろう。アメリカンニューシネマの旗手で、現在はアメリカ映画界の巨匠でもあるスコセッシの言葉は、確かにそれとほぼ同じ意味を持つ。シンプルであることが最高であり、それに到達することはかなり難しい。これは映画分野だけでなく、さまざまな分野でいえることだろう。実はこれと似た言葉を多くの偉人が述べている。たとえば『星の王子さま』で知られるフランスの作家サン＝テグジュペリ。彼は言う。「完成とは何も足すものがなくなったときのことではなく、何も引くものがなくなったときのことである」と。同様のことはイタリア・ルネサンスの美の巨人レオナルド・ダ・ヴィンチも「単純であることは究極の洗練である」と語っている。創造物をつくる際に、いったん多様な要素をどんどん組み込み、そこから無駄なものを削いでいくという方法は珍しくない。自分の発想できる多くのものをいったん形にしてみて、見る側から見て、不要と思われるものを削いでいくやり方は重要である。スコセッシがつくる映画の世界も同様である。映画はそもそも、実際の上映時間よりもはるかに長い時間を撮影してつくり出されるものである。その中から使えるものだけを選び取り（編集）、作品とするものだ。

　にもかかわらず、映画の中から観客が本当に受け取るものは、案外シンプルなものの場合の方が多い。そうである限り、ごてごてと余計な挿話や、映像を付加してしまうと、曖昧になり観客にかえって届かない。だが、作り手の多くは単純な物語ではオリジナリティが見出せないと思ってしまい、ついつい複雑化させてしまう。創作者の多くが突き当たる難問の核心をスコセッシはずばり突いている。いや凡庸な作家なら、そのことすら気づかないで終わったかもしれない。スコセッシの才能を逆に感じさせる言葉でもある。

　この言葉は、文芸分野に限らない。あらゆる製品開発にも当てはまるし、多様な研究にも当てはまる。場合によっては営業などのトークにも当てはまる。シンプルに立ち戻ることはそれだけ価値があり、一方で大変に難しいことなのである。

Topic 1. スコセッシはイタリア系移民を出自とするアメリカの映画監督。代表作は『タクシードライバー』『レイジング・ブル』『カジノ』など。ハリウッド映画がその名の通り、天気のよいハリウッドで撮られた作品が多いのに対し、スコセッシはニューヨークを舞台にした作品を主とした。
2. 長編第一作の『タクシードライバー』(1976年)は、ベトナム戦争帰りのタクシー運転手の起こす悲劇が、多くの支持を受け、カンヌ映画祭でパルムドール（最高賞）を受賞するなど、数々の賞を獲った。

僕の仕事は夢を見ることなんだ。
困るのはイマジネーションが切れないことだ。
目が覚めても夢が続いていて
朝御飯も食べられないくらいなんだ。

スティーブン・スピルバーグ（1946〜）

世界有数のヒットメーカーにアイデアが尽きることはない

　スピルバーグ本人は困ったことのように諧謔を込めてこの言葉を語っているが、これこそが天才の証である。「多作は才能である」という言葉がある。スピルバーグ自身は、必ずしも多作ともいえない作家だが（もちろん寡作の作家ではない）、上記の言葉から、常に映画のことを好んで考えていることがわかる。一つの作品を出すのに極めて慎重な人がいる。それはそれでその人のスタイルであって間違いではないが、スピルバーグのように絶えず夢を見ているならば、次々に自分の創作物を発表したくて仕方なくなるだろう。そこが、多作が才能といえる所以でもある。

　「好きこそ物のジョーズなれ」……いや、「好きこそ物の上手なれ」という言葉もある。人間の才能というものは簡単に判断できるものではないが、こういった言葉は多分に真実を含んでいる。本書の読者にもクリエイティブな仕事をしている方や、将来そういった方向を目指そうと考えている方もいるかと思う。もちろん対象となる媒体によっても違うし、別にプロでなく趣味でやるのでもかまわない。共通して大切なことは、その創造に対し、いかに夢を見て、いかにイマジネーションを膨らませられるかである。

　こういった作業は、最初は面白いものであるはずだが、実際に締切などの制約を受けると苦しみも伴ってくる。それでも、なおもその創作に夢を見ること。寝ても覚めても夢を見続けること。逆にいえば、少々苦しくても、また挫折しても、信じた道ならば夢を捨てないこと。スピルバーグの言葉はそういったクリエイターになるための条件を述べているように思える。

Topic　1.フォーブスの「アメリカでもっとも裕福なセレブリティ」の第2位である。ちなみに第1位は、本書でも取り上げている同じ映画人のジョージ・ルーカスであり、お互い友人でありライバルと認め合っているという。
　　　　2.代表作はデビュー作（長編映画）の『激突！』のほか、『ジョーズ』『未知との遭遇』『E．T．』『シンドラーのリスト』『プライベートライアン』『ジュラシックパーク』シリーズ、『インディ・ジョーンズ』シリーズなど多数。イマジネーションが幾多にも分かれて生まれているのだろう。ジャンルもサスペンス、SF、アクション、ヒューマンドラマなど多様である。
　　　　3.親日家で知られ、『硫黄島からの手紙』のような日本をテーマにした作品も製作している。監督をした『太陽の帝国』でも日本人の俳優を起用。現在「笑点」で座布団運びをしている山田隆夫も出演。『笑点』内で、たまに「元ハリウッド俳優」などとネタにされている。

小泉首相が「感動した」と言っても それは何も表現しないのと同じでしょう。 にもかかわらず、その言葉が人々に訴えかけるのは、 日本人が心を大切にする国民だからだと思うんです。

高畑勲（1935〜2018）

感情か？　それとも論理か？

高畑勲は続ける。「日本人は、どうも感情だけが問題になるんですね」。

そう語った高畑は、フランスとの違いを次のように論じる。フランスでは子どもも映画を見て、何を学んだかを答える。逆に心を大事にする日本では、読者感想文は、どこに感動したかのオンパレード。「感動などというものはすぐに雲散霧消する」ものだと説き、感情にとらえられていては「知性・理性的に何かをつかんだかはあまり問われない」とも言う。

確かに日本人は感性で生きていて、あまり論理的に物事を語らない。この傾向はフランスのように議論する文化が当たり前の国と比べれば、その差は明白である。

もともと日本人は暗黙の了解をしばしば主とする。その流れは現代でも生きていて、「空気を読め」という言葉にもそれはよくあらわれる。逆に理詰めの論理には大した関心は示さず、むしろそれを強調すると、「理屈っぽい」として否定する文化である。こうした文化の中、冷静・客観的に人の死などを受け入れられる文化が育つか難しいところもある。

たとえば、今世紀になっても太平洋戦争をテーマにした映画が描かれている。戦争を忘れてはいけないという意味でそれはよい。だがその作品の中には特攻隊の死を賛美する作品もある。亡くなった命はかけがえがない。しかしその意味では、死に対して、左右どちらの側でも感情に流されすぎる場合がある。人間である以上、そういう一面があっても仕方ない。だが、もう少し論理的に考える必要もあるのではないだろうか。

世の中、悲しいことは多い。悲しいという尊い感動を受け取れるのは偉大である。だが、あまりに感動だけに左右されてしまっては前へ進まない。

もちろん心を大切にするのは重要だ。そこから芸術は生まれる。だが、無数の人間が生きていくには心だけでは不十分だ。現代人は心へと流されがちである。だからこそ論理で考える必要もあるだろう。戦争という論理も感動もない時代を生きた高畑ならばきっとそう思うだろう。

Topic
1. 高畑は東大仏文科卒。東映動画入社後、1959年『太陽の王子ホルス』でデビュー。宮崎駿とも出会い、二人で『太陽の王子ホルス』『ルパン三世』や『アルプスの少女ハイジ』など多数の作品でコラボしている。
2. 代表作は『パンダコパンダ』『じゃりン子チエ』『おもひでぽろぽろ』『火垂るの墓』『かぐや姫の物語』『となりの山田くん』など。
3. 高畑のニックネームは「パクさん」。パンをパクパク食べているところからとされる。

俺はかつてつくられた映画
すべてから盗む。

クエンティン・ジェローム・タランティーノ（1963〜）

先人から貪欲に吸収する

　誰もが何かを創造する際には、少しでも独創性のあるものをつくりたいはずだ。だが、多くの芸術分野でたいがいのことはなされている。それに抗ったつもりでいても、実は先人がすでに行っている場合が多い。それでも誰もやったことのないことを望もうとした場合、それは鑑賞者に伝わらないものになりかねない。つまり、完全に独創的で、かつ鑑賞者にも受け入れられる作品をつくり出すのは事実上不可能なのである。そこで有効になるのは先人のつくり上げた作品の模倣である。模倣というと悪いイメージを持つ人もいるだろうが、文芸の世界では模倣（ミメーシス）は、ギリシャ哲学のアリストテレスの時代から、20世紀の複製文化の可能性を論じたヴァルター・ベンヤミンに至るまでポジティブな意味で用いられている。才能とは、いかに他の優れた作品から、上手にその本質を盗めるかにかかわってくるのだ。

　その意味においてタランティーノは天才である。彼は、バイオレンスシーンなどで定評のある現代アメリカ映画の巨匠の一人だが、彼もまた、日本映画を含むたくさんの先人の映画から多くを学んでいる。上記の言葉はそうして大作家になった彼の矜持ともいえる。

　よいクリエイターになるためには、自在に先人のつくった作品を盗み応用する能力が必要である。だがそれは、過去の作品に頼ることとイコールではない。彼は「私は自分自身を映画の生徒だと思っている」とも「自分を磨くには自分の長所に頼りすぎないこと、新しいことに挑戦して自分を試すこと」とも語っている。模倣を行うには、まずは他者の作品を学び、そこから自身が持っていないものを見出し、挑戦することが必要なのだ。本当によい何かをつくろうと思うのならば、その努力を怠ってはいけない。

Topic　1. タランティーノの代表作は『レザボア・ドッグス』『パルプフィクション』『キル・ビル』など多数。特に『パルプフィクション』はカンヌ映画祭パルムドール（最高賞）を獲得。アカデミー賞の脚本賞も受賞している。
　2. 前述のとおり日本映画にも造詣が深い。千葉真一主演のアクション映画のほか、鈴木清順、三隅研次、塚本晋也、北野武、押井守（アニメ）らを始めとした、たくさんの日本映画から影響を受けている。またバイオレンスシーンの多いタランティーノだが、「座頭市」などの殺陣シーンの影響も強いといわれている。

詩は翻訳できるものではない、すべての芸術も。

アンドレイ・アルセーニエヴィチ・タルコフスキー（1932〜1986）

芸術を真に理解するため、必要なものとは？

　タルコフスキーは旧ソ連の映画監督である。だが1980年代前半にソ連から亡命、イタリアなど欧州の各国で映画を撮った。『ノスタルジア』という映画のタイトルは、そんなソ連（ロシア）を去り、他国で生きる人間が、亡き故郷に持つ郷愁の意味である。

　本作は、異国で暮らす主人公に、子どものころの心象風景が幻想的に甦る美しい作品である。主人公たちは、かつてロシアに帰国すると奴隷になると知りつつ帰国し自殺した音楽家パベル・サスノフスキーの足跡を追って旅をする。ここにもタルコフスキーの持つロシアへの郷愁が見られる。一方、ヒロインは、ロシアの詩人アルセニイ・タルコフスキー（タルコフスキーの父）の詩をイタリア語で読む。それに対し、主人公の詩人ゴルチャコフが発するのが上記の言葉である。

　詩もどの芸術も翻訳はできない。それは、本国を離れ異国で暮らし、異国で生きることの違和感を常に覚え続けていた者だからこそ言える言葉なのかもしれない。確かに名著を鑑賞しようとしたら、原書で読むべきだというのは通説だ。そのためには、ただ外国語を学ぶのではなく、その言葉、その国で成立している文化背景や世の中のコンテクスト（文脈）までも読み切ることが必要になってくる。

　実際、詩に限らず多くのテクストを読み鑑賞したい。外国語が難しいというならば日本語訳でもいいと思う。読まないよりよほどいい。絵画や音楽など、あまり言語を媒介にしないジャンルもあるので、それに身を委ねるのもいい。だが、グローバリズムが進む現代、外国語と、外国語の背景にある文化を学ぶことは、大きな意義がある。そこに他者の存在が見えてきて、相互理解が深まるのだ。時間をつくって外国語を学び、多様な作品に当たってみてはどうだろう。

Topic

1. タルコフスキー映画は、台詞も少なく静かな作品が多い。ひと言でいえば芸術映画であり、そのためか上映中、居眠りをする観客も多い。だがそれも映画の一つの楽しみかもしれない。心地よい眠りに誘う映画という評価は、必ずしもアイロニーだけではない（その意も当然含むが）。
2. タルコフスキーの代表作は、本作のほか『僕の村は戦場だった』『アンドレイルブリョフ』『惑星ソラリス』『鏡』『ストーカー』など。（なお『ストーカー』とは現代で用いられる、しつこく特定の人を追いかける困った人の意味ではなく、「ゾーン」への案内人を意味する）。ちなみにイギリス映画協会のオールタイムベスト30（2012年）にこのSF映画『ストーカー』も『アンドレイルブリョフ』『鏡』とともに選ばれている。
3. 親日家で、日本文化に傾倒していた。映画では特に黒澤明と溝口健二を崇拝していたという。また、『惑星ソラリス』は、舞台が未来の都市だが、その都市の姿を東京の首都高速道路の光景を映して表現した。

人生に必要なもの。それは勇気と想像力。そして少しのお金だ。

チャールズ・スペンサー・チャップリン（1889～1977）

喜劇王が突きつける現実

「喜劇王」チャップリンのこの言葉は、映画『ライムライト』に登場する。原文は「Life can be wonderful, if you're not afraid of it. All it needs is courage, imagination, ...and a little dough.」。「勇気」と「想像力」のあとに少し溜めが入り、またお金が「some money」ではなく俗語の「a little dough」であらわされているあたりにエスプリが利いているが、これはチャップリンの偽らざる本音であろう。実際彼は、「私はお金のためにこのビジネスを始めた。人々がこの発言に幻滅したとしても、それが真実なんだ」といった趣旨の発言も残している。

1952年、チャップリンは『ライムライト』のイギリス公開に合わせて家族とともにニューヨークを離れるのだが、直後に再入国許可が取り消され、事実上の国外追放となってしまう。その背景には当時アメリカで広まっていた「赤狩り」があった。1947年の『殺人狂時代』でチャップリン演じるヴェルドゥが発した「一人を殺せば犯罪者を生み出し、戦争で100万人を殺せば英雄を生み出す」というセリフは、世界大戦の勝者であるアメリカに対する批判と捉えられ、危険分子扱いされたのだ。結局、彼が再びアメリカの地を踏むには20年の歳月を要することになる。国外追放後、チャップリンはイギリスで『ニューヨークの王様』を作成。アメリカでは発禁扱いされたが、熱心なファンの中にはこの作品を見るためにカナダへ渡った者もいたという。

Topic 1. 秘書が一時期、日本人（高野虎市）だったこともあり、大の日本びいき。家事に日本人を多く起用し、本人は日本を訪れては大満足した。好きな食べ物はエビの天ぷらだったという。
2. チャップリンが訪日した1932年、五・一五事件が起きる。その際、アメリカの人気スターを殺せばアメリカと戦争できると考えた軍人がチャップリンを暗殺しようとする。しかしチャップリンは気まぐれで、当初の予定を変えて相撲観戦に向かったため救われた。

まず「出来る」って言う。
方法はそれから。

円谷英二（1901〜1970）

さまざまな特撮技術を生み出したチャレンジ精神

〈特撮の父〉と呼ばれ、ゴジラシリーズやウルトラシリーズを世に送り出した円谷英二（本名 英一）は、1901年、福島県岩瀬郡須賀川町（現 須賀川市）に生まれた。生家は糀業を営む裕福な商家だったが、幼くして両親と死別。円谷は祖母・ナツによって育てられた。7歳で尋常高等小学校に入学。成績は優秀だったが内向的で、私室として与えられた蔵の2階で水彩画に没頭するような子どもだったという。9歳のとき、陸軍大尉の徳川好敏と日野熊蔵が東京の代々木錬兵場において日本初の公式飛行に成功。これに強い感銘を受けた円谷は、飛行機乗りに憧れを持つようになり、模型飛行機の制作に没頭する。1916年、尋常高等小学校を卒業して上京した円谷は、同年11月に日本飛行学校（第1期生）に入学する。しかし翌5月、学校の創立者で教官だった玉井清太郎が墜落死。学校は活動停止状態となったことから、円谷は神田の電機学校（現 東京電機大学）に入学し、再スタートを切る。このころ玩具会社の考案係嘱託となり、玩具の考案で稼いでいた。18歳のとき映画会社に入社。映画の世界に入った円谷は、カメラマンとして活躍し、1930年には移動撮影車やクレーン（木製）を製作するなど、さまざまなアイデアを投入する。同年、俯瞰撮影中に転落事故を起こし、その看病をしてくれた縁で知り合った荒木マサノと結婚。円谷29歳、マサノ19歳だった。その後も、ホリゾント撮影、擬似夜景などの技術を日本で初めて実践し、特撮技術のテクニックを磨いていく。39歳となった1940年、『海軍爆撃隊』で初めてミニチュアの飛行機による爆撃シーンを撮影し、「特殊撮影」のクレジットがついた。戦後、戦意高揚映画を撮影したとして公職追放となった円谷は、1948年、自宅の庭に円谷特殊技術研究所を設立。53歳となった1954年に、日本初の本格的特撮怪獣映画となった『ゴジラ』を誕生させる。そして1963年、円谷特技プロダクションを設立してテレビに進出し『ウルトラQ』に始まるウルトラシリーズを生み出すのである。

この言葉は〈特撮の父〉や〈特撮の神様〉と讃えられるようになった円谷が、メディアのインタビューに答えたときのもの。その後も円谷は特撮技術を活かしてさまざまな作品を世に送るが、1970年、狭心症のため死去。68歳だった。

Topic 1. 当時の日本映画を代表する二大巨匠として、黒澤明と円谷は少なからず意識し合う仲で、互いの作品の試写は必ず観ていたという。

正義か。
そんなものはこの世の中にありはしない。

手塚治虫（1928〜1989）

正義とは何かを読者に問いかける

　漫画『ブラックジャック』に登場するこの言葉は、後期の手塚治虫が考えてきたテーマとも一致する。無免許医ブラックジャックのイロニカルな台詞とも捉えられるが、手塚が主張したいのはもっと深いところにある。

　手塚の晩年の代表作の一つ『アドルフに告ぐ』では、ドイツ人の血を持つアドルフ・カウフマンが、ナチスに入りユダヤ人虐殺に加担する。戦後、戦勝国の多くが自分たちの「正義」を振りかざす中、中東に逃れたカウフマンは、イスラエル（ユダヤ人国家）と対立するアラブ側の傭兵に身を落としながら考える。自分がさまざまな国の「正義」につき合わされて無駄に人を殺してきたことを。彼は言う。「おれは愚かな人間なんだ。だが愚かな人間がゴマンといるから国は正義をふりかざせるんだろうな」「子どもに殺しを教えることだけはごめんだ。世界中の子どもが正義だといって殺しを教えられたら、いつか世界中の人間は全滅するだろうな」正義を口にするのはたやすい。だが、他者の自由をたやすく侵害する正義と、それを強制する正義は意味を持たない。アメリカの政治哲学者ジョン・ロールズは「無知のヴェール」として、人が自分が何者かわからない状態では、皆公正な立場を選ぶと論じたが、現実問題として狂ったリーダーのもと、狂った正義を強制された場合、多くの人はそれに抗えない。その意味で真の正義というものはない。前述のカウフマンの言葉も、戦場と化した中東の大地で語られるだけに深い意味を持つ。

　『ブラックジャック』では、このほかにも名言が目白押しである。たとえば「人間が生きものの生き死にを自由にしようなんておこがましいとおもわんかね」は、ブラックジャックの恩師・本間先生の言葉である。これは安楽死などの現代医学が抱える問題と重なる。死が明らかな患者が「自然な死」を望み、医療行為の中止を求める場合、どのように対処すべきか。少なくとも安易に、自分が生死を扱える神の存在だと思い込むべきではないだろう。「医者は人のからだはなおせても、ゆがんだ心の底まではなおせん」は、外科医ならではの台詞。

Topic　1. 手塚のデビューは1946年。翌年『新寶島』がベストセラーになる。映画を思わせるコマ割りなど革新的なテクニックを弄し、戦後から現代に至るまでのマンガブームの出発点となる。実際、本作は藤子不二雄、石ノ森章太郎、赤塚不二夫など多くの漫画家が影響を受けた。「マンガの神様」と手塚を崇めていた藤子は、足塚不二雄というペンネームを名乗っていたこともある（このペンネームをやめた理由は、永久に手塚先生に追いつけないからという説もある）。

馬鹿にするのは、小説にしても映画にしても、何かをコピーしただけの作品を「自分の創作物だ」というふうに出すような人です。

富野由悠季（1941〜）

ロボットアニメの巨匠が説く模倣の先の見つけ方

　日本が世界に誇るロボットアニメ『機動戦士ガンダム』の生みの親、富野由悠季の言葉である。1941年、富野は神奈川県に生まれた。当初は映画業界を目指していたが、映画会社が募集していなかったため、手塚治虫の虫プロダクションに入社。『鉄腕アトム』の制作進行や脚本、演出を担当するなど、「好きでもなかった」というアニメを手がけるようになる。富野は「アニメも映画である」というコンセプトのもと、映画的演出をアニメにも盛り込むのだが、しばしば紙芝居的になりがちだった当時の制作スタッフとは軋轢があったという。

　1967年に虫プロを退社すると、フリーのアニメーターとして宮崎駿の『未来少年コナン』や『巨人の星』などに携わり、1979年、『機動戦士ガンダム』で現在まで続くロボットアニメの流れを生み出した。

　上記の言葉は、額面通りに受け取れば「クリエイターはオリジナリティが大事である」となるだろうが、富野はまた「独自性など、それほど明確に確立できるものではない。流用・真似が創作の基本と考えてもよい」という発言もしている。その上で「表面を真似るな」「見たままをコピーするな」と警告する。

　ゆえに、富野はしばしば技術論を語る際に慎重になる。技術論によって学ぼうとすると、その技術の部分が不変となってしまい、そこにアイデアをいくつか重ねた程度ではオリジナルなものへたどり着けなくなる恐れがあるからだ。技術を覚えた時点ではまだ「コピー」に過ぎず、そこから抜け出すため何ができるかを考え抜く必要があると富野は語る。そしてそのヒントも富野は語っている。「絶対的に新しいものが世の中に一つだけあること。それは、世の中は変わっていく、明日は新しいということ。時代性に合わせていくことは、少なくとも回顧でもなければ、コピーのしようもありませんから、次の時代のスタイルになるものを発見する、その表現方法を考えてみてはいかがでしょうか」と。

Topic
1. 本名は善幸。作詞の際は「井荻麟」、自身が声優として出演する際は「井荻翼」と、数多くのペンネームを使用する。
2. アニメ業界を希望する若者に対し、「アニメを見るな」といったアドバイスをすることが多い。これはアニメそのものの否定ではなく「知らないことを学習することが、自分の得につながるのです」という価値観による。
3. 『機動戦士ガンダム』の人気キャラクター、シャア・アズナブルはフランスのシンガーソングライターであるシャルル・アズナヴールのもじりといわれる。作中のネーミングには富野の20世紀欧州文化からの影響が見て取れる。

いい写真というものは、写したのではなく、写ったのである。計算を踏みはずした時にだけ、そういういい写真が出来る。ぼくはそれを鬼が手伝った写真と言っている。

土門拳（1909～1990）

無作為のなかに神秘は宿る

写真家の巨匠・土門拳はしばしばリアリズムの作家といわれる。リアリズムは文学や絵画、映画など多様なジャンルで興った運動であるが、上記の言葉にもあらわれているように、写真のリアリズムで土門が目指したのは絶対非演出の絶対スナップという考え方であった。これは戦前からあった、対象を写真家の意図のもと装飾した上で写すサロン写真への批判でもあるし、戦時中のプロパガンダ報道写真への批判でもあった。

土門はモチーフ（対象）をいったん決めたら、とことんまでその対象に食らいつき、真の姿があらわれるまで待った。それが彼のリアリズムだった。興味を持ったのは、被爆した広島であり、福岡の炭鉱の貧しい生活であり、著名人の真実の姿であり、また京都奈良などの仏閣や仏像の美しい姿であった。『ヒロシマ』では、ケロイドになった被爆者らの生々しい写真が描かれる。凝視できない痛々しい写真を土門は鑑賞者に突きつける。『筑豊のこどもたち』では、母が出稼ぎに出て父も帰ってこない家、そこでけなげに待つ子ども。さらには学校で弁当を用意できず我慢する子どもなどの姿が写される。これらはもちろん演出してできることではない。

さらに有名なエピソードとしては、洋画家・梅原龍三郎の肖像写真だろう。いつまでも撮影が終わらないことに業を煮やし、梅原が怒った。土門はその瞬間を撮影した。結果、そこには演技なしの生々しい被写体の息づく人間の姿が残った。

また土門は、さまざまな寺院やその仏像を写しているが、奈良の室生寺の雪景色は彼の最後の挑戦であった。奈良では彼の出身地の山形県（酒田）ほど雪は降らない。しかし土門はその瞬間を目指して旅館に泊まり込み、最後にようやく雪の室生寺を撮った。

決して演出することなく、被写体の生の姿を撮る。この土門の姿勢は、現代でも高い評価を得ている。「リアリズム」という言葉は多義的意味を持ち、文芸の世界では時に芸術至上主義などの対極をなす。だが対象に徹底的に食らいつくという姿勢は、プロの職人技であり、これこそが芸術でもある。土門の言う通り、真摯に対象に向かい合った時に自然に生まれるものが芸術の一つの姿といえるだろう。

Topic　1.15歳のとき、神奈川県立横浜第二中学校を経済上の理由で退学しようとするが、成績優秀のため授業料を免除された。
2.59歳のとき、脳出血で倒れる。以後は車椅子で撮影を続けた。

映画作家は、F・W・ムルナウの映画のような古典を、一本も見たこともない人間に批評されることだってありえるのだ、ということを考慮に入れた上で、映画をつくらなければならない。

フランソワ・トリュフォー（1932〜1984）

評論家だったからこそ言える映画の作り方

　フランス・ヌーヴェルヴァーグの映画監督フランソワ・トリュフォーは、もともと映画評論家であった。したがってこのような言葉が出てくる。この言葉はいくつかの示唆に富む。それは、映画がほかの芸術と異なるということ。つまり映画が大衆の娯楽（大衆文化）であること。したがって映画批評の機会は多くの人に開かれていて、昨今のハリウッド映画には、古典をほとんど見たことのない人間からの批評もなされることとなっている。実際、日本の映画評論家でもある山田宏一も言う。「シェイクスピアも読んだことのない文芸批評家、バッハも聴いたことのない音楽批評家、ラファエロも知らない美術批評家など考えられないだろう。（だが映画は違う）」と。この傾向は、インターネット上のサイトやSNSで個人が好きに批評できる時代になって、より強くなった。夭折したトリュフォーはネットの時代を予期していなかっただろうが、上述の言葉は現代になってより一層意味を持っている。一方で批評が、いわば素人にも開かれることは、常時よい作品をつくらなければならないことにもつながる。彼らは過去を顧みることなく短絡的によい、悪いの評価をする。こういった無知の批評家を黙らせるには最良の作品を提供し続けるしかないのだ。

　ここまで解説してきたが、しかしトリュフォー本人としては、やはり映画批評を行う者は古典を学ばなくてはならないというのが本心だったと考えられる。彼が批評の場とした『カイエ・デュ・シネマ』誌は、「作家主義」を標榜する。これは映画監督を作家として、脚本家や俳優らと切り離し、監督に至上価値を求めるものである。「ヒッチコック＝ホークス主義」として、文学性よりも職人気質を評価したのもその一つである（ホークスとはアメリカの名監督ハワード・ホークス）。これにより過去の多くの映画監督（作家）が評価された。上述のムルナウもそうである。古典には先人の多くの知恵が詰まっている。それを盗もうとする、のちの映画監督も多くいるが、ただの剽窃は往々にしてオリジナルにかなわない。またその知識もないまま書かれる批評も薄っぺらいものにしかならない。上述の言葉には、古典の作家を見ないで批評をする人の映画愛の薄さと軽さとを逆説的に批判しているようにも取れる。

Topic
1. ゴダールと並ぶヌーヴェルヴァーグの代表的作家。ゴダールとは盟友だったが、後年仲違いをした。それでもゴダールはトリュフォーに深い敬意を抱いていたとされる。
2. 代表作は『大人は判ってくれない』。これは感化院で過ごすことの多かった幼少時の自分をモデルにした作品。このほか、『ピアニストを撃て』『突然炎のごとく』『柔らかい肌』『黒衣の花嫁』『華氏451』『アメリカの夜』『アデルの恋の物語』など多数。

喜怒哀楽をもって人を楽しませる
というのは素晴らしいことだと考えます。

永田雅一（1906〜1985）

映画は「生きた人間」を描くもの

　永田雅一は、戦後の日本映画の黄金期に、映画会社・日活や大映で映画プロデューサーを手がけた名物実業家。永田自身はメガホンを取ることはなかったが、製作者として多くの名作を残した。この言葉は映画という文化の持つ本質の一つを的確に述べている。

　映画は登場人物の喜怒哀楽を駆使して、描かれるものであるという、永田のこの信念は、日活・大映時代の作品の多くに貫かれている。永田の意味することは、登場人物を波瀾万丈な環境に追いやり、彼らの感情をいきいきと描写するものである。

　ここで永田の言葉から人間を描く方法について、映画と演劇の違いを考えることができる。20世紀の演劇学者アラダイス・ニコルは、舞台の人物はタイプ化され、人間としてのリアルな個性が欠如していると説く。「生きた人間」のように見えないというのだ。

　逆に映画の人物は個性が複雑かつ豊かに描かれ、「生きた人間」であるという。確かに映画の登場人物は、その複雑な心情を、多様な撮影技術を通して、生々しく描かれる。そこに観客は時に同一化し、また時に強い嫌悪感を抱き、同じ時間を楽しむことができる。これこそが映画の魅力であり、永田はそのことを早々に見抜いていたと考えられる。

　実際、大映時代になると、そんな永田の言葉に呼応するかのように、増村保造という作家があらわれる。彼が監督する映画には、登場人物が時に激情に任せながら、しっかりと自己主張する作品が多い。これは東大を出てイタリアで映画を学んだ増村の確固として持つ思想だったが、永田の求めるものと方向がほぼ同じだったとも考えられる。

　しかし日本が高度成長を過ぎ、安定成長期になった20世紀後半以降、人間の喜怒哀楽表現の発露は衰退していったともいえる（今では死語だが「しらけ世代」という言葉もあった）。確かに21世紀の現代人も黙々とスマートフォンをいじり、喜怒哀楽をはっきり表現することが昔より少ないともいえる。そんな現代にあって、映画で増村作品のように喜怒哀楽を誇張して役者が演じる演出は必ずしも多数派ではない。しかし人間が「生きている」限り、その人生の中で喜怒哀楽を表さざるをえない時があるのは変わらない。

Topic　1. プロ野球（大毎オリオンズ：千葉ロッテマリーンズの前身）のオーナー、馬主などの姿も持つ。ワンマンな経営と威勢のよい発言は「永田ラッパ」といわれた。

　2. 大毎オリオンズのオーナー時、長谷川一夫という大映所属の名優と同姓同名のアマチュア選手がいた。永田は「面白い」と、（ほぼ）名前だけでオリオンズに入団させた。

　3. 永田が製作に携わった映画には、黒澤明『羅生門』（ヴェネツィア映画祭グランプリ）、溝口健二『雨月物語』（ヴェネツィア映画祭準グランプリ）、衣笠貞之助『地獄門』（カンヌ映画祭グランプリ）など代表作多数。

ドラマとは退屈な部分が
カットされた人生である。

アルフレッド・ヒッチコック（1899〜1980）

映画は人生と同じく、あるいはそれ以上に面白い？

ヒッチコックは言わずと知れた、20世紀サスペンス・スリラー映画の巨匠。

この言葉どおり、人生は無駄な部分を削れば面白い。もちろん人によって人生は違い、より波乱万丈な人生もあれば、部屋に籠りっきりな、より退屈な人生もあるだろう。ハッピーエンドにつながる人生もあれば、バッドエンディングの人生もあるはずだ。当然ヒッチコックはそんなこと百も承知である。

にもかかわらず人生は退屈だ。それは仕方ない。生きているのだから。寝ているところを映像にしても仕方ない。睡眠時間に限らず、食事や排泄、休憩、ルーチンワークの仕事など、私たちの人生はカットしてもよい退屈シーンの連続だ。だが逆説的にとらえれば、退屈な時間を我慢すれば、ドラマの連続ともいえる。無論、いいことばかりではない。人生には悲しい別れや、肉体的・精神的に苦しい思いをする日もある。だけどそれも面白いドラマだと思えばいい。年老いてから語ればいいのだ。面白い人生だったと。そう考えてドラマの主人公のように生きれば、目の前のさまざまなハードルもドラマの一要素のように楽しく思えるかもしれない。

そして映画は人生と同じく、それ以上に面白い。私小説というジャンルがあるが、サスペンスの巨匠ヒッチコックはそれと真逆の立場だった。それでもそう語るのは、ヒッチコックにとって人生は面白いものだが、それ以上に映画が面白いという自負だろう。

人生80年だとしても、それを凝縮して90分に編集したら、たいがいの人はドラマが生まれる。やはり人生は面白い。しかしそれ以上に映画は密度が濃く、味わい深い、そして人生では味わえない恐怖などの体験もできる。ここに、私小説とは異なる、にもかかわらずあくまで人間が主役のドラマをつくり続けたヒッチコックの矜持がある。

Topic
1. 代表作は『北北西に進路を取れ』『めまい』『レベッカ』『知りすぎていた男』『鳥』『サイコ』など。『サイコ』では、公開当時、いくつかのショッキングなシーンで驚く客が多数いたとされる。いずれの作品でも、通常の人生では味わえない恐怖を楽しませてくれる。
2. ヒッチコックはどの作品にも、必ず自身がカメオ出演することで知られている。ほぼ全編、海上の難破船が設定の『救命艇』では、落ちていた新聞上の写真（ダイエット薬効果後とそれ以前）で登場させるなど、作品ごとにアイデア盛り沢山である。

人生は祭りだ。ともに生きよう。

フェデリコ・フェリーニ（1920〜1993）

非日常の「ハレの日」を心の底から楽しむ

　映画監督フェリーニの代表作『8 1/2』のラストシーンで主人公のグイド（マルチェロ・マストロヤンニ）がつぶやくのが、この言葉である。グイドはフェリーニ自身がモデルの映画監督であり、愛人もいて、他の多くの女性のことも忘れられない極めて人間的な人物である。その彼が発するこのセリフは、夫婦仲のうまくいかなくなった妻（アヌーク・エーメ）への言葉である。

　フェリーニの映画については、しばしば祝祭空間という言葉で語られる。フェリーニは少年時代からサーカスを愛しており、実際『道化師』などの作品も残している。ピエロや動物、曲芸師らが音楽に合わせて次々とあらわれるサーカスは、カーニバルであり、祝祭空間である。『8 1/2』のラストシーンでは、この言葉を発するとともに、グイドの幻想のように彼の思い出に残る無数の人々がサーカス風の音楽（ニノ・ロータ）に合わせて登場。混沌の中、グイドとその妻を含めた人々が、手をつなぎ輪になって走り去る。そして残された少年時代のグイドが笛を演奏したまま映画は終わりを告げる。これこそまさに祝祭空間であり、映像の魔術ともいえる。

　こうしたカオス的な空間については、芸術をディオニュソス的なものと、アポロン的なものとに分けたニーチェを想起できる（『悲劇の誕生』）。これはギリシャ神話のディオニュソスが豊穣と酒の神であるのに対し、アポロンは太陽の神であることに基づいたものである。この分類は、前者が熱狂的なディオニュソスに表されるように創造的、陶酔的、動的な芸術である（音楽がその代表とする）のに対し、後者は逆に秩序を重んじた、静的なものである。ニーチェはディオニュソス的なものを重んじたが、フェリーニの映画はまさにそれを映像で表現したものといえるだろう。

　この言葉は訴える。祭りの陶酔に身を委ね、愛する人と生きること。確かに祭り（ハレの日）はいずれ終わるし、秩序立った日常（ケの日）も続く。だが、いずれまた祭りの喧騒が始まる。祭りの陶酔的瞬間を楽しむように芸術を味わう。またそんな非日常のハレの日を期待して生きてみる。人生のヒントも、芸術鑑賞のヒントもこんなところに記されているのではないだろうか。

Topic　1. 映画のタイトル『8 1/2』は、フェリーニにとって8と2分の1作目の作品（過去に共同作品があり、それを2分の1にカウント）という意味であり、それ以上の意味はない。
　　　　2. フェリーニの代表作は本作以外に、前述の『道』や『甘い生活』『アマルコルド』など。

名前はジョン・フォード。西部劇をつくってます。

ジョン・フォード（1894〜1973）

西部劇の職人の矜持が心を打つ

舞台は1950年10月22日のアメリカ映画監督臨時総会。ソ連との冷戦が進む中、アメリカにはレッドパージ（赤狩り）の風が吹きまくっていた。多くの映画人が集まったこの会合では、セシル・B・デミルらを中心としたメンバーが左翼映画人といわれる監督たちを吊るし上げていた。その中で語られたのが、この言葉である。

ジョン・フォードはすでに名声を得た監督であり、すでに巨匠だった。改まって紹介する必要はない人物だ。その彼が形式的にでも自己紹介するのは、業を煮やした会への彼の皮肉とも取れるし、思想とは関係なく自分が西部劇の職人であり、それだけで監督は十分であるという彼の矜持のあらわれでもあろう。

ジョン・フォードは続ける。「さっきから聞いていたが、デミルの今日のやり口は気に入らない。みんな明日も撮影があるんだ。早く寝ようじゃないか」

ごたごたと批判の内容を語らない。ただあくまで自分たちが同じ映画人でつながっていることを伝え、気に入らない人物を排斥する考え方に背を向けた、実に「かっこいい」セリフである。さすがハリウッドの巨匠である。

ジョン・フォード自身は発言通り西部劇を中心に撮っており、そのスタンスは特に左翼寄りではない。むしろ保守派というべき存在である。その彼が我慢ならずに発言したのは、狂信的なまでのレッドパージへの不快感だろう。このままでは自由に映画が撮れなくなる。そんな危惧もあったのかもしれない。

レッドパージは1948年ごろから、共和党議員のジョゼフ・マッカーシーが進めたもので、非米活動委員会が設けられ、共産主義への同調者を公職から排除・追放していったものだ。対象は映画人のみならず、作家や政治家、軍関係者など多岐にわたる。映画でも前述の通り会合が開かれ、少しでも左翼思想の傾向があったり、共産党と関係があった映画人はヒステリックに吊るし上げられた。このレッドパージで去った映画人は少なくない。

> Topic ジョン・フォードの代表作は『駅馬車』『荒野の決闘』『怒りの葡萄』など多数。

金は命より重い‥‥！

福本伸行（1958〜）

資本主義の悲しき真実を突きつける

　緻密な心理描写や強烈な人物描写を得意とし、ギャンブル漫画の第一人者として知られる福本伸行は、1958年、神奈川県横須賀市に生まれた。工業高校を卒業後、建設会社へ就職し現場監督になるが、仕事自体に面白味を感じることができず、わずか3カ月で退職。漫画家を志すようになる。描いた漫画を持ち込んだ出版社の担当から勧められ、18歳のとき、スポーツ漫画を描いていたかざま鋭二のアシスタントになった。しかし、不器用で上手に絵が描けなかった福本は、「性格ががさつだから、漫画家よりもトラック運転手が向いていると思う」と師匠のかざまから言われ、アシスタントをクビになってしまう。しかし福本は諦めずに漫画を描き続け、1980年に『よろしく！純情大将』でデビューを果たす。しかしヒット作が出せないまま、アルバイトと平行して漫画を描く日々は続いた。1983年『ワニの初恋』で、ちばてつや賞優秀新人賞を受賞。その後、バブル経済の影響で人気となったギャンブルマンガへと転向。『天 天和通りの快男児』（1989〜2002年）、『アカギ 〜闇に降り立った天才〜』（1992〜2018年）の連載が麻雀雑誌でスタートし、人気漫画家となる。

　この言葉は、1996年に週刊ヤングマガジン（講談社）で始まった『賭博黙示録カイジ』に登場する悪役・利根川幸雄の吐いた有名なセリフである。世間一般の価値観を否定することにより、利根川の異常性を際立たせることに成功している。なお『カイジ』のスピンオフ作品である『中間管理録トネガワ』では、大勢の黒服たちを束ねる帝愛グループ幹部でありながら、暴君・兵藤会長のご機嫌をもっとも身近で気にしなくてはならない、まさに"中間管理職"である利根川の苦悩と葛藤が詳細に描かれている。漫画の登場人物に印象的な名言を言わせることで知られる福本は、自身のインタビューでも「〈負けてもともと〉と〈継続は力なり〉‥‥。この二つを持っていれば、人生そこそこうまくいくと思う」や「自分が思っている自分のイメージが大事。命よりも‥‥」といった印象的な発言をしている。

Topic　1. 福本は中学生時代に麻雀を覚え、かざま鋭二のアシスタント時代はよく打っていたという。

2. 『ブラックジャックによろしく』で知られる漫画家・佐藤秀峰は、福本のアシスタント時代に最長で47日間泊まり込みで仕事したことがあったことを明かしている。外出は一歩もできず、睡眠時間は1週間合計で10時間程度だったという。

3. 現在連載中の『賭博堕天録カイジ 24億脱出編』まで続編が5つ誕生した『カイジ』シリーズは、2019年現在で通算68巻、2000万部以上を売るヒット作となっている。

（精神）分析家の中には、私が分析不可能だと断じた奴がいることをつけ加えておく。

ルイス・ブニュエル（1900〜1983）

常人の理解を超えた世界

この言葉からもわかるように、映画作家ルイス・ブニュエルは、シュールレアリスムと近い関係にある。シュールレアリスムは、夢や無意識といったテーマを扱った前衛的文芸思潮である。その代表作であり、監督デビュー作の『アンダルシアの犬』は、画家でシュールレアリストであったサルバドール・ダリとの共同でつくられた作品である。この作品の中で、二人は夢で見たものを出し合い、説明可能なものは削除していきながら、説明不可能な不条理なイメージだけを映像化したという。よって同作にはほとんどストーリーというものがないが、今でも前衛映画の傑作とされている。

前衛映画から離れ商業映画に進んだメキシコ移住以降には、さすがにシュールレアリスムと呼べる作品はないが、ところどころに夢や幻想世界のような、非現実的で不条理、ときとして白日夢のような世界が描かれる。たとえば『皆殺しの天使』では、晩餐会に集まったブルジョワたちがなぜか外に出られなくなる。また『ブルジョワジーの秘かな愉しみ』ではブルジョワたちがなぜか食事にありつけなくなる。彼の作品では、これらの論理的整合性を欠いたシーンが当たり前のように存在している。

またブニュエルは一方でキリスト教的な権威やブルジョワ社会の権力に対しても従わず、上述の言葉通り、精神分析などでは安易には解読できない作品をたくさん仕上げて対抗した。こういったスタンスもシュールレアリスムに通じる。

現代でも多くの作家が夢や無意識を扱った文芸作品を著している。だが、それらはややもすると安直な精神分析の枠の中に入り込んでしまいがちである。それを拒むほどに不条理で、解釈不能にもかかわらず、ストーリーが存在する長編映画をブニュエルは突きつける。これらに対して我々はロジックで鑑賞せずに、不条理なその世界に身を任せた方がいいのだろう。不条理な世界は時としてコミカルだ。だから笑いも起こる。実際、ブニュエル作品の多くに少々ブラックな笑いがある。だが彼が与えた映画の可能性は不可思議な世界に我々を誘い、そのヘンテコな世界を楽しませている。

Topic スペインの作家で、のちにメキシコに帰化した。『アンダルシアの犬』『黄金時代』（1929〜1930年）などの前衛的作品を作成後、ドキュメンタリー『糧なき大地』を経て、その後メキシコで作品を撮り、やがて欧州に戻る。メキシコ以降の代表作は『忘れられた人々』『ビリディアナ』『ブルジョワジーの秘かな愉しみ』『欲望のあいまいな対象』など多数。

人生はロールプレイング。
人生の主人公はあなたなんだから、
あなたを幸せにするのはあなたしかいない。
あなたが主人公で面白い物語にしてください。

堀井雄二（1954〜）

『ドラクエ』の生みの親から、人生のメッセージ

　ロールプレイングゲーム（RPG）のシンボル的存在『ドラゴンクエスト』の生みの親となったゲームクリエイター・堀井雄二は、1954年、兵庫県洲本市のガラス・サッシ店の息子として生まれた。幼いころは弁護士を目指していたというが、中学生になると漫画家志望となり、高校では漫画研究会に入部。進学した早稲田大学第一文学部でも漫研に所属し、その関係からライターや放送作家の仕事をするようになる。大学卒業後はフリーライターとなり、小池一夫劇画村塾の第3期生としてクリエイターの基礎を学んだ。このころからパソコンゲームにはまり、自作にも挑戦するようになる。1982年、エニックスが開催したゲーム・ホビープログラムコンテストでプログラム賞を獲得したのをきっかけに、本格的にゲーム業界に携わり始めた。翌1983年にはパソコン用のアドベンチャーゲーム『ポートピア連続殺人事件』を手がけ、注目を集める。そして1986年5月、ファミリーコンピュータ初の正統派ロールプレイングゲーム『ドラゴンクエスト』を製作。プレイヤー自身がゲームの主人公となり、架空世界のさまざまな謎を解き明かしながら冒険を進め、悪の親玉を討つことを目的とするこのゲームは人気を呼び、日本国内におけるロールプレイングゲームのジャンルを確立することとなった。『ドラゴンクエスト』はシリーズ化され、特に1988年2月に発売された『ドラゴンクエストⅢ　そして伝説へ…』の爆発的人気によって不動の地位を獲得する。堀井はこのヒットを機に、肩書きをフリーライターからゲームクリエイターに改めている。その後もAIによる自動戦闘を導入した『ドラゴンクエストⅣ　導かれし者たち』、親子3代にわたるストーリーや物語中に結婚という人生の重大なイベントを盛り込んだ『ドラゴンクエストⅤ　天空の花嫁』と、発展を遂げながらシリーズは継続されている。この言葉は『ドラゴンクエスト』30周年を記念し、2016年に放送されたNHKのテレビ番組『ドラゴンクエスト 30th　そして新たな伝説へ』における堀井の発言である。ゲームのように人生に夢中になれば、ハッピーエンドへたどり着く攻略方法を見つけられるのかもしれない。

Topic 1. 堀井は大学生だった1976年にバイクで大事故を起こし、絵が上手く描けなくなった。これが漫画家ではなくライター、ゲームクリエイターの道に進んだ理由だとされている。
2. 堀井はフリーライター時代に26歳で結婚。しかし2016年に10億円の慰謝料を払って離婚。翌2017年に別の女性と再婚している。
3. ドラゴンクエストシリーズは、メインとなるロールプレイングゲームの累計出荷数と配信数の合計は、7600万本（2018年時点）を超えている。

現代視覚芸術 **293**

私のような者を会員にするような クラブに、私は入りたくない。

グルーチョ・マルクス（1890〜1977）

秩序を破壊するアナーキーな笑い

これはパラドックスである。つまりこのロジックでいえば、どれを選んでもグルーチョはクラブに入れなくなるのだ。

グルーチョにとって、権力は真正面から批判するものではなく、笑いながら、それが築き上げた堅牢な制度という壁を壊すべきものだった。壁（制度）とは無数にある。国会議事堂の壁もそうだが、権威の壁、文化の壁、言語の壁、秩序だった体制・文法の壁でもある。そう。マルクス兄弟の映画は、社会常識や言語常識といった秩序を破壊するものなのだ。

長兄チコは、ダジャレを弄しながら与太話を持ち掛けたりする（ピアノを弾ける）男だ。聾唖者の次兄ハーポはチコにくっついて行動する（ハープが弾ける）が、後ろから他人の服や髪を切るなど、行動はチコ以上に支離滅裂だ。いずれにせよチコとハーポは言葉と身体をもって既成概念を崩す。そして三兄グルーチョ。彼は口から生まれたようなおしゃべり男だ。たくさんの矛盾に満ちた言語で、世界の言語機能を完全に麻痺させる。既成秩序は完全に破たんする。

三兄弟によって描かれた世界は、社会常識の通用する世界ではない。これこそ喜劇映画の世界で、我々が感情移入し、我を忘れて笑いたい世界である。だが、この世界が権力の真実を垣間見せるものであるという批評もある。女に狂う権力者。自分のことをけなされて戦争だとわめく大統領。マルクスの映画には一歩間違えれば、多くの権力者が落ち込んでしまう陥穽がある。それもあるだけに面白い。マルクス兄弟の映画に政治的メッセージは何もない。チャップリンのように平和な社会を望んだわけでもない。だが、なぜか権力者はマルクス兄弟を畏怖する。それはこの言葉のように、築き上げられた秩序ある世界が、言語や笑いなどを通じ、一線を超えると一気に崩れ去る可能性があるからだ。

Topic 本文でも触れたが、マルクス兄弟は特に政治的主張をしていない。にもかかわらずアメリカ国内の右翼勢力からは、体制に反対する組織として糾弾されている。彼のシッチャカメッチャカな作品に同調できない頭の固い人が右側にたくさんいたからだ。

確かに僕は矛盾に満ちているかもしれない。でも仕方がない。矛盾のない人間はたぶんつまらない人だ。

宮崎駿（1941〜）

社会の矛盾を内包した現代日本映画界の巨匠

　現代日本映画の巨匠・宮崎駿はリベラルな反戦主義者である。にもかかわらずミリタリーオタクである。それを見た鈴木敏夫プロデューサーは「矛盾の人」と称した。上述の言葉は、それを受けての発言である。

　実際、宮崎は最後の作品と称した『風立ちぬ』で、ゼロ戦をつくる堀越二郎を描く。堀越もまた軍国主義者ではなかった。にもかかわらず兵器をつくらなくてはならなかった。時代に翻弄された人間の生き様がここにある。それを宮崎は温かく描いているが、その底には確かに宮崎が述べるような「矛盾」がある。さらに宮崎は自然の大切さを訴えながら、電力を使いながらアニメをつくる自分にも言及する。「森を壊し自然を壊す人間たちを悪で、レベルが低くて野蛮な人たちだというなら、人間の問題というのはずいぶん解決しやすいのです」。ここにも矛盾は存在する。福島の原発は震災で壊滅的被害を受け、多くの近隣市民が今も帰れずにいる。原発を誘致した際、こんなことになるとは誰も思わなかっただろう。原発誘致をした人の中には、善意から町を発展させたくて呼んだ人もいる。

　矛盾は宮崎のようなリベラルな人間の側だけにあるものではない。たとえば、韓国との関係は常に微妙である。その中、韓国を敵対視し、韓国人に対しヘイトスピーチを行う人もいる。だが案外そういう人が、焼肉やキムチなど韓国料理を好んで食べたりもする。世の中が人と人とでつながっている以上、矛盾はつき物であり、原理主義的に排除しては自分が困るだけである。世界は、徹頭徹尾、同じ思想を持つ人同士でしか機能しないというような単純なものではない。誰もが矛盾に満ちている。そういう人がつながっている。だからこそ面白い。もし自分が矛盾に満ちていないと思ったら、それは自己認識能力が欠如しているか、さもなくば本当につまらない人だ。

　本当につまらない人ばかりでは社会は間違った方向に走ってしまう。「時代に翻弄されながらも、矛盾に満ちて生きた人生」。確かに宮崎はそれを描いたのだ。宮崎の抱える矛盾は現代人すべての矛盾である。だから矛盾自体はいい。その上で他者とわかり合える妥協点を見出し、最終的に何を選ぶかが問題なのだ。

Topic | 1. 代表作は『ルパン三世カリオストロの城』『風の谷のナウシカ』『となりのトトロ』『もののけ姫』『千と千尋の神隠し』など多数。『トトロ』はアニメ映画として史上初のキネマ旬報第1位（1988年）。『千と千尋の神隠し』はベルリン映画祭金熊賞（グランプリ）受賞、アカデミー賞長編アニメ映画賞など、数々の賞を総なめ。日本における興行収入でも史上第1位を成し遂げた、まさに映画史上の金字塔である。

『人情紙風船』が遺作とは、チトサビシイ。

山中貞雄（1909〜1938）

夭逝した天才映画監督の無念

　山中貞雄は、戦前の映画監督。十数作の監督作品があるが、完全な形で現存するのは『丹下左膳余話百萬両の壺』『河内山宗俊』と、遺作になったこの『人情紙風船』だけである。この3作品はいずれも日本映画史に残る傑作であり、失われた作品も公開当時を知る評論家らによれば、すべて傑作だったという。

　1937年、日中戦争勃発。山中は同年の『人情紙風船』公開日に召集令状を受け、入隊する。その時の手記に残されたのが、この言葉である。山中のこの悪い予感は当たり、翌1938年、中国河南省の野戦病院で赤痢により病死する。

　生きていれば、黒澤明や溝口健二、小津安二郎らにも引けを取らない世界的巨匠になっていたと考えられ、つくづく戦争が恨まれるところである。

　さて、人は死を意識すると充実した人生を送れるという意見がある。死生学もそういった考え方に基づいている。山中が戦地で、この言葉を残したのは死に至るまでの時間を有意義に送ろうという思いがあったのだろうか。確かに「チトサビシイ」とカタカナで書かれたメモは諧謔を弄しているようにも見える。だとすれば山中は半ば冗談でこれを記したのだろうか。だが、やはりこの言葉には、間違いなく死の予感と絶望が存在する。遺作となった『人情紙風船』を見ればそれは実感できる。山中は、もともとユーモアのある人物で『丹下左膳余話百萬両の壺』のような喜劇も得意としていた。しかしながら、彼の最後の作品は、主人公の夫婦が死に、ラストシーンに紙風船がさびしく流れていく、救いがないほど哀しい時代劇である。山中は自作のラストシーンを自分の人生に移しかえて、自らの境遇を思ったに違いない。

　私たちはそういった作家の人生を重ねて、この言葉を味わい、また映画を鑑賞したい。欧米で死生学が身近なものであるのに対し、日本人は死生学が進んでいないという。自らの死を考え、そこまでの生を充実したものにするのは大切だ。ただし犬死にではならない。戦争で犬死にすることなど二度とないようにするのは、山中が伝えたかった意図だろうし、何より彼の無念のはずだったからだ。

Topic
1. 山中は、残された写真でもわかるように、長いアゴがトレードマーク。そんな風貌からか嵐寛壽郎は最初、彼をバカにしていた。だが、彼のシナリオを読んで、「天才」と評価を180度変えたという。そうして生まれたのが処女作『抱寝の長脇差』。もちろんフィルムは現存しない。
2. 映画人の評価も高く、小津は「自分のライバルは山中だけだった」と語り、黒澤は「山中だったらどう撮っただろう」と自問したともいわれる。

私はまだかつて嫌いな人に
逢ったことがない。

淀川長治（ながはる）（1909〜1998）

本物の映画愛がそこにはある

　淀川長治の著書のタイトルにもなった、この言葉は淀川自身がしばしば口にしていたものである。この言葉には淀川が映画を通じて知った、深い人間愛が満ち溢れている。よい仕事を地道に続け、誠実に生きていけば、自然と味方が集まる。敵とわかるような人物は最初から近寄って来ない。実際、人見知りすることなく、誰にでも優しく笑って話しかけていた彼には、敵は少なかったであろう。

　とはいえ、まったく嫌いな人に逢わなかったとも思えない。ビジネスでかかわる人間の中には、淀川自身には大して敬意を払わない人がいたかもしれないし、淀川長治の映画批評は愛を持ったものであったが、それに批判的な頭でっかちのシネフィル系の関係者もいただろう。では、嫌いな人に逢ったことがないというのは嘘なのだろうか。

　いや、きっとそうではないだろう。確かに嫌いな人はいた。だが、圧倒的に多い好きな人たちに紛れ、その存在は消えていったのではないか。何より、この淀川の人間に対する信頼は、相手の心も動かす。淀川に懐疑的な人たちも、彼の熱い映画と人間への愛を聞くと、その思いを翻し信奉したのではないだろうか。結局、彼の周りは、彼を好きな人ばかりになったのだろう。

　また彼はその言葉を信念に、多くの映画人に会っている。もっとも敬愛する映画人の一人であるチャールズ・チャップリンに、淀川は逢いたかった。あらゆる勇気を振り絞り、多忙の中、決して得意でない英語で淀川は話しかけた。極東の小柄な青年の愛をチャップリンは受け止め、二人だけの楽しい会話を実現させてくれた。いみじくも淀川は後年言う。「4歳から映画を見てきて、何が勉強になったか。キザですけど、愛ですね。次は勇気。次に誠実さ。映画館は人間勉強の一番の教室だね」

Topic　1. テレビ朝日の『日曜映画劇場』の解説で知られる。アメリカ映画を特に愛し、チャップリンやアルフレッド・ヒッチコックなど、お気に入りの監督は無数。日本人では黒澤明が親友であり、彼の葬儀の際に、「自分もすぐ逝く」旨の発言をしている。
　　2. ＬＧＢＴで、生涯結婚しなかった。晩年はホテルで暮らしていた。

僕の宇宙では音が出るんだよ。音のある宇宙が存在するんだ。

ジョージ・ルーカス（1944～）

虚構としての映画の面白さを極限まで追い求める

誰もが一度は見たことがあろう『スター・ウォーズ』シリーズの作者ジョージ・ルーカスはこの言葉のあとにこうつけ加えている。

「僕が音を立てずに急に飛び立つ宇宙船をつくらないのは、そういう宇宙をつくったからだ。僕はそんな僕自身の宇宙のルールを構築し、そしてそのルールとともに生きているんだ」

科学では宇宙空間の中で、音が出ないことが常識になっている。だが、ルーカスはあくまでその常識に逆らう。何のためか。それは映画のエンターテインメントとしての夢や喜びを失くしたくないためである。

映画は極めて多面的な要素を持っている。ある面では、映画黎明期にすでにR・カニュードが「第七芸術」と論じたように総合芸術の要素を持つ。その一方で、映画があくまで大衆相手の見世物として始まったように娯楽の要素も持つ。どちらも映画の真の姿であり、どちらも間違いではない。

ただ、ルーカスはあくまで大衆の娯楽を追求した。科学ではなく、あくまで虚構を求めたのである。これは映像というものの本質にかかわるテーマともいえる。映像は真実なのか、虚構なのかというテーマである。

確かに『スター・ウォーズ』ならば、少々、科学から逸脱していても憤る人は少ないかもしれない。これがドキュメンタリー映画であったならばどうだろう。「やらせ」といって蔑まれるだろうか。確かにそういう危険性はある。だが、映画とは決して誰にも正しい客観的なものではない。どういった対象を映し、どの立場から映像を切り取るか。人一人撮るのでも、どういった立場（主張）から、どういった表情をどう映すか（たとえばクローズアップかロングか）。それだけでも印象が変わる。そしてそれらは作り手の主観である。映像は決して中立的なものではないどころか、ときとしてウソや誇大広告を生み出すものである。

ルーカスの作品から少々話題が逸脱したが、ドキュメンタリーですらそうなのだからフィクションは、まさに作者の自由な世界なのだ。

Topic 1. ルーカス自身、神話に造詣が深く、ジョゼフ・キャンベル『千の顔を持つ英雄』を愛し、『スター・ウォーズ』はそれらの影響だという。
2. 『スター・ウォーズ』シリーズで、その名を冠しているのは現時点で9作。このうちルーカスが監督したのは4作である。

去年マリエンバートで、あなたと私は愛し合った。

アラン・レネ（1922〜2014）

観客に映画の解釈を委ねる

　突然、知らない男性にこのような言葉を投げかけられたら、女性はどのような感想を抱くだろう。何をバカな、と思うだろうか。だが、欧州の物憂げなモノクロームの世界、フランス庭園の見える、閑静な高級ホテル内で佇んでいるときならばどうだろうか。夢かと思うかもしれない。このセリフが登場する『去年マリエンバートで』は、そんな幻想的空間で起きる三角関係の物語だ。ここでは記憶と夢と現実の境界が曖昧になり、その姿を観客に提示する。この映画では誰も名前を持たない。女Aは、男Mと結婚してこのホテルに滞在しているにもかかわらず、突然あらわれた男Xによって、この言葉を投げかけられる。夢だったのか。現実だったのか。あるいは男Mと結婚しているほうが夢なのか。ほかの客たちはカードゲームに興じるばかりで、何も語らない。これは死の世界なのか。一方で、女Aには過去の記憶が少しずつ甦っていく。男Mは1年前、何が起こったか知っているようだ。さて、そんな環境の中、あなたならどうするだろうか。

　監督のアラン・レネは、脚本のアラン・ロブ＝グリエとともに、セーヌ左岸派の作家として1950年代から現代まで活躍した。広義のヌーヴェルヴァーグに所属する彼の作風は、幾通りにも読めるテクストで、それを観客が都合よく自分にあった解釈をしていくものである。本作には、1. 現在　2. Xの回想（Xにとっての主観的事実）　3. Aの回想（Aにとっての主観的事実）　4. 過去（Mの視点）の四つの物語があるとする。幾多の解釈が成立する状況下で、物語はゆっくり流れていく。やがてMを捨てAとXはホテルを去っていくが、これが本当の現実とも言えない。XがAをレイプした。MがAを銃殺した。Xが自殺した。……さまざまな不吉なイメージがよぎるのだ。

　この映画には、前述した通り観客自らの自由な解釈が成り立つ。観客は自分の好きなラストを選び、この夢の中から出ていく。テクストの持つ魔術に浸り、自分なりの解釈をほどこす。そのように鑑賞する映画なのである。

Topic　アラン・レネは1955年、アウシュヴィッツのユダヤ人強制収容所を撮ったドキュメンタリーで評判になる。その後長編第1作『ヒロシマ、モナムール（二十四時間の情事）』は戦後広島を舞台にした日仏合作の名作。これで彼の名前は広く知られた。セーヌ左岸派との交流は長く、『ヒロシマ、モナムール』も脚本は、ヌーヴォーロマンの作家マルグリット・デュラスであった。また『去年マリエンバートで』も脚本は、ヌーヴォーロマンの作家アラン・ロブ＝グリエであり、彼らも後年、素晴らしい映像作品を撮った。

第9章

科学・テクノロジー

神はサイコロを振らない。

アルベルト・アインシュタイン（1879〜1955）

すべてのことに法則はあるのか？

　1926年、かねてから親交のあった理論物理学者マックス・ボルンが『量子力学の確率解釈』を発表すると、アインシュタインは手紙に「神はサイコロを振らない」としたためた。世の中の物事にはすべて法則性があり古典力学で説明できると考えていたアインシュタインにとって、観測される現象が偶然に選ばれるという量子力学のあいまいさは到底納得できるものではなく、そのことを比喩的に批判したものであった。量子力学における「粒子の運動量と位置を同時に正確には測ることができない」のは「もともと決まっていないからだ」との解釈に対し、アインシュタインは「決まってはいるが現在の理論で測れないだけだ」という「隠れた変数理論」を唱えていた。彼は確率論で語られる量子力学的ミクロの世界を実在論で解明するために「相対性理論についてより100倍も量子力学について考えた」と語っていて、ノーベル賞を受賞したのも量子力学研究によって導かれた「光電効果法則の発見」に対してだった。

　アインシュタインが主張した「隠れた変数」は現在も発見されていない。また、生前に「あり得ない」と否定したミクロ世界の反実在論的な事象が、のちの研究実験によって実証されるに至り、アインシュタインの誤りは決定的となった。今や確率解釈は量子力学の定説となり、20世紀の物理学の根幹をなすに至っている。

Topic 有名な舌出し写真はアインシュタインの72歳の誕生日パーティの帰り、通信社のカメラマンに撮られたもの。新聞に掲載されると本人から「気に入ったから9枚ほど焼き増ししてくれないか」と連絡が入った。基本的には写真嫌いで、ほかのほとんどの写真は仏頂面である。

科学・テクノロジー **300**

これは一人の人間にとっては小さな一歩だが、人類にとっては偉大な飛躍である。

ニール・アームストロング（1930〜2012）

世界中が目にした宇宙時代の幕開け

「ヒューストン、こちら静かの海基地。イーグルは舞い降りた」「今、着陸船の脚の上に立っている。脚は月面に1〜2インチほど沈んでいるが、月の表面は近づいて見るとかなり……、かなりなめらかだ。ほとんど粉のように見える。月面ははっきりと見えている」「これより着陸船から足を踏み降ろす」「これは一人の人間にとっては小さな一歩だが、人類にとっては偉大な飛躍である」

当初の飛行手順としては月面着陸した後、乗組員は船外活動をする前に休息を取ることになっていたが、ニール・アームストロングはそれを取りやめてすぐに船外へ出ることを要求した。とても眠ってなどはいられなかったためだ。管制センターはこれを受けいれ、船長のアームストロングと飛行士のバズ・オルドリンはただちに宇宙服を着て船内を減圧。ハッチを開くとまずアームストロングがはしごを下り、その左足を月面に踏み降ろした。「小さな一歩」のくだりは、月面に着陸してからの数時間のうちに考えたものだった。

なお、この有名なセリフを発する際には間違えて不定冠詞の "a" を省略してしまった（one small step for man）。"a man" は「一人の人間」だが "a" がないと「人類」をあらわすため、これを直訳すると、「これは人類にとって小さな一歩だが〜」となってしまう。ある分析では「"a man" と言っていたのに当時の通信技術の限界から "a" が録音されなかった」としているが、アームストロングは「仮に間違っていたとしても、歴史が私の言い間違いを許す寛容さを持ち、人類が一つになる方向に向かって進むことを希望する」と後日語っている。

Topic 1. アームストロングには民主・共和両党から出馬要請があったが、政治的な誘いは一切断っている。
2. 1969年10月31日アポロ11号に搭乗した3人が日本を訪問。翌11月1日に銀座で行われたオープンカーでのパレードには12万人の観衆が押し寄せた。

私に支点を与えたまえ。
そうすれば、地球を動かしてみせる。

アルキメデス（紀元前287〜紀元前212）

自らの理論に対する絶対的自信

　紀元前3世紀の古代ギリシャ時代、このころすでにテコは使われていたが、アルキメデスはこれがなぜ大きな力を生み出すかを数学的に証明した。支点から左右同じ長さのところに同じ重さのおもりを乗せるとつり合い、支点からの長さを変えてつり合わせるには短くしたほうに重いおもりを乗せる。つまり支点からの距離と重さが反比例するというその原理をアルキメデスは数式であらわしたのだ。

　ただしアルキメデスによる著述の原典が伝わっているわけではない。存命中はアレクサンドリアの数学者たちと交流を持っていたことから、この地にはアルキメデスの論説を引用した例が多々残されていて、それを東ローマ帝国の建築家「ミレトスのイシドロス」が蒐集。これに注釈を加えたものが6世紀になって発表されている。

　常に戦争が行われていたこの当時、アルキメデスは兵器の開発にもかかわっていたようで、そのテコの原理を応用した兵器に「アルキメデスのカギ爪」がある。これは、クレーン状の支柱から垂らした鉄製のカギ爪を敵の船体に引っ掛け、クレーンの腕部分を持ち上げることで船を傾け転覆させるというもの。イギリスBBCテレビのドキュメント番組が同様のものを製作、検証してみたところしっかりと機能しダミー船をひっくり返すことに成功している。また同じくテコの原理を用いた投石機によって敵の海軍を打ち破ったとの逸話も残されている。

　もっとも有名なエピソードとしては「黄金の王冠に混ぜ物がされているかどうかを水に沈めることによって明らかにした」という「アルキメデスの原理」に関するものがある。風呂に入っていたときに水が湯船からあふれるのを見て、これが原理発見のヒントになったというその逸話は、しばしば「物質の密度の違い」を説明する際にも引用されるが、実際にこのときアルキメデスが発見したのは「浮力の原理」である。

　第二次ポエニ戦争時、攻め込んできたローマ兵がアルキメデスに声をかけたが、彼は砂に図形を描き没頭していたため、無視されたと激高したローマ兵に殺害されている。その最期の言葉は「図をこわすな！」だったという。

Topic　アルキメデスの原理の着想を得た際には、裸で浴場から飛び出して「ヘウレーカ」（わかったぞ）と叫びながら裸で走っていったとの逸話がある。

科学・テクノロジー **302**

何故大陸移動説を思いついたかといえば、もともと1枚の新聞であった証拠には、断面同士が裂け目でつながるではないか

アルフレート・ロータル・ヴェーゲナー（1880〜1930）

何気ないことから新たな発見が生まれる

1912年1月、フランクフルトで開催された地質学会の席上でアルフレート・ヴェーゲナーは、太古の時代に大西洋両岸の大陸がそれぞれ漂流していったとする「大陸移動説」を発表した。発想自体は古くからあり、ヴェーゲナーにしても元々は上の言葉にあるように思い付きから発したものであったのかもしれない。しかし、単なる思い付きで終わらせることなく、測地学、地質学、古生物学、古気候学、地球物理学など当時最新の学説や技術を用いて裏付け調査を行った上に構築されたヴェーゲナーの論は、それまでのものとは学術的価値や正確性が明白に異なるものだった。

1915年には著書『大陸と海洋の起源』を出版。「石炭紀後期に存在していた巨大な超大陸が分裂して別々に漂流して現在の位置・形状に至った」「中生代に大西洋は存在せず、現在の大西洋をはさむ四大陸が分離して移動を開始した」と「大陸移動説」を示して大きな反響を呼ぶことになる。なお明確に「大陸移動」という言葉を使ったのもヴェーゲナーが最初であった。その後も新たな発見を加えながら『大陸と海洋の起源』の改訂を続けたこともあり、徐々に「大陸移動説」は浸透していく。同書の中では大陸移動だけでなく、地球の極点が移動していることも詳細に述べている。白亜紀以来の南極点の移動を化石の調査から割り出し、南アメリカを基準とした極移動とアフリカを基準とした極移動を図解するとともに、その移動のずれが大陸移動によるずれの結果によるものだと述べたのだ。

しかし、ヴェーゲナーの専門は気象学で、地質学などに関しては専門外だったこともあり、その主張は長きにわたって認められなかった。当時の地質学者たちはヴェーゲナーによる調査結果を並べられてもなお「大陸は沈むことはあっても動くことはない」とし、またヴェーゲナーも、大陸を移動させる原動力が何であるかについてはうまく説明することができなかった。ヴェーゲナーが亡くなってから数十年後、マントルの対流や地球の表面が何枚かの固い岩盤で構成されているというプレートテクトニクスなどが次々と発見、実証されると、その帰結としての大陸移動説はようやく受け入れられたのだった。

Topic
1. 気象学者であったヴェーゲナーは、気球による観測中に海岸線の形に目が止まり、地球そのものの変化に興味を持つようになった。
2. 分裂前の超大陸を指す「パンゲア」という言葉を最初に使ったのもヴェーゲナーである。
3. 1965年にはコンピュータを使って大陸岸を水深約900mでつなぎあわせた図が作られ、その対応性がさらにはっきりと示された。

天才とは1%のひらめきと 99%の努力である。

トーマス・エジソン（1847～1931）

粘り強い努力が成功を生む

　この言葉はエジソンが亡くなった翌年の1932年に発表されたものであり、実際にこの発言をしたという明確な証拠はない。また「1%のひらめきがなければ99%の努力も無駄になる」という意図だと捉える意見もあるが、生前の様々なインタビューにおいても「努力がもっとも重要である」といった主旨の発言は多くなされていて、努力こそがエジソンの本質であることに違いはない。

　幼いころは学校教育になじめず自宅で独学に励んでいたエジソン。青年期に自作の新聞を販売していたことや駅の夜間電信係として働きながら実験を続けたという逸話はよく知られたところ。発明研究においては昼夜を忘れて没頭し、睡眠も30分ほどの仮眠を1日数回ほどしか取らなかったらしく、後年には「私が仕事を1日8時間に限っていたら、成功はおぼつかなかっただろう」とも語っている。生涯を通しておよそ1300もの発明や技術革新を行い、数多くの特許を取得した『発明王』で、アメリカを拠点とする多国籍コングロマリット企業、ゼネラル・エレクトリック社の創始者としてもその名を残している。

　そんなエジソンの業績の中でも、三大発明品といわれるのが蓄音機（1877年）、白熱電球（1879年）、キネトグラフ＆キネトスコープ（1891年、映画の撮影・上映装置）だ。白熱電球については先にイギリスの科学者ジョセフ・スワンが特許を獲得していたが、これをエジソンは2万回にも上る実験の末に小型化と長時間の発光に成功し、実用可能なものとしてアメリカ全土へ普及させている。

　実験で思わしい成果が出なくとも「これは失敗ではない。うまくいかないということを確認した成功だ」としてさらに研究を重ねていった。また「いくら革新的な発明であっても人々に喜ばれなければ意味がない」との信念から、上記の蓄音機やキネトスコープなども繰り返し改良を加えている。「もちろん、生まれつきの能力の問題もまったく無視はできない。それでもやはり、これはおまけみたいなものだ。絶え間なく粘り強く努力する。これこそ何よりも重要な資質であり成功の要といえる」とのエジソンの発言は、発明家のみならず実業家としての成功の秘訣をも語ったものだといえよう。

Topic　1. 自身が採用した直流送電にこだわって、交流を採用したニコラ・テスラおよびウェスティングハウス社との電流戦争に敗北している。
　2. グラハム・ベルの発明した電話機もより実用的な物へと改良し、長距離通話を可能にしている。この通話テストの際にエジソンが「HELLO」と発したことで、以降最初の呼びかけの言葉として定着したといわれている。

閣下、$(a+b^n)/n=x$ 故に神は存在する。何かご意見は?

レオンハルト・オイラー(1707〜1783)

その才能は神の存在すら証明しかねない

18世紀、ロシアの女帝エカチェリーナ2世から「ドゥニ・ディドロ(フランスの哲学者・美術批評家)が無神論を吹聴しているので何とかしてほしい」という依頼を受けた数学者レオンハルト・オイラーは、ディドロと対面すると「閣下、$(a+b^n)/n=x$。故に神は存在する。何かご意見は?」と問いかけた。この数式自体は何の意味もないデタラメだが、これを聞いたディドロは一切の反論もなく逃げ帰ったとされている。ディドロは数学の教養もあるトップクラスの知識人で、現在ではこのような対決自体なかったという意見が大勢を占めているが、このエピソードがいまだ根強く伝わっていること自体が、オイラーの業績や才能が周囲にどれほどの畏怖と敬意を与えていたかを示しているといえよう。

オイラーは人類史上もっとも多くの論文を書いたといわれる数学者で、並の数学者が一生かかって執筆するような質と量の論文を、50年にわたって毎年のように発表し続けていたという。その論文をまとめた全集は1911年から刊行され続けているが、それから100年以上が経った今もまだ完結していない。業績は解析学、関数、物理学、幾何学、数論など多岐にわたり、また先述のようにもっとも膨大であるためチェックがおよばず、「新たな公式を発見した」とされたものが実は過去のオイラーの仕事の再発見に過ぎなかったということがたびたび生じている。

過去の数学の概念に新たな解釈を加えて記号化したり平易に表現し直したりしたこともオイラーの大きな業績で、そうした中では微分積分の複雑な関数を「$y = f(x)$」とあらわしたことがよく知られている。「オイラーの公式」を手始めに「オイラー○○」と名付けられた理論や数式は数知れず、オイラーから約半世紀遅れて生を受けたやはり天才数学者のピエール=シモン・ラプラスは「オイラーを読め! オイラーこそが我々すべての師だ!」と語っている。また、19世紀最高の数学者と称されるカール・フードリヒ・ガウスは「すべてのものはオイラーから発している」と前世紀のその業績を讃えた。生涯で13人の子どもをもうけると膝に抱きながら論文を書き続け、晩年に視力を失ってもなお「おかげで集中できる」とその最期のときまで研究を続けていたという。

> **Topic** 1.「自然対数」「虚数」「円周率」を使った「オイラーの等式」は「数学におけるもっとも美しい等式」と各所で賞賛されていて、ガウスは「この式を見せられた学生がすぐにその意味を理解できなければ、その学生は第一級の数学者には決してなれない」とまで語っている。
> 2. 失明後には孫の遊び相手をしながら、口述筆記で研究を続けた。
> 3. 論文完成までのスピードに印刷機が追い付かなかったともいわれる。

ある意味ゴールのないことを
一生懸命やり続けるのが、
人間の科学活動かもしれません。

大隅良典（1945〜）

研究の動機は高尚でなくていい？

2016年10月、「飢餓状態に陥った細胞が自らのタンパク質を食べて栄養源にする自食作用『オートファジー』の仕組み」を解明した成果によりノーベル生理学・医学賞を単独受賞した大隅良典。1963年、東京大学理科二類に入学するが「ワクワクするような面白さがなかった」という理由で、1965年、教養学部に新設された基礎科学科に進む。1967年に東京大学を卒業すると、そのまま東京大学大学院理学系研究科相関理化学専攻に進学。恩師の紹介でアメリカへ留学し、ロックフェラー大学の博士研究員となった。その後帰国して東京大学の理学部で助手に採用されると、酵母の液胞膜での輸送機構を研究するようになる。当時は「細胞内のゴミ溜め場」くらいに思われていたが、大隅は留学中、酵母細胞から核を分離するとき液胞が白い層になって集まっているのを見て、液胞が細胞の中で何か重要な役割を担っているような気がしていたという。また、生来競争が苦手だったために誰もやろうとしない研究テーマを選んだという側面もあったという。

ノーベル賞受賞の記者会見で大隅は「私がこの研究を始めたとき、『オートファジー』が必ずガンにつながる、人間寿命の問題につながると確信して始めたわけではありません。基礎研究はそういうふうに展開していくものだとぜひ理解していただきたいと思います。基礎科学の重要性をもう一度強調しておきたいと思っております」と、当時を振り返るとともに基礎研究の重要性を語っている。ほかにも大隅は「最近は若者のほうが保守化していて"先生、そんな役に立たないことを、国のお金を使ってやっていいんですか？"と言い、酵母やマウスよりもヒトを研究すべきだと考える人が増えています。役に立つということは大事なことですし、否定するのは難しい。でもそういう精神はとても貧しいと思います。やはり若者は若者らしく、やりたいことを"やりたい"と言えるのが、社会の発展の原動力になるんじゃないかなと思います」とも語っている。

科学に対して我々は、その技術がどう役立つかという結果を求めがちだが、大隅は「研究する文化」こそが大事で、技術はその集積に付随するものにすぎないと説くのである。

Topic
1. アメリカ留学時、若く見えることでアメリカ人から見下されるのが嫌で、今ではトレードマークとなったヒゲを伸ばすようになった。
2. 幼いころに兄から贈られた自然科学の本、中でも八杉龍一の『生きものの歴史』、マイケル・ファラデーの『ろうそくの科学』、三宅泰雄の『空気の発見』の影響から科学に興味を持ったという。
3. オートファジー発見に関する論文を投稿すると、原稿のコピーがアメリカ中に広がって「何でこんな大事な現象を誰も見つけられなかったのか」と騒ぎになったという。

われは死神なり、
すべてを破壊する者なり。

ロバート・オッペンハイマー（1904〜1967）

人智を超えた力とその罪

　ロバート・オッペンハイマーは晩年、古代インドの聖典『バガヴァッド・ギーター』の一節を引用して「われは死神なり、すべてを破壊する者なり」と語っている。平和主義的な王子を戦いに駆り立てたヒンドゥー教の最高神ヴィシュヌの化身であるクリシュナを自身に重ね、核兵器開発を主導したことへの反省を吐露したものだった。

　オッペンハイマーはユダヤ系アメリカ人の物理学者で、1930年代には宇宙物理学の領域で中性子星やブラックホールに関する研究を行っていた。思考実験を経て「恒星の崩壊後にできる中性子星の質量には上限があり、核の質量がそれよりも重い場合、中性子星の段階に留まることなくさらに崩壊する重力崩壊現象が起こる」ことを予言した（トルマン・オッペンハイマー・ヴォルコフ限界）。だが第二次世界大戦が勃発すると研究は中断。1942年に原子爆弾開発を目指すマンハッタン計画が開始されると、オッペンハイマーは原爆製造研究チームを主導することになる。同チームは世界で最初の原爆を開発。ニューメキシコでの核実験を経て広島市と長崎市に投下されている。「あまりに凄まじい破壊力のため使うことのできない兵器を見せることで戦争を無意味にしようと考えていた」「しかしその破壊力を目の当たりにしても軍部はそれまでの通常兵器と同じように扱ってしまった」とオッペンハイマーが絶望していたことを、のちに実弟のフランクが語っている。また原爆の使用については「科学者は罪を知った」との言葉も残している。

Topic

1. 幼少時から学業優秀で、12歳にして鉱物学に関する論文を発表している。
2. 量子力学における業績にはマックス・ボルンとの共同研究による「ボルン・オッペンハイマー近似」がある
3. 「トルマン・オッペンハイマー・ヴォルコフ限界」はブラックホール生成に関する研究の端緒となった。
4. 戦前、カリフォルニア大学バークレー校などで講師を務めた際の生徒からの愛称は「オッピー」だった。

私は、言葉を話す前から、計算をしていた。

ヨハン・カール・フリードリヒ・ガウス（1777～1855）

生まれついての数学者

　ガウスは言葉を満足に話せるようになる前の3歳のころに、父親が職人たちに支払う給料の計算をしているのを見て、それが間違っていることを指摘したという。偉人伝にありがちな脚色された逸話に思えるが、実際にあったとしても不思議のないほどガウスの業績は質・量ともに飛び抜けていて、近代数学のほとんどの分野に影響を与えたといっても過言ではない。そんなガウスが本格的に数学者を志したのは19歳のとき。彼は定規とコンパスにより正十七角形が作図できることを証明し、数学界を震撼させた。それまで正素数角形で作図できるのは正三角形と正五角形のみだと考えられており、作図できる正多角形の種類が増えたのはおよそ2000年ぶりのことであった。

　ガウスの業績は多岐にわたり、彼の名にちなんだ単位や法則は数学以外にも工学、物理学、化学、地球科学にまでおよぶ。だが、彼は生前それらをほとんど公に発表することなく、手紙で知人に伝えたり日記に書き残したりするだけだった。単独による初にして唯一の著書、『整数論の研究』の第1～第3章は「フェルマーの小定理」など過去の数学者の研究をまとめたものになっているが、実はこのほとんどは自力で発見していて、あとになってそれらが先に発見されていたことを知ったのだという。新発見と聞くたびに「それは私も昔にやっている」と語るガウスをいぶかしむ者もいた。だが、ある学者が一つの数学の問題を証明するための途中経過をまとめた論文を発表したときのこと。これを書評で取り上げたガウスは「要点は30年前に自分もやっている」として、書評欄のわずかな紙数の中できれいに証明を完成させてしまった。ガウスの死後40年ほど経って遺稿が整理されると、その膨大な量と内容の濃さにすべての数学者が仰天させられたという。これらがもしコンスタントに発表されていたならば、少なくとも50年は数学が進んでいたのではないかとの声も挙がったほどだった。「ガウスの遺稿に精通すればするほど、この大天才に対する我々の驚異はいや増すばかりで、どのような困難、どのような限界もついにはこの人に一歩を譲らなければならなかったと考えざるを得ないのである」とは、ドイツの数学者フェリックス・クラインの弁である。

Topic
1. 『整数論の研究』を発表したのは24歳のときのこと。研究自体は17歳のころに始めていた。
2. 当時数学者の大半が取り組んでいたフェルマーの最終定理には興味を示さず、「こんな孤立した、証明できるかどうかもわからない問題ならばいくらでも作れる」と言い放ったという。
3. 18世紀のレオンハルト・オイラーとガウスを並べて「数学界の二大巨人」とも呼ばれる。

地球は青かった。

ユーリイ・アレクセイビッチ・ガガーリン（1934〜1968）

「地球」を初めて見た男

「パイェーハリ！（ロシア語で「さあ行こう」の意）」。1961年4月12日、ソビエト連邦製の宇宙船ボストーク1号は、ユーリイ・アレクセイビッチ・ガガーリンのその一言とともに大気圏外へ向けて飛び立った。たった一人きりのコクピットでガガーリンは、自らを鼓舞するようにソ連の代表的歌曲『祖国は聞いている』を口ずさんでいたという。ボストーク1号の飛行中にガガーリンは「世界初の有人宇宙船がソビエト連邦より打ち上げられた。飛行士はユーリイ・アレクセイビッチ・ガガーリン空軍少佐である」というタス通信のニュースを聞いた。彼は少佐に特進したことを喜んだが、ミッション途中でこのような発表を伝えたのは、当時の技術ではガガーリンが生きて帰還する可能性は低いと政府高官が考えていたためだった。ガガーリンは大気圏外を1周するとソ連領内に帰還した。当初、ガガーリンは宇宙船とともに着陸したと発表されたが、実際には高度7000mで再突入カプセルから脱出し、そこから一人パラシュートで降下するという危険なものだった。それでも人類初の宇宙飛行は無時成功に終わった。フライトタイムはトータルで1時間48分だった。

　翌13日付のソ連政府の公式日刊紙『イズベスチア』がガガーリンの言葉として「空は非常に暗かった。一方、地球は青みがかっていた（直訳）」と掲載すると、これを日本の新聞各紙は「地球は青かった」と伝えている。一方、海外で知られているガガーリンの言葉としては「神はいなかった」がある。ガガーリンが飛行中に「見回してみても神はいない」と言ったとされるものだが、実はこれは二番目のソ連宇宙飛行士となったゲルマン・チトフが訪米した際の記者団に向けての発言が、いつの間にかガガーリンの言葉として伝わったものであった。

Topic
1. ボストーク1号はコクピットが小さく、それで身長158cmと小柄のガガーリンが選ばれた面もあった。
2. 宇宙飛行成功から6年半後の1968年3月、ガガーリンは搭乗した飛行機の墜落事故で死亡した。政治的陰謀も噂されたが、2011年4月に機密解除された当時のソ連政府調査委員会の報告書では、気象観測用気球か鳥との衝突を避けようとして操縦不能に陥ったことが原因だったと結論付けられている。

それでも地球は動いている。

ガリレオ・ガリレイ（1564〜1642）

事実は誰にも変えられない

かつては「宗教vs科学」の象徴として伝えられてきた「ガリレオ裁判」だが、近年その解釈は変わってきて「宗教と科学の対立というよりは、宗教的、政治的対立に巻き込まれて生じた事件という色彩が濃い」との見方が一般的になりつつある。

ガリレオは敬虔なカトリックであり、キリスト教を非合理と否定したわけでもなければ、科学の弾圧に対抗した孤高の科学者でもなかった。自然は神によってつくられた第二の『聖書』であり、そこから数学的な法則を発見することは真理に至る術であると考えていたのだ。『聖書』の章句と科学の間に矛盾があると批判されたときも、それは『聖書』が当時の人々に向けた表現で書かれたからであり、その真の意味が知られていないにすぎないと解釈していた。

また、すべてのキリスト教関係者がガリレオを否定していたわけでもない。ローマ学院の数学者たちやロベルト・ベルルミーノ枢機卿、マフェオ・バルベリーニ枢機卿らはガリレオの望遠鏡による発見を事実として受け入れ、太陽中心説も数学の仮説として述べるのであれば問題ないという立場であった。バルベリーニ枢機卿はガリレオの発見を讃えた詩を作成したほどの理解者であったが、のちに最大の敵対者となっている。

ガリレオが判決に対し「それでも地球は動いている」とつぶやいたという逸話は創作と考えられているが、これには元ネタが存在する。1757年に出版された『イタリアン・ライブラリー』に「自由になったガリレオは地面を踏むと"Eppur si m[u]ove"つまり"それでも、動いている"とつぶやいた」という記述があるのだが、この"Eppur si m[u]ove"という言葉と、1643年または1645年とみられる日付が記された、牢にいるガリレオの肖像画が確認されたのだ。肖像画はガリレオの死後、彼の一族の依頼で作成されたもので、問題の部分も一見わからないよう故意に折り曲げられていたという。

自作の望遠鏡に代表されるように、既存の理論体系に無批判に従うのではなく、自分自身で実験を行い、実際に起こる現象を自分の眼で確かめるという方法をとったガリレオは、今もなお「科学の父」と称されている。

Topic
1. 望遠鏡による月のクレーター観測や、木星の衛星発見、太陽の黒点観察などは、当時大きな話題となった。
2. 晩年ガリレオが失明したのは望遠鏡を覗き過ぎたためだとも推察されている。
3. ピサの斜塔で大小の鉄球を落としたという有名な故事は弟子の創作といわれているが、1641年、ヴィンチェンツィオ・レニオリという人物が実際に落体実験を行い、その結果をガリレオに手紙で報告している。

僕にはもう時間がない。

エヴァリスト・ガロア（1811〜1832）

人生最後の理論

19歳という若さで夭折した数学者エヴァリスト・ガロア。その死因は一人の女性を巡っての決闘であった。相手は銃の名手で、ガロアは自分が敗れて死ぬことを予感しており、決闘の前夜、過去に"説明不十分"として返却された論文を添削したものと、新たな数学のアイデアを手紙に書きまとめ、友人のオーギュスト・シュヴァリエへ託した。その手紙の冒頭に走り書きされていたのが「僕にはもう時間がない」の文言である。

ガロアは学生時代、共和主義に傾倒して「もし民衆を蜂起させるために誰かの死体が必要なら、僕がなってもいい」と口にしていたと伝えられる。1831年には「国王の命を脅かす言動」により逮捕拘禁されていて、このため純粋な決闘による死ではなく反共和主義者による誅殺だとする説や、民衆蜂起を謀り自ら望んで死を工作したとする説も囁かれている。1832年5月の早朝、パリ近郊で行われた決闘によって倒れたガロアはその場に放置され、午前9時ごろになってようやく農夫に発見され病院に運ばれた。駆けつけた実弟が涙ぐむものを見たガロアは「泣かないでくれ。20歳で死ぬことにはありったけの勇気が要るのだから」と語っている。これが最期の言葉となり翌朝息を引き取った。論文を託されたシュヴァリエは、断片的で読み取ることも困難な走り書きや殴り書きをなんとか論文にまとめた。複数の高名な数学家にその写しを送って検証を依頼したが、難解過ぎるその理論をこの当時すぐに理解する者はいなかったという。

ガロアの理論が正当に評価を受けるまでにはその死から10年以上を要した。1846年、論文の写しを入手したフランスの数学者ジョゼフ・リウヴィルがこれを解読し、自身の編集する『純粋・応用数学雑誌』に掲載したのだ。1870年にはやはりフランスの数学者であるカミーユ・ジョルダンによって667ページにおよぶ著書に「ガロア理論」としてまとめられた。ジョルダンはその序文で「本書はガロアの諸論文の注釈に過ぎない」と記している。こうしてガロア理論は広く世界へ知れわたり、ガロアは偉大な数学者の一人として歴史にその名を刻むこととなった。ガロア理論はフェルマーの最終定理の証明においても用いられ、現代高等数学に欠かせない数学的ツールの一つとなっている。

Topic 1. 死の前夜に送られた手紙には「つまらない色女に引っかかって決闘を申し込まれた」とも記している。
2. 1962年になって決闘の原因となった女性の素性が明らかとなった。ガロアが監獄から出所した後に暮らした療養所の所長の娘で、ガロアは求婚したものの、それに対する断りの手紙の文面がガロア自身の筆跡でシュヴァリエへの書簡の裏に転記されていた。
3. 生前に評価されなかったのはその論の難解さに加えて、途中経過の説明不足による部分も大きかった。

日本は開国して日も浅く、何ひとつ 欧米諸国に肩を並べられるものがない。 世界的に評価される学者も出ていない。 だから、私が世界的な学者になるのだ。

北里柴三郎（1853〜1931）

研究を支えた高い志

新千円札に採用が決定した北里柴三郎は、日本が世界に誇る細菌学者である。1853年、肥後の国阿蘇郡北里村（現 熊本県阿蘇郡小国町）に生まれた北里は、両親のすすめで熊本医学校に進学。医学の道を志した。1874年に東京医学校（現 東京大学医学部）へ入学すると、在学中に「これからの日本にとって予防医学が必要だ」との確信に至り、卒業後は内務省衛生局（現 厚生労働省）に就職する。

1885年ドイツ・ベルリン大学への留学を命じられて細菌学者で感染症医療の開祖といわれるロベルト・コッホに師事。彼の下で1889年に世界で初めて破傷風菌だけを取り出す破傷風菌純粋培養法に成功すると、1890年には破傷風菌抗毒素を発見し、その成果をもとにして血清療法（菌体を少量ずつ動物に注射しながら血清中に抗体を生み出す手法）を開発した。この血清療法をジフテリアに応用し、1890年には同僚であったエミール・ベーリングと連名で『動物におけるジフテリア免疫と破傷風免疫の成立について』の論文を発表し、第1回ノーベル生理学・医学賞の候補にも名前が挙がる。しかし、結果はベーリングのみの受賞となった。

その後はさらなる細菌研究のため内務省を休職して留学を続行。ひたすら研究に没頭し、この留学中、下宿と教室の間の道以外は知らなかったともいわれている。「日本は開国して日も浅く、何ひとつ欧米諸国に肩を並べられるものがない。世界的に評価される学者も出ていない。だから、私が世界的な学者になるのだ」との言葉は、このころの心情を述べたものである。

帰国後も政府により派遣された香港でペスト菌を発見したり、脚気の原因が栄養障害であることを突き止めたりするなど、次々に医学上の偉大な業績をあげた北里。その後は私費を投じて北里研究所（現 社団法人北里研究所。北里大学の前身）を設立し、また慶應義塾大学医学部の創設にも関わるなどして、野口英世や志賀潔など後進の育成にも尽力した。

Topic 日本医師会創立者兼初代会長で、医療機器製造販売大手・テルモの創立者でもある。

人々の力になること、これは人類の共通の義務なのです。

マリ・キュリー（1867～1934）

糾弾に負けず、ただ人々のために

　2018年、イギリスの歴史専門誌『BBCヒストリー』において「世界を変えた女性100人」の第1位に選出されたマリ・キュリー（マリア・スクウォドフスカ＝キュリー）。放射線の研究により1903年、女性では初のノーベル賞を受賞すると、1911年には先の物理学賞に続いて「ラジウムの研究」によってノーベル化学賞を受賞。男女含めて初めての複数回ノーベル賞受賞者となっている。その人生は女性蔑視との戦いでもあった。

　ポーランドに生まれたマリは中等学校を優秀な成績で卒業するが、当時のポーランドにおいて女性に進学の道は開かれていなかった。それでも働きながら「さまよえる大学」（非合法のため移動しながら講義を行っていた組織で、ここは女性も受け入れた）で学び、フランスに移住すると、当時女性の入学を認めていた数少ない大学の一つであったソルボンヌ大学に入学。苦学の末に学士号を取得した。35歳のときピエール・キュリーと出会い、以後は夫婦共同研究により大きな成果を出したが、最初のノーベル賞受賞の際にフランス科学アカデミーが申請した推薦状ではマリの名前が意図的に外されていた。

　科学アカデミー会員の候補になったときにも別の会員が猛反対するなど、高名な女性科学者を貶めようとする力はその後もキュリーを苦しめる。夫の死後、スキャンダラスな不倫記事が大々的に新聞紙面を飾った。相手の男性は確かに既婚者であったが離婚に向けた裁判中。私生活の相談事を聞くうちに親密になったものであったが報道では「他人の家庭を壊す不道徳な女」と糾弾され「亡夫ピエールは妻の不倫を知って自殺した」などあらぬことを連日のように書き立てられた。そんな騒動の渦中にノーベル化学賞授与の電報が入ると、周囲からはスキャンダルを理由に受賞を見合わせてはどうかとの声もあったという。しかしマリは受賞の意思を毅然と示した。上記の言葉の「人々」には、理由のない差別に苦しむ人々、という意味もあったのかもしれない。そして崇高な意思を表示し続けた彼女だからこそ、多くの人々からの協力を得られたのだろう。

Topic　1. ノーベル賞の複数回受賞は、赤十字国際委員会の平和賞3回が最多。個人での2回受賞はキュリー以外に3人いるが、そのうちのジョン・バーディーン（物理学）とフレデリック・サンガー（化学）は同一部門での受賞。ライナス・ポーリングは物理学と平和賞であり、科学分野の別分野で複数受賞したのはキュリーただ一人である。
　2. 「キュリー夫人」の呼称は本人が婚約を知らせる手紙の中で「次に会うときには姓が変わっています」「キュリー夫人。これが私の新しい名前です」と記したことに由来する。

十分に発達した科学技術は、魔法と見分けがつかない。

アーサー・チャールズ・クラーク（1917〜2008）

魔法に匹敵する技術の進歩

　アイザック・アシモフ、ロバート・A・ハインラインと並びSF界ビッグスリーの一人に数えられるアーサー・C・クラーク。「高名で年配の科学者が可能であると言った場合、その主張はほぼ間違いない。また不可能であると言った場合には、その主張はまず間違っている」「可能性の限界を測る唯一の方法は、不可能であるとされることまでやってみることである」「十分に発達した科学技術は、魔法と見分けがつかない」など、1962年に発刊された著書『未来のプロフィル』に収録されたこれらの言葉は「クラークの法則」と称され、多くの後進たちに影響を与えることとなった。

　彼のもっとも有名な作品としては『2001年宇宙の旅』が挙げられよう。これは元々映画先行の企画でクラークが脚本を担当することになっていたのだが、映画監督のスタンリー・キューブリックが「映画の枠にとらわれず、まず自由に発想するために小説を書いて、それに基づいて映画を作ってはどうか」と提案したことで小説化されている。のちにクラークは「そういう形で始まったが、最終的には小説と脚本は同時進行で相互にフィードバックする形で進められた。だから私は映画の試写を見たあとにいくつかの章を書き直した。創作技法としては苦労が多いもので、これを楽しめる作家は滅多にいないだろう」と語っている。映画の劇場公開は1968年4月で、小説は同年6月に出版。小説版ではクラーク独自の解釈が多く取り入れられていて、若干ストーリーも異なっている。

　1974年のテレビ番組でクラークは「コンピュータが銀行の預金状況や劇場の予約など、現代社会で生きていくために必要な情報すべてを提供するようになり、田舎でもどこでも好きな場所に暮らしながら、人間との交流を維持し続けられる」と、現代のインターネット社会を予見したコメントを残している。またクラークは人間を「コミュニケーションをとる動物である」と述べており、情報を欲する生き物であるため、コミュニケーションに関する技術は驚異的なスピードで進歩するとも推測していた。彼の作品世界は単なる空想ではなく、未来を想像し続けたことによる副産物なのかもしれない。

Topic　1. 第二次世界大戦中、レーダーの開発に取り組む。現在の通信衛星に大きな貢献を果たしたとして、ヨーロッパ通信衛星組合は静止通信衛星に彼の名前にちなんだ名を与えたことがある。
　　　　2. インタビューで「両性愛の経験があるか」と問われた際には「もちろん」と答えている。
　　　　3. 1956年にスリランカへ移住すると、2008年に亡くなるまでのほとんどをこの地で過ごし、趣味のスキューバダイビングに興じていた。

運がいいなんてありえない。
チャンスは周到な準備をした者にだけ
やってくるのだ。

小柴昌俊（1926〜）

たゆまぬ努力が結果に繋がる

　2002年ノーベル物理学賞を受賞した小柴昌俊。受賞の要因となった「ニュートリノの検出」は小柴が東京大学を定年退官するわずか1カ月前のことで、そのため周囲からは「なんて運のいい人だ！」とも囁かれた。そんなやっかみに近い風評に対する小柴のアンサーが上記の言葉である。

　そもそも、運の良し悪しで語るなら、小柴は決して運のよい人間ではないだろう。3歳で母を亡くし、小学生時代に父が満州へ赴任すると、13歳で小児麻痺を発症して両手両足の自由を失ってしまったのだ。お手伝いさんが世話をしてくれたが、20歳の女性にトイレや風呂の世話を頼むことが恥ずかしく、小柴は不自由な手足で必死に階段を上り下りしたという。この若いころの体験が、小柴のモットーである「やれば、できる」の元となった。旧制第一高等学校（現 東京大学教養学部）に進学した小柴は、物理学教授が「小柴は物理のできが悪いから、物理学へ進むことはありえないだろう」と話しているのをたまたま耳にし、これに反発。猛勉強の末、難関とされた東大物理学科に合格している。

　1978年、東大理学部の教授に着任していた小柴は、ニュートリノの検出装置「カミオカンデ」の概念図を描きあげる。研究仲間から「いい実験装置を考えてほしい」と相談された翌日に考案したという逸話が残っているが、実は装置そのものは20年以上前から構想し続けていた。この「カミオンデ」はもともと「陽子崩壊」を実証するためのものだったが、これには失敗。しかし小柴はこれにめげず、今度はニュートリノの検出を試みる。そして1987年、383年ぶりの超新星爆発が起き、桁外れのニュートリノが地球へ降り注いだ。小柴がその知らせを聞いたのは2月25日。早速観測データを取り寄せ解析を進め、28日にニュートリノの信号を見つけ出す。そのときすでに、ライバルチームがニュートリノを捉えたと発表していたが、そのデータに誤りが見つかり、3月5日に小柴の発表したデータが正式に認められた。353年ぶりの超新星爆発はまさに奇跡的な幸運だったが、周囲の環境や自身の逆境に妥協せず、常にチャンスをつかむ準備を怠らなかった小柴の勝利だった。

Topic　1. 自ら公開した東京大学卒業時の成績証明書によると16教科のうち「優」は2科目のみ（物理学実験第1と第2）。「良」は10、「可」は4で、決して優秀な成績ではなかった。
　　　2. 「カミオカンデ」は建設地の岐阜県神岡にちなんで名付けられた。
　　　3. 「私の研究を受け継いだ者の中からノーベル賞を受賞する研究を成し遂げる者があと二人は出るであろう」と発言し、愛弟子の一人である梶田隆章が2015年にノーベル物理学賞を受賞。2008年にがんで亡くなった戸塚洋二もノーベル物理学賞の有力候補とされていた。

たとえ不完全にしか知らなくとも、物笑いの種になる危険を冒すとも、あらゆる事実や理論を統合する仕事に誰かが思いきって手をつけるよりほかは無いのだ。

エルヴィン・ルードルフ・ヨーゼフ・アレクサンダー・シュレーディンガー（1887～1961）

結果を恐れず先駆けとなる

　量子力学の入門書において必ずといっていいほど取り上げられるのが『シュレーディンガーの猫』の思考実験であろう。その内容は以下の通りである。

　まず外部からは中の見えない箱に猫を閉じ込める。箱の中には他に致死性ガスの詰まったビンとそれを割る装置、その装置を起動させるスイッチとなる放射線検知器、そして半減期が1時間の放射性元素1個を置く。半減期が1時間ならば1時間のうちにこの原子が崩壊して放射線を放って装置を作動させ、猫が死ぬ確率は50％となる。そうして1時間後に箱を開けたときに猫が生きているか死んでいるかは判明するのだが、確認するまでの間、猫の生死は不確定な状態であり、どちらかの状態に収束するのは箱を開けて観測した瞬間のことである。

「観察されるまであらゆる可能性が不確定」で「生きている猫と死んでいる猫の二つの可能性が同時に重なって存在している」のであり、「箱を開けて観測した瞬間にその生死が確定」する。実世界においては矛盾としか感じられないこの話において、エルヴィン・シュレーディンガーが主張したかったのは「現在の量子力学説をそのまま受け入れるということは、こんな馬鹿げた話を信じているのと同じ」ということだった。「生と死が同時に存在するなどあり得ないことなのに、それがミクロの世界ではあり得るということを今の量子力学者たちは主張している」「現在の量子力学とはそんな不完全な学問なのだ」と。

　ところがそうしたシュレーディンガーの主張は、その後「ミクロの世界の特殊性を示す例」として逆用されることになってしまった。またシュレーディンガーは、今では量子力学の基礎となっている波動力学の方程式をつくり上げ、その業績によりノーベル物理学賞を受賞しているが、これも当人としてはまだ途上のものだったらしく、「量子の状態は決定論的に予想することが可能」であり「よって現在の量子力学は未完成」との考えに基づいたものだった。つまり量子力学を批判、再検証するために考え続けた結果として量子力学の基礎を完成させることになったというわけで、冒頭の名言はそんなシュレーディンガーの忸怩たる思いを見事にあらわしている。

Topic
1. やはり量子力学に否定的だったアルベルト・アインシュタインは、猫の生死という身近なもので問題点を指摘したことに感銘を受け、シュレーディンガーにこれを称賛する手紙を送っている。
2. シュレーディンガーは波動方程式に関して、著書の中で東洋思想からの影響を示し「西洋科学は東洋思想の輸血を必要としている」と記している。
3. 量子論への功績によってノーベル賞を受賞していながら、これにかかわったことを終生嫌悪し続けた。

科学・テクノロジー **316**

生き残る種とは、もっとも強いものではない。
もっとも知的なものでもない。
それは、変化にもっともよく適応したものである。

チャールズ・ロバート・ダーウィン（1809〜1882）

創造論からの革新

　上記の言葉はチャールズ・ダーウィンの発見をまさに過不足なく説明したものだといえよう。『進化論』の発表によって生物学界に革新をもたらしたダーウィンだが、学生時代は必ずしも優秀な生徒ではなかった。父も祖父も医師という家系にあって、少年時代は釣りや狩りに夢中で一向に勉学に身を入れず、厳格な父からは「きっと一族の面汚しになる」と言われるほどだった。医師になるべく16歳でエディンバラ大学へ入学したもののこれを中退すると、次にケンブリッジ大学神学部に入り直し聖職者を目指したが、ここでも勉強に身が入らない。回想録では「学問的にはケンブリッジ大学もエディンバラ大学も得る物は何もなかった」と述べている。それでもなんとか大学を卒業した1831年、ダーウィンは叔父のとりはからいで測量船ビーグル号に乗船することになる。

　この航海で印象に残ったこととして、自伝で以下の三つを挙げている。南米沿岸を移動すると生物が少しずつ近縁と思われる種に置き換えられていること、南米で今は生き残っていない大型の哺乳類化石を発見したこと、そしてガラパゴス諸島の生物の多くが南米由来と考えざるを得ないほど南米のものに似ていることだ。

　これらからダーウィンは「種が独立して創造された不変の存在だとは思えない」との考えに至る。たとえばガラパゴス諸島に棲息するさまざまな種のゾウガメが、それぞれ独立して誕生してそのままの形で生き続けてきたとは考え辛いというわけだ。

　またダーウィンは地質学的見地から「地層が長い時間のうちに変化するように動植物にもわずかな変化が長い時間によって蓄積していくのではないか」「大陸の変化によって新しい棲息地ができたときにはその変化に適応しうるのではないか」との思想を抱くようになる。そうした考えから積み重ねていった動植物の観察記録や標本はのちに整理されて『進化論』につながり、「すべての生物種が共通の祖先から長い時間をかけて、自然選択によるプロセスを通して進化した」という「種の形成理論」を構築したのであった。

　こうしたダーウィンの科学的な発見は、修正を施されながら今もなお現代生物学の基盤をなしている。

Topic　1. 医学の道を諦めたのは、外科手術の授業で血を見るのが苦手だったためだった。
　　　2. その科学的成果から生物学者と見なされているが、ダーウィン自身は地質学者を名乗っていた。
　　　3. 19世紀において王族以外で国葬が執り行われた5人のうちの一人で、ウェストミンスター寺院でアイザック・ニュートンの隣に埋葬されている。
　　　4. 最後の研究はミミズが土壌に与える影響についてであった。

受賞した技術の開発はコロンブスの卵のようなもので、後から考えたらなぜこんなことが思いつかなかったのかというようなこと。ラッキーだった。

田中耕一（1959〜）

幸運に慢心せず精進

2002年11月9日の午後6時過ぎ。他部署の同僚たちが帰り支度をする中で、京都の精密機器製作会社『島津製作所』の研究員・田中耕一はいつものごとく実験に没頭していた。

そこへ突然、一本の国際電話が入る。電話の主はスウェーデンの王立科学院関係者。田中がノーベル化学賞の共同受賞者に決まったことを知らせるものだった。間もなく会社に押し掛けた記者たちの前で田中は「初めは何かのドッキリかと思った。夢にも思いませんでした。わかっていれば、きちんとした背広で来ていたのですが。会社の作業服で会見に臨み、申し訳ない気持ちでいっぱいです。大学教授でもない自分がノーベル賞を受けるとは信じられない」と照れくさそうに話したのだった。

歴代のノーベル化学賞受賞者は全員が博士号を持っていたのに比べ、田中はごく普通の学士卒。東北大学の「電気工学科」出身で化学の分野に本格的に関わったのは入社してから。しかもノーベル賞を受賞した研究で特許申請したのは入社から2年しか経っていなかったというのだから、田中でなくとも「自分がノーベル賞の対象になる」などとは夢想だにしなかっただろう。受賞対象となったのは「レーザーイオン化質量分析計用試料作成方法」というもので、海外の別の学者二人がこの研究を進め、英語での論文発表もその二人が行っていたのだが、その論文内で「以前に田中が日本で行った学会発表を参考にした」と記していたことから、先に田中の貢献があったものだと認められたのだった。なおこの発見は、本来混ぜるつもりのなかったグリセロールとコバルトを「間違えて」混ぜてしまい「捨てるのももったいないから」と実験したら成功したものだったという。

民間企業の一社員に世界的な名誉が与えられたことは、バブル崩壊で「失われた20年」を過ごすサラリーマンにとって大きな励みであったが、田中本人にとっては「何か成し遂げた気持ちになれなかった」らしく、世間の評判とのギャップに長く苦しむことになる。しかし、改めて自分で何かを成し遂げようと決心した田中は研究の末、認知症につながるタンパク質の検出に成功し、認知症の早期診断の扉を開いた。幸運に甘んじるのではなく、そこから新たな挑戦に踏み出した成果であった。

Topic
1. 大学卒業後にソニーの入社試験を受けたが不合格となった。
2. ノーベル賞受賞後も謙虚な人柄から人気者となり、NHKからは同年末の紅白歌合戦に審査員として出演依頼されたが「私は芸能人でも博士でもありません」と辞退している。
3. 現在も島津製作所に籍を置き、「田中耕一記念質量分析研究所」所長を兼任。2013年には同社シニアフェローに就任している。

相手に人間だと思わせることができるなら、コンピュータは知的と呼ぶにふさわしい。

アラン・マシスン・チューリング（1912〜1954）

人工知能は人間に肉薄するか？

　近年は「AIの父」とも呼ばれるイギリスの数学者アラン・チューリング。2021年までに発行が予定されているイギリス50ポンド紙幣の肖像に採用されることが発表されたが、イングランド銀行のマーク・カーニー総裁はその選出理由について「今日の生活に大きな影響を与える傑出した数学者だ」と話している。英国立物理学研究所で初期のコンピュータ開発に着手したチューリングは1936年に発表した論文の中で、計算模型としての仮想機械「チューリングマシン」を構想。さらに研究を進め、演算処理を機械に命令する「アルゴリズム」の概念確立に貢献し、現在のコンピュータの基礎を作った。

　第二次世界大戦中の1941年には世界に先駆けて人工知能の可能性について検討を始め、その概念に焦点を当てたのが1950年に発表された論文『計算する機械と知性』であり、そこに記されたのが上記の言葉だ。同論文においては機械に「知能」があるかどうかを測る「チューリング・テスト」も考案している。これは人間の判定者が、別の人間とコンピュータのそれぞれと（音声で判断できないようにキーボードとディスプレイを介して）通常言語での会話を行うというもの。このとき回答側の人間とコンピュータはいずれも人間らしく見えるように対応し、判定者が人間とコンピュータとの明確な区別ができなかった場合に、このコンピュータは「知性があるもの」としてテストに合格したことになる。

　また、チューリングは第二次世界大戦中に暗号解読機を開発し、ナチス・ドイツの暗号作成機械エニグマの解析にあたるなど、連合国の勝利に大きく貢献した。

Topic　1. チューリングを同性愛者として罰したことに対してイギリス政府の謝罪を求める署名活動が高まり、政府は2009年に謝罪。2013年にはエリザベス2世女王の名前で正式に恩赦を与えている。
　　　2. 自死の際、ベッドの脇には齧りかけのリンゴが転がっていた。白雪姫を真似たものと思われる。

私は実際の作業を性急に進めるような事はしない。 まずは、頭の中で装置を動かし改良を行っていく。 実際に工場で試験を行うのも 思考の上で試すのも大した違いはないのだ。

ニコラ・テスラ（1856～1943）

対極的な姿勢でエジソンと激突

マッドサイエンティストなどと評されることも多いニコラ・テスラ。「幼少期から空想と数々の強迫観念に囚われていた」「宇宙人と交信している」「霊界との通信装置を研究していた」などオカルトめいた逸話も多く残されているが、そのうちのいくつかは「電力戦争」のライバルだったトーマス・エジソン側からのネガティブキャンペーンだとする見方もあるようだ。

エジソンとの因縁は1884年、テスラが「エジソン電灯会社」に入社したときから始まる。テスラが当時ヨーロッパでさかんに研究されていた交流電流の優位性を説くと、エジソンは「直流用に設計された工場システムをテスラの交流電源で稼働させたら、褒賞として5万ドル払う」と提案。その後テスラはこれを成功させたのだが、エジソンは「冗談で言っただけだ」と褒賞を支払わなかった。これにテスラは激怒して退社。「テスラ電灯社」を設立して交流電流による電力事業をスタートさせている。

直流にこだわるエジソンだったが、現在では全世界の送電において交流電流が採用されていることからもわかるように、交流が安全性やコスト面で優ることは明白だった。エジソンの死後、テスラは「天才とは、99%の努力を無にする、1%のひらめきのことである」と、彼を揶揄するようなコメントを残している。

実験科学者のエジソンと理論科学者のテスラ。二人が相容れない関係であったことは「私は実際の作業を性急に進めるような事はしない。まずは、頭の中で装置を動かし改良を行っていく。実際に工場で試験を行うのも思考の上で試すのも大した違いはないのだ」というテスラの言葉にも示唆されている。

交流誘導電動機や多相交流の送電システム、蛍光灯、太陽発電、リモートコントロールの原理等々、テスラの発明品の多くが現在も実用され続けている。

Topic　1. 電気自動車大手「テスラ」の社名は、ニコラ・テスラにちなんで付けられたもの。
　　　　2. 電力事業発展の功績によりエジソンの名を冠した勲章の授与を打診されるも一度は拒絶している（のちに受勲）。

神はすべてを数と重さと尺度から創造された。

アイザック・ニュートン（1642～1727）

近代科学の起こり

　上記はニュートンがケンブリッジ大学のルーカス教授職に就いていたとき、学生のノートに記したフレーズである。ルーカス教授職とは同大学における数学関連分野の教授職の一つで、ニュートン以外にはスティーブン・ホーキングなども務めている。ニュートンは自身が開拓した「光学」（プリズムの実験などで知られる光のスペクトル分析など）について講義していたが、内容が高度で難解かつ斬新すぎたために理解できる者はほぼ皆無で、学生が一人も講義にあらわれないこともしばしば。誰もいない教室でニュートンが講義をしていたとの逸話もある。

　文頭に「神」と記しているように、このころのニュートンは聖書研究や錬金術の実験などに没頭し、自然学よりも神学に熱心だったともいわれている。その証拠に、死後に残された蔵書1624冊のうち数学・自然学・天文学関連の本は259冊であったのに対し、神学・哲学関連の本は518冊であった。近代科学の礎を築いたニュートンのそうした非科学的ともいえる側面は、後進の科学者たちからすると不都合な真実であり長らく語られることはなかった。後年になって経済学者のジョン・メイナード・ケインズは、「彼は理性の時代の最初の人ではなく、最後の魔術師だった」と述べている。

　そもそもニュートンが近代科学につながる実証的なアプローチを用いたのも、神への敬意から発したものだとする評価もある。主著『プリンキピア』における「われ仮説を立てず」との冒頭での宣言は「あくまでも観測できる物事の因果関係を示す」という自身の哲学を示したものだが、その裏側には「神の行いを人間が理解することは不可能」「だから観測した事実のみを研究する」との考えがあったというのだ。

　ニュートン以前の自然哲学においては、物事の発生する原因を明らかにするというところに重点が置かれていた。万有引力を例とすれば、「引力はどのように発生し、なんのために存在するのか」というのが旧来の思考法だが、ニュートンは「引力がどのような法則によって機能するのか」という説明のみに終始した。神への想いの有無はともかくとして、結果的にニュートンが近代科学の祖となったことには違いない。

Topic　晩年は教え子の計らいで造幣局長官となったほか、国会議員や王立協会会長を歴任。ナイトの称号を与えられるなど地位と名誉に恵まれた。

楽観主義はイノベーションには
欠かせない要素だ。

ロバート・ノートン・ノイス（1927〜1990）

挑戦がイノベーションを生む

近年はPCパーツのマイクロプロセッサ単体の市場においてはAMDにシェア逆転を許したものの、それでもなおノートPC搭載のものとなるとダントツのシェアを保ち続けるお化け企業インテル。その創業者が、かのスティーブ・ジョブズも目標とした「シリコンバレーの主」ロバート・ノートン・ノイスである。インテルは1968年、このノイスと、ゴードン・ムーア、アンドリュー・グローヴの3人により立ち上げられた。技術面の大家であるムーアと経営科学者のグローヴを発想力豊かな楽天家のノイスがまとめて方向付けをすることで、この巨大企業は世界制覇に成功した。

上記のノイスの名言は、そのあとに「それがなかったら安定より変化を、安全な場所より冒険を選ぶ理由があるだろうか」と続く。ペシミストに新しい世界の扉は開けないというわけである。インテルによるイノベーションといえば、もちろんマイクロプロセッサの発明が第一に挙げられよう。2004年当時のインテル会長クレイグ・バレットが「これがなければPCも携帯電話も大きなビルのようなものになっていただろう」と語っているように、1971年インテルが開発した世界初の汎用マイクロプロセッサIntel 4004は世界の産業に革命をもたらした。実は、マイクロプロセッサに関する特許を最初に出願したのはTI社のジャック・キルビーで、ノイスはこれに約半年の後れを取った。だがノイスの発明のほうが今日のマイクロプロセッサ実現には不可欠な基本要素を含んでいた。発明者はキルビーかノイスか、特許権の帰属をめぐる法廷闘争はこの後10年にわたって繰り広げられたが、最終的には両者がシェアする形での決着をみている。

その後インテルは「ムーアの法則」（コンピュータの性能は18〜24カ月ごとに倍増していくという経験則）とともに急激に成長していくことになる。

また技術面以外でのノイスの功績としては、従業員たちと家族のように接してチームワークを重視するという企業文化が挙げられよう。このインテルにおける経営スタイルはその後のシリコンバレーにおける各企業にも受け継がれている。

Topic ノイスはアメリカ空軍に入隊しようとしたが、色覚異常だったため戦闘機パイロットになれないことを知って、兵役そのものから逃れることにした。

誰よりも三倍、四倍、五倍勉強する者、それが天才だ。

野口英世（1876〜1928）

天才たらんと自らを鼓舞する強い意志

過去に幾度もノーベル生理学・医学賞の候補となった野口英世。彼の研究スタイルは、膨大な実験から得られるデータ収集である。想定されるあらゆる実験パターンを驚異的なスピードと正確さをもって行った。

アメリカで研究にあたっていた当時は、英世を「実験マシーン」「日本人は睡眠を取らない」と揶揄する声もあったという。これに対して英世は「ナポレオンは夜3時間しか眠らなかった。彼になしえる努力が、自分になしえぬはずがない」「誰よりも三倍、四倍、五倍勉強する者、それが天才だ」と自身を鼓舞してそのスタイルを貫いた。

しかし、世界的に評価された病原性梅毒スピロヘータの純粋培養については、誰も追試に成功した者がおらず、また黄熱病についても当時の光学顕微鏡では検出不可能だったウイルスによるものだったことがわかっており、いずれも否定されている。急性灰白髄炎（小児麻痺）病原体、狂犬病病原体特定の業績についても、やはりウイルスが病原体だと判明している。英世の医学的成果としては、蛇毒の血清学的初期研究と、黄熱病と思われていた南米におけるワイル病の病原体を発見し流行を終息させたこと、の二つとなる。

ただし研究が完全なものでなかったことは本人も自覚していたようで、訪米した知人の医師に「十分とはいえない段階の論文であっても研究所に急かされ、それで発表したものが賞賛されて責任が圧し掛かり内心、忸怩たる気持ちになる。だが、その賞賛の声を発奮材料に研究に打ち込む」と、自身の手応えと世間の評価とのギャップに悩んでいることを告白している。また晩年には「自分のような古いスタイルの研究者は不要になる時代がもうすぐ来るだろう」と語っていたとも伝えられている。

残念ながら、医学的実績はほとんど失われた英世だが、彼の功績はそれだけで語られるものではない。幼いころの障害や貧困に負けることなく医学者となり、世界各国で積極的に講演や公開実験を行うなど、医学の伝道師的役割を果たした。そうした姿勢こそが今につながる評価となっているのだ。

Topic
1. 幼少時に負った左手の大やけどを手術してもらったことから、医学への憧れを抱いた。
2. 坪内逍遥の流行小説『当世書生気質』の登場人物で自堕落な生活を送る野々口精作と自分の名前（本名・野口清作）が似ていて、また自身も借金を繰り返して遊郭などに出入りしていたことから、モデルと思われることを恐れて「英世」に改名している。
3. 最期の言葉は「どうも私にはわからない」。永久に免疫のできるはずの黄熱病に二度目の罹患をしたことへの疑問だ。実は最初に黄熱病に罹ったと思っていたのが南米のワイル病だった。

客観的事実など存在しない。あるのは自分の目を通して見た事実だけである。

ヴェルナー・カール・ハイゼンベルク（1901〜1976）

量子学における観測の重要性

　ハイゼンベルクは物理学者マックス・ボルンやニールス・ボーアに師事して「量子は複数の状態が同時に存在し、その複数の状態にあるものが観測によって一つに決まるため、観測前の状態は確率的にしか予想できない」という量子力学の基本的な考え方、いわゆる「コペンハーゲン解釈」を確立している。1927年のライプチヒ大学理論物理学教授時代に「粒子の位置と運動量、時間とエネルギーといった物理量の関係は同時に正確に測定できない」とした「不確定性原理」を発表。この際「光子のもつエネルギーと振動数の比例関係」を表した「プランク定数」を用いて、さらに自身が先だって考案していたマトリックス理論（量子の運動や位置など物理量を行列によって表現する手法）を導入することで、超ミクロの世界の不確定な動きや量を計算する方法を提唱した。これによって量子力学の理論を実験結果として表すことが可能となり、その後の量子力学発展の基盤となった。1932年にはその業績によりノーベル物理学賞を受賞した。

　このように、量子の世界においては観測するという行為自体が結果を左右するということを示したのが「客観的事実など存在しない。あるのは自分の目を通して見た事実だけである」との言葉の意味である。

　第二次世界大戦が始まるとドイツの原爆開発チーム「ウラン・クラブ」に招集された。彼が設計した円形加速器（シンクロトロン）が火災を起こした際に、懸命な消火活動にもかかわらず1カ月以上も鎮火できないでいることを知ったアルバート・アインシュタインは「ハイゼンベルクがとうとう原子炉の開発に成功した。原爆を作るのは時間の問題だ」と考えたという。鎮火できないのは原子力によるものだとする推理であったが、当のハイゼンベルクは原爆について「理論上開発は可能だが、技術的にも財政的にも困難であり、この戦争には間に合わない」と考えていた。1945年4月にナチス・ドイツが降伏した後イギリスで軟禁されていたハイゼンベルクは、そこで広島・長崎への原爆投下のニュースを知って「そんなことは不可能だ」と驚いたという。

Topic
1. 父は大学教授。ミュンヘンにあるハイゼンベルク通りは彼の父親の名前からとったものである。
2. ボーアとの出会いは1922年。講演していたボーアにハイゼンベルクが反論を述べると、講演後、ボーアは彼を誘って珈琲店で良心論を論じあったという。
3. ハイゼンベルクによる原爆開発が間近だと考えたアメリカはスパイを使って学会やパーティ会場で何度もその暗殺を謀ったが、失敗に終わっている。

幸運は用意された心のみに宿る。

ルイ・パスツール（1822〜1895）

実力があるからこそ運は舞い降りる

　ルイ・パスツールの初期の研究は、ワインの樽に残る澱に関するもので、その研究成果を活用したほかの研究者たちが現代の有機化学の基礎を築いていくことになる。

　次に取り組んだのは発酵素の研究。パスツール以前から酵母など発酵素の存在は知られていたが、それは「発酵の結果として生じたものだ」と考えられてきた。しかしパスツールは逆に発酵を起こす働きをするものであることを発見。さらには発酵素が種類によってそれぞれ違った形態の発酵を起こすことを示した。研究を通してパスツールは「食品産業界の汚染の問題の大半は微生物が原因である」と結論する。

　微生物は空気中や汚れの残った容器の中などに存在したため、衛生状態が改善すれば食物の腐敗は防止され、さらに数分熱を加えて摂氏50度〜60度にしておけば微生物が死ぬので腐敗を防止できるはずだと主張した。こうした考えから開発し特許を得たパスツール式低温滅菌法は、食品産業に劇的な革新をもたらし、今も牛乳や果汁などさまざまな製品において使用されている。

　この時代はまだ虫やその他の生き物が腐敗した物質から生じるという「自然発生説」が信じられていたが、微生物の研究によって疑問を抱いたパスツールは、自然発生説を覆すための様々な実験に取り組んで「生物は生物からしか生じない」ことを実証する。

　その後も、南フランスで重大な経済問題となっていたカイコの伝染病を解決し、微生物の研究から外科手術における消毒法開発にも貢献。ニワトリコレラの研究では弱毒化させた病原菌を摂取したニワトリが免疫を得たことから、ワクチンの予防接種という医療法の道を切り拓いた。

　まるでRPGの主人公のごとく経験値アップやスキル獲得、ジョブチェンジを繰り返しながら、全世界に貢献する大きな仕事を成し遂げたパスツール。「幸運は用意された心にのみ宿る」との自身の言葉（「幸運の女神は、準備を終えた者のところにしか訪れない」などの訳もある）をまさに地で行く研究者人生であった。

Topic
1. 予防接種は先にイギリスのエドワード・ジェンナーが天然痘予防の種痘法として行っていたが、パスツールは病原菌の弱毒化という手法によって汎用性の高いものとした（ジェンナーの手法は牛痘菌の接種で天然痘を予防するというもの）。
2. パスツールが開設したパスツール研究所は、エイズウイルスの発見など近年も業績を残している。
3. 狂犬病の原因は細菌ではなく当時観測不可能だったウイルスによるものだったが、犬のカラダで培養することによってワクチン開発に成功している。

わたしは知恵を愛する者である。

ピタゴラス（紀元前582〜紀元前496）

世界で初めての"哲学者"

　紀元前5〜6世紀ごろ、現在の南イタリアに本拠を置いていたとされるピタゴラス教団は、研究成果など内部の情報を漏らすことを固く禁じていた。よってピタゴラス本人を含めて前期ピタゴラス教団のメンバーたちは著述を一切残しておらず、後期に属した者たちがその思想を間接的に伝えているにすぎない。

　思想の根本にあったのは「均整及び調和」の理念で、これが日常生活から宇宙全体までを支配しているのだと考えられた。調和の基礎となるのは「数字」である。あらゆる事象には数が内在しており、宇宙のすべては人間の主観ではなく数の法則に従っている。よって数字と計算ですべてが解明できる、というわけだ。和音の構成や惑星の軌道など多くの現象に数の裏付けがあることを発見し、ついには「宇宙のすべてが数から成り立つ」と宣言している。数の調和や整合性を不合理なほど重視するあまり、教団内では完全数や友愛数を宗教的に崇拝したとも伝えられる。そのため、ある教団員が「無理数」（2の平方根や円周率など）を発見しこれを公言すると、教団から追放され殺害されたともいわれている。整数で書きあらわせない数が存在することは、ピタゴラス本人の思想や教団の教義を根本から否定するものだったのだ。

　有名な「ピタゴラスの定理」（三平方の定理）については「ピタゴラスが直角二等辺三角形のタイルが敷き詰められた床を見ていて思いついた」とする逸話もあるが真偽は不明で、教団内の成果とする説が有力視されている。

　20年にわたる放浪の中でピタゴラスは、エジプトで幾何学を、フェニキアで算術と比率を、カルディア人から天文学を学んだという。こうして当時存在した数学知識のすべてを身につけたピタゴラスは、その弁舌で多くの人々を魅了。共鳴した多くの弟子たちとともにピタゴラス教団、またはピタゴラス学派と呼ばれる集団を立ち上げ、地域有力者の保護を受けて大いに繁栄した。しかし、この教団後援者が政争に巻き込まれて失脚すると、教団を門前払いになったことに恨みを持つ者が市民を扇動し、教団は暴徒と化した市民に焼き打ちされて壊滅。ピタゴラスも騒乱の中で命を失ったといわれている。

Topic　1. 教団に入門するには数学の試験があった。
　　　　2. 10を完全な数と考え、10個の点を三角形の形に配置した図案を紋章とした。

ロウソクは自分自身で輝くから、どんなダイヤよりも美しい。

マイケル・ファラデー（1791〜1867）

偶然から日の目を見た独学の天才

電磁気学および電気化学の分野で多大な業績を残し「ニュートン以来の大科学者」とまで称されたマイケル・ファラデー。毎週金曜には自身の研究室を開放したり、子どもたちが科学に触れる「クリスマス・レクチャー」を開催したりするなど一般の人々への科学知識普及にも熱心で、上記の名言はクリスマス・レクチャーで取り上げられた講義をまとめた『ロウソクの科学』からの一節である。

ファラデーの業績の中でもっとも重要といえるのが、1831年に発表した電磁誘導の理論だろう。これは現代においても発電機や変圧器などさまざまな電気機器の基本原理となっており、電気を使ったテクノロジーはすべてファラデーの発見から始まったといっても過言ではない。

プラスチック製品の原材料加工に欠かせないベンゼンを発見し、「電極」や「イオン」といった用語を一般化させるなど、その功績は十指に余るが、実はファラデーは貧しい鍛冶屋見習いの父の下に生まれ、学校にも満足に通えていなかった。

転機となったのは14歳のとき。製本屋の年季奉公として雇われたファラデーは、仕事の傍らで「商品」を熱心に読みあさり科学に強い関心を抱くと、実験道具を自費で買い込んで自分なりの実験にいそしんだ。すると、そんな様子を見ていた人物が、ある科学者の講演入場券を譲ってくれる。その科学者こそ、カリウム、ナトリウム、カルシウムなど6種の元素を発見したハンフリー・ディヴィであった。ファラデーがこの講演を詳細に記録し「助手として雇ってほしい」と添えてディヴィに送ったところ、さまざまな要因が重なり、実験室助手として採用されたのである。ファラデーの科学界での名声が高まると「ディヴィ生涯最大の発見はファラデーを発見したことだ」と言われるようになった。

Topic　大隅良典がノーベル生理学・医学賞を受賞した際に「学者を目指す契機となった」としてファラデーの『ロウソクの科学』を紹介している。

私は研究室に入ってきた学生に「理論をやりたい者は、まず実験せよ」と言い続けてきた。

福井謙一（1918〜1998）

化学の世界を数学的視点で解く

　高校生までは数学が好きだったという福井謙一だが、京都大学教授で父の叔父に当たる喜多源逸から「数学が好きなら化学をやれ」と言われたことで京都大学工学部工業化学科に進学した。入学後にはやはり喜多から「基礎をやりなさい」と勧められると、理学部の講義を受けたり物理学科の図書館を利用したりしながら勉強を続けた。喜多の言葉を「化学の基礎になる数学や物理を勉強しろ」ということだと自分なりに解釈してのことだった。そうするうちに福井は、化学を専門にしている人間があまり熱心に学ばないような「量子力学」など最先端の物理学を習得していったという。

　卒業後は同大学院に入学。24歳のころには講師となり、同時に国から陸軍技術大尉にも任命されて燃料研究所へ入所している。

　のちに「メモしないでも覚えているような思いつきは大したものではない。メモしないと忘れてしまうような着想こそが貴重なのです」と語っているように相当のメモ魔だったようで、鉛筆とメモ帳は寝るときも枕元に置いていたという。

　ある日、福井夫人は寝ていたところを揺り起こされた。眠い目をこする夫人の前に福井は「これを見て！」と、数式のようなものがびっしりと記されたわら半紙のメモを差し出し「どうだ、きれいだろう」と何度も何度も同意を求めたという。このときのメモにこそ、ノーベル賞につながる重要なひらめきが記されていた。

　それまで経験則で判断されてきた有機化学反応を、すべて説明可能な体系的理論として確立し、化学界全体に衝撃を与えた福井の「フロンティア軌道理論」。「電気的なプラスとマイナスの作用」だけでは説明不可能だった化学反応の仕組みに、量子力学から導いた電子のふるまいをあてはめたことで福井は理論化に成功した。つまり化学とは直接関係なさそうな物理の勉強に励んできたことが、日本人初となるノーベル化学賞受賞につながる発見を生んだのだった。その後も数学や物理学など、幅広い学者との交流を続けながら、自然と科学のあり方、科学者が果たすべき責任を問い続けた。

Topic 1. ノーベル賞受賞後に教育課程審議会や学術審議会などから会長などへの就任を依頼されると「これもノーベル賞受賞者の務めだ」と嫌な顔一つせずに引き受けたという。

2. ガンで入院した病室を亡くなる10日前まで弟子たちの論文に目を通していた。

3. 「これからの学問は、自分にとって専門外に思える分野でもつながっていく可能性がある。Iという字の形のように自分の専門だけを深く追求する『I字型人間』より、Tという字の形のように間口が広く、しかも特定分野について奥行きの深い、『T字型人間』になりなさい」とも語っている。

宇宙はどうして〈存在する〉という面倒なことをするのか?

スティーブン・ウィリアム・ホーキング (1942〜2018)

神なき宇宙の謎に挑んだ"車椅子の物理学者"

2018年3月に亡くなった現代宇宙論の第一人者スティーブン・ホーキング。1963年に「アインシュタインの一般相対性理論が正しいなら、密度と時空の曲率が無限大になる"特異点"が必ず存在し、その特異点において時間が始まった」とする、一般相対性理論と宇宙との関わりからの「ブラックホールの特異点定理」の発表により注目を集めると、1971年に「宇宙創成直後に小さなブラックホールが多数発生する」との理論を提唱、1974年には「ブラックホールは素粒子を放出することによってその勢力を弱め、やがて爆発により消滅する」とした『ホーキング放射』を発表するなど、次々と新たな理論を打ち立てて量子宇宙論の分野を形作ることになった。

「時間は有限だが自己完結型で始まりも終わりもない」とした「無境界仮説」では、一応のモデル化をした上でなお「宇宙の存在の謎に対する完璧な解答が得られるかは疑問」だとしていて、「宇宙はどうして〈存在する〉という面倒なことをするのか?」とのホーキングの問い掛けはそうした疑問を端的に表したものといえよう。

オックスフォードで生まれたホーキングは1959年にオックスフォード大学入学。卒業後はケンブリッジ大学大学院の応用数学・理論物理学科に進むも、そのころにALS(筋萎縮性側索硬化症)を発症している。発症から5年程度で死に至る病とされていたが、途中で進行が急に弱まったことで、以降50年以上にわたり研究活動を続けることができた。一般に向けて平易に最新の宇宙理論を説いた『ホーキング、宇宙を語る』は、全世界1000万部、日本でも100万部を超えるベストセラーとなり、"車椅子の物理学者"として全世界においてその名を知られることとなった。

Topic
1. 一般向けの講演活動も熱心に行い、スピーチや会話ではコンピュータプログラムによる合成音声を利用していた。
2. 「過去に行くことを許容する閉じた時間線が存在するためには場のエネルギーが無限大でなくてはならない」とする「時間順序保護仮説」を提唱し、タイムトラベルは不可能であると主張している。
3. ALS発症後に結婚と離婚をそれぞれ二度経験している。

世界に不要のものなし。

南方熊楠（1867～1641）
みなかたくまぐす

熊野古道を救った博物学者

　粘菌研究のエキスパートとして知られる南方熊楠だが、業績はそれに止まらない。キノコ、藻類、コケ、シダなどの研究や高等植物、昆虫、小動物の採集も行い、そうした調査に基づくエコロジーの思想を早くから日本に導入した先進的な学者であった。

　和歌山市の金物商の家に生まれた熊楠は幼いころから驚異的な記憶力があったそうで、知り合いの家で本を読み、家に帰ると記憶した内容を筆写していたという。大学予備門（現東京大学）入学のため上京する前の約5年間には、百科事典『和漢三才図会』を町内の蔵書家に見せてもらい記憶したものを家で描き起こすというやりかたで全105冊を筆写している。進学後は菌類などの標本採集などに明け暮れるが、学業がおろそかになり落第して中退。渡米し商業学校や農学校に入学するものの長続きせず、植物採集に励むようになり、ハバナで地衣類の新種を発見。さらにロンドンへ渡ると、5年間毎日のように大英博物館を訪れては植物学、天文学などの書物を読破し、筆写していたという。

　帰国後は、生涯をかけて隠花植物学の研究を続けた熊楠だが、1906年に明治政府が発布した神社合祀令に対し、反対運動を起こしている。神社合祀令とは全国の各集落にある神社を1村1社にまとめて日本書紀など古文書に記載された神だけを残すというもので、この結果、熊楠が拠点としていた和歌山県では、約3700社あった神社が600近くまで激減した。これは本来、国家神道の権威を高めることを意図した政策であったが、その裏では廃棄された神社の境内のいわゆる「鎮守の森」が伐採され売られていくという商売の面もあった。伐採された中には樹齢1000年を超えるような貴重な古木もあり、それらは熊楠の研究対象である粘菌の貴重な繁殖場所でもあったことから熊楠は強く反発。「生物は互いに繋がっていて、目に見えない部分で全生命が結ばれている」ひいては「（粘菌も含めて）世界に不要のものなし」との主張で自然保護運動を展開したのだった。熊楠らの活動により1920年に神社合祀令は廃止される。世界遺産登録された熊野古道が現在の姿にあるのも、熊楠らの尽力によるところは大きい。

Topic
1. 酩酊状態で他者の家宅に侵入して逮捕された際、監獄で新種の粘菌を発見している。
2. 留学時、大英博物館の図書館で閲覧者から人種差別発言を受けると、頭突きを喰らわせ3カ月の入館禁止に。1年後に再度同じ者を殴打したため博物館から追放された。
3. 生物学者であった昭和天皇に粘菌や海中生物についての御前講義を行うと、キャラメル箱に入れた標本を天皇に献上した。熊楠の死後、昭和天皇は熊楠を偲び「雨にけふる神島を見て　紀伊の国の生みし南方熊楠を思ふ」との和歌を詠んでいる。

これは神のなせるわざなり。

サミュエル・フィンリー・ブリース・モールス（1791～1872）

妻の死が高速長距離通信のきっかけに

　1844年5月24日、ワシントンの国会議事堂内にある最高裁の古い部屋からボルチモアまで、電信のテストライン約61マイルが完成すると、サミュエル・モールスは自らが発明、改良によって完成させた「モールス符号」を使用して電信実験を行った。上記はその最初のメッセージだが、実は厳密にはモールス自身の言葉ではない。

　電信事業に携わる前のモールスは、欧州で絵画の勉強を積み母国アメリカでも人気の肖像画家として名を売っていた。1825年のある日、「アメリカ建国の父」と敬われたラファイエット将軍の肖像を描いていた彼のもとに「妻危篤」を知らせる手紙を持った郵便配達員がやってきた。モールスは急いで自宅へ戻ったが、到着したころにはすでに埋葬まで終わっている状態だった。妻の最期を看取れなかったことを悔やんだモールスは、これ以降、高速な長距離通信手段について考えるようになったという。

　1932年、画家の修行の一環で欧州を巡る旅から帰る大西洋横断の船内で、余興として電磁石の実験が行われているところに出くわしたモールスは実験者に尋ねた。「針金に電流が流れるには、どのくらい時間がかかるのか」。それに対する答えは「針金はどんなに長くても電流は一瞬のうちに端から端まで伝わる」というものだった。実際には針金内部の抵抗や、電線からの漏電の問題があるのだが、このときモールスは電信、ひいてはモールス信号についても思い至ったのだという。

　ジョセフ・ヘンリーやアルフレッド・ベイルなどの協力者を得て、モールス信号を完成させたが、事業化には難航した。本国での失敗後、海外にチャンスを求めたがイギリス、フランス、ロシアいずれも徒労に終わる。1843年、ようやく実験として電信線を引く議案が国会に提出されたが、反対意見が多く審議はなかなか進まない。会期の最終日になっても可決されないことに絶望したモールスは、宿へ帰ってしまう。しかし翌日、朝食をとっている彼に、知り合いの女性が「おめでとうございます」と声をかけた。実は終了直前に議案は可決されていたのだ。歓喜したモールスは、吉報を届けた女性に「開通式では、あなたの選んだ言葉を送ります」と告げた。その言葉こそ上記のものであった。

Topic　1. モールス信号は、同様の研究を進めていた本職の学者や企業、あるいは電信により仕事を奪われると考えた郵便業者から強い反発を受けることになる。
2. モールスは特許取得や権利獲得のために多くの時間を割くことになり、1848年には友人への手紙で「電信の唯一の発明者と呼ばれるためにどれほど精力的に戦ったか」を記している。
3. 当時は絵画における評価も高く、ニューヨーク大学で美術教授を務めている。

アイデアの秘訣は、執念である。

湯川秀樹（1907～1981）

豊かな教養と諦めない強い意志

　大阪帝国大学・物理学講師だった湯川秀樹は1934年、東京で開催された日本数学物理学会において「素粒子の相互作用について」と題する講演を行い、そこで中間子仮説を世界で初めて発表した。当時、物質の最小単位は「陽子」「中性子」「電子」の3つだけだと考えられていたが、1947年になってイギリスの物理学者セシル・パウエルが実際に宇宙線の中からパイ中間子を発見したことで湯川の理論が証明され、1949年に日本人で初のノーベル賞受賞者となったのである。

　以後の素粒子論の扉を開いた湯川の柔軟な発想力を示す例としては、ノーベル賞受賞後に取り組んだ素領域理論がある。この着想を得たのは物理学とは縁遠そうな李白の漢詩だった。その詩は「夫れ天地は万物の逆旅にして光陰は百代の過客なり」というもの。この詩の「天地」を三次元の空間全体に、「万物」を素粒子に置き換えると、空間は分割不可能な最小領域から成り立ち、そのどれかを占めるのが素粒子ということになると発想し、その最小領域を「素領域」と名付けたのだった。

　そんな彼は、のちに京大教授となる父を持ち、二人の兄も東大教授と京大教授と、まさに学者一家であった。また、祖父が漢学者であったことから、父は専門の地質学・地理学以外にも興味を持っており、集めた文献は数万冊。自伝で「もの心ついたときには本の中に埋まって生活していた」と語る環境の中で湯川は、数学以外の教養も身につけていった。上記の李白の例も、この幼少期の体験が大きく影響している。

Topic　1. あだ名は「イワン」。無口なうえ頑固者で、気にくわないことには「もう言わん」とだけ言って沈黙し続けたことに由来する。
　　　2. 正力松太郎の要請で原子力委員となるが、実用優先の正力の方針に対し基礎研究の必要性を主張して反発。体調不良を理由に辞任した。
　　　3. 戦後は積極的に反核運動に携わり、1966年にはノーベル平和賞の候補者に推薦されていたことがノーベル財団の公表した候補者リストにより判明している。

幾何学に王道なし

ユークリッド（紀元前330ごろ～紀元前275ごろ）

学習に必要な労力は不変

　古代エジプトのギリシャ系数学者、天文学者で、その主著『原論』（ユークリッド原論）は20世紀初頭の頃までヨーロッパで数学・幾何学の教科書とされていた。ただし『原論』はユークリッド一人の著作ではなく、複数の同時代の学者による共著であり「ユークリッド」は共同の筆名だとして、その存在自体を疑う説もある。なおユークリッド（＝エウクレイデス）とはギリシャ語で「よき栄光」を意味する言葉でもある。

　ユークリッドの生涯については数世紀後に『ユークリッド原論』がまとめられた中で簡単に記されているだけだが、その中でも有名なのが、アルキメデスがユークリッドに言及したとされる逸話だろう。エジプト・プトレマイオス朝の初代ファラオであるプトレマイオス1世が「幾何学を学ぶのに『原論』よりも近道はないか？」とたずねたところ、ユークリッドは上記の言葉で返したとされている。なお、ここでいう王道とは「王様専用の近道」という意味で、正攻法だとか定番といったニュアンスは含まれていない（アルキメデスによるユークリッドへの言及とされるものも、後世の編集による挿入だとみられている）。また、楕円や放物線を研究したギリシャの数学者である「ペルガのアポロニウス」が「ユークリッドの弟子たちと長く一緒に過ごし、そこで科学的思考法を身につけた」とする文献もあるが、これについても真偽のほどは不明である。

　『原論』に書かれていることの多くは、それより以前の数学者の成果に由来したものであるが、ユークリッドの功績はそれらを一つにまとめて論理的枠組みを構築し、現代でも通用する数学的証明を行っている点にある。まず点や線などの基礎的な概念を定義して、次に一連の公理に触れて公理系を確立する。そしてそこから500あまりの定理を証明する。現代数学の原型ともいえる完成されたものであり、多くの幾何学者がこの体系から発展させたものを今では「ユークリッド幾何学」と総称している。

　非ユークリッド幾何学なるものも19世紀になって誕生したが、これは独立した別個のもの。「平面や歪みのない空間の図形の性質を探求する」のがユークリッド幾何学で、「曲面や歪んだ空間の図形を探求する」のが非ユークリッド幾何学となる。

Topic　1. ユークリッドは『原論』の他に光学、透視図法、円錐曲線論、球面天文学、誤謬推理論、図形分割論、天秤、などについても著述を残したとされる。
　　2. ラファエロ・サンツィオによるバチカン宮殿の壁画『アテナイの学堂』には、プラトンとアリストテレスが降りてくる階段の下でコンパスを使って図形を描く姿が描かれている。
　　3.「現代数学の父」ダフィット・ヒルベルトが現代的観点からより厳密に体系化している。

真実とされていることを前提に取り組んだら、進歩の希望はほとんどない。

ライト兄弟（ウィルバー・ライト1867〜1912、オーヴィル・ライト1871〜1948）

斬新な方法こそ成功を生む

1903年12月17日、ノースカロライナ州キティホーク近郊にあるキルデビルヒルズにおいて、12馬力エンジンを搭載したライトフライヤー号は、人類初の有人動力飛行に成功。このとき4回の飛行が試みられ、合計飛行時間は98秒とする記録が残されている。

だが、ライトフライヤー号を作成した兄弟を待っていたのは賞賛の声ばかりではなかった。ライト兄弟の成功の数日前、かつて兄弟も教えを請うていたアメリカにおける飛行機研究の権威、サミュエル・ラングレー教授も別の飛行テストを行っていたが、そちらは一切機体が空に浮くことなく川へ転落するという大失態を犯していたため、「高名な教授が失敗したのに素人にできるわけがない」という先入観からの反発もあり、多くの研究者たちはこの快挙を否定するコメントを新聞に発表した。

その後、兄弟の実験が本当に成功していたことがわかってくると、今度はその成功を「教授の研究の一環」だとして手柄を横取りしようという動きさえ出始めた。教授の名誉の問題ではなく、誰が飛行機の特許を得るかという「金儲け」の問題である。

フランスで最初の展示飛行の際に、現地の著名な技術者がいくつか科学的な質問をしたところ兄弟は言葉を濁した。これもまた特許に絡んでのことだったが、しかしこの質問者は「ライト兄弟は科学にも技術にもまるで教養のない素人の自転車工に過ぎず、たまたま正解に行きあたっただけなのだ」と主張して、多くの大衆もこれを信じた。

だが兄弟は当時としては極めて高度な科学的視点から飛行のメカニズムを解明していたし、気の遠くなるほどの風洞実験によって得たデータを元に、数えきれないほど飛行機の改良を行ってきた。

また掲出した言葉のように、従来研究とは異なるアプローチを選択したのも成功の秘訣となった。他のプロジェクトは動力面の進化改良を目指したが、兄弟は機体のバランスや操縦技術の向上により安定した飛行体勢をつくり上げることを優先してそこに動力を加えるという手法を取っていた。結果的にはそれが功を奏したのだった。

Topic
1. 飛行実験の先駆者であるドイツのオットー・リリエンタールがグライダー事故で墜落死したことを知った兄弟が、事故の原因は何だったのか、どうすればそれを避けられたかを徹底して研究したことも成功の一つの要因となった。
2. ライト兄弟の初飛行100周年に向けて、その機体を復元する研究がいくつか行われたが、コンピュータシミュレーションでは飛行姿勢が安定せず、完成した復元機は離陸すらできなかった。

宇宙には佇(たたず)まいも、不毛の印も、死の影も全くない。混沌も混乱もない。そう見えるのは上辺だけである。

ゴットフリート・ヴィルヘルム・ライプニッツ（1646～1716）

別の切り口でニュートンと同じ法則に至る

　哲学と数学、それぞれの分野において後世に多大な影響を与えたライプニッツ。12歳にしてほとんど独学でラテン語に習熟したといわれ、1661年ライプチヒ大学に入学。法学と哲学を学び法学博士号を取得している。1667年からは神聖ローマ帝国の司教領主であるマインツ選帝侯に仕えて政策立案などを行う政治家としての一面も備えていた。

　数学者としての彼は、「微積分法」を体系化し学問として確立したことで知られる。ライプニッツはパリに滞在していた1672～1676年の4年間、数学の研究に没頭する中でこれを発見。ブレーズ・パスカルの論文やルネ・デカルトの『解析幾何学』の研究から、特性三角形を利用した曲線と、それに接する図形全体の面積を求める方法を導き出している。

　微積分のアイデア自体は古代から存在したものであり、中世から近代にかけてさまざまな学者が独自に公式を考案していた。ライプニッツが「微積分法」の論文を発表したのは1684年だったが、1675年ごろにはすでにその方法を創出していたという。しかし、それとほぼ同時期にアイザック・ニュートンも独自の微積分法を発明していたため、双方が「微積分法」の発見の功績を主張して論争となった。しかしその後の研究により両者の発見は完全に独立した発想から生まれたものであることがわかっている。

　哲学においては「モナド（単子）論」を提起。簡単に結論だけを記すとこれは「森羅万象すべてのものが神による予定調和によって定められている」という考え方で、よって「宇宙には佇まいも、不毛の印も、死の影も全くない。混沌も混乱もない。そう見えるのは上辺だけである」ということになり、すなわち「世の中のすべての表象は神が"こうすべき"との考えで調和させた結果だ」とした一種の楽観論である。この「モナド（単子）論」に登場するのが、上記の一節である。

　現在の微分積分における記号表記はライプニッツによるものが多く使われていて、また「ライプニッツの公式」は現代日本の数学Ⅲにおける計算や証明問題などでも必須のものとされている。コンピュータを始めとするデジタル機器に欠かせない「2進法」についても、その研究の先駆けとなった。

Topic　1. 20世紀後半になって「必然的真理とはすべての可能世界において真となるような真理のことである」とする「可能世界論」という概念が生まれると、ライプニッツのモナド論は神の先駆的思想とみなされることとなった。
　　　　2. 晩年のライプニッツは外国の学者や友人との文通に熱心で、その文通相手は1000人を超えていた。
　　　　3. 晩年の1714年に著した『中国自然神学論』が、近年になって比較思想の観点から注目を集め、研究が進められている。

事実以外は何も信じてはいけない。事実は自然が提示するもので、欺くことがない。

アントワーヌ＝ローラン・ド・ラヴォアジエ（1743〜1794）

近代科学への道を拓く

　1789年、46歳のラヴォアジエは『化学のはじめ』を出版。現在の元素表に相当する物質のリストを発表し、以後長きにわたってこの本はヨーロッパの科学の教科書とされることとなった。この中には物体の温度変化をもたらす元素としての"カロリック"（熱素）や光の素となる光素という元素が記されるなど、現代科学の観点からは明らかな誤りもある。しかし冒頭の言葉にあるように実験による実証主義を提唱したことにより、近代科学への道を拓いたことには違いない。

　1774年に体積と重量を精密にはかる定量実験を行い、化学反応の前後では質量が変化しないという「質量保存の法則」を発見。それ以前は「燃焼は一種の分解現象でありフロギストンが飛び出すことで熱や炎が発生する」とする説が支配的だったが、金属を燃焼させると質量が増すという実験結果などを元にこれを否定。物質の燃焼において中心的な役割をするのは、空気中に含まれる酸素であると提唱した。酸素自体はその以前から発見されていて、発見論文を王立協会に提出したのも別の科学者だが、酸素の働きを解明したという意味でラヴォアジエを「酸素の発見者」と呼ぶこともある。

　普段は徴税請負人という高収入ながら市民から嫌われる仕事に就いていたラヴォアジエは、週に一日を「幸福の一日」とし、その日は実験だけをして過ごすといった生活を送っていた。そうした中で現代的解釈につながる科学の発見を成し遂げ、その集大成として『化学のはじめ』の出版に至ったわけだが、出版したその年、バスティーユ襲撃によりフランス革命が始まる。徴税という王国側の仕事をしていたラヴォアジエは指名手配を受け、自首したものの革命裁判所において「フランス人民に対する陰謀」と審判により死刑の判決を下される。ラヴォアジエの弁護人はその科学上の実績からの弁論を行ったが「共和国に科学者は不要である」と、その日のうちにコンコルド広場にあるギロチンで斬首されている。

　同時代の科学者たちは「この頭を切り落とすのは一瞬だが、これと同じ頭脳があらわれるまで人類は百年は待たなければならないだろう」と嘆いたという。

Topic
1. かつて革命指導者の一人の化学者が学会に提出した論文の審査を担当したのがラヴォアジエで、それを却下されたことへの逆恨みによる処刑だったとの説もある。
2. ギロチンにかけられる際、斬首された後にも人間に意識があるのかを実験するため、「斬首後に可能な限りまばたきを続ける」と周囲に宣言し、実際にまばたきを行ったという逸話が残っているが、真実性は薄い。
3. ラヴォアジエの弟子の一人にエルテール・デュポンがいる。フランスから渡米して、師から教わった火薬技術を生かして弾薬生産会社を創業、デュポン財閥を築いた。

私は考えなかった。ただ探求した。

ヴィルヘルム・コンラート・レントゲン（1845〜1923）

未知の光が医療の発展に

X線による撮影装置やそれによる検査の名称、あるいは放射線の強さを表す単位としても使われる「レントゲン」。これは19世紀後半ドイツの物理学者ヴィルヘルム・レントゲンの名前から取ったものである。

もともとは気体の比熱の研究や結晶の熱伝導などの研究を手掛けていたレントゲンだが1895年11月8日、ヴュルツブルク大学の研究室において、当時流行していたクルックス管（初期の実験用真空放電管）の中の電子の流れ（陰極線）の研究をしていたところ、机の上の蛍光紙の上に暗い線があらわれたことに気付く。クルックス管と蛍光物質の間に分厚い本を置いても、さらには蛍光物質を隣の部屋に置いても、やはり発光現象は認められたため、この作用の元がどこにあるのか検証した結果、目には見えないが光のようなものが装置から出ていることを発見した。

のちに「この検証のときに何を考えていたのか」と問われたレントゲンが回答したのが、上記の言葉である。

その後7週間の昼夜を通じた実験を通じて「光のようなものは放射線であり（のちに電磁波と確認される）、これは透過性が極めて高く蛍光作用を持ち、さらには磁気を受けても曲がらない」ことなどがわかり、この未知の光によって実験的に妻の手を写してみると、手の骨とそこにはめられていた指輪の輪郭が映し出された。これらのことから新種の放射線であることを確信。数学で未知数をあらわす「X」の文字を使って「X線」と仮称した。このX線の発見により、1901年には第1回ノーベル賞において物理学賞を受賞している。

Topic
1. 人前に出ることが苦手だったのか、X線写真の実演や講演はドイツ皇帝の御前と地元での計2回しか行っていない。
2. 最初にX線を発見した際のクルックス管は同じドイツの物理学者フィリップ・レーナルトから譲り受けたものだったが、X線発見の論文の中にレーナルトへの謝辞がなかったことから激しい怒りを買ってしまった。
3. ドイツの物理学者として広く知られ、実際の生まれも旧ドイツのプロイセン王国であったが、幼少時は母の生まれたオランダで暮らしていたことから戸籍上はオランダ人となっている。

真理は美しいだけでなく、シンプルでもあるはずだ。

ジェームズ・デューイ・ワトソン（1928～）

真理を目にし疑惑に身を置く

「核酸の分子構造および生体における情報伝達に対するその意義の発見」に対して、1962年にノーベル生理学・医学賞を受賞したジェームズ・デューイ・ワトソン。

グアニン（G）、シトシン（C）、アデニン（A）、チミン（T）の四つの塩基とデオキシリボース、リン酸基の分子模型を用いてDNA構造の研究をしていたところ、ロザリンド・フランクリンが撮影したX線回折の写真をモーリス・ウィルキンスから紹介され、このX線回折のデータを参考にして、フランシス・クリックらと議論の末にDNAの二重螺旋構造を発見した。このときのことをジェームズは著書『二重らせん』の中で以下のように記している。「私は唖然として胸が早鐘のように高鳴るのを覚えた。（略）写真のなかでいちばん印象的な黒い十字の反射は、らせん構造からしか生じえないものだった」「真理は美しいだけでなくシンプルでもあるはずだ」。

まさに発見の興奮を抑えきれないといったふうではあるが、しかしのちに疑義が提起されることになる。DNAの分子構造における共同発見者にはワトソンと並んでフランシス・クリック、モーリス・ウィルキンスの名が挙げられているのに、最初にX線写真を撮影したロザリンド・フランクリンの名前がなかったためだ。そのため、ジェームズに写真を見せたモーリスがロザリンドの許可なく写真データを持ち出したのではないかと噂された。ジェームズも『二重らせん』の中で、それを匂わせるようにロザリンドとモーリスの関係が悪かったことを著していたため、騒ぎは一層大きくなった。また一方で、同書においてジェームズがロザリンドについて「気難しくヒステリックなダークレディ」などとしたことはフェミニズムの観点からも問題視された。

美しいらせん構造の発見の快挙をスキャンダルに貶めたことの懺悔というわけではなかろうが、ジェームズは2014年、ノーベル賞で授与されたメダルを、ニューヨーク・クリスティーズの競売に出品している。落札価格は75万7000ドル。存命のノーベル賞受賞者のメダルがオークションに掛けられたのは、史上初めてのことであった。

Topic 1. 落札者はロシアの実業家で、のちにジェームズへの無償返還を申し出ている。
2. ロザリンド・フランクリンはジェームズらのノーベル賞受賞の前に病没したが、「どうしたら彼女自身がDNA構造を解明できたか？」との質問を受けたジェームズは「残念ながら違うDNAを持って生まれてくる必要があったでしょう」などと答えている。

スポーツ

私は蝶のように舞い、蜂のように刺す。
奴には私の姿は見えない。
見えない相手を打てるわけが無いだろう。

モハメド・アリ（1942～2016）

プレイとパフォーマンスで魅せたヘビー級の革命児

　力任せの殴り合いに過ぎなかったヘビー級のボクシングに、アリは華麗なフットワークと鋭い左ジャブを活用するアウトボクシングを持ち込んだ。ちなみに、「蝶のように舞い、蜂のように刺す」というフレーズはトレーナーのドゥルー・バンディーニ・ブラウンが考案したもので、試合前に二人で肩を組み、このフレーズを叫ぶというパフォーマンスをよく行っていた。

　モハメド・アリは、1942年にケンタッキー州ルイビルに生まれる。12歳のときに父親から誕生日にもらった自転車が盗まれ、「自転車ドロボウが見つかったらタダじゃおかない。きっとぶちのめしてやる」と泣き叫ぶと、ボクシングジムのトレーナーもしていた警官がボクシングをすることを勧め、ボクシングジムに入門する。そして、アリは入門からわずか8週間でアマチュアボクサーとしてデビューを果たして見事初戦を勝利する。

　1960年にローマオリンピックで金メダルを獲得するが、帰郷した際に人種差別を受け、悔しさから金メダルを川に投げ捨てている。アリは同年にはプロデビューも飾っている。なお、1964年に世界ヘビー級王座を獲得すると、イスラム運動組織への加入を機にカシアス・マーセラス・クレイという本名をモハメド・アリへと改名している。

　1967年、アリが良心的兵役拒否でベトナム戦争に行くことを拒むと、裁判で禁固5年と罰金1万ドルを科せられ、ヘビー級王座とボクサーライセンスも剝奪されてしまう。それでもアリは信念を曲げずに戦い続け、4年後の1971年に最高裁判所で無罪を勝ち取る。

　アリは1976年に日本へ来日してアントニオ猪木と格闘技世界一決定戦を特別ルールで戦い、大きな話題となった。ボクシングとプロレスの対決は勝負がつかず引き分けに終わったが、その後もアリと猪木の交友は続き、アリは自身の結婚式に猪木を招待している。

Topic 　1973年、ノートンとの一戦に敗れたアリは、ノートンのファンから「蝶は羽を失い、蜂は針を失った」とからかわれたが、このフレーズを気に入ってジムの壁に貼り付けていたという。

この道を行けばどうなるものか。あやぶむなかれ。
あやぶめば道は無し。踏み出せばそのひと足が
道となり、そのひと足が道となる。
迷わず行けよ、行けばわかるさ。

アントニオ猪木（1943〜）

我が道を進み続ける "燃える闘魂"

　この言葉は、1998年4月4日に東京ドームで実施された引退記念試合後のスピーチで、「燃える闘魂」ことアントニオ猪木（本名：猪木寛至）が披露した『道』という詩の一節で、ファンに向けたメッセージでもある。この言葉は多くの有名人に影響を与え、猪木信者を自任する桜井和寿は、Mr.Childrenの楽曲『one two three』の最後に、引退試合で披露した「道」の音声を、猪木の許可をもらってそのまま収録している。

　猪木の人生は、まさにこの「道」のフレーズそのものだった。神奈川県横浜市鶴見区に生を受けるが、5歳のときに父が死去。さらに石炭問屋を営んでいた実家も、エネルギーが石炭から石油に変わったことで倒産してしまう。生活は非常に厳しかったため、極貧生活から抜け出すために母、祖父、兄弟とともに13歳のときにブラジルへ渡ったのだった。ブラジル移住後は早朝5時から夕方5時までコーヒー農場で働くなど過酷な労働を強いられていたが、砲丸投げの選手として現地の大会に出場し、優勝するほどの身体能力が認められ、ブラジル遠征中の力道山にスカウトされる。1960年に日本へ帰国すると、日本プロレスに入団してデビューを果たす。デビュー後は力道山の付き人になるが、いじめとも思える厳しいシゴキを受けることとなる。その後、アメリカでの武者修行に出され、再度帰国して東京プロレスを立ち上げるが、わずか3カ月で破産し、古巣日本プロレスに戻ることとなる。しかし、復帰した日本プロレスでは度重なる確執が起き、最後には追放処分を受けてしまう。そして1972年、新日本プロレスを旗揚げするに至るのである。

　新日本プロレスは、「プロレスこそ全ての格闘技の頂点である」という「ストロングスタイル」を標榜し、猪木はパキスタンの英雄アクラム・ペールワン、「熊殺し」の異名をとる空手家ウィリー・ウィリアムスと対戦し、中でもプロボクシングヘビー級チャンピオン、モハメド・アリとの異種格闘技戦は世界各国に中継され大きな話題を呼んだ。そして1998年に「道」という詩を残して引退するわけだが、その後も政治家として活躍するなど、歩みを止めることなく、我が道を進み続けている。

Topic　猪木は自伝で、この「道」という詩は一休宗純の詩から引用したと説明しているが、一休宗純はこのような詩は詠んでおらず、実際には清沢哲夫という哲学者の作品である。

いつも前進があるだけだった。失敗したら逃げ道がないと思った。旅の中止は私が自分なりに積み上げてきた実績を、一挙にフイにすることだ。そうしたら自分はもう何をしたらよいかわからなくなる。最初の屈辱の中に戻るだけだ。

植村直己（1941〜1984）

前に突き進む孤高の登山家

植村直己は日本の登山家，冒険家である。1941年、兵庫県城崎郡国府村で植村藤治郎・梅夫妻の末っ子として生まれる。幼少期より同郷の登山家・加藤文太郎に憧れを抱き、蘇武岳や但馬の嶺々への登山を始める。高校卒業後は新日本運輸に就職したが、翌年に明治大学農学部に入学し、山岳部へ入部するとさらに山と冒険の魅力に取り憑かれていったという。明治大学を卒業すると、1966年にヨーロッパのモンブラン、アフリカのキリマンジャロ、1968年に南アメリカのアコンカグアに登頂。1970年には日本人としては初めてとなるアジアのチョモランマ（エベレスト）と北アメリカのマッキンレー（デナリ）の登頂を果たし、世界初の五大陸最高峰登頂を成し遂げたのだった。

しかし、1971年に小西政継らの山学同志会隊に加わって参加した冬季のグランド・ジョラス北壁では、植村ともう一人以外の隊員が凍傷で手足の指を失う事態となった。また、同年にアメリカ人のノーマン・ディレンファース隊長率いるエベレスト国際隊に参加した際には、インド人隊員の遭難以降各国からの代表を寄せ集めた国際隊の利害関係が徐々に表面化して失敗に終わるなど、立て続けに不幸が重なり、以降の植村は登山・冒険とも「単独」での行動へと傾倒していくこととなる。

1978年ナショナルジオグラフィック協会から資金提供を受け、犬ぞりを操って人類史上初の北極点単独行に成功する。同年にはグリーンランド横断にも成功し、これらの功績が称えられ、イギリス王室からバラー・イン・スポーツ賞を受賞。世界的な冒険家となる。43歳の誕生日となる1984年2月12日には、世界初のマッキンリー冬期単独登頂を果たしたが、翌13日に行われた交信以降は連絡が取れなくなり、消息不明となった。その後、捜索が行われたが植村の姿を確認することはできず、捜索は打ち切られ、最後に消息が確認された2月13日が命日となった。上記の言葉のようにいつも前進し続け、多くの人に夢と希望を与えた植村には没後、国民栄誉賞が贈られている。

Topic
1. 明治大学の山岳部に入部したてのころは、すぐにコロコロと転んでしまうことから、他の部員たちからは「どんぐり」というあだ名を付けられて馬鹿にされていたことがある。
2. 2011年、デナリの登山基地として知られるアラスカ州のタルキートナのレンジャーステーションに「デナリで、雪に埋もれた遺体を見つけた。髪の毛が露出していて登山装備もいくつか見えた」と通報があり、植村の遺体ではないかと思われたが、結局は遺体が見つかることはなかった。

私はできる限りのことをしている。しかし、ときには自分の思うようにはならない。ものごととはそういうものなんだ。

タイガー・ウッズ（1975〜）

栄光から挫折、そして奇跡の復活

　本名エルドリック・タイガー・ウッズ。「タイガー」は、父のベトナム戦争時代の戦友だった将校の名前から付けられたミドルネームだ。スクラッチ・プレイヤーだった父の影響で生後9カ月からゴルフを始め、2歳のころには南カリフォルニアでは有名な幼児ゴルファーとなった。4歳でSCJGA（南カリフォルニア・ジュニアゴルフ協会）に加盟し、8歳になるころには70台のスコアが出せるようになっていたという。

　アマチュアとしてトーナメントに参加しながら名門スタンフォード大学に入学するも、2年で中退して1996年の8月にプロへ転向。すると、10月にはいきなり2勝をあげ、翌年には史上最年少の21歳3カ月でマスターズ初優勝を飾る。その後、わずか10カ月のうちにマスターズを含む7大会で優勝を果たし、世界ランキング1位に上り詰める。

　2000年には全米オープン、全英オープン、全米プロゴルフ選手権で連覇を達成し、翌年にはマスターズで4年ぶりの優勝を飾って生涯グランドスラムを達成した。また、2005年にもダブルグランドスラムを、2008年にはトリプルグランドスラムを達成するなど充実したゴルフ人生を歩んでいたのだが、2009年に自身の不倫スキャンダルで無期限のツアー欠場を表明すると、転がるように人生は転落していった。2012年に史上初となる生涯獲得賞金が1億ドルを突破するものの、翌年は腰を怪我し、2014年のマスターズは欠場。2017年には薬物を使用した状態で車を運転したとして逮捕までされている。

　2018年に本格復帰を果たしたタイガーだったが、以前ほどの活躍は見せられず、もう終わった選手かに思われた。しかし、翌2019年にはマスターズで14年ぶり5度目の優勝を果たし、世界に復活を印象づけた。彼の復活は、努力を続ければどんな困難な状況でも乗り越えられることを人々に証明したのである。

Topic
1. ウッズといえば赤いシャツが印象強いが、これは母親の勧めで最終日にラッキーカラーを着用し始めたことに由来する。
2. 2009年の自動車事故が発端となって、不倫疑惑が報道された。タイガーがこれを認めて謝罪すると、総勢19名の愛人がいたことが発覚。これはあくまで愛人の数であり、浮気した相手は120人以上ともいわれていて、タイガーはセックス依存症であると診断され、治療を行った。

努力は必ず報われる。
もし報われない努力があるのならば、
それはまだ努力とは呼べない。

王貞治（1940〜）

前人未到の記録を残した世界のホームラン王

「一本足打法」と呼ばれる独特の打法で王が生み出した、日本プロ野球通算本塁打868本。いまだにこの記録は破られておらず、今後も破られることはないといわれている。長嶋茂雄と「ONコンビ」と呼ばれ、読売ジャイアンツの「V9」時代のスターとして国民的人気があった。

王貞治は小学校4年生のときに兄が慶応大学野球部に入ったことで、野球に興味を持ち始め、クラス仲間と野球チームを作って遊んでいたという。中学に入ったころには「本所中学にすごいのがいるらしい」との噂が広がり、東京都の野球大会から招待状が届いたこともあった。早稲田実業高に入学すると、2年のときに2試合連続本塁打を放つなど活躍し、プロ野球の各チームが王を誘ったが、結局は地元の読売ジャイアンツへと入団する（この当時はドラフト制度がまだ存在しなかった）。ジャイアンツに入団後は打撃コーチ荒川博の指導のもと一本足打法を完成させ、入団3年目からホームランを量産するようになった。1964年には当時のシーズン最多記録となる55本のホームランを放ち、この記録は2013年にバレンティンに抜かれるまで、半世紀も抜かれることはなかった。1977年にはアメリカメジャーリーグのハンク・アーロンの通算ホームラン記録である756本を更新、通算で868本のホームランを記録した。王が背負った背番号1は巨人の永久欠番となり、この年、国民栄誉賞を受賞している。

上記の言葉の通り、常に全力を尽くすことを信条にしていた王は、1980年に「王貞治としてのバッティングができなくなった」と選手から引退すると、翌年には巨人の助監督に就任する。1984年から88年まで巨人の監督を務め、1987年にはリーグ優勝に導いた。1995年からは福岡ダイエーホークスの監督として指揮をとり、1999年にリーグ優勝、日本シリーズでも中日ドラゴンズを破って監督初の日本一に輝く。2006年のシーズン途中に病気療養のためにチームを離れたが、2007年から復帰。2008年に監督を退任し、現在は福岡ソフトバンクホークス株式会社取締役会長を務めている。

Topic　1. 一本足打法を生み出すために、「天井から吊り下げた糸の先に付けた紙を、日本刀で切る」という練習を行っていた。これはタイミングをズラされると弱い一本足打法の弱点を克服するために行っていたといわれている。まさに努力の人である。
2. 王が海外メディアから「あなたは日本人ですか？」と質問された際には、「私は生まれたときより日本で育ち、日本の教育を受け、日本のプロ野球人として人生を送ってきました。疑うことなく日本人です」と答えている。

 スポーツ **343**

先入観なしに白紙で選手を見るには、結果を出す場をつくるしかない。

仰木彬（1935〜2005）

選手を愛し、選手と向き合う

　仰木彬は、1935年4月29日生まれ、福岡県中間市出身の野球選手である。福岡県立東筑高校の3年時に甲子園へ出場し、投手兼4番バッターとして活躍するも初戦敗退した。それでも南海ホークス、中日ドラゴンズ、西鉄ライオンズの3球団からオファーがあり、卒業後は西鉄ライオンズに入団した。入団後は1年目からレギュラーに定着。「鉄腕」稲尾和久や「怪童」中西太らと共に西鉄黄金期を支え、ベストナイン1回、オールスターにも選出された。しかし、現役14年間の成績は突出して素晴らしいといえるものではなかった。仰木がここまで有名になり、多くのプレイヤーから愛されたのは、監督になってからのことだ。

　1967年で現役生活を終えると、翌年からライオンズでコーチとして第二の野球人生をスタートさせる。1970年にはかつての恩師である三原脩監督のいる近鉄で、守備走塁コーチに就任。1983年からはヘッドコーチに昇格し、1987年には岡本伊三美が退任したことで近鉄の監督に就任することとなる。監督1年目にはライオンズとの激しい優勝争いの末、ファンには語り草になっている伝説の「10.19」で勝ちきれず、僅差で優勝を逃したのだった。しかし、この劇的な戦いがあったからこそ、仰木はさらに野球を深く愛し、選手を愛するようになったという。そして、選手が結果を出せるように、「指導者は結果を出せるタイミングを見逃してはならない」と選手たちと向き合った。1994年にオリックスブルーウェーブの監督になると、翌年、阪神淡路大震災で大きく傷ついた神戸に、逆境を乗り越えてリーグ優勝をもたらしたのだった。最後は2005年に球界再編という荒波の中、近鉄とオリックスの合併によって誕生したオリックスバファローズの初代監督として、肺がんという病を隠しながら新生チームを指揮した。監督としての生涯成績は勝率.548、Aクラス11回にBクラス3回、3度のリーグ優勝。輝かしい成績を残し、野茂英雄やイチロー、長谷川滋利、田口壮といった日本人メジャーリーガーを数多く育てたことでも知られる。

Topic 野球界随一の遊び人としても有名。現役時代は遊びの合間に野球をやっていたと本人が語るほどで、監督になってからも遊びぐせは直らず、選手たちと浴びるほど酒を飲んだり、『ニュースステーション』出演中に小宮悦子アナを本気で口説いたりと、遊び人エピソードには事欠かない。

イマジネーションとディシプリン（規律）の バランスをとるのが監督だと思っています。

岡田武史（1956～）

日本代表を二度も率いた監督の哲学

　1956年、大阪府生まれ。小学生時代の岡田武史は地元・大阪球場を本拠としていた南海ホークスのファンであり、野球少年だった。しかし中学に入ると野球部の上下関係に嫌気がさし、また当時はメキシコシティーオリンピックでサッカー日本代表が銅メダルの活躍を見せていたことからサッカー部へと転部する。その後は、天王寺高校や早稲田大学を経て、1980年に古河電気工業に入社。社員として働きながら、古河電気工業サッカー部で頭脳派ディフェンダーとして活躍。高校3年時に日本ユース代表に選出されたほか、大学在籍時には総理大臣杯優勝、大学選手権優勝を経験し、ユニバーシアード代表にも選出された。日本リーグでは189試合に出場して9得点をマーク。1985年にはリーグ優勝も経験している。また、日本代表として国際Aマッチ24試合に出場、1得点を記録するなど輝かしい活躍を見せた。

　しかし、岡田のことは選手としてよりも監督しての印象が強い人のほうが多いのではないだろうか。1990年に現役を引退すると、古河電工コーチに就任して指導者の道を進むことになる。1992年にドイツでの指導者留学を経て、翌年にはジェフユナイテッド市原（旧・古河電工）のコーチに復帰。1995年からは日本代表コーチに就任したが、ワールドカップ・フランス大会アジア最終予選の途中で加茂周監督が成績不振で解任され、彼から引き継ぐ形で日本代表監督に就任する。数年前まで会社員兼コーチだった男が、日本サッカー史上初のワールドカップ本戦の代表監督になってしまったのである。そんな彼の監督としての哲学は、上記の言葉にある通りだ。そして、それを実践することによって二度も日本代表監督を任され、2010年のワールドカップ・南アフリカ大会ではチームを決勝トーナメントに導いている。

Topic　1. 大学卒業時、岡田はマスコミ業界への就職を志望していたが、受験したテレビ局すべてから不採用の通知が届いたため、古河電工でサッカーを続けることになる。

　　　2. 古河電工時代はサッカーの練習があったため残業できず、非常に生活は苦しかったという。日本代表の遠征に行く際は消費者金融でお金を借り、ボーナスで借金を返していたとも。

　　　3. 現役時代はメガネを付けたままプレーしたこともしばしばあった。

スポーツ **345**

才能ある若手こそ、挫折を経験させなければならない。挫折はその選手を成長させる最大の良薬なのだから。

ヨハン・クライフ（1947〜2016）

父の死を乗り越え成長した"空飛ぶオランダ人"

　ヨハン・クライフはオランダ出身のサッカー選手で、リヌス・ミケルス監督の志向した組織戦術「トータルフットボール」の体現者としても知られる。彼の名がついた「クライフターン」を始めとした高い技術を有し、「空飛ぶオランダ人（フライング・ダッチマン）」といわれる華麗なプレースタイルで活躍し、アヤックスではUEFAチャンピオンズカップ3連覇を果たし、オランダ代表では1974年のワールドカップ・西ドイツ大会で準優勝に導き大会MVPも受賞する大車輪の活躍で、バロンドール（欧州年間最優秀選手賞）も3度受賞している。また、引退後は監督としても成功を収めており、FCバルセロナではリーガ・エスパニョーラ4連覇やUEFAチャンピオンズカップ優勝など輝かしい成績を残しており、「近代サッカーでもっとも重要な人物」とまでいわれている。

　そんなクライフが生まれたのは1947年のこと。オランダ・アムステルダムのベトンドルプという街で、青果店を営む家庭のもとに誕生した。家は貧しかったが、兄や友人たちと毎日ストリートサッカーを楽しみながら技術を磨いていたという。10歳のときにはアヤックスの下部組織に入団したが、12歳のときに父が心臓発作で亡くなり、しばらくは精神的なショックで立ち直れなかったという。それでも、父の墓前で毎日語りかけていると、父の魂に見守られていると感じたクライフは再びサッカーを始めたという。

　それまで続けていたサッカーが父の死によって挫折しそうになったところから、立ち直ったことでクライフは大きな成長を見せる。15歳でユースチームに昇格したクライフは、チームメートよりも体格的には見劣りしたものの、FWとして公式戦で74得点を挙げる大活躍を見せ、翌年にはトップチームへの昇格とプロ契約を打診された。ちなみに、アヤックスがプロ契約を結んだのは、ピート・カイザーに続いてクライフが二人目だったという。

Topic
1. アヤックスの下部組織に入団した当初、クラブには野球部門も存在しており、クライフはキャッチャーとしてかなり有望だったようで、サッカー選手になる夢と同時にメジャーリーグで活躍する夢も持っていたという。
2. 極度の機械音痴としてファンからは知られており、あるときクライフは「ビデオの再生くらいはできるさ。でも、録画は……できないんだ」と語ったとされている。
3. かなりのヘビースモーカーだったが、持病の心臓病から医者に禁煙をすすめられ、試合中のベンチでもチュッパチャップスを舐めていた。その姿がテレビで放映されたことから、チュッパチャップスは世界的にヒットしたという説があり、チュッパチャップス社もこのことを認めている。

数字のことを喜んで話すのは
引退してからだ。

ジョージ・ケネス・グリフィー・ジュニア（1969～）

周囲の期待に押しつぶされたからこそ出た答え

　ケン・グリフィー・ジュニア（ジョージ・ケネス・グリフィー・ジュニア）は、走攻守三拍子そろったオールラウンドプレイヤーで、メジャーリーグで本塁打王に4度、ゴールドグラブ賞に10度輝き、史上6位の通算630本塁打、2781安打、打率2割8分4厘、オールスター通算13度出場と輝かしい成績を残した。その活躍ぶりから、全盛期を過ごしたシアトル・マリナーズの本拠地セーフコ・フィールドは「グリフィーが建てた家」ともいわれている。

　同じくベースボールプレイヤーとして活躍した父ケン・グリフィー・シニアのもとに生まれたジュニアは、幼少期からその才能をいかんなく発揮し、リトルリーグではほとんどアウトになることがなく、アウトになると悔し涙を流したほどだったという。その後、モーラー高校に進学すると、2年連続で所属リーグのプレイヤー・オブ・ザ・イヤーに輝き、1987年にはMLBドラフトでシアトル・マリナーズから1巡目に指名を受けて入団した。

　ケン・グリフィー・シニアの息子として大きな期待を背負ってシーズン1年目を迎え、ショートシーズンA級で54試合に出場して打率.313、14本塁打、40打点、13盗塁の記録を残したのだが、これにファンは納得することはなかったという。1988年1月、周囲からのあまりに大きな期待に耐えかねたジュニアは、257錠のアスピリン（鎮痛剤）を服用して自殺を図る。彼は当時を振り返って、「グリフィーの息子という目で毎日見張られているようだった。発作的に死のうと思ったんだ」と語っている。病院に担ぎ込まれたジュニアは一命を取り留めると、そこからは父や数字のことは気にすることなく、自分なりの野球を楽しむようになり、1989年には19歳4カ月の若さでメジャーデビューを果たし、冒頭に挙げたような輝かしい記録を次々と打ち立てていくのだった。

　上記の言葉は、400号本塁打まであと1本と迫ったときに記者から質問されて答えたものだ。この言葉には、自殺未遂を経験したことで数字よりも野球を楽しむことが重要だと悟った彼の気持ちがあらわれている。

Topic　1990年のシーズン終盤に、父のケン・グリフィー・シニアがシアトル・マリナーズに移籍し、同年8月31日には2番左翼手・シニア、3番中堅手・ジュニアとして、史上初めて親子揃ってスタメンに名を連ねた。なお、この試合ではシニアもジュニアも揃ってセンター前にヒットを放ち、親子共演打を記録している。

プライドのあるチームは、プライドのない チームよりも良いプレーをする。

ジネディーヌ・ヤジッド・ジダン（1972～）

選手として、監督としてチームを率いる

　FIFA最優秀選手賞、バロンドール、ゴールデンボール賞など個人タイトルを総なめにし、代表やクラブチームではワールドカップ、欧州選手権、トヨタカップ、チャンピオンズリーグなどの主要タイトルをすべて獲得。そして、欧州サッカー連盟（UEFA）創立50周年記念式典では、過去50年の欧州のサッカー選手の中で、フランツ・ベッケンバウアーやヨハン・クライフらを抑えてもっとも優れた選手に選ばれている。

　ジダンは、フランス領アルジェリアからパリに移住してきた少数民族ベルベル人の両親のもとに生まれ、兄や近所の子どもたちと近所の広場で球蹴りをしたのがサッカー人生の始まりだ。9歳で地元のASフォレスタに加入すると、すぐに才能が認められ10歳のときには格上のチームに移籍した。14歳のときエクス＝アン＝プロヴァンスのトレーニングキャンプに参加したところ、ASカンヌのスカウトの目に止まり、家族の元を離れてカンヌユースに所属することとなり、1988年にはトップチームとプロ契約を交わした。しかし、当時16歳だったジダンになかなか活躍の場は与えられず、再びジダンが輝きを取り戻したのは3年目の1990年のこと。オリンピック・マルセイユとの一戦で活躍を見せると、その後チームの14連勝に貢献したのだった。FCジロンダン・ボルドーへ移籍すると一気にブレイク。1996年のインタートトカップでは決勝に進出し、試合を観戦していたユベントスの首脳陣をして「ミシェル・プラティニの後継者をみつけた」と言わしめた。

　同年にジダンはユベントスへと移籍すると、スター街道を駆け上がっていく。アレッサンドロ・デル・ピエロとフィリッポ・インザーギの強力2トップとともに5シーズンの在籍で二度のリーグ優勝を飾り、1998年に開催されたワールドカップ・フランス大会では、地元フランスを優勝へと導いた。上記の言葉は、そのフランス大会準決勝での発言。対戦相手のクロアチアは初出場。下馬評は当然フランス有利だったが、ジダンのこの言葉でフランス代表は油断することなく全力で試合に挑むことができたのだった。

Topic 1. 2006年のドイツワールドカップ決勝では、イタリア代表のマルコ・マテラッツィへの頭突きで退場に。マテラッツィによるアルジェリア移民2世であるジダンへの人種差別や、ジダンの家族を侮辱した発言が原因だったといわれている。フランスも試合に負け準優勝に終わるが、大会のMVPを獲得している。

2. 足の裏でボールを操り相手選手をかわす「ルーレット」は得意技。日本では彼の出身地にちなみ「マルセイユ・ルーレット」と呼ばれる。

冷静さを保ち、精神を集中して、興奮しすぎないよう、そして疲れないように努めた。

ミハエル・シューマッハ（1969〜）

冷徹なまでに勝利を追求したF1レーサー

　ミハエル・シューマッハはF1史上最多の91勝、チャンピオン獲得7回という記録を持つ歴代ナンバー1レーサーだが、彼がF1界のヒーローかと問われれば、多くのファンはノーと答えるだろう。

　4歳のときに煉瓦職人の父ロルフから贈られた原動機付きペダルカーを運転し、街灯にぶつかったところから彼のレーサーになるための人生が始まる。町中で走らせるのは危険と判断したロルフが近所のカート場に連れて行ったことで、シューマッハはレーシングカートとの出会いを果たしたのだ。シューマッハの家庭はとても裕福と呼べるような環境ではなかったが、常に家族は彼をサポートし、1991年にチームジョーダンでF1レーサーに昇格。彼が勝利至上主義といわれるほど勝ちにこだわったのは、貧しいながらもサポートを続けてくれた家族のためだったのかもしれない。

　彼のドライビングは常に物議を醸した。1990年のマカオグランプリではオーバーテイクを仕掛けてきたハッキネンをブロックして接触。取材でこのことを聞かれると、「僕は勝つために当然のことをしたと思うよ」と答え批判が殺到した。特に批判が集中したのが2010年のハンガリーグランプリ。シューマッハはインから抜けようとしたバリチェロに対して幅寄せし、バリチェロは時速300km以上のスピードであわやコンクリートウォールに接触する寸前だった。これが危険なドライビングとみなされ、ほかのドライバーたちからも一斉に批判の声が上がったのだった。このように、シューマッハには常に批判が付きまとったが、彼は決してクレイジーなわけではなく、本人の言葉にあるように「冷静に、集中して」勝利のためにその決断を下していったのである。

Topic　1. 勝利にはとことんこだわったが、お金には無頓着といわれている。普段は堅実な生活を送っており、ファッションにも興味がないようで、いつもイギリスメディアからはファッションセンスを馬鹿にされていた。
2. サッカーの腕前は趣味の枠を超えており、38歳のときに自宅のあるスイスの3部チームに所属していたことがある。

> 私は、自分のバスケットボール人生の中で9000回以上のシュートに失敗した。300近いゲームに負け、26回は試合の勝敗を決めるシュートを外した。私は、人生の中で何度も何度も失敗している。そしてそれこそが私が成功する理由なのだ。

マイケル・ジョーダン（1963〜）

失敗と挫折から天才はつくられる？

　この言葉を残したのは、世界でもっとも有名なバスケットボールプレイヤーであるマイケル・ジョーダンだ。15年間の選手生活で得点王10回、年間最多得点11回、シカゴ・ブルズを6度の優勝に導き、5度のシーズンMVP、6度のNBAファイナルMVPを受賞するなど数々の輝かしい成績を残した。「バスケットボールの神様」といわれる所以である。

　そんなジョーダンから「何度も何度も失敗している」という言葉が出るのは意外な気がするかもしれないが、実は子どものころの彼は落ちこぼれだったのである。兄の影響でバスケットボールを始めるが、兄にはまったく歯が立たず悔しい思いをしたという。ジョーダンといえば背番号23がトレードマークだが、これも背番号45を付けていた兄の半分でもうまくなれるようにとの願いを込めて付けられたものなのである。

　やがて成長し、高校に入ったジョーダンはさらに大きな挫折を味わうことになる。入学したE・A・レイニー高校では、身長が小さい（高校1年のときは180センチだった）という理由で学校のバスケットボールチームに入ることを拒否されてしまったのだ。2年生になってようやくチームに入れてもらえるのだが、身長と技術が足りないという理由で大会のメンバーから外されてしまったという。しかし、これに奮起したジョーダンは練習に練習を重ね、大会にすら出られなかった男が高校卒業前には、「マクドナルド・オールアメリカンチーム」（高校バスケのオールスターチーム）にも選抜されたのである。

　そして、バスケの名門ノースカロライナ大学に推薦で進学し、1年生でNCAAトーナメントチャンピオンシップに出場すると、決勝でバスケファンにはいまだに伝説のショットとして語り継がれている見事なウィニング・ショットを決め、チームを優勝へと導いたのだった。その後の彼の活躍は多くの人が知るところだが、その成功の原動力となったのが、子ども時代や高校生のときに味わった失敗と挫折だったのである。

Topic
1. デビッド・ベッカムやタイガー・ウッズなどバスケ界以外の一流アスリートからも、ジョーダンを尊敬していると公言されている。
2. ジョーダンは「商業的にもっとも成功を収めたアスリート」といわれ、プロ入りしてからは100億ドル（日本円で約1兆770億円）の経済効果を上げたとされている。
3. 多くのバスケットプレイヤーが真似する彼のスキンヘッドは、実はおしゃれではなく、若ハゲを隠すためのものだった。

スプーンカーブを走っているとき、神を見た。

アイルトン・セナ・ダ・シルバ（1960〜1994）

大逆転の先には、神が待っていた

　1980年代から90年代を代表するF1ドライバーのアイルトン・セナ・ダ・シルバは、日本では古舘伊知郎が実況で用いた「音速の貴公子」というニックネームで知られている。1960年、ブラジル・サンパウロで生まれたセナは、4歳の誕生日に子ども用のレーシングカートをプレゼントされ、カーレースの世界に強い興味を持っていくこととなる。

　セナは13歳のときに初めてインテルラゴス・サーキットでレーシングカートの競技会に参加。結果的に別の参加者に接触されてリタイアとなるが、自分より年上のドライバーを相手にリードする活躍を見せた。以降、父ミルトンのサポートもあって数々のカートレースに参戦していき、17歳のときには南アメリカ・カート選手権を制覇し、21歳でフォーミュラ・フォードの二つの大会で優勝を果たす。23歳でイギリスF3選手権に参戦すると20戦12勝をあげて年間王者に輝き、ついにF1の舞台に立つこととなる。

　F1に参戦したセナは、すぐに頭角をあらわしたわけではなかった。1984年に初めて加入したチーム「トールマン」では、8回のリタイアとサンマリノGPではF1キャリア唯一の予選落ちを経験するなど苦いシーズンとなり、翌年「ロータス」へ移籍することに。ロータスではF1初優勝を果たすものの、1985、86、87年とそれぞれ2勝ずつしかあげることができず、翌1988年にはチャンピオンになるために「マクラーレン」へと移籍。そして、この年に名言が誕生することとなる。マクラーレンに移籍したセナは絶好調で、鈴鹿サーキットで開催された第15ラウンド日本グランプリまでに7勝をあげ、日本グランプリで優勝すれば、ワールドチャンピオンを確実なものとする状況だった。その鈴鹿サーキットで12度目のポールポジションを獲得したセナだったが、スタート時にエンジンストールを起こしてしまい、14番手まで順位を下げてしまう。誰もがその時点でセナの優勝はついえたと思ったのだが、そこからまさに「音速の貴公子」と呼ばれる走りを見せつけ、27周目にはアラン・プロストをオーバーテイク。大逆転で優勝を飾り、初のワールドチャンピオンに輝いたのだった。その際にセナがインタビューで語ったのが、上記の言葉であり、今でも多くのF1ファンに語り継がれる名言である。

Topic　セナが名言を残した鈴鹿サーキットは、他のF1ドライバーたちからも賛辞を贈られている。2009年に初めて鈴鹿を制覇したセバスチャン・ベッテルは「鈴鹿サーキットは、神の手で作られたコース」と絶賛し、ミハエル・シューマッハは「鈴鹿のコースは夢のようだ。特に最初のセクターがすばらしい。ここをドライブするのは、すごくワクワクする」と語り、ルイス・ハミルトンは「ずっと幼いころから、ここで走ることを夢見てきた」と喜んだ。セナが神を見たサーキットは今もドライバーたちに愛されているのである。

スポーツは、まさに人生そのものだ。努力した分だけ自分に返ってくる。

イアン・ジェイムズ・ソープ（1982～）

水泳で多くの偉業を成し遂げた努力の天才

　オーストラリア・シドニー生まれのイアン・ジェイムズ・ソープは8歳のときに水泳を始め、14歳で史上最年少のオーストラリア代表に選出される。1997年パンパシフィック選手権福岡大会で国際大会にデビューすると、400m自由形で2位という記録を残した。そして、翌年の世界選手権パース大会400mで、史上最年少となる15歳で優勝を飾り、初のタイトルを手にしたのだった。さらにソープは、1999年から高校を休学してトレーニングに励み、2000年に地元シドニーで開催されたオリンピックに17歳の若さで初出場。200m自由形、400m自由形、4×100mリレー、4×200mリレー、4×100mメドレーリレーの5種目に登場し、3つの金メダルと2つの銀メダルを獲得し、世界中にその名を知らしめた。さらに圧巻だったのは、シドニーオリンピックの翌年に開催された、世界水泳選手権福岡大会でのパフォーマンスだ。100m自由形、200m自由形、400m自由形、800m自由形、4×200mリレー、4×100mフリーリレー、4×100mメドレーリレーの7種目に出場し、なんと100m自由形以外の6種目で金メダルを獲得し、大会記録を塗り替えたのだった。このとき、4種目で世界記録をマークするという離れワザもやってのけていたのである。これだけの成績を残せるのは、やはり"天才だから"と思いがちだが、彼自身は上記の言葉にもあるように、天才というよりは自分を努力の人だと思っていたようだ。ソープは努力することについて次のようにも述べている。
「努力した結果が金メダルであろうと銀メダルであろうと、それは僕には重要なことではない。大事なのは、自分が目標に向けて最大限の努力をしたかどうか、ということ。自分が納得できるだけの努力を、どれだけしたかどうかが大切なのだ。僕は努力の天才になりたい」
　ソープは2003年の世界水泳選手権バルセロナ大会や2004年のアテネオリンピックでも複数の金メダルを獲得するのだが、2006年には意欲の減退を理由に現役を引退。しかし、2011年にロンドンオリンピック出場を目指し現役復帰を表明する。オリンピック出場は果たせなかったが、彼のチャレンジ精神と努力には多くのファンが喝采を送った。

Topic　1. 2014年にオーストラリアのテレビ番組で、自身がかねてから噂のあった同性愛者であることをカミングアウトしている。また、うつ病に苦しんでいることも同時に告白した。
2. 2001年9月11日、ニューヨーク滞在中に世界貿易センタービルに向かっていたが、途中でカメラを忘れたことに気づいて引き返したため、偶然にもアメリカ同時多発テロ事件に遭うことがなかった。

特別なレースという部分に関しては、ここで初めて何かを試すようなことがあってはいけないと思います。

武豊（1969～）

数々のJRA記録を叩き出したモットーとは？

1960年から80年代にかけて活躍し、関西所属の騎手としては初の通算1000勝を記録して、「名人」や「ターフの魔術師」の異名を持ったジョッキー・武邦彦。武豊はその三男として生まれ、1984年に父の後を追うようにJRA競馬学校に入学する。そして、その3年後に競馬学校を卒業して、父も世話になった栗東の武田作十郎厩舎所属となり念願の騎手デビューを果たすこととなる。デビュー当初の豊は「親の七光り」や「タケクニの息子」とマスコミから揶揄されていたが、「いつか父が『武豊の父』と呼ばれるようになりたい」と応えるなど当時から強心臓ぶりを発揮。デビューした1987年には新人新記録となる69勝をマークし、翌年には史上最年少で100勝を達成。どちらの記録ものちに三浦皇成に破られることとなるが、この年にはG1菊花賞をスーパークリークで制覇しており、19歳8カ月での史上最年少クラシック制覇の記録はいまだに破られていない。

その後、1994年にはフランス・ロンシャン競馬場のムーラン・ド・ロンシャン賞でスキーパラダイスに騎乗し、JRA所属の騎手としては初めての海外G1勝利を達成。翌年には26歳4カ月で史上最年少JRA通算1000勝を達成した。ほかにもJRA新記録となる1日8勝や03～05年には3年連続200勝、天皇杯（春）やエリザベス女王杯を4連覇、G1通算勝利100勝超えなどなど数多の記録を達成している。

そんな豊の競馬におけるモットーは「八風不動」で、これはどんな事態にあっても動揺せず平常心を失わないことだという。常に練習から全力を尽くし、上記の言葉にあるように、特別なレースだからといって特別なことをしてはならないと思っているのだろう。それは、「問題はジョッキーが出すゴーサインを馬が理解してくれるかどうかでしょう。理解している馬なら叩こうが叩くまいが、しっかりともうひと伸びするものです。調教段階からゴーサインをきちんと教えていれば、ムチなんて使わなくても自然と理解して伸びてくれるものなんですよ」という発言にもあらわれている。

Topic
1. 「酒がご飯の代わり」と豪語するほどの酒豪で、大阪税務署主催の「利きビールコンテスト」では出場者の中でただ一人全銘柄を的中させたという伝説を持つ。
2. ゴルフはプロ級の腕前だといわれており、父のゴルフクラブを借りてコースに出た際に余裕で100を切るスコアを叩き出して、周囲を驚かせたことがある。

私は、今日、引退を致しますが、我が巨人軍は永久に不滅です！

長嶋茂雄（1936～）

巨人を愛し、国民に愛された"ミスタープロ野球"

「ミスタージャイアンツ」「ミスタープロ野球」「燃える男」と呼ばれた長嶋茂雄が引退セレモニーで残したこの言葉は、プロ野球ファンならずともいまだに多くの人が知る、伝説のスピーチと言われている。

長嶋は1936年、千葉県印旛郡臼井町で誕生した。千葉県立佐倉第一高等学校から立教大学に入学し、当時の監督である砂押邦信の猛訓練によって頭角をあらわし、在学中にホームラン8本の東京六大学記録（当時）を打ち立て、1958年に読売ジャイアンツに鳴り物入りで入団する。翌年には巨人ファンには語り草となっている、昭和天皇を迎えての天覧試合でサヨナラ本塁打を放ち、国民的スターとなる。なお、この当時はプロ野球よりも大学野球のほうが人気はあったが、この試合を境に人気が逆転したといわれている。また、この天覧試合ではルーキーだった王貞治もホームランを放ち、ON砲の第1号となった。

長嶋を評する際、よく「記録よりも記憶に残る選手」といわれるが、実際には新人王を皮切りに首位打者6回、MVP5回、ベストナイン17回など数々のタイトルを獲得。日本シリーズでは最優秀選手2回、打撃賞2回など、記憶だけでなく記録もしっかりと残した選手だった。

1974年にジャイアンツのV10が消滅すると、その日のうちに長嶋は引退を表明し、翌年にはジャイアンツの監督に就任。のちに、本人はまだ現役を続ける意思があったが、監督就任の依頼を断りきれなくなったため、引退を選んだと明かしている。長嶋ジャイアンツは1976年と1977年にリーグ優勝を果たしたが、1980年、成績不振を理由に長嶋は監督を辞任した。しかし、その後、人気が停滞していたプロ野球の活性化とチーム復活のために長嶋の監督復帰待望論が広まり、1993年に再び巨人の監督に就任すると、1994年と2000年に日本シリーズ優勝を果たしている。

Topic 1. 「う～ん」「いわゆる」「ひとつの」などの喋り方はよくモノマネされているが、「ついうっかり発言していろんな人を傷つけちゃいけない、誤解を与えちゃいけないと、言葉を選んでいたらあんな風な話し方になった」と本人が歌手の大友康平（長嶋の大ファン）に語ったという。
2. 巨人一筋というイメージがあるが、実は少年時代の長嶋は藤村富美男を贔屓にしており、阪神のファンだった。
3. ニューヨーク・ヤンキースに移籍していた愛弟子・松井秀喜に対して、国際電話越しにその場でバットの素振りをさせ、素振りの音を聞いて打撃指導をしたことがあり、まったく同じことを掛布雅之にも行っていた。

自分が自分に
「よくやっている」って思ったら、
その時にはもう終わりが近いってことだ。

中田英寿（1977〜）

名サッカー選手の飽くなき向上心

　この言葉は、まさに中田英寿のサッカー人生をあらわしているといえるだろう。中田は8歳のときに兄の影響でサッカーを始めると、中学3年生のときU-15日本代表に初めて選出された。以降は、U-16アジアユース、U-17世界選手権、U-19アジアユース、ワールドユース、オリンピック（U-23）にはすべて飛び級で出場している。1995年にJリーグのベルマーレ平塚に入団するが、中田がプロ入りする際、全12クラブ中ヴェルディ川崎を除く11チームからオファーを受けていた。そんな中から、Jリーグ昇格わずか2年目のベルマーレ平塚を選んだのは、海外からオファーがあった際には移籍を認めることを契約に盛り込んでくれたからだという。プロ入り前から世界を意識していた中田は、1996年に開催されたアトランタ五輪に出場し、「マイアミの奇跡」といわれるブラジル五輪代表戦勝利に貢献した。翌年にはフル代表にも選ばれ、日本代表が初のワールドカップ出場を決めた「ジョホールバルの歓喜」では中田が放ったシュートのこぼれ玉を岡野雅行が押し込み、これが決勝ゴールとなっている。そして1998年、ワールドカップ・フランス大会に全試合フル出場すると海外12クラブからオファーが舞い込む。その中にはユベントスやアーセナルといった強豪も含まれていたが、試合出場することを念頭に置いていた中田は、イタリア・セリエAのペルージャへ移籍することを決めたのだった。

　セリエAデビュー戦では前年度優勝チームであるユベントスから2得点をあげる活躍をみせ、華々しくセリエAデビューを飾る。このシーズンは、年間10得点をあげて、当時の日本人海外リーグ最多得点記録をマークした。翌99－00シーズンでも中田の快進撃は止まらず、シーズン途中に1600万ドルで名門ASローマへ移籍することとなる。00－01シーズンはローマが大型補強を行ったため、スタメンでの出番はほとんどなくなってしまったが、優勝を掛けた大一番ユベントス戦で2得点に絡む活躍をし、スクデット獲得の立役者のひとりとなった。その後もパルマ、ボローニャ、フィオレンティーナ、ボルトンで活躍した中田だったが、29歳という若さでサッカー界からの引退を表明したのだった。

Topic 1. 語学が堪能で、在籍したイタリアやイングランドの言葉以外にもスペイン語、ポルトガル語、フランス語、ロシア語なら簡単な会話ができるという。
2. サッカーをプレーするのは好きだが、観るのは嫌いという中田。ワールドカップシーズンになるとFIFAがチケットを手配してくるそうだが、「観にいかないからいらない」と断っているという。

 スポーツ **355**

若いうちは、無駄が栄養ですね。

野茂英雄（1968～）

球団と仲違いするもメジャーで大活躍

「トルネード投法」と呼ばれる独特なフォームから繰り出されるフォークボールで三振を量産した名ピッチャー・野茂英雄の言葉である。日本球界のみならず、メジャーリーグでも活躍したパイオニアだが、彼がメジャーに挑戦したのは意外な理由からだった。

　小中学校時代はまったくの無名選手だった野茂が頭角をあらわしたのは、高校2年のとき。全国高等学校野球選手権大阪大会2回戦で完全試合を達成し、プロからも注目される選手となった。高校卒業時はプロからの誘いもあったが、新日本製鐵堺へ入社して独自の投球フォームに磨きをかけ、このときに自身の代名詞ともなるフォークボールを習得。1988年にはソウルオリンピックに出場して銀メダル獲得に貢献した。翌年のドラフトでは史上最多の8球団から1位指名を受け、抽選の結果近鉄バファローズに入団。1990年にプロ初登板を果たすと、最多勝利・最優秀防御率・最多奪三振・最高勝率と投手4冠を独占し、ベストナイン・新人王・沢村栄治賞・MVPにも輝いた。しかし、1992年に仰木彬監督が成績不振を理由に監督を辞任すると、次第に近鉄と野茂の関係は崩れていく。1994年オフに野茂は、複数年契約と代理人交渉制度を希望したが、球団からは肩を故障してシーズン後半を棒に振ったことを理由にこれを拒否された。のみならず「君はもう近鉄の顔ではない」と告げられてしまう。また、野茂は近鉄への入団時に「投球フォームの改造をしないこと」を条件としていたが、仰木監督に代わって就任した鈴木啓示監督はことあるごとに野茂にフォームの変更を求め、ラジオ番組に出演した際にも「今のフォームではいずれ通用しなくなる。そのときに私に頭を下げてこられるかどうかだ」と野茂への不満を全国に向かって語っていたという。これに業を煮やした野茂は、近鉄を退団してメジャーリーグ挑戦を決めた。年俸は近鉄時代の1億4000万円から980万円にまでなったが、野茂に迷いはなかったといわれている。

　その後の野茂の活躍はご存知の通り、メジャーでも「ドクターK」と呼ばれ奪三振を量産。彼の活躍は日米で社会現象にまでなり、その後日本人選手がメジャーに挑戦できるようになったのは間違いなく野茂の功績である。

Topic 1. ロサンゼルス・ドジャース入団時の背番号は16。これは映画『メジャーリーグ2』に出演した石橋貴明がつけていた背番号に由来する。
2. 1994年に、かつて自身が在籍した新日本製鐵堺が休部を決定。社会人野球の縮小を憂いた野茂は2003年に『NOMOベースボールクラブ』を設立した。

絶対勝つと思ったら、勝つ。
高く昇ろうと思ったら、高いところを思え。

アーノルド・ダニエル・パーマー（1929〜2016）

全力のプレーがゴルフをメジャースポーツに

アーノルド・ダニエル・パーマーは「キング」の異名を持つゴルフ界のスーパースターで、上流階級の人たちだけが楽しむスポーツだったゴルフを一般階級の人たちを熱狂させるものに変えたといわれるほどの活躍をみせた選手である。多くのギャラリーがついて回るため、その光景は「アーニーズ・アーミー（アーノルドの軍隊）」と呼ばれていた。

アーノルドはクラブプロとグリーンキーパーをしている父の影響で、7歳からゴルフをはじめる。生活はかなり貧しかったそうだが、父の指導のもと金持ちの子どもたちを次々と負かしていったという。父からの教えは技術というよりはメンタルに訴えかけるもので、常に全力でプレーすることを求められていたという。そのため、彼のプレースタイルは究極的な攻撃型になっていった。アーノルドはレイアップ（グリーンまで距離がある場合、次のショットを打ちやすいように距離を抑えて打つこと）をよしとせず、どんなときも全力でピンを撃ち抜いた。彼の打法は「ハイフィニッシュ」と呼ばれ、多くのゴルファーがこぞってそのフォームを真似たといわれている。ちなみに、あるインタビュアーがアーノルドに「刻んだ（レイアップした）ことはあるか？」と質問したところ、「ない。刻んでいればもっと勝てた」と答えたという逸話もある。もっと戦略的にプレーしていれば、確かに彼はもっと良い戦績を残すことができたかもしれないが、アーノルドが全力でプレーしたからこそ多くのファンの心を動かし、ゴルフがメジャースポーツになることができたともいえる。

そんな彼が残した言葉も、らしいといえばらしい言葉である。なお、この言葉には続きがあって、「勝つのは、たいがい、勝てると思っている人間だ」と締められている。これは、彼自身のゴルフ哲学をあらわしたものだろう。

Topic 1. 彼にちなんで、アイスティーとレモネードを組み合わせた飲み物を「アーノルド・パーマー」という。
2. 飛行機のパイロットとしても有名で、生涯飛行時間は約2万時間。1976年には世界一周を達成した。
3. 宝塚記念、有馬記念を勝ったメジロパーマーの馬名は彼から取ったものである。

私は人を意識せず、人が私を意識した。だから、私は一人で走った。あと20キロは同じペースで走れただろう。

アベベ・ビキラ（1932〜1973）

オリンピック2連覇を成し遂げた "裸足の英雄"

この言葉は、1964年の東京オリンピックで史上初のマラソン2連覇を成し遂げた、エチオピアのマラソンランナーであるアベベ・ビキラが、同大会でトップを独走したことについて聞かれたときの回答だ。

アベベは19歳のときに皇帝ハイレ・セラシエ1世の親衛隊に入隊。当時エチオピアが参加していた国連軍の一員として、朝鮮戦争に従軍するため釜山に派遣されるが、ほどなく休戦となり帰国することに。その後、親衛隊で訓練の一環としてスポーツのトレーニングを受け、そこで足の速さが初めて注目されるのだった。オリンピック連覇を果たしたアベベがちゃんとしたスポーツのトレーニングを受けたのは、20歳を越えてからのことだったのである。1957年の四軍陸上競技大会のマラソンで2位となり、ローマオリンピックの強化選手に選ばれるが、当初のアベベは目立った選手ではなかったという。しかし、みるみる記録を伸ばし、1960年の国内予選で2位となってローマオリンピックのマラソン代表に選出されたのだった。　同年、アベベはローマオリンピックに出場し、観客たちの度肝を抜くことになる。マラソンは大会最終日に行われ多くの注目が集まる中、まったく無名の選手だったアベベが優勝をかっさらっていったのだった。しかも、大会直前に靴が壊れてしまったため、裸足で石畳のあるコースを走りきったことにも観客たちは驚愕し、"裸足の英雄" と絶賛したのである。

それから4年後の1964年、アベベは東京オリンピックに出場する。すでに32歳でランナーとしてのピークは過ぎたと思われていたのだが、なんとアベベは、ローマオリンピックで出した世界記録をさらに更新して優勝してみせたのである。その圧倒的な強さは東京オリンピックに参加した外国人選手の中でも、もっとも強いインパクトを与えたといっても過言ではない。

Topic｜ローマオリンピック優勝以降、参加するレースは裸足で走っていたアベベだが、日本の毎日マラソンに参加した際に、鬼塚株式会社（現 アシックス）社長鬼塚喜八郎が「日本の道路はガラス片などが落ちていて危ない。軽いシューズを提供するから履いてくれ」と説得したことにより、アベベは再び靴を履いて走るようになった。

あきらめないで自分を信じて欠点を矯正していく。それが一番大切だ。

アンディ・フグ（1964〜2000）

真摯に空手道を進んだ“青い目の侍”

　1964年スイス・ボーレンに生まれたアンディ・フグ。幼少期はサッカー少年であったが、ブルース・リーの映画を観たことがきっかけで極真空手を習い始める。空手家としてメキメキと頭角をあらわすのだが、サッカー選手としての実力もかなりのもので、スイスのアンダー世代の代表に選出され、プロ契約のオファーもきていたという。しかし、アンディは団体競技よりも個人競技の方が自分に合っていると判断し、空手道を進むことを決心した。1985年に極真ヨーロッパ選手権で優勝を果たすと、1987年の世界大会では松井章圭に敗れたものの準優勝に輝いた。1989年のヨーロッパ選手権では再度優勝を果たしたが、1991年の同大会で敗れると極真会館を退館して、正道会館に移籍。そして1993年からは正式にK-1に参戦したのだった。

　実はアンディは緊張しやすい性格で、K-1に参戦してしばらくは思い通りの戦いができず、1994年と1995年のK-1GPはどちらも1回戦でKO負けを喫している。しかし、掲出の言葉通り少しずつ弱点を矯正し、1996年のK-1GPでは準決勝でアーネスト・ホーストを破り、決勝では前回敗れた相手であるマイク・ベルナルドを2ラウンドKOで勝利し、見事に初優勝を果たした。ちなみに、この優勝は空手選手としても初だった。この優勝により、母国スイスでもアンディは英雄となり、スイスでK-1の大会が開催されるとアンディの出場試合はスイス国営テレビでも放送され、平均視聴率は必ず50％を超えていたという。日本でいうかつての長嶋茂雄や力道山くらいの人気があったと思われる。

　その後も1997年と1998年のK-1GPではいずれも決勝に勝ち進んだが、どちらも準優勝に終わっている。1999年には準々決勝でアーネスト・ホーストに敗北。翌2000年の8月24日、日本医科大学付属病院で急性前骨髄球性白血病によって危篤状態であることが発表され、同日に亡くなった。35歳の若さだった。アンディは病気だったことを家族にすら知らせていなかったといわれている。

Topic　3度の心肺停止から回復したが、4度目の心停止からは回復できず、担当医師が「アンディは3度立ち上がった。もう休ませてあげましょう」と語ったという。

強いものが勝つんじゃない。
勝ったものが強いんだ。

フランツ・アントン・ベッケンバウアー（1945〜）

強靭な肉体と精神を持ったピッチの皇帝

　フランツ・アントン・ベッケンバウアーは旧西ドイツ出身のサッカー選手であり、監督であり、2006年のワールドカップ・ドイツ大会では組織委員長も務めた。現役時代は超攻撃的スイーパーである「リベロ」と呼ばれるポジションを確立したことでも知られ、ピッチ上で味方選手を鼓舞し、操る姿から「皇帝」のニックネームで知られている。

　物心ついたころから近所の子どもたちとストリートサッカーに興じていたという。8歳のときにSCミュンヘン1906の下部組織に入り、本格的にサッカーを始める。実はベッケンバウアーはTSV1860ミュンヘンのファンだったため、同チームの下部組織に移籍を考えていたのだが、14歳以下の大会で1860ミュンヘンの下部組織と戦った際に相手選手から平手打ちを受ける事件が起こり、バイエルン・ミュンヘンの下部組織に入団することを決意したのだった。そして、ベッケンバウアーはバイエルンの象徴的な選手になっていく。1964年にバイエルンのトップチームに昇格すると、監督のズラトコ・チャイコフスキから「君はクルップ社のような鉄になれる素材だが、今は生クリームのようだ」といわれ、さまざまな厳しいトレーニングを課されたといい、そのおかげでベッケンバウアーは強靭な肉体と精神力を手にしたといわれている。成果はすぐにあらわれ、64-65シーズンにはマイヤーやミュラーらとともにブンデスリーガ1部昇格に貢献。66-67シーズンにはUEFAカップウィナーズカップ優勝、68-69シーズンにはブンデスリーガ初優勝まで成し遂げてしまうのだった。

　クラブでは順調にカップを増やしていったベッケンバウアーだったが、ワールドカップでは1966年のイングランド大会で準優勝、次のメキシコ大会では準決勝で敗れるなど、W杯には縁がなかった。しかし、3回目のワールドカップである母国西ドイツ大会では、ポジションをリベロに変えて大活躍を見せ、決勝では「トータルフットボール」を掲げ圧倒的な強さを見せていた、ヨハン・クライフ擁するオランダと対戦し、見事に勝利を収め、この言葉を残したのである。なお、敗れたクライフはベッケンバウアーの言葉を聞き、「いくら技術に優れても、上には勝者がいる」と肩を落としたといわれている。

Topic 　1. ベッケンバウアーはギムナジウム（ドイツの中等教育機関）を卒業後、バイエルン・ミュンヘンの下部組織でサッカーをしながら、保険会社アリアンツに就職してサラリーマン生活も送っていた。
　2. 日本サッカーリーグの創設に尽力した「日本サッカーの父」にとデットマール・クラマーは、彼を「ほかのスポーツをプレーしたとしても頂点に立つことができる人物だ。テニス選手になっていたら、ウィンブルドン選手権を制していただろう」と評している。

「俺にしかできないもの」
「誰もやれなかった何か」をなし遂げたい
という意欲。俺はそれを誇りにしている。

リッキー・ヘンリー・ヘンダーソン（1958〜）

唯一無二で史上最高の盗塁王

　12回の盗塁王を獲得し、通算1406盗塁は2位のルー・ブロックに約500の差を付けて歴代最多、メジャーリーグの「マン・オブ・スティール（盗塁男）」。この言葉は、インタビューアーから「ケガをする可能性の高い盗塁というプレーにこだわる理由は何ですか？」と質問された際に出たものだ。

　リッキー・ヘンダーソンはミュージシャンのリッキー・ネルソンにちなんでリッキー・ネルソン・ヘンリーと名付けられたが、父が事故死して母がポール・ヘンダーソンという男性と再婚したため、リッキー・ヘンリー・ヘンダーソンという名前になった。彼はかなりスポーツが万能だったようで、高校時代には野球のほかにバスケットボールやアメリカンフットボールもプレーし、特にアメフトではランニングバックとして全米代表に選ばれるほどの活躍をし、24の大学から奨学金の申し出もあったそうである。

　しかし、すべての奨学金を断り、1976年にオークランド・アスレチックスからドラフト4巡目で指名を受けて入団。1979年にメジャー昇格を果たすと、6月24日には1番レフトでメジャーデビュー。ここで早速、初盗塁を決めている。翌シーズンにはアメリカンリーグ新記録となる100盗塁で初の盗塁王に。すると、1980年から1986年まで7年連続で盗塁王を獲得している。しかも、1982年には現在もMLB記録として残るシーズン130盗塁という大記録を達成。盗塁だけに注目が集まりがちだが、彼の通算安打数は3055で、四球は歴代2位の2190、出塁率は実に.401という驚異的な数字をマークしている。しかも、通算得点記録は2295でメジャー歴代1位なのである。そうした面でも、誰もやれなかったことを成し遂げているということになり、やはり彼はメジャーリーグ史上最高のリードオフマンと言えよう。

Topic | "走""攻"と素晴らしい成績を残したリッキーだが、唯一"守"だけは苦手で、凡フライを見失ってヒットにすることも珍しいことではなかった。それでも、ゴールデングラブ賞を1981年に獲得している。

スポーツ 361

僕の心の奥に、いつも僕にはまだ何か
可能性が残っている。
それを試さずにやめるのは卑怯じゃないか。
自分自身を騙しているという気持ちがあったんだ。

ジョン・マッケンロー（1959〜）

悪童とも呼ばれた唯一無二の天才

　1980年代を代表するテニスプレイヤーで、史上最高のサーブ＆ボレーヤーとの呼び声高いジョン・マッケンロー。そのプレーは「奇跡」や「天才」といった言葉で形容されるように、誰にも真似することができない唯一無二のものがあった。また、彼は素直に自分の感情を表現する性格の持ち主で、試合中に審判の判定に納得できないときは、判定にクレームをつけたり、審判に暴言を吐くこともしばしばあり、審判から退場を命じられることもあった。そのため「悪童」というニックネームでもよく知られている。

　そんな彼がプロプレイヤーとして活動を始めたのは1976年のことで、その翌年には幼なじみのメアリー・カリロとペアを組み、全仏オープン混合ダブルスでいきなりタイトルを獲得している。さらに1979年には全米オープン決勝に進出すると、ビタス・ゲルレイティスを破り、20歳の若さで四大大会シングルス初タイトルを獲得。

　1980年にはマッケンローを語る上で欠かせない伝説の試合が生まれる。ウィンブルドン決勝、ビョン・ボルグとの一戦だ。大会5連覇を目指していた王者ボルグと壮絶な打ち合いとなったこの試合は、試合時間が3時間55分におよび、いまだにテニス史に残る名勝負として語り継がれている。特に18-16という壮絶なスコアで奪った第4セットのタイブレークは特に語り草となっている。この試合にマッケンローは敗れるが、翌年にはボルグの連覇を止めてウィンブルドン初優勝を果たした。

　1979年から全米オープンを3連覇し、黄金期を迎えたマッケンローだが、1985年以降はなかなか四大大会の決勝に進むことも叶わず、周囲からも終わった選手扱いされることもあったが、彼はこの言葉を実践するように現役を続行した。心の奥に残った可能性を試し続けたマッケンローは、1992年ウィンブルドンダブルスで優勝を果たし、33歳で現役を引退した。最後まで魂を燃やして戦い続けたマッケンローの姿に、感銘を受けた者も多いだろう。

Topic　悪童というイメージが強いマッケンローだが、父親はニューヨークで弁護士として働く裕福な家庭に育ち、上流の英才教育を受けていたという。マッケンローは悪童ぶりを披露したあとは決まって父に「もう二度とあんなことはしない」と約束していたという。

高い技術を追求する人間に、精神は後からついてきます。逆に、精神から入ったら、競技者としての壁は越えられませんね。

室伏重信（1945〜）

鉄人が導き出した壁の越え方

　4回のオリンピック代表、日本選手権10連覇、アジア大会5連覇などの偉業を成し遂げ、「アジアの鉄人」とうたわれたハンマー投げ選手。1984年にマークした75m96という日本記録は、1998年に実の息子である室伏広治に破られたものの、いまだに日本歴代2位の記録として残り続けているのだから、まさに鉄人である。

　室伏重信は1945年、戦時中、中国大陸に渡っていた両親のもと、河北省唐山に生まれるが、日本の敗戦のため生後わずか2カ月で両親の故郷である静岡県東部に移り住むこととなる。日大三島高校に入学すると陸上部に入部し、1963年には全国インターハイ陸上競技で砲丸投げ、円盤投げ、ハンマー投げの3種目を制覇する。翌年の東京オリンピック選考会では残念ながら落選してしまうが、1968年に日本大学経済学部を卒業して大昭和製紙に入社すると、1970年にはバンコクアジア大会で優勝。念願のオリンピック代表に選出され、ミュンヘンオリンピックでは8位入賞を成し遂げた。1984年、本人最後の出場となったロサンゼルスオリンピックでは、日本選手団の旗手も務めている。

　そんな彼もメキシコ五輪選考会を前に大スランプとなり、どれだけ練習しても記録は伸びなかったという。しかし、ビデオ録画によるフォームチェックを取り入れたことで技術を磨き、スランプから脱出している。自らの苦い経験がこの名言を生んだのだ。

　指導者としても優秀で、アテネオリンピック男子ハンマー投げ金メダリストとなった息子・室伏広治を筆頭に、長女でアテネオリンピック女子ハンマー投げ代表の室伏由佳、釜山アジア大会男子ハンマー投げ銀メダリストの土井宏昭、エドモントン世界選手権女子ハンマー投げ代表の綾真澄など、彼の元で才能が開花した選手は数知れず。中京大学陸上競技部監督やアテネオリンピック日本選手団ヘッドコーチなどを歴任し、2011年には中京大学より「名誉教授」の称号が授与された。

Topic
1. 幼少時代は相撲が大好きで、大相撲の力士に憧れていた。重信は筋肉質で足腰が強かったため、中学3年の頃には相手になる人がいなかったという。昭和の大横綱・双葉山定次からも相撲部屋への入門を勧められ、本人もその気だったのだが、母親に反対されたため力士になるのはあきらめたという。
2. 70歳を越えてなお筋骨隆々で、タレントの武井壮は重信の印象を「倒し方がわからない」と表現している。

スポーツ **363**

集中力が高まって最高の状態になると、まわりのものがすべてスローモーションで見えてくるんだ。

ジョー・モンタナ（1956～）

多くの逆転劇を成功させた彼に見えていた景色とは？

　ジョー・モンタナは、1956年にペンシルバニア州西部のニューイーグルに生まれた。8歳のときにアメリカンフットボールを始めたが、野球やバスケットボールにも興味を持っており、高校時代は3種類の競技をそれぞれ楽しんでいたという。中でもバスケットボールは州のオールスターチームに選出されるほどの実力があり、ノースカロライナ州立大学から奨学金付きでオファーが来たという。アメリカンフットボールはというと、当初はクォーターバック（QB）の控え選手だったのだが、努力の末に先発に昇格し、最終的にはアメリカの週刊誌『パレード』が選ぶオールアメリカンのひとりに選ばれるまでに成長した。そして、ノートルダム大学から奨学金付きのオファーを受けたモンタナはノースカロライナ州立大学に断りを入れ、アメリカンフットボーラーとして生きる道を選択する。しかし、彼がノートルダム大学に入学した当初は練習生扱いとされ、試合にもほとんど出場することができなかったのである。ただ、入学時のヘッドコーチが健康上の理由で退任するとモンタナにもチャンスが訪れ、数々の試合で逆転勝ちに貢献する活躍を見せ、ついにはチームを全米チャンピオンへと導く。

　こうした活躍が認められ、彼はNFLのドラフト3巡目（全体の82番目）で指名されてサンフランシスコ49ersに入団を果たした。49ersのヘッドコーチであったビル・ウォルシュは短いパスを正確につないで確実に得点を挙げていくという戦術「ウェストコーストオフェンス」にモンタナがマッチすると予想し、入団2年目からチームのエースQBとしてモンタナを大抜擢。彼もその期待に応える大活躍を見せるのだった。モンタナは80年代にスーパーボウルで4回優勝し、そのうちMVPを3回獲得している。「モンタナマジック」と呼ばれる華麗な逆転勝利を数多く成功させたことによって、史上最高のQBと称されるようになる。

　彼は逆境で力を発揮するタイプのプレイヤーなのだが、その理由は掲出の言葉を見れば明らかだ。モンタナは超集中状態、いわゆるゾーンに入ることができるプレイヤーだったのである。ゾーンに入るには心・技・体がそれぞれ極限まで鍛え上げられていなければならず、それだけにモンタナというプレイヤーがいかに偉大だったかというのがわかる。

Topic 1989年の第23回スーパーボウルでの「ザ・ドライブ」と称される逆転劇は、スーパーボウル史上の伝説としていまだに語り継がれている。自陣8ヤードから始まった49ersのドライブは、モンタナが11回92ヤードのタッチダウンドライブに成功し、20-16で勝利、観客を熱狂させた。

一度に1万種類のキックを練習する男は怖くないが、1つのキックを1万回練習する男には恐怖を覚える。

ブルース・リー（1940～1973）

全世界に功夫を広めた熱き人生

　ブルース・リーは、香港の中国武術家、武道家、俳優、脚本家、映画プロデューサーである。彼は1940年、演劇役者だった父が家族とともにアメリカ講演に行っていた最中の、サンフランシスコの中華街の病院で誕生する。その後、イギリス植民地下の香港に帰国し、子役として数多くの映画に出演。また、上海精武体育会香港分会にて北派少林拳の邵漢生に指導を受け、武道にも興味を持ち始めた。

　1958年、18歳になったブルースに対して父は、何不自由なく育った息子の将来を心配して、アメリカへ行くことを命じる。すると、ブルースは父の言葉に従い、100ドルだけを持って単身シアトルに移り住んだ。アメリカに移住したブルースは、新聞配達のアルバイトをしながら高校卒業資格を取得してワシントン大学哲学科に進学するが、「振藩國術館」を開いて中国武術の指導を始めると大学を中退して、道場経営に専念した。

　転機となったのは1966年。アメリカの「ロングビーチ国際空手選手権大会」で詠春拳の演武をしたフィルムがテレビプロデューサーの目に止まり、『グリーン・ホーネット』の準主役に抜擢される。これ以降、ロサンゼルスのテレビや映画の関係者に武道の指導をするようになり、テレビや映画にたびたび出演するようになる。

　ブルースはアメリカのテレビ局で連続テレビドラマ『燃えよ！カンフー』を企画し、自ら主演を願ったが、東洋人であることなどを理由に断られている。すると今度は香港に戻り、映画会社と契約をして、1971年にブルース成人後の初主演映画『ドラゴン危機一発』が公開されるのだった。この映画は、香港歴代興行記録を塗り替える大ヒットとなり、ブルースは一躍香港のスター俳優になる。翌年は『ドラゴン怒りの鉄拳』と『ドラゴンへの道』を立て続けに公開し、1973年にはブルースが監督も務めた『死亡遊戯』の撮影もスタートしている。しかし、撮影の最中にブルースは頭痛を訴え、鎮痛剤を飲んだまま昏睡状態になり、搬送された病院で死亡が確認された。

Topic
1. ダンスの才能もあり、チャチャが得意で、香港のダンスコンテストで優勝したこともある。
2. ブルースが活躍したころの香港映画は、香港現地の広東語ではなく北京語で映画が製作されていたため、ブルースのセリフはすべて吹き替えになっていて、本人の声ではない。
3. ブルースといえばヌンチャクが代名詞だが、『燃えよドラゴン』で使用されたのは、正確に言えばヌンチャクではなく、「タバクトヨク」というカリ（フィリピン武術）の武器である。

スポーツ **365**

一流になれ、そうすればものが言える。

ジャッキー・ロビンソン（1919～1972）

黒人メジャーリーガーとしての矜持

　1890年頃以降、有色人種排除の方針が確立され、黒人差別が酷かったメジャーリーグにあって、ジャッキー・ロビンソンはアフリカ系アメリカ人選手として活躍し、有色人種のメジャーリーグ参加の道を切り開いた人物だ。なお、彼のことを「黒人初のメジャーリーガー」と称することがあるが、実際には1884年のモーゼス・フリート・ウォーカーが黒人初のメジャーリーガーであり、正確に言えば「近代メジャーリーグ初の黒人選手」ということになる。

　1919年ジョージア州カイロで5人兄弟の末っ子として生まれたロビンソンは、フットボール、バスケットボール、野球、陸上の四つのスポーツで奨学金をもらって高校へ進学するというスポーツ万能少年だった。大学からも多くの奨学金を提示されたが、自宅からもっとも近い学校を選び、しかも黒人が仕事に就くのに学問が役に立たないと考え名誉退学をしている。その後は大学の青年局でスポーツ指導をしながら、セミプロのフットボールチームに入団したが、アメリカが第二次世界大戦に参戦したことで徴兵された。1944年に陸軍を除隊すると、翌年にはニグロリーグ（アフリカ系アメリカ人を中心とした野球リーグ）のカンザスシティ・モナークスに入団。.345とも.387ともされる打率を記録し、ブルックリン・ドジャースの会長ブランチ・リッキーに誘われて、ドジャースの傘下のAAA級モントリオール・ロイヤルズへ入団。1946年のインターナショナルリーグ開幕戦の打席にロビンソンは立ち、インターナショナルリーグとしては57年ぶりの黒人選手の打席となった。

　インターナショナルリーグでの活躍が認められ、ドジャースはロビンソンをメジャーリーグに昇格させる。メジャーデビューシーズンでは一塁手として、打率.297、12本塁打、48打点、29盗塁という素晴らしい成績を残してチームの優勝に貢献、この年から制定された新人王を初受賞している。その後も活躍を続けたロビンソンは、黒人初の首位打者、盗塁王、MVPも獲得し、1949年にはロイ・キャンパネラ、ドン・ニューカム、ラリー・ドビーとともに黒人初のオールスターゲームへの出場を果たした。

Topic 1. ジャッキー・ロビンソンがアメリカ野球界で果たした役割は確かに大きなものだったが、やや神格化されすぎた面もあるという。1956年にロビンソンにサンフランシスコ・ジャイアンツへの移籍話が持ち上がった際、「ドジャースにいられないならば」と現役引退を決めたとされているが、どうやらこれは事実ではないようだ。実際、ロビンソンとドジャースの関係はそこまで良くなかったようである。

2. 1947年4月15日のメジャー開幕戦には、「近代メジャーリーグ初の黒人選手」が出場するとあって、1万4000人の黒人がスタジアムに駆けつけたといわれている。

人名索引　INDEX　※外国人名は姓を頭にして引いてください。

執筆担当者一覧　WRITERS

第1章　政治・歴史／苅部祐彦

第2章　経済・経営・ビジネス／幕田けいた

第3章　社会／原田浩二

第4章　哲学・思想／髭郁彦 ほか

第5章　音楽／佐藤勇馬

第6章　文学・演劇・古典芸能／苅部祐彦 ほか

第7章　美術・建築／水野春彦、菅原こころ ほか

装丁／渡邊民人（TYPEFACE）

本文デザイン・DTP／矢作義家

カバー写真／Steve Vidler／アフロ

帯写真／読売新聞／アフロ

撮影／中川晋弥

監修／佐藤 優（さとう・まさる）

1960年、東京都生まれ。作家、元外務省主任分析官。85年、同志社大学大学院神学研究科修了後、外務省入省。在ロシア日本国大使館勤務などを経て、本省国際情報局分析第一課に勤務。主任分析官として対ロシア外交の分野で活躍した。2005年に著した『国家の罠―外務省のラスプーチンと呼ばれて』で毎日出版文化賞特別賞を受賞、06年の『自壊する帝国』（いずれも新潮社）で大宅壮一ノンフィクション賞、新潮ドキュメント賞を受賞。『獄中記』（岩波現代文庫）、『いま生きる「資本論」』（新潮社）、『宗教改革の物語』（角川書店）、『日米開戦の真実』（小学館文庫）など多数の著書がある。

教養としての世界の名言365

2019年10月1日　第1刷発行
2020年 6月2日　 第2刷発行

監　修	佐藤 優
発行人	蓮見清一
発行所	株式会社宝島社
	〒102-8388　東京都千代田区一番町25番地
	電話（営業）　03-3234-4621
	（編集）　03-3239-0646
	https://tkj.jp
印刷・製本	サンケイ総合印刷株式会社